牟宗三前後
當代新儒家哲學
思想史論

林安梧題

臺灣 學生書局 印行

序　言

林安梧

　　當代中國哲學可說萬壑爭流，各有丰姿，而真得於中國文化傳統之精髓，接續宋明諸儒，遙契先秦孔孟，涵融儒道佛、廣納西方哲學，跨過格義與逆格義之限制，而真有創獲者，當代新儒學也。熊十力、馬一浮、梁漱溟踵之於前，唐君毅、牟宗三、徐復觀接之於後，其學識才思皆足以拯時救弊，自成一家之言也。牟宗三先生更以高狂駿逸之姿，挾精敏深睿之智，三教判分，融通中西，成其「兩層存有論」之哲學偉業也。

　　愚以為牟宗三之哲學成就決非偶然，在他之前的哲學思想逐漸積累、融通、淘汰、轉化而進一步成就了牟宗三。梁漱溟《東西文化及其哲學》三期重現之論雖或粗略，然卻有著明白切確的定位作用。馬一浮「六藝之教統一切學術」之說雖或漫汗，論其復性明心，偉哉達矣！熊十力《新唯識論》，平章華梵、融通儒佛，雖或未公平準確，然其原儒宏論、乾元性海、體用合一，盛哉極矣！牟宗三及唐君毅、徐復觀等同輩友人，同德竭力，匡扶中華，講學論道，相輔相成也。唐君毅其學融通中西印，並稟其深刻之生命體驗，終而成就其《生命存在與心靈境界》之大作，徐復觀則出入「學術與政治之間」，而於人性思想與歷史社會總體之辯證大有創獲也。

　　「海到無涯天作岸，山登絕頂我為峰」，立在當代新儒學範圍來看，牟宗三哲學無疑地可以說是巔峰；但若置於當代思想史來看，牟宗三與當代新儒學則又面臨了新的困境，遭受著新的考驗。「山重水複疑無路，柳暗花明又一村」，牟宗三之後，如何將那結穴成丹的哲理，入於人間世，勢將有以重新啟之也。

　　《牟宗三前後：當代新儒家哲學思想史論》正是要承先啟後地來審視這段「前

後」；以牟宗三為「當代」的視點，向前追溯反思，向後衍申開展，這是極為必要的。豁顯當代，面對危機，尋求意義，確證當代新儒學的使命，尋繹其思想理路，詮釋其理論構造，融通之、開解之，轉化之、成全之，後起者之不敢不勉，斯論之所由作也。全書共有十九章，乃作者近三十年來所累積相關論著的一部分，現依章次，縷述於下：

第一章〈當代新儒家述評〉，此文最先發表於《中國論壇》第一五四、一五五期（一九八二年二月、三月）。當時，我從臺灣師範大學本科畢業，正在軍中服預備軍官役，在軍餘之暇寫的。當時年青，秉筆寫來，只依胸襟，無多增飾。這文章原是應當時在《中國論壇》任職的林端兄之邀約而寫的。它可以說是臺港地區首次對於當代新儒學做一總體概括反思的文字。這篇帶有總論性質的文章，旨在概括的敘述當代新儒家的歷史根源及其當代使命，進而論及當代新儒家的人性論、歷史觀與世界觀，以及政治論，最後則點出其特點與侷限。我以為「它往往忽略了外在客觀制度結構，或者將此外在客觀制度結構收攝到個人內在心靈領域去處理。更簡單的說：它太注重了「意義」（meaning）而忽略了「結構」（structure）。說「它極為注重「形上理由的追溯」，而忽略了「歷史發生原因的考察」。「它對於問題偏重於後設性的反省，而忽略了事實經驗的直接分析」。「他談的大抵是大原則，而較缺乏小方案；而且其大原則往往傾向於先驗的分析，而較缺乏經驗的綜合。面對問題，往往從理上推出，而較少從事上建起」。二十九年前，我做如此論斷，今日見之，驗之信然！

第二章〈當代新儒家在中國思想史上意義之檢討──對一九五八年〈中國文化宣言〉的一個省察〉，原是一九八六年一月參加「張君勱先生百齡冥誕學術研討會」中發表的論文。首先指出彼等所重的是對中國文化詮釋方法的檢討與重建，進而強調穩立心性之學的重要性，最後則面對現代化的挑戰，而主張一「主體的轉化之創造」，以開出民主與科學，此皆可見〈中國文化宣言〉可以視為當代新儒家的關鍵性文獻。本文即意圖對此宣言作一哲學詮釋及省察。首先指出中國文化詮釋的方法是將道德本心，文化心靈、形上實體三者通貫為一的，它是一種道德本體的詮釋。其次指出新儒家重新穩立了宋明心學，以作為全民族的文化精神倫理象徵，並強調了人的主體能動性。既取得了此主體的能動性，更而強調「主體的轉化之創

造」，以作為「返本開新」的理據；並集中其論點去討論中國傳統政治及民主政體如何可能的問題。明顯的，從「道德本體的詮釋」到「主體的轉化之創造」此是貫通一致的，這在在顯示出當代新儒家強調主體性這個面向。

第三章〈熊十力體用哲學之理解與詮釋──以《新唯識論》〈序言〉〈明宗〉為核心的展開〉，原發表於一九九〇年十二月於臺北舉辦的「當代新儒學國際研討會」，後收於該會議論文集內聖篇中。本文旨在揭示熊氏的「活生生的實存而有的體用哲學」乃是一現象學式的本體學。這是以「見乃謂之象」，本體之顯現為現象，是人之為一「活生生的實存而有」之進到此生活世界而一體開顯的存有學。此存有學亦是人的生活學，是那「生者，健動不息，活者，源泉滾滾」這樣的生活學。即此可知所謂的「現象」乃是本體顯現為現象的現象，這樣的現象是由本體走出來，顯現出來者。它是先於概念性決定的，在吾人凝之為一概念性、執著性的對象前，我們已參與了這個周浹流行的整體。現象不是已然擘分，已參入了個人意識作用的經驗，現象乃是意識前的經驗，故可以稱之為純粹經驗。之後，筆者即順此更進一步釐清了識心之執的作用及其造成的限制，指出熊氏與唯識學最大不同處在於他以為妄執的心，根本上是空無的。因為妄執的心是後起的，只有本來的心才是絕對的、真實的。或者，我們可以說他擺脫了意識的染執與障蔽，真見到了意識本然的透明與明覺，並從而安頓了意識之執與無執兩層。無執為先、為本，執為次、為末，故一般所謂之「心即理」，即是本心的自識與朗現，而這本心是作為整個活生生實存而有之世界之觸動點的，其著重在活動義則說是「心」，著重在存有義則說是「理」，而「心即理」，即活動即存有，心與理有一辯證的同一性。

第四章〈熊十力的孤懷弘詣及其《原儒》的義理規模〉，本文原是一九八八年十二月為《原儒》重新校正之新版發行而寫之長序。本章乃經由熊十力儒學的曠觀，並落實於其經學脈絡中來審視；特別環繞其晚年所著《原儒》一書，加以考察。首先闡明「經學系列」與「哲學系列」在熊氏學問中的關係。再者，對於熊氏所謂的「原儒」究何所指，其意義結構為何，做一概括的詮釋；指出其所謂的「原」並非一「事實真相」之原，而是一「理想價值」之原。熊氏以孔子「五十以學易」、「五十而知天命」以為斷，而區分「小康之儒」與「大道之儒」，這可以說是其體驗的洞見所在。我們發現熊十力在心靈意識的危機衝突之下，復活了儒者

的真實生命。《原儒》之「原」乃是本心證會理想之原。順此理想之之原，疏理由「原學統」到「原外王」的理路，最後則歸結於其「原內聖」，而此中隱含著體用不二、天人合一的義理規模，此在在可見熊十力所謂「吾學貴在見體」的學問路向。

第五章〈梁漱溟及其文化三期重現說——梁著《東西文化及其哲學》的省察與試探〉，本文原同發表於《鵝湖》第七七期，《中國文化月刊》廿六期（一九八一年十一月、十二月），現再修訂，移之於此。本文先由曠觀之角度，釐清梁漱溟在當代新儒家中所居之位置，指出其獨特的文化哲學與歷史哲學之觀點。再者，筆者指出梁氏由其世界觀與歷史觀，及人生意欲的三大面向等論點，而斷定中、西、印三大文化統系的特質，並以文化擬人論的方式，更而點出世界文化三期重現的特殊論點，最後筆者則經由柯林吾（R.G. Collingwood）歷史哲學的對比，指出梁氏歷史決定論的限制。

第六章〈馬一浮心性論的義理結構——從「理氣不一不二」到「心統性情」的核心性理解〉，本文初稿原發表於《鵝湖》一一六期（一九八五年二月），後經修訂發表於一九九三年於杭州所舉辦的「馬一浮國際學術會議」中。筆者以為馬一浮當歸屬於中國當代思想史中的文化保守主義一流，他雖強調不分漢宋，不分朱王，但筆者則以為彼實以宋學來賅綜漢學，並通過陸王的精神啟發而對朱子學有一調適而上遂的發展。這是不同於其同時代的文化保守主義者如熊十力、牟宗三、唐君毅等人的。筆者通過馬氏「理氣不一不二對比的辯證性結構」、「心統性情」的立論，更進一步指出彼「涵養用敬、窮理致知」的實踐工夫論等節目。對馬氏的心性論作一概括而全面的掌握。筆者以為從這樣的概括理解之中，可發現宋明儒學中道問學與尊德性的紛爭，知識與道德對比的辯證在馬一浮的心性論中獲得某種消融式的解決。

第七章〈邁向儒家型社會批判學之建立——以徐復觀思想為核心的基礎性理解〉，筆者強調徐先生經由中國文化的深切體會，肯定作為「形而中」的「心」乃是吾人作為一個「活生生的實存而有」這樣的人展開其實踐的動源點。這個動源點是活在文化傳統之中的，是活在歷史社會總體之中的，是不離我們整個生活世界而又開啟整個生活世界的。儒學傳統之為可貴的是注意到此活生生的實存而有的生活

世界，它是在對比的辯證歷程中塑造其自己，並且開啟其自己。這裡所說的塑造與開啟隱含著一批判的互動與實踐的循環，而他的著力之場則在於整個國家民族，而這樣的國家民族是以文化傳統來規定的，至於文化傳統則是人這個活生生的實存而有所開啟的。

　　第八章〈開啟「意義治療」的當代新儒學大師──唐君毅先生〉，本文原應「認識中國現代思想家」一專欄而寫，原刊於《鵝湖》二三五期（一九九一年一月）。筆者首先指出清末民初以來，出主入奴的學風，亟待治療。因之，進一步指出唐君毅先生乃是活生生實存而有的一個儒者，而其所體現的是留意到整個生活世界的「生活學」，重視人之為一實存而有的「實存學」，是主客不二、境識交融為一，如《易經》所謂「見乃謂之象」這樣的「現象學」。唐氏可以說是由自家身心之體會而深入到整個文化意識宇宙所遍潤之生命存在，做一點化、理解與詮釋，進而展開其「意義的治療」。

　　第九章〈邁向儒家型意義治療之建立──以唐君毅《人生之體驗續篇》為核心的展開〉，本文原發表於一九八八年於香港召開的「唐君毅思想國際會議」，後曾刊載於新加坡的《亞洲月刊》（一九八九年八月），又轉載於《鵝湖》一七二期（一九八九年十月）。本文旨在通過一文獻的理解與重建的方式，企圖去凸顯一儒家的意義治療學的可能性。儒家的意義治療學雖有類似於弗蘭克（V.E. Frankl）者，但並不同於弗蘭克，因為儒家是以「一體之仁」作為其心源動力的，而弗蘭克的精神資源主要來自於猶太教。儒家是經由「一體之仁」進而點出了一「吾與汝」的存在乃至批判、重建的過程，而這樣的一個過程便是一不休止的意義治療的過程。筆者此文之作是繼續前所開發象山學的本體詮釋學及陽明的本體實踐學，而更進一步思有以落實的締造；筆者希望這樣的一個嘗試能為當代的新儒學找到一嶄新而可能的方向。

　　第十章〈實踐的異化與克服之可能──悼念牟宗三先生兼及於當代新儒學之發展〉，原刊於中央研究院《中國文哲研究通訊》第五卷第二期「紀念牟宗三先生專刊」（一九九五年六月）。牟宗三先生的逝世，意味著當代新儒學從熊十力以來發展的完成與總結，同時也意味著未來的儒學，在前輩先生們孜孜矻矻的經營下，後起者仍有一新的任務，須得發展。筆者首先指出牟宗三兩層存有論的建構，是熊先生

體用哲學的進一步發展，是融攝中國傳統儒、道、佛三教與康德哲學而成的龐大體系。更值得注意的是，牟宗三的哲學一方面企圖解決由傳統開出現代的問題，另方面則又對於現代化所帶來之種種問題，有所針砭批判。於此可見其「一心開二門」的哲學理境與勝義。再者，筆者以為由牟宗三的「一心開二門」再返回熊先生的「體用合一」的格局，進而再返回王船山的「乾坤並建」的格局，或將可以可以恰當而如實的處理道體、主體及客體這三端的結構性問題，而中國文化的返本開新方始有一嶄新的可能。

第十一章〈牟宗三的康德學及中國哲學之前瞻──格義、融通、轉化與創造〉，本文原為二〇〇三年十一月十六日為臺灣師大的研究生所做〈康德哲學與中國哲學〉之討論演講，經由研究生何孟芩、李彥儀等記錄成稿，並參與了政治大學哲學系所舉辦「2004 年康德哲學會議」在會中宣讀。經過我多次刪修及註解，二〇〇五年八月刊載於《鵝湖》三十一卷第二期。本論文著重於牟宗三所著《現象與物自身》、《智的直覺與中國哲學》、《心體與性體》、《中國哲學十九講》等書為核心，展開相關之思索。首先，宏觀審視康德哲學的中文譯介，指出牟宗三是當代中國哲學之融釋、傳述康德哲學最有創見者，從而概述當代新儒學派諸多康德學的傳述實況。再者，指出牟宗三之經由華人文化傳統儒、道、佛三教的修養工夫論，以確立「智的直覺」（intellectual intuition），解決康德哲學中人之「有限性」的問題。進一步，對比的指出康德哲學有其西方哲學、文化意識及社會契約論的傳統為背景，牟宗三則對此多所忽略。再者，我們發現「智的直覺」與「物自身」（thing-in-itself）在牟宗三的體系裡已做了相當大的轉折與創造，早已不是康德哲學體系中的意義。牟宗三更將原先康德學的「窮智以見德」的脈絡轉成「以德攝智」，然而太強調道德主體，亦因此窄化了儒學多元的發展向度。最後，我們檢討了中國哲學中有關從「逆格義」到「融通」、「淘汰」，「轉化」、「創造」的歷程，並從而指出牟宗三哲學與康德學之對話、重鑄與限制。

第十二章〈牟宗三先生之後：「護教的新儒學」與「批判的新儒學」〉一文，曾在一九九六年十二月，由中央研究院中國文哲研究所、中央大學、東方人文基金會等於臺北所舉辦的「第四屆當代新儒學國際會議」上宣讀。本文旨在經由「護教的」與「批判的」做一顯題式的對比，指出前者是以康德為對比及融通之主要資

源，而後者則以王船山「兩端而一致」的哲學思考做為模型，並注重西方歷史哲學、社會哲學乃至現象學、解釋學之發展，回溯當代新儒學之起源，重新詮釋熊十力，對牟宗三則採取一既批判又繼承的方式。再者，筆者對比的對「理」、「心」、「氣」，「主體性」、「生活世界」，「心性修養」、「社會實踐」，「本質主義」、「唯名論」，「傳統」、「現代」等相關問題，做一概括式的描繪。最後，則指出「後新儒學」薪盡火傳的往前邁進。

　　第十三章〈後新儒學的思考：對牟宗三「兩層存有論」的反思與「存有三態論」的確立〉，本文乃一九九九年春夏間為中央大學哲學研究所所授「當代儒家哲學專題」一課之講詞之一，經由劉謹鳴、楊譽綺整理，再經筆者修訂而成。後曾在二〇〇一年七月，第十二屆國際中國哲學會上宣讀。本文首先就牟宗三先生「兩層存有論」的理論構造加以反省。牟宗三繼承了宋明理學傳統中所強調的心性論與天道論，主張人可以經由一種修養的工夫，使內在的本然之我與宇宙的造化之源通而為一。再者，牟宗三主張良知可以經由一客觀化的坎陷歷程以開出知性主體與民主科學，但這種「民主科學開出論」的「開出」基本上只是一種「超越的統攝」意義之下的開出，說明了理論上的一個轉出的可能，而非實際的發生過程。牟宗三兩層存有論的關鍵點在於強調人具有「智的直覺」，然而這樣的一個哲學構造方式卻可能忽略了中國傳統中作為生命動源意義下非常重要的「氣」的問題，使得心性主體過分傾向於純粹義與形式義，而忽略了主體在場域之中的具體義、實存義。對此，作者認為儒學不只是心學，而應是身心一體之學，應該要從主體性的哲學回到一種「處所哲學」或「場域哲學」之下來思考。因此，作者提出了「存有三態論」的理論架構，認為必須要解開與「存有的執定」相伴而生的種種文蔽，返回到「存有的本源」，才能使得存有之總體根源於生活世界如如開展。這樣一個「存有三態論」的理論構造，可以化解掉儒家只是作為心性修養之實踐意義下的形態，而回到一個總體的生活世界，在歷史社會總體裡談安身立命。不僅可以貫通傳統儒、道之經典傳統，也可以開展出儒家之「實踐人文主義」的真實意義。

　　第十四章〈從「牟宗三」到「熊十力」再上溯「王船山」的哲學可能——後新儒學的思考向度〉原乃應武漢大學哲學系之邀，參加「熊十力與中國傳統文化國際研討會」的會議論文，後經刪修完成，並於二〇〇二年一月發表於《鵝湖》二十七

卷七期（總號 319）。本文旨在對當代新儒學的發展做一路線的總省察，並提出一後新儒學的發展可能向度。從「牟宗三」到「熊十力」標示著由「兩層存有論」回到「体用一如論」，這意在「驗諸倫常日用，重溯生命之源」。進而再由「熊十力」歸返「王船山」，這標示著由「體用一如論」再轉而為「乾坤並建論」，其意在「開啟天地造化之幾，落實歷史社會總體」。筆者以為經由這樣的回溯過程，將可以有一新格局之締造。筆者近年即依此路徑而提出「存有三態論」：「存有的根源」、「存有的彰顯」與「存有的執定」。依此存有三態論，筆者進一步對於當代新儒學所強調「內聖」開出「外王」做一深度反省，指出當今之儒學當立足於「公民社會」，再回溯生命之源做一身心之安頓。這可以說是一「由外王而內聖」的逆轉性思考，這一逆轉將使得「社會正義」優先於「心性修養」，而我們亦可以因之而成就一嶄新的「社會存有論」。再者，這樣的社會存有論與存有三態論是合匯一體的，這是由熊十力的哲學轉折到王船山哲學向度，它特別著重的是歷史社會總體的物質性與精神性，此中隱含著「兩端而一致」的辯證關聯。「存有三態論」與「社會存有論」的合匯同參，將可以免除「以心控身」的弊病，可以免除主體主義的限制；而真切地正視「身心一如」、「乾坤並建」，重視歷史社會總體，建構一以「社會正義」為核心的儒學思考。

第十五章〈後新儒家的哲學向度——訪林安梧教授論「後新儒學」〉，本文原是一九九七年底的訪談紀錄，由當時的博士生賴錫三君訪問，裴春玲君紀錄，從訪談中可見他們當時雖僅研究生，但已有相當學問功力，頗為難得。本文首先點出「法無定法，道有其道」：「問題—答案」的邏輯，再因之隨順談到「道器合一」下的人文主義、「境界的真實」與「真實的境界」的對比區分。隨後，筆者指出中國文化傳統中嚴重的「道的錯置」之問題，並力求其克服的可能，並點示「存有的治療」學問向度。之後，筆者對比的區別了「以心控身」與「身心一如」兩個不同的哲學向度。一九九六年底筆者公開指出牟宗三的哲學是當代最大的「別子為宗」，眾議譁然，筆者於此再做一詮解、闡釋。並站在宏觀的對比向度，對「當代新儒學」與「京都學派」做一對比，論述其異同。最後，筆者以為重返王船山，可以做為「後新儒學」的可能向度。

第十六章〈John Makeham 訪談林安梧論「新儒學」與「後新儒學」〉，是澳

洲大學教授梅約翰博士（John Makeham）在西元二〇〇三年一月間在臺灣師範大學與我的一段對談。內容所涉大體及於思想與意識型態之區分，新儒學、當代新儒學與後新儒學諸多向度。尤其對於牟宗三先生的當代新儒家哲學多有反省，還涉及於「現代性」的批判問題。當然，可能開啟的海洋儒學對世界文明的關係，亦多有著墨。John Makeham 在二〇〇五年間又來臺灣訪問我一次，他告訴我，正在撰寫相關於當代新儒學的論文。後來，二〇〇八年他在哈佛大學出版社的專著 *Lost Soul: "Confucianism" in Contemporary Chinese Academic Discourse*，第八章 "Lin Anwu's Post-New Confucianism"，對我所提的「後新儒學」做出了概括的研究與評論。不過，我對於他所提出儒學失魂（Lost Soul）的說法是有異議的。

第十七章〈中國哲學、西方哲學與馬克思主義哲學對談：二〇〇〇年第一次對談〉。二〇〇〇年四月間我趁學術休假之便，在大陸廿八天講學了廿三場，所論大體關注在「中國哲學之未來」；特別值得一提的是：在武漢大學期間與郭齊勇、鄧曉芒、歐陽康等開啟的中西馬論談。這次論談首先涉及於何謂「中國哲學」之討論，大體來說中國哲學是佇立於三個不同的向度之中的，沈潛呼吸於自身的傳統，並立足於馬克思主義哲學以及西洋哲學兩大傳統之間。四位講者都述說了他們如何與中國哲學、西方哲學、馬克思主義哲學相遇的狀況，進而檢討了話語霸權與政治霸權等論題。顯然地，馬克思主義已滲透進中國的思想傳統裡，它已成為中國哲學的一部分。最有趣的是大家最關注的居然是「話語系統」、「哲學主體性」、「生活世界」，也都肯定中國文化還是活生生的實存著，我們的民族精神與時代精神相結合，會通中西馬，中國哲學必然會具有原創性。當然，話語系統的差異體現著文化系統的差異、價值觀念的差異、思維方式的差異。大地母土、厚德載物的中國文化必能再造一嶄新的中國哲學話語系統，以現代漢語重鑄傳統哲學典籍的生命，再啟生機。

第十八章〈中國哲學、西方哲學與馬克思主義哲學對談：二〇〇五年第二次對談〉，時隔五年，一如上次，仍由郭齊勇、林安梧代表中國哲學，鄧曉芒代表西方哲學，歐陽康代表馬克思主義哲學。旨在針對中（中國哲學）、西（西洋哲學）、馬（馬克思主義哲學），經由對話、交流，冀求進一步之會通與融合之可能。廣泛地對中國當代哲學的話語、思考與方法，都做了深切而坦誠的交流。首先，林安梧指出

不能只是概括的去說中西哲學之為何，要入理的說，要如其經典的說，要如其事實的說。他指出徹底的反傳統主義者、新傳統主義者雖是對立的，但他們都犯了「方法論的本質主義」（methodological essentialism）的謬誤。要如何掙脫出文化的霸權，促成中西馬的真切互動，是當今中國哲學的首要課題之一。他以為中國哲學研究方法的「五證」：「文獻的佐證、歷史的考證、經驗的查證、心性的體證以及邏輯（論理）的辯證」。再者，歐陽康指出哲學的本性是對話，當馬克思主義取得一尊的地位後，逐漸失去對話的可能性。中國當代哲學的三個站點分別是：前文革時期、文革時期，一九七八以後的重開對話時期。他強調要「以平等心態參與當代中國的哲學對話」並且要注意「哲學視域中的現代性」。中國與西方對馬克思主義發展各有其特性與限制，應當尋求轉進、對話與發展之可能。

鄧曉芒進一步指出經由現象去把握本質這樣的理性主義傳統是重要的，中國哲學的理性主義傳統仍待加強。在中國歷史上儒道兩家常墮入「無自由的意志」與「無意志的自由」，這與「人性本善」、「天人合一」有著密切的關係。相對來說，西方的理性思維、邏輯思維，對中國哲學的理解與體會頗有幫助。他舉出毛澤東的兩論：《實踐論》所講的不是馬克思的實踐，而是「知行關係」，《矛盾論》講的不是「矛盾」而是「對立」。郭齊勇回應論道：關於哲學的本性的思考，就是人的意義世界，人的終極性的關懷，精神的追求。「畏天命、畏大人、畏聖人之言」，與「天道性命貫通」，貫通到人心上，和人心的自覺這個東西並不矛盾。文革期間，假藉馬克思主義旗號，運用了傳統的威權主義，扭曲人性，戕害人性，人的尊嚴蕩然無存。其實中國文化傳統裏是有著一定的教化力量，像臺灣地區民間社會企業、媒體，保留了儒道佛的傳統，並且與現代性的合理性結合為一。

面對提問，首先，林安梧從黨政體制的維護、資本主義商業化的浪潮、儒家的良知抉擇、新儒學的可能前景、與「自由意志」相關等展開論述。他經由孔子與阿Q的對比，對道德做了一個精神病理系譜的研究，指出為何從「自由意志」底下變成「無自由的意志」，為何從「意志自由」變成「無意志的自由」。進一步，他詮釋儒學有「帝制式的儒學、生活化的儒學、批判性的儒學」，「文化的王道主義」置於「政治的專制主義」下，將成了「柔弱的精神追求」而已。他以為波柏爾（Karl Popper）《歷史定論主義的窮困》與《開放社會及其敵人》值得重視。歐陽康

指出西方哲學現流行反基礎主義，反本質主義；但哲學有其「致極性」與「超越性」，這是不容置疑的。再說，哲學有其民族特徵和內涵，還有它獨特的語言表述方式，跨哲學與跨文化對話的是極為必要的。「意志自由」應提升到人的最本質特徵的高度來理解，這種價值理想凝練了人的超越性這樣一種要求。鄧曉芒指出中國古代未認真正視「自由意志」的問題，西方討論此問題則汗牛充棟，中國熱衷討論的是天道性命之學。自由意志與理性是分不開的，理性背後是使命，你運用理性，表現出人的生命力的一種強度，也是表現出自由意志的一種強度。文革最嚴重的不只是反傳統，而是反理性，更嚴重的是把人格、人權都摧毀了。郭齊勇指出儒學反映了民族性格、生活準則、生存智慧、處世方略，作為民族的意識與心理仍活在民間有其生命力。像「己所不欲，勿施於人」，這涉及於人格的尊嚴、人性的養育、人權的考慮，中國文化傳統有很多活生生的東西，可以參考。馬克思主義文化和中國傳統精神和西方學術傳統應該深入地結合起來，面向未來，反思過去，建設新的文化。鄧小芒又指出中國傳統的道德哲學不是建立在自由意志的基礎之上的，文革與中國文化傳統仍有著詭譎的關係。林安梧則指出中國文化傳統是在「存有的連續觀」下「天人物我人己」通而為一的「文化的王道主義」，在現代化之後有著嶄新的可能。他又指出一新的「儒學轉向」：由「新儒學」過渡到「後新儒學」，由「心性修養」轉向「社會正義」，建立「公民儒學」。歐陽康再度指出「五四」反傳統是現代性建設的要求，而「文革」是中國歷史上的反動，它徹底摧毀壞了傳統。不過，現在馬克思主義學術性的研究與意識型態的落實兩者之間已有著對話、融通與接軌。最後，郭齊勇總結的說傳統是流動的，不是僵死凝固之物，不同時空有不同傳統，即如同一時空下，傳統也是多元多樣的。中、西、馬的互動是值得進一步努力的。

　　第十九章〈後新儒學的基本建構：道統系譜、心性結構、存有三態論、本體詮釋學——近十年來我的哲學思考之一斑〉，本文原乃二〇〇四年六月間在臺灣中壢·中央大學哲學研究所暨中文研究所「當代儒學專題」一課之結業講詞，由研究生們錄音整理，游騰達潤稿，最後我再修訂而成。本文旨在經由一宏觀的反思，以儒學、新儒學與後新儒學做一對比，並據《存有三態論》為核心，展開有關心性論、本體論、詮釋學、教養論及政治學等向度之綜述。首先，對後新儒學與儒學道

統系譜之關係，做一歷史之釐清。再者，對心性論所涉及之結構：「志、意、心、念、識、欲」展開一建構性的詮釋。此詮釋又關連到「存有三態」：「存有的根源」、「存有的開顯」與「存有執定」的基本構造。凡此，皆不離「存有的連續觀」：「天、人」「物、我」「人、己」通而為一之型態。落實於詮釋學而說，這裡隱含有五個詮釋的層級：「道」、「意」、「象」、「構」、「言」。進一步，由此申言，人是參贊天地人我萬物所成之「道」的主體，人不能離此天地人間。人之文化教養也就當落實於此真實世間，能暢其欲、通其情、達其理，自可上遂於道。以政治社會面來說，這是從「血緣性縱貫軸」到「人際性互動軸」之轉化與重建，此自當由原先之「內聖—外王」之結構轉而為「外王—內聖」之結構，這是以「社會正義」為優先的「心性修養」。如是，自能解開「道的錯置」，邁向「公民社會」，建立「民主法治」的社會。

在二〇〇三年五月間，〈迎接「後牟宗三時代」的來臨——《牟宗三先生全集》出版紀感〉一文，我曾作了這樣的呼籲與表示：

> 《牟宗三先生全集》出版了，這標誌著牟宗三哲學的完成，但這並不標誌著牟宗三哲學的結束；相反的，它標誌著牟宗三哲學的嶄新起點。這嶄新起點是一轉折，是一迴返，是一承繼，是一批判，是一發展。
>
> 我們當該將牟先生在形而上的居宅中，「結穴成丹」的「圓善」再度入於「乾元性海」，即用顯體，承體達用，讓他入於歷史社會總體的生活世界之中，深耕易耨，發榮滋長，以一本體發生學的思考，正視「理論是實踐的理論，實踐是理論的實踐」，「兩端而一致」的辯證開啟，重開儒學的社會實踐之門。「轉折」，不再只停留於「主體式的轉折」，而應通解而化之，由「主體性」轉折為「意向性」，再由「意向性」開啟活生生的「實存性」。「迴返」，不再只停留於「銷融式的迴返」，而應調適而上遂，入於「存有的根源」，進而「存有的彰顯」，再進一步轉出一「存有的執定」。「承繼」，不再只停留於「哲學史式的論述」，而應如理而下貫，一方面上遂於文化道統，另方面做一理論性的創造。「批判」，不再只停留於「超越的分解」，而應辯證的落實，入於「生活世界」所成的歷史社會總體，「即勢成

理，以理導勢」，成就一社會的批判，進而開啟一儒學的革命。「發展」，
不再只停留於「古典的詮釋」，而應展開哲學的交談，面對現代的生活話
語，經由一活生的存在覺知，重構一嶄新的學術話語，參與於全人類文明的
交談與建構。

我既做這樣的表述與呼籲，當然，我的整個哲學活動就在這樣的路程中邁進。牟先
生的哲學系統成了我最重要的學問資源，但同時也成了我最重要須得去釐清、詮釋
與論定的課題。當然，這樣的嶄新起點「是一轉折，是一迴返，是一承繼，是一批
判，是一發展」。他總的來說是「從『兩層存有論』到『存有三態論』的發展」，
是從「新儒學」到「後新儒學」的一個轉向。或者，我們可以總結的說：後新儒學
強調的——

> 是以「社會正義為核心的儒學」，不只是以「家族宗法為核心的儒學」；
> 是以「意義治療為核心的思考」，不只是以「心性修養為核心的思考」；
> 是以「文化批判為核心的儒學思考」，不只是以「人文建構為核心的儒學思
> 考」；
> 這是以「萬物並作、多元互動、儒道佛及其他東西文明互動」的「交談性思
> 考」，不是以「一統江湖、儒家主流、道家支流、佛教為外來」的「主宰性
> 思考」。

自一九九四年起，吾倡言「後新儒學」之論，並主張新一波的儒學革命，認為公民
正義有其優先性，當重視「由外王而內聖」的思考，而此當可成就一公民儒學。一
九九一年起，我亦從熊先生之體用哲學提煉出「存有三態論」，以為此可銷融牟先
生「兩層存有論」之困限。其意圖本在融攝儒道佛、會通中西馬，並經由王船山
「兩端而一致」的思維方式，有一新的創造發展。牟先生之後，吾之所為在繼志述
事爾矣！吾以為批判的繼承與創造的發展是必要的，其間所遇之荊棘困難，亦皆為
逆增上緣也，足以惕勵，可以發憤而奮發也。

念哉！余自一九七二年矢志為中國文化奮鬥，洎今已近四十年，從「吾十有五

而志於學」「興於詩」的年代，跨過了「三十而立、四十而不惑」「立於禮」的階段，匆匆不覺竟又跨過了「五十而知天命」的階段，光陰之速，倏忽迺矣！「成於樂」實有未竟，猶待勠力銷融也。夫子有言「樂其可知也，始作，翕如也，從之，純如也，皦如也，繹如也，以成」，生命就像樂章一樣，既已「始作」，既而「從之」，唯此純誠之志，麗明之思，懋勉以之，夙夜匪懈，願其終底於成也。

文集纂成，師友護持，謹此致謝；生生之德，日新又新，吾儕其共勉之！耿耿此心，天地共鑑，是為序。

——辛卯（二〇一一年）七月廿三日於臺中元亨書院

牟宗三前後

當代新儒家哲學思想史論

目　次

第一章　當代新儒家述評[*]

一、前言

　　作為一個學派而言，當代新儒家已在中國現代思想史上取得了一席之位。而作為一派思想而言，當代新儒家雖有其大致的風貌，卻仍繼續往前發展著。因此之故，要全然把握所謂當代新儒家的義理思想是不太可能的；更何況當代新儒家陣營仍各有其特點，甚至矛盾不同之處，這便更難認定一致了。而本文想略過其歧異處個殊處，擬概括而籠統的對當代新儒家加以介紹並提出愚見。筆者並不企圖援引當代新儒家諸人的文獻，而祇就筆者所理解所消化的當代新儒家，扼要的簡明的將它表達出來。對筆者而言，這是嶄新的嘗試，願能以此拋磚引玉，祈盼賢者多關心當代思想。

　　「當代」這個詞指謂的是「當下周遭」（here and now），它是一個極富歷史意識（historical consciousness）的詞語，自近代歷史主義（historism）勃興，點燃人們心中的歷史意識，這個詞便格外顯得鮮活起來。「所有的歷史都是現代史」，克羅齊（Benedette Croce，1866-1952）這句話已成一般學術工作者的共識。而對當代的研究也因之變得重要起來。

　　當代新儒家是中國新傳統主義（Neo-traditionalism）及保守主義（Conservatism）的主流，對它的研究及批判，一者可以溯及於中國傳統的研究，一者可從研究及批判的過程中，取得一更適切、更綜合的視點（perspective），從而回顧過去、瞻望未來。

---

[*]　本文寫於一九八二年春，曾發表於臺灣聯合報系出版的《中國論壇》，它可以說是國內最早研究當代新儒學的作品之一。

基於此，對中國當代思想的關心是須要的，而筆者早有志於對當代新儒家，做一系統性的試探與考察，而本文則偏於印象式的直接描述，或者可視做一篇序言或導論吧！

二、當代新儒家的歷史根源及其當代使命

就歷史的衍變而言，儒家思想一直扮演著主流的角色，它一直有種「聖之時者也」的性格，它維持著時刻的創新性，並且又萬變不離其宗的含藏著永恆的本質性。大致說來，談論儒家思想的學者們用了「原始儒家」、「新儒家」、「當代新儒家」這三個詞來指涉其思想的創新與衍變。

原始儒家主要指的是先秦時代孔孟思想，它的性格涵融而渾厚，首先奠立了儒家的仁義之學，肯定人性的應然價值根源，開啟了道德的形上世界，並強調德化政治與民本思想。

新儒家主要指的宋明儒學內聖一派而言，它為了抵抗本土的道家道教及外來的佛教佛法，探究其極，特別地發揮了原始儒家的內聖學側面及形而上學側面，並且著實的建立起一套工夫（修養）的進路，穩立了人存在的德性真實，樹立了一至高的「倫理精神象徵」（ethico-spiritual symbolism）。

當代新儒家主要指的是民國以來熊十力、張君勱、梁漱溟等學者，以及熊十力弟子唐君毅、牟宗三以及徐復觀等學者，據張灝說「中國當代」由於道德迷失、存在迷失以及形上迷失凝聚成一嚴重的意義危機，當代新儒家便是面對此危機，而極力去做「意義探求」（search of meaning）的工作的。於是當代新儒家以其深刻的生命體驗，去探求意義的真實，而開顯一套存在進路的道德形上學（moral metaphysics）。再者，當代新儒家面臨著更迫切的「現代化」的問題，它們努力尋求完就民主科學建國的可能，亦相信民主科學是不悖於中國傳統的，重要的是：如何去釐清民主科學與中國傳統的關係，並企圖建立其密切的關聯，做為民主科學在傳統生根的基礎。簡言之，當代新儒家極為強調文化的連續性（continuity）。

當代新儒家仍然承繼著先秦的原始儒家及宋明的新儒家傳統，尤其宋明儒學陸王一脈更給予了它決定性的影響。另外，早期如熊十力、梁漱溟都曾受佛學思想的

影響，及生命哲學（philosophy of life）一脈的影響。《易傳》的生生思想更給予了熊十力哲學全幅的氣力。後來的唐君毅及牟宗三則頗受德國觀念論（German Idealims）的影響。

除了歷史的根源外，當代新儒家面臨著所謂「意義的危機」（crisis of meaning），而此危機則由於西風東漸，列強瓜分，造成中國民族亙古未曾有之浩劫所致，有志之士，雖經由洋務運動，尋求立憲變法，但終不可挽其頹勢，民主革命運動於辛亥年推翻滿清，但代之而來的是長期的軍閥割據。而思想方面，則由魏源的「師夷長技以制夷」，轉為張之洞的「中學為體，西學為用」，至民國八年的五四運動則強調「全盤西化」矣！五四強調德先生（democracy）與賽先生（science），但其精神卻是「徹底反傳統」的，並深染科學主義的氣氛，而強調「科學代表思考的模式，代表了解生命和世界唯一有效的途徑」。但不久由梁啟超《歐遊心影錄》表述出西方科技文明的問題，而引發了「科學與人生觀」的論戰。由丁文江和張君勱對壘，從思想史的角度看，這個論戰可視為當代新儒家的方向起源。在此論戰之後，梁漱溟先生推出其「東西文化及其哲學」，重新肯定中國文化的價值。而後熊十力、唐君毅、牟宗三等人莫不從知識論、存有論及文化哲學、歷史哲學各個層面，對於「反傳統主義」及「科學主義」，提出強烈的反擊。

大體說來，當代新儒家認為相對於科學對於自然處理的態度，應該有一種進路去面對人文的世界；此進路不同於知識的進路，而是存在的進路。由存在的進路而有個人直接的體悟，並由此而有一「存有學的睿視」（ontological vision），如此才能重新締建中國傳統原具有的「倫理精神象徵」。但當代新儒家仍不改其傳統的「實踐」性格，他們更進一步強調由倫理精神象徵的穩立，進而安立制度結構體系，開出知性主體，以符應民主及科學的潮流。簡言之，「內聖外王」的儒家傳統的理想，今日則以更嶄新的姿態出現在當代新儒家的理論系統裡，但其精神卻是不變的。

三、當代新儒家的人性論、歷史觀與世界觀

人性論是中國哲學的主題，或者可說「人性」是中國哲學的基源問題。先秦儒

道墨法各家均有其不同的哲學理念，應世態度，也各有其不同的人性論。大致說來，中國哲學中的人性論並不是從生理學或心理學的觀點立論的。它乃是人對於宇宙人生看法之凝聚與縮型，它基本的方法是形上直觀（metaphysical intution），它根本的進路則是道德實踐。人性論與世界觀乃至歷史觀，在中國哲學中是連成一氣的。

中國傳統肯定「德行的優先性」，而此又以儒家為代表。當代新儒家對人性的看法便是繼承這傳統，而加以開發闡揚的。他們在講論對於人性的看法時，除了援引古典經籍的文句外，還特地加上個人存在的體驗（此以熊十力及唐君毅二人最顯著），在其情理兼賅的文筆下，撼動人性最深摯幽微之處。

當代新儒家肯定人性內在的「幾希」（孟子：「人之異於禽獸者幾希」）乃是一切價值的根源，做為一個真正的人便要去開發這個「幾希」，致其四端（惻隱、羞惡、辭讓、是非），並且去成就天地間萬事萬物。

這個「幾希」便是人內在德性的基礎，它是人存有的基礎。由於儒家哲學走的是道德實踐的進路，加上其形上直觀的哲學方法，於是發展出一種「類擬的洞見」（analogical insight），連結了天人，化解了道德世界與自然世界的隔膜。當代新儒家仍援引這條老路，認定人是大宇宙具體而微的縮型，人這個小宇宙的主宰是人心人性，亦即所謂「內在德性的真實」；相對於整個大宇宙，其主宰是天道天理，亦即所謂的「超越的形上實體」。內在德性的真實與超越的形上實體則是二而一的，並且內在德性的真實才有其實義；亦惟如此，超越的形上實體才穩得住，才不會成為子虛烏有，所談論的一切才不會成為戲論。從這個角度看，儒家的確是主張一種「道德的人格主義」（moral personalism）的。於是，人要成就其道德人格，推論之，宇宙世界也要成就其道德人格。不過儒家肯定宇宙世界的秩序本含有道德的秩序在，它是定然而必然的。因此，日月天體運行，土地生養萬物，都涵著深摯的道德內涵，正是要成就道德人格的有志之士所應學習的。（《易傳》上所說「天行健，君子以自強不息」、「地勢坤，君子以厚德載物」，短短數言，即可洞達無遺。）相對於天道天理之定然而必然，人心人性則是應然而必然。《中庸》云「誠者，天之道也；誠之者，人之道也」即可見此義。

儒家既是一道德的人格主義者，強調人心人性的應然而必然，並積極的強調實踐的重要。儒家相對地淡化了現實世界中實際上所充斥的種種障礙，為促使應然的

理想世界必然來臨。他強化了道德的主體性，認為人祇要透過逆覺體證的工夫，並積極實踐，如此必能有所作為有所成就。由此可見，當代新儒家是一十足「道德的理想主義者」（moral idealist）。

相對於道德的人格主義，道德的理想主義，當代新儒家同樣的有其獨特的歷史觀——精神發展的歷史觀。他們認為人的主宰是人性的真實——道德主體性，宇宙的主宰是超越的形上實體，而這超越的形上實體仍以人的道德主體為基礎。當代新儒家極為強化人的道德主體性，而落到歷史上來說，便特別強化歷史中人的因素，從而強調人的意志與精神部分，於是相信歷史是一種精神的生活史，而不是物質的生活史。進而強調歷史的衍變是循著一種精神的辯證法則的，認定人類（或民族）的文化精神是歷史的主人。這樣的看法顯著的表現在熊十力《中國歷史講話》、梁漱溟《東西文化及其哲學》以及牟宗三《歷史哲學》、唐君毅《中國文化之精神價值》等作品中。

在這些作品裡，他們的確透過自己的悲心願力照亮了整個中國的歷史，也匯通了所謂中國歷史文化的精神。但無可否認的，他們所談的，偏重於對歷史的哲學理念與信仰意願，而往往忽略了所謂的「歷史」。或者更清楚的說：他們的「信仰意識」高過於「歷史意識」。整個看來當代新儒家的歷史觀和德哲黑格爾（G.W.F. Hegel）的歷史哲學幾為同調；但值得一提的是：兩者雖屬精神發展的歷史觀，都屬「辯證發展的決定論」（dialectical and evolutionary determinism），都是為了提撕人類精神的苦心孤詣之作；但黑格爾將精神擺在「國家」，並強化德意志的優越性；而當代新儒家則將精神擺在「文化」，而強化中國文化的廣涵性及道德理想性。「國家」是現實世界政治舞臺上的單位，而文化卻是引領現實世界超昇的力量，從此即可看出其精神根柢的異趣來。

尤其須要一提的是：當代新儒家完全免去了「歷史宿命論」的魔咒，而將人視為歷史的主人。因此，它雖是一歷史決定論者，但卻不是歷史宿命論者，它是道德的人格主義者，也是道德的理想主義者。

世界觀對於世界的兩種畫分，已成中外各家哲學的共法之一。儒家亦然，它畫分了應然世界與自然世界。他做這樣的畫分並不是斷然而截然的。這祇是超越的區分，也是方便的區分。因為就儒家的理想而言，是要透過道德實踐去縫合這二重世

界的鴻溝，使其通貫一體的，《易傳》所謂「大人者，與天地合其德，與日月合其明，與四時合其序，與鬼神合其吉凶」即為此義。

當代新儒家中，這二重世界的超越區分，在熊十力名著《新唯識論》裡以「體」（本體界）與「用」（現象界）二名表述之。而牟宗三名著《現象與物自身》裡，則以「物自身界」與「現象界」二名表述之。牟宗三此書乃其數十年來學思的總結，他消化了中國儒釋道三家的思想，並以此來省察康德哲學，進而企圖透過這個省察與檢討，融會中西哲學於一爐。牟宗三肯定了康德（Immanuel Kant）的一個大前提——現象（Phenomena）與物自身（Thing-in-itself）的超越區分，但他不同意康德另一個前提：人是有限的，人沒有「智的直覺」（Intellectual intuition）的可能，祇有上帝才具有智的直覺。牟宗三通觀儒、釋、道諸家哲學，證成人雖有限，但卻有其無限性在，不祇上帝才具有智的直覺，人也同樣具有「智的直覺」的可能；因此人不祇是現象中之對象，而且是睿智界之「物之在其自己」（即「物自身」）（Thing-in-itself）。經由人的逆覺體證及道德實踐，可以化除現象與物自身界的隔閡，使二者通貫一體，如此才是究極之道。

相應於此二重世界的超越區分，儒家在認識論方面有其極獨特的看法。早先的儒家是從價值觀點來看這二重世界的，並且落在心性上將之分判為「本心」與「習氣」，先秦孔孟荀於此尚未有如是嚴格之區劃，到了宋明新儒家則大體都做了如此之區別。他們從知識論的觀點來看待這二重世界，落在心性上，將之分判為道德心與認知心，此可以張橫渠之「德性之知」與「聞見之知」的區分為代表。直到當代新儒家熊十力又以「性智」及「量智」二名來區分其所相對的二重世界，而牟宗三則以「德性主體」（即良知，即智的直覺）與「知性主體」（即認識心）二語來區分此相應的二重世界。

從本心與習性的區分，衍變到德性主體與知性主體的區分；儒學在知識論上有了極大的發展與進步。尤其當代新儒家熊十力、牟宗三等人已不囿於原先儒學對世界的看法，而積極的肯定對於現象界的客觀認知與獨立研究的重要性。因此，「量智」並不是相對於「性智」為一價值性的詞而已，它已積極的涵著認識論的意義，但它卻仍為性智所涵。而牟宗三使用「知性主體」（認識心）一語，其價值意味更淡，甚至可說全是認識論意義的；但相承於儒家傳統，他主張它仍為道德主體所

涵。牟宗三更自強調要由「良知的自我坎陷開出知性主體」即指此。大略言之，儒學邁入近代以來之所以會有這麼重大的轉變，與其受西方勢力沖擊，而謀求民主科學等現代化有密切關係。儘管當代新儒家有這種「轉出」的自覺，但顯然可見的，它並不悖於以道德實踐去縫合通貫這二重世界的傳統儒學之共法。

四、當代新儒家的政治論

相應於其道德的人格主義及其道德的理想主義，當代新儒家仍相承於儒家原具的政治理念——認為道統必須指導政統（簡言之，即是以文化思想來領導政治）；而反對以政統控制道統（反對政治掛帥），因此當代新儒家不同於其它的保守主義者附庸於政治之下，而仍然充滿著批評與抗議的精神。梁漱溟、熊十力、張君勱等人如此，唐君毅、牟宗三亦如此，而徐復觀更具體的表現了這種批評與抗議的精神。

當代新儒家仍然承襲著傳統儒家德化與民本的思想，早期如熊十力、梁漱溟等即強調一種並不與西方民主政治同調，又不與馬克斯主義合流，而是以德化及民本思想為基礎的社會主義。梁氏與熊十力又迥然不同。梁氏以為惟有透過「鄉治運動」才能復興中國原具的倫理結構與矯治政治及經濟的落後，重建整個中華民族，使之能重新屹立於世界舞臺之上，而且他實地在山東鄒平一帶展開這個運動，雖頗有成績，但仍不免於失效。梁氏的政治思想及行動方針則表現於《中國民族自救運動之最後覺悟》及《鄉治運動論文集》等書中。熊十力的政治論可從所著《讀經示要》卷三及《原儒》〈原外王〉篇等作品看出來。熊十力的政治觀（即其「外王學」）頗受今文學家公羊學一脈的影響，仍然堅守「貶天子、退諸侯、討大夫」的抗議傳統，以及「據亂世、昇平世及太平世」這「三世義」的傳統，強調「德化」與「民本」而肯定一「道德的烏托邦」的可能。梁漱溟、熊十力二人實不免為一偏高的道德理想主義者，但在其政治論作中最可貴的是含藏著深刻的抗議及批判精神，這是值得激賞與注意的。

張君勱及徐復觀二人可說是當代新儒家在政治上的代表人物，他們深知：對於權力根源問題的解決是政治上首當其衝的問題，肯定客觀法律的效力以及外在結構的力量，相信儒家德化與民本的思想，唯有透過這樣的管道，才能顯出其真實的作

用來。張氏是一政黨的創始人領導人，而且是國憲的起草人。徐氏亦曾為政黨要人，後終因其所秉持的儒者之抗議與批評精神，退而從事於學術上及知識分子立言的工作。徐氏秉其清剛之氣及評議精神所發政治時論，無不愷切動人。而此則可見原先的《學術與政治之間》一書的結集，而最近彙結的《儒家政治思想與民主自由人權》論文集，更能顯出他對儒家政治論的批判與開發，而其精神剛毅、元氣淋漓，更是感人肺腑。徐氏雖同當代新儒家諸人一樣是道德的理想主義者，是道德的人格主義者，但卻深含經驗論及實用主義的性格。論者以為此與其半生政治生涯有密切關係。

當代新儒家中，早期以熊十力較具系統建構性，而近則以牟宗三較具系統建構性。此二人可視當代新儒家哲學體系建構前後期之代表人物。牟宗三的政治觀與張氏徐氏二人原則上並無不同。惟牟宗三更著力去論斷中國政治的型態，分析儒道墨法諸家乃至其它歷代相關的政治思想，而試圖融通它與現代民主政治的關係。牟宗三以為中國傳統政治祇有治道，而無政道，並勘定此與中國人之認知態度密切關連。他指出：中國人注重「理性的運用表現」而忽略了「理性的架構表現」，注重「理性的內容表現」而忽略了「理性的外延表現」，注重「綜合的盡氣精神」而忽略了「分析的盡理精神」。簡明言之，他認定：中國儒家注重德性主體而忽略了認知主體。因此，他認定「舊內聖開不出新外王」——傳統德性修養之道的運用表現（內容表現）開不出現代化民主政治的架構表現（外延表現）。他宣稱無法直接由德性修養順成政治民主，而必須經由一曲折的辯證過程。此即是「良知自我的坎陷開出知性主體」，而使德性主體與知性主體從原先的「隸屬關係」（sub-ordination）一轉而為「對列之局」（co-ordination）。

但必須一提的是，牟宗三將這系列的程序安放在一個關鍵上——良知自我的坎陷，這仍是一種「自覺」的工夫，祇不過它不同於道德的自覺，而是一知識的自覺。牟宗三甚至以為這個工夫也能開出科學來，因為牟宗三認為「民主」和「科學」均屬知性主體所對之物，是外延的、架構的。從此顯然見出牟宗三將一切問題均納為人的問題，尤其是主體的問題，是故牟宗三認定對於「主體」的解決是格外重要的。牟宗三的政治觀可見其所著《政道與治道》、《道德的理想主義》等書中。

籠統言之，當代新儒家對於政治，乃是原則的指出大方針，而並未汲汲於政治理論的建構。因為他們是從文化思想的層面來關心政治民主化的問題，並不是從政治的層面來看民主化如何可能的問題。但無疑的，晚近的當代新儒家對於政治的看法並不同於先期的熊十力、梁漱溟二人；他們已積極的意識到解決權力根源的重要性，因此他們堅決肯定須透過形式結構的運作及客觀法律的護持，使人民能真正的當家做主；惟如此，傳統的德化思想與民本思想才不致為政治所反控或扭曲，更進一步才能積極有力的對民主政治產生作用。

五、當代新儒家的特點與侷限

從上述諸節的分析可見當代新儒家仍相承於宋明儒及先秦儒，而為道德的人格主義者，道德的理想主義者，它肯定人性的應然層面及其價值根源，並認定「倫理精神象徵」（ethico-spiritual symbolism）（即是道德精神的形上實體）乃是儒家信仰的精髓。這也是所謂的「體」，並認為惟有穩立這個體，才能由體開用。換句話說：當代新儒家面臨「形上的迷失」及「意識的危機」（crisis of consciousness），而極力去做「意義探求」（the search of meaning）的工作，而以為「意義象徵體系」（倫理精神象徵及道德精神的形上實體）的穩立乃是穩立一切的基礎，唯有此「大本」建立了，才能由本貫末的穩立「制度結構體系」。而言「建本立體」的工夫則端繫在道德自覺及實踐上，它是一種「逆覺體認」的工夫，此可醞釀出──「存有學的睿視」（ontological vision），如此才能穩立所謂的「本」及所謂的「體」。

當代新儒家所謂的「由體開用」、「由本貫末」，所謂的「由性智開出量智」、「由良知自我的坎陷開出知性主體」，雖已不囿於宋明及先秦儒祇是「道德的自覺」，而已能強調「知識的自覺」。但當代新儒家仍是將這自覺安放在主體之上的，認為由主體的自覺開出知性一面，（即：架構一面，外延一面）開出個對列之局。無疑地，當代新儒家仍是有「主體主義」（subjectivism）傾向的。

當代新儒家以所謂「存在的進路」去面對世界，並以其逆覺體證，形上直觀及其道德感通，而忽略此間的社會學意義的定位。因此，我們可說當代新儒家的方法學仍有「獨我論」（solipisism）的傾向，它往往忽略了外在客觀制度結構，或者將此

外在客觀制度結構收攝到個人內在心靈領域去處理。更簡單的說：它太注重了「意義」（meaning）而忽略了「結構」（structure）。

無疑地，當代新儒家的道德理想主義（moral idealism）並不同於西方的觀念論（idealism）。西方的觀念論強調「思維與存在的一致性」，而當代新儒家的道德理想主義則強調「道德與存在的一致性」。西方的觀念論是把存有整體的首要地位給與觀念，理想及精神；而當代新儒家則將存有整體的首要地位給與道德及其精神（亦即「倫理精神象徵」）。思想強調的是對象認知而道德則重主體的實踐。兩者雖有不同，但就其思考的方法暨路數，則有其相近之處。從當代新儒家面對問題思考問題的各個面向看來，可知它極為注重「形上理由的追溯」，而忽略了「歷史發生原因的考察」。它對於問題偏重於後設性的反省，而忽略了事實經驗的直接分析。他談的大抵是大原則，而較缺乏小方案；而且其大原則往往傾向於先驗的分析，而較缺乏經驗的綜合。面對問題，往往從理上推出，而較少從事上建起。

就中國當代諸門派思想而言，當代新儒家相續了整個民族文化的慧命，它極力的疏解了傳統文化的困結，並發揚了歷史文化的精神。尤其，它重新穩立了全民族的「倫理精神象徵」，建立了「生續不已的道德精神形上實體」。他們努力處理的固然偏向於信仰層面的問題，但也因此重新穩立了「意義象徵體系」。就廣度而言，當代新儒家或嫌不足，但就深度及高度而言，當代新儒家的確是可貴的。

六、結語

自古以來，儒家一向強調道德是內在的自律，而其關鍵則端在人之能「自覺」與「實踐」的工夫上。因此能夠「自反而縮雖千萬人吾往矣」！能夠「殺身成仁」，能夠「捨生取義」。這是儒家知識分子幾乎一直扮演著悲劇的角色，毋怪孔老夫子要慨歎「知其不可而為之了」！歷史上真正的儒家絕不為政權所反控所利用而僵化成教條的死物，它因應著時代而富有「創造性」與「自我批判性」。當代新儒家仍然一直承繼著這個典型，這是不容忽視的，而自從辛亥民主建國以來，儒家這種批判與創造的動力當是更有著力的啊！

就當代思想而言，真是萬壑爭流，百花齊放，其進步之神速豈止一日千里。但

大體而言，當代文化一方面除了科技文明特別強調形式性，概括性及系統性，企圖以雷同的單一性取代了豐富的多樣性外；另一方面則是歷史意識與社會意識的覺醒，它使得人們能夠從更多的視點去環視自身，於是絕對與權威的一元論（monism）褪色了，代之以相對而多元的觀點。人們不再視其自身的傳統為唯一的，它祇是眾多傳統中的一個。因而人們也意識到必須立足於自己的傳統才能真正了解自身，進而透過各種視點的比較去了解其他諸傳統。不再僅視其自身為孤離的存在，而為一社會的存在，於是，動態及歷程的思想取代了靜態及超絕的共相。不論語言學、人類學、文學、哲學……乃至其他諸門學問，自現代以來，莫不充滿著歷史意識及社會意識，可謂無遠弗屆深植人心。

　　自辛亥革命以來，解決了政治權力根源的問題，擺脫了數千年來帝王專制的桎梏；於是社會開放、政治民主，百般問題因而變得明朗清晰起來。期盼當代新儒家當不再以深度及高度自限，而能向廣度開放。進而能秉其原具的批評與創造的動力，積極去面對社會及政治的苦痛與國家民族的危難；而此則必須能積極地面對自身潛存的糾結與困局，如實地加以批判及揚棄，從而獲得新生。最後筆者懇切的期望當代的中國知識分子能以其深摯的悲憫、高卓的人格及清明的理性，展開再啟蒙運動，為國家民族奮鬥。

第二章
當代新儒家在中國思想史上意義之檢討
——對一九五八年〈中國文化宣言〉的一個省察

一、前言

　　一般所謂的當代新儒家（New-Confucianist）是別於宋明新儒家（Neo-confucianist）及先秦儒家（Confucianist）而說的。❶但同為儒家，都強調修己安人，都同意內聖外王的主張。不過由於時代的更迭及思潮的衝擊，故三者雖同為儒家而仍有所不同。先秦儒家面臨的是周文隳墮、禮壞樂崩；宋明新儒家面臨的是佛老衝擊、人倫頹喪；當代新儒家面臨的是西風東漸、文化解體。大致說來，儒學之為儒學乃是實學，他所著重的是人倫的實踐，政治的實踐，任何的儒學理論都必得關連實踐，而不可袛是玄遠之想，謬悠之思，亦不可袛是分析論辯，戛戛然自鳴其高而已。

　　如同當代新儒家所指稱的，儒學源於一種「憂患意識」❷，這種憂患指的是

---

❶　張灝〈New Confucianism and the Intellectual Crisis of Contemporary China〉一文（林鎮國中譯，〈當代新儒家與當代中國的思想危機〉，收入《保守主義》，時報出版，1970 年）即作如是區分。又王邦雄〈從中國現代化過程中看當代新儒家的精神開展〉一文（收入氏著《儒道之間》，漢光文化，1985）亦作如是說。拙著〈當代新儒家述評〉（《中國論壇》13卷 10 期、11 期，1982 年）亦作如是說。這樣的說法已成為思想史上的共識。

❷　「憂患意識」一詞源於《易繫辭傳》「作易者其有憂患手」的「憂患」一語而來，率先由徐復觀先生所使用（見氏著《中國人性論史》〈先秦篇〉，第二章，頁 20，商務，1969

「憂道不憂貧」之「憂」，是「憂以天下」之「憂」，「憂患」是緣於「道」而來的，「道」指的是民族文化的綜體，是整個民族的倫理精神象徵，是形而上的道德實體，而之所以為此而憂，乃因為道乃是全民族之所以能存活的精神依據。換言之，憂患指的是憂天憂人，是一種從形而上界直貫人生界之憂。從思想史的角度來看，憂患意識的興起乃是面臨著意義危機（crisis of meaning）而生的。無疑的，當代新儒家亦是嚴重的感受到這個「意義的危機」，而苦心探索，欲謀一理論及實踐上的解決。

關連著「意義危機」及「憂患意識」如上述這般的為儒家定了位，我們將可更進一步的來審視與當代新儒家齊立而為三的另兩派傳統主義（traditionalism）或保守主義（conservatism）。一為康有為的儒教運動，一是章太炎的國粹學派。在思想淵源上，康有為的儒教運動源於今文學家的公羊學，此派代表著中國儒學傳統中極為高度的理想實踐性格，具有烏托邦（Utopia）的強烈傾向，主張政教合一，而其基本入路則是道德教化。然而康氏則又加上他個人的佛學體會，參酌了當時流行的生物進化論及社會主義的思想，想建立人間的理想國。康氏在所著《大同書》中幻想一個「無邦國，無帝王，人人平等，天下為公」的大同社會，強調以「不忍人之心」為進路，但其不忍人之心並不是儒學的，而是生物學的，在基本內容上他已另走了一條路。再者，國粹學派在思想上，淵源於乾嘉的考據，並結合西方的實證方法，他們著重的是資料的彙整和考據，並以為這是保存文化的方法。顯然的，康氏的儒教運動及章氏的國粹學派依當代新儒家的觀點看來都未能真正面對思想的危機——意義的危機而提出其合理的解決方式，他們的傳統（保守主義）方式多少是不切實際的。

當代新儒家之漸成一股勢力，並成為一個宗派，在思想史上當溯自一九二〇年代的兩次論戰，一是「科玄論戰」，二是「古史辨論戰」。「科玄論戰」顯示一種人生觀及價值觀的對決，更深入到存有的根本問題，而「古史辨論戰」則顯示學問方法的不同，事實上學問的方法與人生觀價值觀密切關連。當代新儒家方面參與論

年）。後來牟宗三先生亦如是用（見氏著《中國哲學的特質》第三講，頁 14-18，學生書局，1963 年）。

戰的主要人物則是梁漱溟及張君勱二位先生。大致說來,梁漱溟以其個人的生命體驗,認為科學本就含有有害的生命觀——粗糙的功利主義和過度的行動主義,這須要孔子的仁教所開展出來的中國精神文化來加以糾正,而更高層的宇宙道德實體則須得經由直覺和精神心靈才能證得。❸張君勱則以為生命的領域不是科學所能分析的,而世界可分為兩個真實的領域:一是自然的領域,一是人事的領域。科學提供了前者的知識之鑰,然而在後者的研究上卻無甚價值;關於人事領域,根本的了解是個人的、直接的、同情的理解方式,亦即是直覺的了解。❹梁張二人的基本立場雖仍有小異,但大致相同,他們的主張穩立了當代新儒學重視直覺及精神心靈的進路,而熊十力、唐君毅、牟宗三則更進一步完成了體系的建構。

就古史辨的論戰而言,當代新儒家學者一反國粹學派之強調以科學實證論的原則來整理國故,而認為像他們這樣的方法祇能重建傳統的外觀,但無法引導人們去把握存在於傳統核心的精神;相對於此,當代新儒家提出了直覺和體認的進路以為其學術方法學的基礎。

就學術方法及人生觀價值觀,梁漱溟、張君勱及熊十力三人已穩下了當代新儒家的基本方向。一九四九年後,梁、熊二人身在大陸,對當代新儒家沒有直接而有力的影響,但熊氏門人如唐君毅、牟宗三、徐復觀三人則繼承衣缽與張君勱結合而成為當代新儒家的主要人物,並於一九五八年發表了一篇〈中國文化與世界宣言——我們對中國學術研究及中國文化與世界文化前途之共同認識〉(以下簡稱〈宣言〉),這篇宣言可稱是研究當代新儒家思想性格及基本方向的最重要文獻,它廣泛地涉及了存有論、心性論、修養論、學問方法、文化哲學、歷史哲學及政治、科學等層面,而目的則在開拓中國文化的前途。

本文即欲通過對於〈宣言〉的理解,來探討當代新儒家,知其理論,明其意義,定其分位,審其得失,並以求教焉!

---

❸ 見梁漱溟《東西文化及其哲學》(臺北:里仁,1983 年)二、三、四、三章。
❹ 見張君勱著《我之哲學思想》,轉引自同註❶,張灝著,頁 377。

二、中國文化詮釋方法之檢討與重建

　　當代新儒家之所以要發表這篇宣言，基本上是相信中國文化問題有其世界的重要性，若中國文化不被了解則中國文化沒有將來，那麼全世界四分之一的人口將失去寄託和安頓。這一方面將招來全人類在現實上的共同禍害，而且全人類的共同良心之負擔將永遠無法解除。在飽經憂患之後，他們相信可以使精神從一種定型的生活中解放出來，而產生一超越而涵蓋的胸襟，去看問題的表裡及來龍去脈。也因此宣稱他們所要說的是：對中國文化之過去與現在的基本認識及對其前途之展望與今日中國及世界人士研究中國學術文化及中國問題應取的方向，並附及對世界文化及中國問題應取的方向，並附及對世界文化的期望。❺

　　強調中國文化有其世界的重要性，並從四分之一人口的生命而說中國文化之必得求了解求延續，這充分的顯示當代新儒家並不像學院裡的學者，祇作純粹客觀性的分析工作而已，價值判斷及終極關懷則留給學生選擇；當代新儒家們基本上企求自己的是一個儒者，是一個能影響人文，推動文化精神及道德實踐的儒者。如此一來，當代新儒家將自己的生命和整個民族的文化生命關連起來，並且認為這樣才能真正的對文化歷史、思想學術有真切的了解。

　　當代新儒家清楚的說明近代以來西洋人研究中國學術和其時代目的有密切的關連，和研究者的角色息息相關。約略說來可分為三大類：一是教士式的理解，二是漢學家式的理解，三是近代史學者的理解。

　　當代新儒家認為：教士們到了中國，主要為了傳教，故必得經由格義的方式，好使中國子民能接得上基督的信仰。大體說來，他們一方面強調中國詩書中所說及的上帝及中國古儒所注重的尊天敬神，但卻無視於中國文化的發展，甚至對宋明儒之重理重心的思想，極力的加以反對，甚至故意歪曲為理性主義、自然主義及唯物主義。而奇妙的是由教士們的不確切詮釋，竟使得當時（約四百年前）西方的無神論者、唯物論者蓬勃發展。當代新儒家們認為教士他們主要在援六經及孔子之教以反宋明儒、反佛老，因而他們對宋明儒學思想的介紹並不是順著中國文化自身的發

---

❺　見〈宣言〉第一節。

展，而是站在傳教的立場而說的。❻

　　以今日觀之，那時候，教士式的理解為了滿足其教義的實際須要，他們常常來個「取源而去流」，以為直溯源頭便可疏通儒學和基督教的根本困結，這樣子的做法分明無視於歷史的發展與衍變。他們宗教意識籠蓋了歷史意識，使得歷史意識黯然而不彰。相對來說，就時下而言，則較以前稍有改變。

　　漢學家式的理解則由於對中國文物之好奇心而起，近數十年來，他們已有些不可磨滅的成就，但他們並不能直接注目於活的民族之文化生命，他們和國故學派並無不同。至於近二、三十年來則又引生了近代史的研究，這研究最初乃由西方人士與中國政治社會之現實接觸及對中國政治與國際局勢之現實的關係之注意而引起，這種動機和漢學家式的理解不同，他們頗能將中華民族以一活的生命體視之，但由於他們太從現實政治的立場去追溯歷史源頭，故難免囿於一偏，而不能真正視中國文化之本質及次序發展。❼

　　當代新儒家對於時下各種研究方法之廓清，主要是想透顯一個恰當的研究方法，這個方法依當代新儒家看來必得平等對中國歷史文化之精神生命採取一肯定的態度。

　　當代新儒家強調中國文化正在生病，因病而生出許多奇形怪狀的贅疣，因而失去了原形，但病人仍有活的生命，故是治病而不是解剖研究。再者，文化之存活與否原是存於每一個人的主觀之心裡頭，也因此吾人的主觀之心要時時有「同情」、有「敬意」，如此才能醫治我們生了病的文化，絕不可衹是冷眼旁觀而已。當代新儒家強調人類之歷史文化不同於客觀的外在自然物，因此對一切人間事物的研究須得有敬意與同情，無敬意無同情則無真實的了解。敬意和同意可以增長吾人的智慧，使我們能夠透至表象之後，能超越我們個人自己主觀的生命心靈，而更進一步肯定尊重客觀的人類生命心靈。如此一來，敬意向前伸展一分，智慧的運用，亦隨之增加一分，了解亦隨之增加一分。❽

---

❻　參見〈宣言〉第二節。

❼　參見〈宣言〉第二節。

❽　參見〈宣言〉第三節。

　　值得注意的是，這裡所謂的「同情」和「敬意」並不是心理學的移情而是隱含著這道德的意涵，當代新儒家顯然相信道德的修養工夫頗有助於義理的理解。這樣的詮釋方法之主張看起來似乎頗玄，實者不然。因為當代新儒家強調要深入現象深處，洞達文化心靈，而且所謂的文化心靈即是整個民族的倫理精神象徵，而此亦是道德的形上實體，於人而言則是道德本心或道德主體。這樣一來，我們將道德本心和文化心靈、道德形上實體通貫為一，因此道德本心之自我朗現即是文化心靈之開顯，而此即是一種透過道德修養而來的詮釋方法。這種方法我們可以說是一種道德本體的詮釋，也可以說是一種本體的睿視（ontological vision）。

　　關連著這種「道德本體的詮釋」及「本體的睿視」，當代新儒家強調整個中國文化是一客觀的精神生命，而要了解此生命須得經由思想或哲學下手，由此而進入思想的核心，再一層一層的透出去，而不應祇從分散的中國歷史文物之各方面的零碎研究，再慢慢綜結起來。他們相信探求哲學思想乃是研究的中心，如此才能深入根幹，然後順著根幹延伸到千枝萬葉上去，然後才能從此千枝競秀，萬葉爭榮上，看出樹木之生機鬱勃的生命力量與精神的丰姿。當代新儒家即以此來比喻的說明中國文化的事實就如同基督教文化的以上帝為統，並反對「道統是思想統制」的說法。❾

　　如上所說，當代新儒家顯然同意「歷史就是哲學史」或「歷史就是思想史」這樣的說法。❿不過當代新儒家更注重一種道德生命的詮釋，因為以他們看來歷史如同人一樣是一個大生命，生命對生命的了解唯有靠體悟才可能，而既為生命則當求其發展並養此生命之人格，由生命而關連到人格，進而關連到道德。以道德為總綱而收攝生命、人格，及整個文化、歷史，這樣的方式在當代新儒家的系統中自始至終皆是如此，而亦即此而說道統。當代新儒家強調道統與其從一本性來理解中國文

---

❾　參見〈宣言〉第四節。

❿　G.W.F. Hegel (1770-1831) 認為歷史的寫作有三個層次，一是 original history，一是 reflective history，另一則是 phylosophical history。參見拙著〈詮釋與歷史——對黑格爾歷史哲學方法論的理解與感想〉（《鵝湖月刊》123 期，1985 年 9 月）。Hegel 這個主張影響了英國的新黑格爾派的柯林吾（R.G. Collingwood）所謂「所有的歷史都是思想史」（All History is history of thoughts）的方法論看法。

化歷史是一致的，道統與政統當然有所別，但中國歷史傳統上，道統與政統的糾葛與紊亂在此則未點明。但未點明歸未點明，當代新儒家們在這個節骨眼上是極為清楚的。在實踐上，張君勱先生便是一個好例子。除此之外，張、徐、牟三位先生在理論上亦都有甚大的貢獻。

三、重新穩立心性之學的重要性

　　當代新儒家強調中國文化決不衹注意人與人之間的倫理道德而已。中國文化所強調的倫理道德決不衹是表面上的規範，在一般的倫理道理規範之後有一宗教性的超越感情為其根底。而西洋人之所以不能了解到這一點，這一方面是因為他們沒有機會與能代表中國文化精神的中國人有密切的接觸，而他們亦衹看到中國人生活的浮面，且傳教士所接觸到的是中國之下層民眾，故衹看到民間流行的宗教性迷信而已，而在這種迷信中當然看不出什麼高級宗教精神。五四運動時代，具有影響力的思想家又都衹崇拜科學民主，在哲學上信奉實用主義、唯物主義及自然主義，因此他們亦強調中國沒有宗教。而反傳統主義者則專著重於僵化的形式禮俗，而後來的共產黨徒信奉無神論，故亦不希望中國有宗教，他們當然更自不見中國倫理道德之內在精神生活上的根據。❶

　　就當代新儒家的這些論述過程看來，顯然中國文化是有其層級性的，上階層者可以有很高的文化精神、宗教意識，但是下階層則仍是迷信的崇拜。換言之，上下階層的文化顯然有斷裂（discontinuity）存在，這個斷裂又如何縫補起來呢？這真是一個令人棘手的問題。但當代新儒家巧妙地避開了這個問題。但這問題幾乎一直困擾著我們，尤其現在的我們更為其所困。

　　當代新儒家亦說明了中國沒有西方意義的教會，也沒有宗教戰爭，但這並不能就說中國民族先天的就缺乏宗教性的超越感情或宗教精神而衹重倫理道德。相反地，由於中國文化的一本性，使得其倫理道德、超越感情和宗教精神結合為一。再者，倫理道德依儒者看來乃是實踐的學問，而此實踐是透裡透外，徹上徹下的，也

---

❶　參見〈宣言〉第五節。

因為他們為仁義之價值本身而付出一切，此即是宗教精神。就此宗教精神之得以顯現於人間世則又根於一天人合一的思想。當代新儒家又強調在中國，政治實與倫理及宗教結合在一起，而此即中國歷史文化之一本性，而從此一本性實亦可理解「政教合一」乃是一極自然之事。❷

當代新儒家認為「天人合一」思想的根本理由則在於「心性之學」，而此亦是中國學術思想的核心。然而近數百年來，心性之學卻黯而不明，此一則因為清朝考據之學，重文字訓詁而反心性之說；二則因為清末西化運動所羨慕於西方者為砲艦武器，進而及其科學技術、政治法制；五四運動，大張新文化旗幟，主張民主科學，對傳統文化大加撻伐，即林毓生先生所謂「徹底的反傳統主義」❸對中國文化稍稍有心的知識分子又以整理國故的方式來面對中國傳統，此雖與清學之訓詁考據合流，大談科學方法，但依當代新儒家看來，並未見及傳統文化之精髓。共產主義講存在決定意識，亦不喜歡講心性。其他對心性之學稍有所重的則是佛學家，像章太炎等，他們是從佛學來接泊儒家的心性之學的。但佛家的心性之學重在觀照冥會，這並不同於儒學心性之學重在良知覺醒。❹

心性之學是中國傳統中極為特殊而最為重要的產物，是中國文化之精髓，儒釋道三教都各有其心性之學，宋明儒所爭者亦在此而已。大體說來，宋明儒認為不管佛之「止觀」或是道之「觀照」都是鏡照，而儒家所說則是「龍惕」，是「一念自覺，自我作主」。佛道所說是「寂照」，而儒則說「寂感」。❺從北宋初年，周、張、二程，經南宋朱、陸等人，乃至明朝陽明學派、及至明末清初的黃宗羲、王夫之，一直延續到當代新儒家，其所爭論的仍然在此。當代新儒家肯定所謂的心性既是道德主體，亦是形上實體，它是具有創生性的，是具有實踐力的，它是以人為根

---

❷ 同註❶。

❸ 見林毓生著〈The Crisit of Chinese Consciousness〉Chapter 2, Chapter 3.（臺灣：全國出版社印行，1979 年 3 月）。

❹ 參見〈宣言〉第六節。

❺ 「鏡頭」與「龍惕」二者的對比，牟宗三先生以之來說明佛老和儒家的根本異趣。「龍惕」一語的「龍」象徵乾健之德，惕則指一念自覺。「鏡照」一語的「鏡」指的是心官如鏡，而「照」則指心鏡之照，是觀照之照。

本的，它肯定整個人文世界，並且認為人才是世界（包括自然世界）的主人。

　　換言之，當代新儒家相信從孔孟乃至宋明儒的心性之學是以人道德實踐作為基礎的，同時是隨著人的道德實踐生活的深度而加深這門學問的深度。由這門心性之學可包含一形而上學，這形而上學並不同於西方傳統之形而上學。傳統的形而上學在探尋宇宙的終極實在及其客觀的構造組織；但儒家心性之學所涵攝的形而上學則是道德的形上學（moral metaphysics），這近乎康德所謂的形上學，是為道德實踐之基礎，亦由道德實踐而證實的形上學。

　　由於強調心性之學的實踐性格，當代新儒家宣稱「這種學問，不容許人只先取一冷靜的求知一對象，由知此一對象後，再定我們行為的態度」，而是要「依覺悟而生實踐，依實踐而更增覺悟，知行二者，相依而進」。顯然地，這裡所謂的知是覺悟，覺悟良知之自我作主，而發為實踐，實踐即是行，知行為一。由於強調知行合一，故心性之學不可懸空去擬議其無限量，而只可落實於倫常日用，透過倫常日用的實踐，無限之事物自然展現於吾人眼前，吾人關切之參贊之，以印證吾人與天地萬物實為一體，而更由此印證而說此心此性同時即通於天，於是人能盡心知性則知天，人之存心養性亦即所以事天。❻

　　簡言之，儒家的心性之學強調「實踐之行」與「覺悟之知」相依互進，認定外在的一切道德實踐行為必得根於吾人之心性，而此心性即可以達天德、天理、天心而與天地合德，與天地參，所謂「天人合一」亦在此心性之學的規模之下才能講。通過這樣的釐清與說明，當代新儒家說「今人如能了解此心性之學，乃中國文化神髓之所在，則不容許任人視中國文化為只重外在的現實的人與人之關係之調整，而無內在之精神生活及宗教性形上性的超越感情之說」，「此心性之學，乃通於人之生活之內外及人天之樞紐所在，亦即通貫社會之倫理禮法、內心修養、宗教精神，及形而上學等而一之者。」相較於西洋文化中的希臘傳統、希伯來傳統及羅馬法制倫理傳統，中國儒學於三者皆不類，這是值得我們去注意。

　　如上所述，清楚地可看到當代新儒家強調心性之學是中國文化之神髓，是中國文化之倫理精神的象徵，是重新點燃中國文化，照亮中國的打火石。「心性天」通

---

❻　同註❺。

而為一的強調給人的感覺似乎玄奧，實則不然。當代新儒家強調的是要把一切外在的世界收歸於內在的本心，要把普天之下的事物納入一己的道德實踐。收歸本心強調人之能有自主性，納入實踐則主張人之能有創造力，整個世界即由人所主宰所創造。

從上所述可知，當代新儒家繼承了宋明理學（尤其是陸王之學），認為宋明儒學乃是中國儒學的高峰，而其所以建立的心性之學是中國文化之神髓。但當代新儒家並不止停留於心性之學的範圍而已，他們更進而把中國文化置於世界文化的體系之中去審視其應得的地位，並關切到政治的問題，檢討中國歷代政治的根本困結，並試圖能為民主政治找尋一恰當而合理，且又根於傳統的基礎。

四、主體的轉化之創造

肯定心性之學的重要，當代新儒家復以此心性之學來詮釋歷史文化，照亮歷史文化。他們肯定中國乃是一文化歷史長久，而又一向能自覺其為長久的唯一現存的國家。中國之所以長久，乃因為中國學術思想中有種種自覺的人生觀念，以使此民族文化之生命，能綿延長久而不墜。這裡所謂的「久」，在中國極早的古典作品中即已清楚的表現出來，如儒家的《易傳》、《中庸》有所謂「可大可久」及「悠久成物」的觀念，老子書中要人效法「天長地久」及「深根固柢，長生久視」的觀念。由於為了長久生存，道家提供了一套「不自生故能長生」、「後其身而身先，外其身而身存」這種「以退為進」的思想，它能使人達於自然的生命力之生生之源，而保持長養人的自然生命力。**⑰**

就儒家而言則強調用德性去潤澤人自然身體的生命，也就是所謂「德潤身」、「心廣體胖」，這是一種「寬柔以教，不報無道」的方式，它能徹底變化我們自然生命存在的氣質，能使人自然身體的態度氣象有所變化而成為一雍容的德性象徵。當代新儒家認為西方倫理學所談的道德規則、道德行為、道德的社會價值、道德與宗教關係都不及儒家之直接面對生命，通透心性，並上及於生生大化之源的天。換

---

⑰ 見〈宣言〉第七節前半段。

言之，當代新儒家所強調的道德不衹是人與人之間的倫理規範及此規範之所以然的理而已，道德之所以為道德必得與於心性天理，必得融入到整個宇宙大生命之中。道德學於當代新儒家而言是通過全幅的生命哲學而展拓的。

值得注意的是，當代新儒家並不同於近世的生命哲學家如柏格森（H. Bergson）等，因為生命哲學家所說的生命畢竟還是從生物學的層次（或更進一步的加上一些類擬的洞見）（analogical insight）來說的生命，此不同於儒家之從道德而說生命。所謂從道德而言生命，是說人之能自反自省其心性之根源，而悟此根源乃一道德創造實體，是宇宙大化的根源，再由此大化根源而開展一鳶飛魚躍的世界。在這樣的世界裡，我們勢將看到道德與美學融而為一，人與天地萬物交融為一體。就是這種道德與美學的情懷使得中國民族涵泳於天地之間，歷劫而不衰，悠久而無疆。

由道德及美學之情懷，儒家之學不衹表現在自然世界的潤化而已，尤要者，儒家之學強調的是人創造了一個人文的世界，此人文的世界包括了歷史世界及宗教世界。中國民族重子孫的護育培養，這便充滿著歷史的智慧，並極注重宗祀的思想。宗祀的思想使中國民族的繁衍和宗教的智慧結合在一起，所謂的「興滅國、繼絕世」便清楚的表現了中國人宗教智慧及歷史智慧的融合，而融合的凝聚點則在整個民族的生命上，而整個民族的生命實又座落於人的心性主體之上。明顯地，當代新儒家是以「心性主體」為其文化哲學、歷史哲學乃至其他各個哲學面向的根據的。

經過了以上的疏清，我們便會將諸如以種族本能及保守習慣等類名詞來詮釋中國歷史文化的方式揚棄掉，而肯定中國人文化之可大可久，正因為其心靈是上通千古，下通萬世的。❶❽

顯然地，當代新儒家是以整體論式的基點來詮釋歷史文化的，他既肯定了心性之學乃是中國歷史文化之精髓，並以此來詮釋中國之歷史文化。但這並不即是說他衹以心性之學來涵蓋歷史文化，而無視於歷史文化中其他各個面向的重要性，也不諱言中國歷史文化是有所缺的。由於從整體論式的基點看歷史文化，故當代新儒家免去了一種原子論式的拼湊。當代新儒家一方面認定「中國有通哲學道德宗教以為一的心性之學，而缺西方式獨立的哲學與宗教」，而他們也不採「加添法」以擴大

---

❶❽　見〈宣言〉第七節。

中國文化理想。他們相信應當做的是「指出中國文化依其本身要求，應當伸展出的文化理想是什麼」。❶⓽

　　相反於「加添法」，當代新儒家似乎強調一種轉化（transformation），而這種轉化是繫屬於主體的轉化。他們說：「要使中國人不僅由其心性之學，以自覺其自我之為一『道德實踐的主體』，同時當求在政治上，能自覺為一『政治的主體』，在自然界、知識界成為『認識的主體』及『實用技術的活動之主體』」，而之所以須得如此乃因為中國需要真正的民主建國，亦需要科學與實用技術、中國文化中須接受西方或世界之文化。⓴顯然地，這種主體的轉化實隱含了一種創造，或者說寓創造於轉化之中，而所謂的轉化實已先預取了它是必然可能的、是實踐上可以做出來的事。事實上當代新儒家乃是以一種實踐的優位性的哲學信念滲入其中國歷史文化的詮釋之中，而強調一種主體的轉化的創造（subject-transformative creation）。㉑

　　當代新儒家承認中國文化歷史中缺乏近代意義的民主及科學，但卻認定中國之文化思想具有這些種子，亟待開發。他們認為問題的癥結在於中國思想過分的重道德的實踐，因而不能暫時保留對於客觀世界的價值判斷，往往即從價值判斷過渡到內在的道德修養與外在的實際的實用活動，此即由「正德」直接過渡至「利用、厚生」，而從「正德」到「利用、厚生」之間少了一個理論科學的擴充以為媒介。這樣一來，正德之事亦不能通到廣大的利用厚生之事，而祇退卻為個人的內在之道德修養。就壞的一面來說，這使得道德主體向外通的門路被閉塞住了，而主體自身亦因之而寂寞與乾枯。就中國思想史上來說，明末清初的顧黃王三大儒雖亦注意及此問題，要求道德主體向外通的重要性，但清代儒學之向外通並未做好，他們祇重視

---

❶⓽　見〈宣言〉第八節。

⓴　同上，第八節。

㉑　「主體的轉化之創造」（subject-transformative creation）一詞和「創造的轉化」（Creative transformation）意義頗接近，但仍須揀別。大致說來，後者是「現代化學派」的學者們經過一番爭論之後而提出的一個詞，它用來說明中國文化的傳統與現代化如何接榫的問題。「創造的轉化」是說明吾人當立基於現在，而對於傳統的資源有所開發，並配合現代，而達到一種創造，並以此創造來轉化中國之傳統。「主體的轉化之創造」則認為經由主體自覺的轉化，而且主體本身就有這種自覺及轉化的可能。經由自覺的轉化而達到一種創造，這樣的創造其根源是主體，它本為主體所涵。這個論點是「傳統主義」的路子。

考證訓詁，終而使得精神僵固於文物書籍之中。如此一來，內既喪失宋明儒所強調的道德主體，外亦不能正德以利用厚生，故造成更大的閉塞。而這問題的癥結即在中國缺乏西方理論科學之精神媒介。❷❷

　　關連著前段我們所提到的「主體的轉化之創造」，當代新儒家強調「中國人不僅當只求自覺成為一道德的主體，以直下貫注於利用厚生，而為實用活動之主體，更當兼求自覺成為純粹認識之體」。❷❸道德主體之要求建立它自己兼為一認識的主體，這必得暫忘它是道德的主體及實用活動的主體，如此步驟是極為困難的，但惟有經由這個歷程，道德主體才能暫時退歸到認識主體之後而成為認識主體的支持者，一直到認識主體的任務之後，再行道德主體的任務，再引發實用主體的活動。像這樣子，人的道德主體成為能主宰自身的進退，並有轉化創造的能力，這才是最高的道德實體，才是兼含智與仁的「大仁」。相應於這種道德主體的轉化之創造，當代新儒家強調中國的歷史文化，除了原先的道德之統以外，須得有獨立的學統之建立，而學統之建立並不是外在所新添加的，而是中國歷史文化思想中的道德精神，自身的內在要求及升進。❷❹

　　從「主體的轉化之創造」的主張中，我們明顯的看出當代新儒家強調一種思想啟蒙及喚醒主體的重要性，但他們並未將此落實為一種人性的改造。因為他們相信，人性是不可以強制改造的，人性必得在文化思想及時代風氣的陶養之下才得有所升進及轉化，而這問題的根源在於對中國文化傳統的釐清及重新樹立自家文化的倫理精神象徵（Ethico-spiritual　symbolism）。從張君勱、梁漱溟之後的熊十力、牟宗三、唐君毅諸位先生莫不戮力的從事這一項工作。❷❺大致說來，張君勱、徐復觀強

----

❷❷　見〈宣言〉第八節。

❷❸　同註❷❷。

❷❹　見〈宣言〉第八節，末段。

❷❺　張、梁二人對於文化哲學的貢獻較多。梁著《東西文化及其哲學》、《中國文化要義》。張著《明日之中國文化》對梁著頗有補偏救蔽之功。而張著《新儒家思想史》上下二卷，疏通宋明清三代的思想，並為當代儒學探求了新的方向，他認為「儒家在方法、新路線及與西方思想方式相調和的精神，早已有了改革運動」，並指出中國思想有三大特質，一為知識與道德的並重，二為文化的賡續性，三為和諧整體性。（見氏著《新儒家思想史》（下），頁371、372）。而熊著《新唯識論》所謂的「性智」及「量智」即隱含了主體轉化之創造的意

調經由政黨政治去落實這個工作，梁漱溟則強調經由鄉治運動去達成這個目標，而熊、唐、牟諸人則較著重理論的構造及創發。在行動或有所異，但精神上則是一致。

五、民主政體的肯定

當代新儒家之不同於一般的傳統主義者，此於其政治態度及對中國政治史之理解尤其可見出其區分。他們不走託古改制的路，也不走與現實政權妥協或結合的路。他們清楚的看到傳統政治的缺失之癥結乃在於權力根源未得合理解決的問題，此問題從早期的貴族封建政治，自秦以後即一變而為君主制度，此制度延續二千餘年，直到民國建立才有了「旋乾轉坤」的改變。民國者，萬民之國也，以民主政治制度而建立之國也，權力根源在於萬民之國也，權力須得經由民主政治制度之運作而由全體人民所決定所認可之國也。

不同於西化派者之認定中國本來就祇是專制及由專制帶來的無限黑暗，而中國文化亦都是此專制政治的附庸，西化派認定儒家亦是帝皇專制的幫凶；當代新儒家肯定中國文化之精神價值，認定中國文化中隱含了民主的種子，亦認定民主政治乃是中國政治發展的內在要求。

就政治思想的層面來說，儒家即強調「以民意代表天命」，因此奉天承命的人君須得對民意尊重，亦必經過民意的考驗。再說，史官的秉筆直書，人君死後的諡法等皆使人君的行為有所顧忌。而宰相制度、御史制度及徵辟、選舉、科舉制度等亦能使得君主在政府內部之中的權力受到限制。由於帝王受到精神及道德上的限制，因此使得他要透過中央的政府機構與社會鄉野溝通，而保住其帝位。但無可否認的，君主是否尊重以其自身為主而放射出來的制度，這祇繫於他自身的道德良知，就此而言是無力的、是軟弱的。當代新儒家認為由於君主制度缺乏了一能為君

義，此義後為其弟子牟宗三所發揮，而體系之完成則可見牟著《現象與物自身》一書。唐著《生命存在與心靈境界》一書則頗似黑格爾《精神現象學》（*Phenomenalogy of Spirit*），而說主體層層之轉化升進及創造等等。

主與人民所共認的根本大法——憲法——因此中國知識分子仍可被君主及其左右加以利用，或壓迫、放逐及屠殺；在這種情況之下，中國的知識分子祇能表現為氣節之士。❷⑥

　　當代新儒家認為由氣節之士正對比反顯出中國之政治制度須得有所轉化的創造及開展——「僅由政府內部之宰相御史等對君主權力所施之限制，必須轉出而成為：政府外部之人民之權力，對於政府權力作有效的政治上的限制。僅由君主加以採擇與最後決定而後施行之政治制度，必須化為由全體人民所建立之政治制度，即憲法下之政治制度。將僅由篡竊戰爭始能移轉之政權，必須化為可由政黨間作和平移轉之政權」。簡言之，「中國政治必須取消君主制度，而傾向於民主制度之建立。」❷⑦

　　當代新儒家所強調的政治體制顯然是民主的，而且是有兩個政黨以上的民主，政黨與政黨能夠合理競爭的民主，能夠以「數人頭」代替「打破人頭」的民主，就這點而言與自由主義（Liberalism）者的想法是一致的。所不同的是，當代新儒家不祇著重政治上的人權的自由，而且更強調道德與精神這個層面的自由，並認為此乃一切自由之根本，而中國文化思想亦有豐富的資源來證成此自由的重要性。❷⑧

　　當代新儒家認為中國文化中的儒道二家之強調無為而治、為政以德，這都顯示他們意識到對君主權力抑制的重要性，但問題是這根本祇是對君主的一種道德上之期望罷了。儒家雖推尊「堯舜禪讓」，也贊揚「湯武革命」，這說明了「天下非一人之天下，而是天下人之天下」及「君位是可更迭的」，但由於儒家之未知如何以法制來成就此君位之更迭以實現人民的好惡，結果其「禪讓之說」反成為「篡奪的

---

❷⑥ 中國歷史上，氣節之士愈多的時代，往往是政治最黑暗的時。比如東漢末年的「黨錮之禍」、明末的「東林黨禍」，死者眾多，此充分的顯示儒家不畏死的抗議精神，而此抗議精神實烘托對比出中國傳統帝皇專制是極不合理的，當代新儒家於此認識體會甚深。

❷⑦ 見〈宣言〉第九節。

❷⑧ 關於「自由」一詞之討論，請參見張佛泉著《自由與人權》一書，頁 19-23。張君勱認為自由可分兩個層面，一是精神上的自由，此是自由的取消派。另一則是人權上的自由，此是自由的積極派。他認為此二層自由宜區分開來，尤其不宜受前者的炫惑，但當代新儒家則認為自由雖可區分此二層次，但前者實為後者之基礎，兩者根本不相悖。

假借」，而「湯武革命之說」反成為群雄逐鹿，並起以打天下的局面。然而篡竊歸篡竊，藉口歸藉口，中國文化中所強調「天下為公」、「人格平等」的思想則是民主政治思想之根源及種子。就民主憲政的今日已不再是「皇上聖明，臣罪當誅」的時代，人民大可對無道的政權喊出「人民聖明，君罪當誅」。換言之，當代新儒家強調「道德上之天下為公、人格平等之思想，必然當發展至民主制度之肯定」。❷⁹

民主政治制度，依當代新儒家看來不祇是政治體制的轉變而已，不祇是政治之事而已，更重要的是它有助於人之可以成為一個德性的真實，卓然的自立於天壤之間。關連著人之為一道德的存有，儒家自古即強調「德化政治」，但由於君主專制使得人之作為一個道德主體並不能充分的展露其道德的光輝，而必須委身於君主之下，而祇能是被動的接受道德教化，嚴格說來在君主專制之下，人根本難以充分的穩立其道德主體。當代新儒家認為，在民主憲政之下，人才能真正的樹立其道德的主體，而達到一交光互網的德化，這樣的德化才是真正的德化，才能進於一真正的民主政治。換言之，民主政治乃是強調心性之學，強調道德主體的中國文化必然的要求，通過這個要求的轉出，中國文化所強調的道德主體才得充分的開展。民主政治的施行實是中國文化中天下為公的理想之具體表現。

當代新儒家肯定民主政治的施行乃是中國文化必然的發展，是道德充極而盡的合理表現，並以此觀點來審視中國現代政治史的發展，進而肯定中華民族必當以民主政治為其依歸。就歷史的表象觀之，從民國初年以來，袁氏帝制，張勳復辟，緊接著十餘年的軍閥割據，到民國十七年國民革命成功，緊接著近二十年的訓政時期，抗戰勝利後行憲不久即有共產黨之取而代之而大陸淪陷，這似乎說明中國政治一直不能真正走向民主憲政之路。但當代新儒家認為並不可因此表象即懷疑中國人民之不要求民主，或者中國民族根本不適合民主；相反地，在這歷史表象後面正隱伏著一股強大的民意，不過這股民意被假借被篡奪了而已。像袁氏帝制、張勳復辟亦都得偽造民意，但顯然民意是不可偽造的，因此他們亦都極快的遭到了失敗的命運，而訓政的目的本是憲政，至於共產黨的專政仍得貫上「人民民主」之名，這在

---

❷⁹　見〈宣言〉第九節。

在證明「民主」觀念之不泯於人心。❸

　　民主觀念雖不泯於人心，但並未得到一恰當如理充極而盡的發展，這乃因為中國民族之推翻滿清實肇因於民族意識的覺醒，覺醒到在滿清腐敗的統治之下，中國民族將淪為「次殖民地」（孫中山先生語），故必得推翻滿清建立民國。但顯然的，「民主共和」在中國當時的知識分子的心目中仍是一種理想的觀念而未能有具體而落實的社會條件，也因此未能達到西方近代意義的民主。民主乃是由於社會之各組織各階層之利益互相限制、互相爭取而成立，民主乃是政治權力資源如實而合理的恰當分配。換言之，民主雖然是人類文化的崇高理想之具體表現，但就歷史發生因的觀點來說，民主是經過無數的實際調整而慢慢形成的，這過程是極為艱辛的，它的基本性格是實在論的（realistic）或是經驗論的（empiricistic）而不是一種烏托邦式的（Utopian），也不是一種過度的理想主義的（idealistic）。

　　由於中國傳統型的知識分子是一種「憂道不憂貧」的知識分子，他們多少有些烏托邦及過分理想主義的性格，因此未能落實為某一組織或某一階層的知識分子（intellectuals），他們代表的是「義」而不是「利」，他們著重的是「義之當為」，而不是「利之折衝」。❹這個性格本具極高度的批評及抗議精神，但可惜的是由於他未能與具體的階層結合，因而易散失而不能凝聚得住，他們的凝聚端靠知識分子之道德良知的自覺發用而已，道德良知一不發用則這些傳統型的知識分子頓時蜉蝣無根而最後終為現實勢力所利用所假借，袁氏帝制乃至曹錕賄選皆因此而來。

　　正因為傳統型知識分子蜉蝣無根而成為現實政權的幫傭，但一方面他們又強調

---

❸　見〈宣言〉第十節。

❹　一般說來，知識分子這個詞有兩個不太相似的意義，西文中亦有兩種指稱，一是 intelligentsia，一是 intellectual。前者相當於中國傳統的「士」，所謂「士以天下為己任」，所謂「君子憂道不憂貧」。Intelligentsia 所關心的是文化層次、精神層次，其思考方式是整體論式的（holistic），具有本質主義（essentialism）的傾向，有強烈的烏托邦性格。而後者則相當於近代意義西方的各個階層或團體的知識分子，他們是立基於一具體的結構而為其階層或團體發言，他們著重的是政治的層次及經濟的層次，其思考方式大體說來是個體論式的（individualistic）或原子論的（atomistic），強調一種點滴工程（a piecemeal engineering）。關於此區分 Karl Popper 在《Open Society and its Enemies》及《The Poverty of Historicism》二書中論之甚詳，以上之說明乃本於此。

中國文化的重要性，這使得新型知識分子認為要實行民主必得反對這群傳統型的知識分子，甚而必須反對中國文化。因為中國文化依他們看來正是傳統型知識分子的護符，也是軍閥的幫傭。由於錯看了傳統文化而徹底的反傳統，因而強調民主是徹底的舶來品，如此一來民主無得生根，而傳統文化亦已失喪。再加上帝國主義及資本主義的侵略，使得中國陷入一嚴重的困境之中，新型知識分子於是乞靈於馬克斯主義，想借用此來打擊資本主義及帝國主義，好使中國能獨立的站立起來。當代新儒家具體的指出此不祇共產黨徒如陳獨秀者如此，即如國民黨徒胡漢民及廖仲愷等皆如此，換言之，馬克斯唯物史觀的氣息是蔓衍於那個時代的，而在這個氣氛的底層則是民族主義或民族意識的。❸

更弔詭的是，憑藉中國民族意識這面旗幟所扮演著，而民主要求亦因之而成為配角，甚至淪為民族主義的附庸或奴隸，而人民為了自己族群、民族種性的穩立，亦暫時能忍氣吞聲，甚至認為這樣的做法是應該的、是神聖的。可惜的是，在崇高而神聖的民族感情的覆蓋之下，竟被歪曲篡竊，寧不可歎！

當代新儒家根據中國文化而擬出一套政治的最高原則，認為政治必須肯定有普遍的人性；必須保障人的個體性，尊重個體性的自由；而且以中國文化的發展而言，必得由道德主體而轉化的創造以開出政治主體及知性主體及實用技術的主體；由道德的主體自由，進而強調人人有其政治主體的自由；而且權力根源及王位均得合理的解決。根據這些原則，當代新儒家認定凡違反民主的專政勢必敗亡。簡言之，當代新儒家肯定「中國文化之客觀的精神生命必然得向民主建國之方向前進」。❸

如上所述，當代新儒家強調從文化心靈及道德主體之「轉化的創造」來說明民主政治乃是文化之事，乃是道德之事，顯然的，他們希望能將近代西方意義的民主政治融會於中國傳統之中，一方面使得中國的民主政治能夠茁壯，另一方面則亦期望民主政治得中國文化之滋潤而能有一「調適而上遂」的發展。

---

❸ 請參見〈宣言〉第十節，後半段。
❸ 見〈宣言〉第十節，最後一段。

六、結語

　　當代新儒家並不是故步自封的保守主義者，他們一方面掘發了中國文化的精神價值，另一方面則是正面的面對了西方的文化，審視其特點，認識其缺憾，一方面對它充滿著期望，另一方面並強調它們須得向東方智慧有所學習。

　　依當代新儒家看來，西方文化精神的最高表現乃因彼承受了希臘的科學哲學精神、希伯萊之宗教精神以及原始樸質的靈魂。一方面能通接於唯一而無限神聖的上帝，另一方面則能依一普遍的理性來認識自然的世界。從文藝復興、宗教改革，乃至啟蒙運動，一直到美國革命、法國革命、產業革命、黑奴解放及殖民地獨立，這在在顯示一種人格尊嚴的自覺及一種求精神上自由的要求，正因如此使得一、二百年來的西方文化，突飛猛進，而世界一切古老之文化皆望塵莫及。相應於這些突飛猛進的途程，產生了一連串的戰禍與紛爭，如宗教戰爭、民族國家戰爭、勞資對立、帝國主義者對於弱小民族的壓迫，為爭殖民地而引生的帝國主義戰爭。正由於西方人在膨脹其文化力量時已隱含一強烈的權力意志、征服意志，因此引起被征服者的反感。而權力意志、征服意志祇是表面的，在底層上則因為西方人祇是運用以往的理性，而想把他們理想中的觀念，直下普遍化於世界，而忽略了其他民族文化的特殊性，故不能對其他民族文化起一敬意或同情的了解。西方人常受制於希伯萊的宗教傳統，認為上帝已預定了這個世界，而他們則是選民，選民有義務為上帝推展其意旨，遂而將西方文化的精神推展於世界上，看似仁慈，結果形成一種以西方人為主調的「寡頭的普遍」，由這種「寡頭的普遍」而導生無限擴張論的主張，衝突及戰禍便無得避免了。❸❹

　　當代新儒家認為西方文化優點甚多，然而如今實已面臨莫大的困局，此困局導因於西方文化所含的「寡頭的普遍」所造成的執滯不放，一往不復的緊張狀態、暴烈狀態。西方文化若欲其可大可久，並導引人類走向理想之境則須得向東方的人生智慧學習。〈宣言〉中舉出五點：一是「當下即是」之精神與「一切放下」之襟抱。二是「學習把普遍者融入特殊以觀特殊，使普遍者受一特殊之規定」這樣子的

---

❸❹　請參見〈宣言〉第十一節。

「圓而神」的智慧。三是一種溫潤而惻怛或悲憫之情，此即以「敬」而輔西方人所說之「愛」。四是學習洞達宇宙生生之源，必其能上通千古，下通萬世的文化悠久之智慧。五則是養成天下一家之情懷，並認為儒家之成德之教應為其根柢。就此五點而言，顯然地可看出當代新儒家強調從人生態度來轉化西方文化目前的緊張暴烈狀態。因為當代新儒家認為文化乃是人之精神主體所造的，故人生態度必然的關連到文化上頭，祇要人生態度有所緩和、有所更改，則其所創造之文化亦有所變易矣！

相應於上述所提出的五點人生智慧，當代新儒家將中西文化比觀，而主張「人類應通古今之變，相信人性之心同理同的精神來擔負人類的艱難、苦病、缺點和過失，然後才能開出人類的新路」，正因如此，他們提出三點呼籲，一是要整體的來看人類的問題，此除了客觀而冷靜的專門研究之外，人類還須發展出一大情感以共同思索人類整個的問題，如此才能對於不同的民族文化加以敬重及同情的了解，對人類的苦難也才有一真正的悲憫和惻怛之仁。二是要將人如其人而以一主體之存在視之，此是中國儒家立人極的學問，並宣稱唯有立起人極，人能以其主體之身分存在而真正自我作主，人才能真正承擔起人類所造之文明世界而不致疏離及異化（alienation）。三則是期望以西方文化之所含的希臘文化中重理性的精神、重自由的觀念、羅馬法中的平等觀念、近代西方的民主精神以及希伯萊的宗教精神等等，與東方文化所含之天人合德的宗教智慧、道德情操、成聖成賢的心性義理之學，以及圓而神的智慧、悠久無疆的歷史意識、天下一家的理想情懷真正的會通。❸並認為此真正的會通實繫屬於「主體的轉化之創造」（Subject-transformative creation），層層的超化昇進以達於神明之境，步步的開展而臻於人之能為一頂天立地之人，人能以其主體身分存在之人，此則是世界大同之境。

顯然的，當代新儒家以其整體的宏觀頗能見及西方文化及人類當前的困局而提出其懇切的呼籲，不過值得注意的是當代新儒家所重視的是人生態度，及歷史文化背後的精神實體，以及相應於此精神實體的每一個具有主體身分的人。當代新儒家強調一種「主體轉化的創造」以開展自家的文化，並以此期待於世界的文化。而彼

---

❸　請參見〈宣言〉第十二節。

之所以強調一種「主體轉化的創造」則因為他肯定中國的心性義理乃是中國文化的神髓,而中國之心性義理則是具有人性身分的人之主體所必含的。換言之,心性義理乃是根源於道德主體的。就心性之學而言,道德主體之為道德主體同時是宇宙生化的形上實體,是自然界人文界的總源頭。對道德主體的肯定與此道德主體之自我證悟即是對於宇宙生化的了解,同時也是人間禮文歷史文化的詮釋,再加上一種整體論式的宏觀本質論式的掌握,當代新儒家將道德體證、與形上本體的睿視及對歷史文化的詮釋結合在一起。結合的關鍵在於其獨特的生命哲學,認為生命哲學乃是一切哲學思想、歷史文化的根本,而生命哲學所要面對的則是人如何正視其生命、貞定其生命,使其生命能經由道德之潤化而得到一調適而上遂的發展,生命哲學即是道德哲學。

如以上數節所述,當代新儒家實繼承了宋明的心性之學,並以此為中國文化之神髓,並力圖掘發闡揚。他們從此立場去看中國文化當前所面臨的問題,強調對中國歷史文化須得有敬意、有同情的理解,而展開了一種與道德結合在一起的「道德本體的詮釋」(moral ontohermeneutics);而「道德本體的詮釋學」必得肯定道德主體的重要性。當代新儒家因應當代西方文化的衝擊,認為要達到民主建國及科學發展,故中國文化及在此文化中生長的中國民族須得有所進展,此即是「主體的轉化之創造」(subject-transformative creation)。

從「道德本體的詮釋學」到「主體的轉化之創造」此是貫通而一致的,它在在顯示出當代新儒家是「從主體來統攝系統,從意義來生發結構」。❸而這樣的方法或有所不足,但無疑的,在當代中國思想史中,能卓然自立,且能返本溯源,承先啟後而想大有作為的,當代新儒家的情懷是令人激賞的,而其成就也是大家所有目共睹的,至於其限制則是後起者該當承擔的責任,踏著前人的軌跡前進。要有歷史感,而不輕責先賢之不足,要有理想方向,不以現實之自保為安。(欣逢張君勱先生百年誕辰,謹以此文紀念,並就教於參與盛會的前輩先生們。)

---

❸ 請參見沈清松〈哲學在臺灣之發展(1949-1985)〉,《中國論壇》241 期,1985 年,10月,臺北。

第三章　熊十力體用哲學之理解與詮釋

——以《新唯識論》〈序言〉〈明宗〉
為核心的展開

一、熊十力哲學的省思起點

　　熊十力哲學之具有革命性的價值在於他總結了中國哲學的傳統，而第一個以系統性的哲學語言提出一整體而根源性的探問。這樣的一種探問使得中國哲學進入到一新的可能性。

　　我這樣的一個說法是說：熊十力提出了一個極為重要的哲學模型——體用合一論，來作為哲學的原型。❶這樣的一個哲學原型可以參與到當前的哲學舞臺之上，成為中西哲學匯通的一個要道。在某一個意義下，熊十力的哲學是前現代的，但這個前現代的哲學內容卻有著一個後現代的規模。❷相對而言，熊十力的高足——牟

---

❶　陳榮捷在所著《中國哲學資料書》（*A Source Book in Chinese Philosophy*）中介紹當代中國哲學以《當代唯心論新儒學——熊十力》與《當代理性論新儒學——馮友蘭》並舉。陳瑞深於〈譯註〉中，繼續深化其理解，以為熊十力的「體用合一論」乃是一「唯心論的本體——宇宙論的形而上學」，相對來說牟宗三先生的《現象與物自身》則是一「唯心論的本體——現象論的形上學」，陳瑞深對此作了極詳盡的說明。筆者以為這些語詞仍不能盡其全，故仍以「體用合一論」之名來稱呼熊十力的學問。以上所涉陳氏的論點，請參看陳榮捷原著《*The New Idealistic Confucianism: Hsiung Shin-li*》。陳瑞深譯註《當代唯心論新儒學——熊十力》，收入羅義俊編《評新儒家》，見頁415，上海人民出版社，1989年12月。

❷　見林安梧著〈實踐的異化及其復歸之可能——環繞臺灣當前處境對新儒家實踐問題的理解與

宗三則是現代的，他所採取的是批判與安立，他通過康德的方式為中國哲學的重建立下了一個現代哲學的規模，但這樣的一個規模是以超越的二分說為格局。對於這二分的解決方式，牟氏仍然採取的是中國傳統的哲學智慧，或者更直接的說是承繼他的老師的。❸

　　大體說來，牟先生經由「現象」與「物自身」的超越區分所建立的體系，到底比熊十力的「體用合一論」來得進步，但熊十力其「體用合一」的哲學規模卻有著一個嶄新的可能，本論文的目的是要去彰顯這種可能，因此筆者所著重的不是批判，而是闡釋，而所謂的闡釋則指向一種開發。

　　熊十力「體用合一」的論點可以說遍及於他的所有著作，而集於《新唯識論》一書❹之中；再者熊十力的寫作方式，並不是採取如今學術論文的解析的方式，而是採取隨文點說的綜合方式，因此，在研究時頗難尋理出他的論證過程。其實，更值得我們注意的是，熊十力的寫作方式顯然不是一「論證」（argument）的方式，而是一顯示（manifestation）的方式。或者，我們可以說：熊十力的體用合一的哲學乃是一「顯示」的哲學，而不是一「論證」的哲學。在通讀了熊十力的大部著作後，筆者擬以同樣的方式來顯示熊十力「體用合一」的思想。筆者以為這當是符合於熊十力的體用合一的哲學的。❺為免於尋章摘句，破碎不堪，筆者擬先以《新唯識

　　論討〉，《儒釋道與現代社會學術會議》，東海大學 1990 年 6 月，臺中。

❸ 牟氏認為雖然他可以順著他的老師熊十力所呈現的「內容真理」，往前發展，並將熊十力未寫成的「量論」寫就，陳瑞深氏據此以為牟先生的哲學：唯心論的本體——現象論的形而上學，乃是繼承熊先生的唯心論的本體——宇宙論的形上學的發展。（見前揭書，頁 417）筆者想強調的是這樣的發展其實只是一面的發展而已，並不足以盡其全。更值得注意的是，就整個哲學的締造規模熊先生與牟先生則有甚大不同處。

❹ 關於熊十力所著《新唯識論》的變遷，約述如下——一是：1922 年的《唯識學概論》，因覺不妥，旋即改作《唯識學概論 2》，此稿刊行於 1926 年，後又改作《唯識論稿》，於 1930 年出版，此時其唯識學理論大概底定，而於 1932 年正式刊行《新唯識論》（文言本），思想大體確定，再於 1947 年刊行《新唯識論》（語體文本、足本），雖然後來他又於 1952 年作壬辰刪定本，於 1958 年改作《體用論》，再於 1959 年續刊《明心篇》。依熊十力而言，雖屢有變遷，實則基本觀念無甚改異，皆申明「體用不二、心物不二、能質不二、天人不二」也。

❺ 陳榮捷先生即以 manifestation 一詞來解釋熊十力的「承體大用」的「用」（也就是本體顯現

論》的〈序言〉及〈明宗〉章為中心，作出熊十力體用哲學的詮釋與闡發。

二、《新唯識論》釋名

如熊十力所言，《新唯識論》是反駁舊唯識學的，在〈新唯識論全部印行記〉中，熊十力自設問曰：

> 「此書非佛家本旨也，而以新唯識論名之，何耶？」曰：「吾先研佛家唯識論，曾有撰述，漸不滿舊學，遂毀夙作，而欲自抒所見，乃為新論。夫新之云者，明異於舊義者，冥探真極，而參驗之此土儒宗及諸鉅子，抉擇得失，辨異觀同，所謂觀會通而握玄珠者也。（玄珠，借用莊子語，以喻究極的真理或本體）破門戶之私執，契玄同而無礙，此所以異舊義，而立新名也。」❻

就表面上看來，《新唯識論》這一部著作為的是反駁佛家的唯識論，其實底子裡他是配合著熊十力的心路歷程，他為的是要去探明究極的真理或本體，而不是作為純粹學問討論的一部書。❼當然，熊十力在這裡清楚的指出他的論敵是佛家的唯識論，但筆者想要一提的是儘管這裡說佛家的唯識是其論敵，但這裡所謂的論敵並不純是學問的，甚至我們要說，有一大半是越過了學問的範疇，而屬於生命的、終

為現象，這樣的「現象」不是一般意義下的「現象」，而是一「見乃謂之象」的「現象」，其說詳後。筆者這裡預取一個體用合一的方法論以作為論述的方法。

❻ 見熊十力《新唯識論》（熊十力論著集之一），頁 239，文津出版社印行，臺北，1986 年 10 月出版。按：此書收有熊十力早年著作《心書》及《新唯識論》〈文言本〉、〈語體文本〉，《破破新唯識論》，附有《破新唯識論》等著作。

❼ 杜維明氏即以為熊十力乃是一「探究真實的存在」的思想家，此所謂「探究真實的存在」（quest for Authentic Existense）實即所謂「見體」是也。熊十力認為其學乃是一見體之學。杜氏文章請參見氏著〈探究真實的存在——熊十力〉一文，收入《近代思想人物論——保守主義》，臺北，時報出版事業公司，1982 年 9 月三版。又杜氏復於所著〈孤往探尋宇宙的真實〉提及此，收入《玄圃論學集——熊十力生平與學術》，頁 191-196。北京，三聯書店印行，1990 年 2 月。

極關懷的層次。或者我們可以直接的說這關係到「見體不見體」或是「見道不見道」的問題。

　　熊十力一向標榜的是要「見體」，要探索究極的真理與本體，這處處可見他不是一個學究型的人物，而是一位踐履篤實的哲學思考者。他一再的宣示「哲學乃是思修交盡之學」，一再的標榜哲學與科學的分辨；其他，就他的寫作及行文的方式，處處可見他的確與一般的學問研究不同。換言之，熊十力的學問研究不是一對象性的探索，不是一客觀而向外的求索，而是一收回自家身心，而作一向內的探索。他曾在給朱光潛的信中，說：

　　　哲學之事，基實測以遊玄，從觀象而知化。（大易之妙在此）窮大則建本立極，冒天下之物，通微則極深研幾，洞萬化之原，解析入細，繭絲牛毛喻其密；組織精嚴，縱經橫緯盡其巧。思湊單微，言成統類，此所以籠群言而成一家之學，其業誠無可苟也。❽

　　哲學是實存之事，就我人之實存經驗（基實測），而上遂於道，所謂「遊玄」是也。實存的經驗不是一種「對象化的認知」，而是一種「存在的遭逢」，由此存在的遭逢，才得上遂於道也。對萬有一切能就其「象」之顯現，而如實觀之，因而知其天地生化。前者強調的是一「實存的經驗」，而後者則著重一「如其現象而觀」，以知其化。這裡我們隱約的可以看到熊十力所謂的「哲學」乃是一「實存主義式的本體學」，是一「現象學式的本體學」。❾

　　又如其所說，我們可以發現他所謂的「建本立極」，其實是廣納整體而說的，而這裡所說的整體並不是相對的說它是如何的大，因為這裡所說的大是不與小對的大，而是與小渾而為一的大。這樣的小大方式所成的整體之透悟與理解，乃是一根源性的探索。其實，從這裡我們便可以看出所謂「根源性的探索」便不是一「對象

----

❽　見熊著〈初印上中卷序言〉，同註❻。

❾　「實存主義式的本體學」與「現象學式的本體學」此二語意蘊頗豐富，筆者以為熊十力之學可以作這樣的概括，詳見後所解釋者。

式的客觀探索」，而是一「實存的證會」，是一「現象學式的本體探索」。熊十力之探索「真實的存在」者在於此。

　　熊十力更在其晚年所著的《明心篇》更用極多的篇幅來說明哲學乃是「為道日損」之學，而不是「為學日益」之學。❿再者，熊十力更以「存」這個字眼作為其書齋的名稱，稱之為「存齋」，因而有《存齋隨筆》之作，在〈序言〉中，他更清楚的表白了「存」這個字的意義，從其敘述的過程中，我們可以發現其治學途徑是有別於一般人的。他說：

　　　　存者何？吾人內部生活，含藏固有生生不已、健健不息之源，涵養之而加深
　　　　遠，擴大之而益充盛，是為存。唯存也，故能感萬物之痛癢；不存則其源
　　　　涸，而泯然亡感矣！⓫

　　「存」不是一般所謂的「經驗性的存在」而已，而是「上逐於生命之根源的存在」，或者說，這不只是一般所謂的經驗，而是一種本體的經驗（Ontological experience）。依熊十力看來，這是人之為一個人契入本體的起點，也是參贊整個生活世界的起點，而且也就是吾人從事哲學研究的起點。「存」之所指是整個內部生活，而值得注意的是，這裡所謂的「內部」不是內外對舉的「內」，而是「合內外於一體」的「內」，因此，內部的生活便含有生生不已，健動不息之源。正因為含有此生生不已，健動不息之源，所以此生活中的人是有其主體性的。他參贊乎此天地之間，他的存在不只是一被動的存在，而是一主動的存在。就其整個參贊的過程即是「存」，所謂「涵養之而加深遠，擴大之而益充盛，是為存」。存是能感萬物之痛癢，如果不存，則其源必涸，最後終於泯然無感矣！

　　依熊十力看來，「存」不只是一經驗之存在，而是通極於本體之存在。存是一個活生生的生活，而不是一靜態的事樣，在吾人生命的澆灌之下，通極於萬有一

---

❿　見氏著《明心篇》，頁2245，學生書局印行，1976年5月，臺北。

⓫　見熊十力未刊稿《存齋隨筆》自序，轉引自郭齊勇《熊十力與中國傳統文化》，頁 181，天
　　地圖書有限公司，1988年，香港。

切，周浹流行，通為一體。換言之，存有的問題始於實存，而不是從「存有之所以為存有」的方式，來探索存有。存有學原是實存學，而實存則是活生生的存在，這即是生活，生活是生化活化的生活。生者，源泉滾滾；活者，健動不息之謂也。關連著這種「活生生的實存而有」的存有學，我們便可以名之曰「實存主義的存有學」（或者說為「實存主義式的本體學」），又這樣的實存是不離其本體的，根本上是其本體的顯現，是「見乃謂之象」的「現象」，是本體與現象不二的「現象」，這樣的存有學，我們亦因之而可名之曰「現象學式的本體學」、「現象學式的存有學」。⑫

經由熊十力對於「存」字的深刻理解，我們順著這樣的研究途徑，將可以進一步釐清《新唯識論》之所以為新的地方何在。我們且先從熊十力對於「唯識」這兩個字的新闡釋了解起，他說：

> 識者，心之異名。唯者，顯其殊特。即萬化之原而名以本心，是最殊特。言其勝用，則宰物而不為物役，亦足徵殊特。新論究萬殊而歸一本，要在反之此心，是故以唯識彰名。⑬

在這裡熊十力將原來「唯識」的「唯」字轉成「殊特」來理解，而又將「識」字轉成「本心」的「心」來理解。並將萬化的本原叫做「本心」，就此「本心」而言其殊特也，換言之，這樣的「殊特」是就其具有本體的意義而說的。又因為本體與現象不二，因此，除了這裡所說「本體意義的殊特」之外，就其本所顯現（「勝用」）而言，亦可以說其殊特，其殊特是其宰物而不為物所役，當然這裡所謂的「宰」不是一般的主宰或宰制的宰，而是作主的意思。明顯的，這種新的「唯識」指的是一「體用合一」下、或者說是「一體觀」或「不二觀」下的「本心論」。他一方面預取了「萬殊歸一本」，而且是認為此「一本」的究竟終結點是在於「此心」。此心者，此在之本心也。不離於此，而不離於彼，即體即用是也。顯然的，

---

⑫　「見乃謂之象」語出《易繫辭傳》，第十章，熊十力本體現象不二之說實發端於此，詳後。

⑬　見同註❻。

熊十力是通過「本心」去究極真實，而不是由一向外的求索，先定立一形而上的「本體」，然後再導出本心與道德實踐。換言之，熊十力之學並不是一「宇宙論中心的哲學」，他是經由本心之為本體，而開顯的「本體宇宙論哲學」，或者我們可以說他是本體、現象不二、本體即顯現為現象的「現象學的存有學」。

　　熊十力以為若依唐窺基法師的解釋「唯遮境有，執有者喪其真，識簡心空，（此言成立識者，所以簡別於心空之見也）滯空者乖其實。」❹原來「唯識」一詞的「唯」它的意義是對執外境為實有的見解加以駁斥，因為如世間所執為「有」的意義，是不合真理的。從此可見熊十力所謂的「唯」──做為殊特意義的「唯」與原先作為遮撥意義的「唯」是不相同的。套用熊十力的分別，我們可以說作為「殊特意義的唯」是「表詮」，而這與作為「遮撥意義的唯」是不相同的。❺再就「識」來說，「識」原是簡別的意思，是對於那些「執心是空」的見解而加以簡別，即是表示與一般否認心是有的這種人底見解根本不同。這是對於「空宗」的末流所提出的批評。因為如果把心看作是空無的，這便是沉溺於一切都空的見解，佛家呵責為空見，這更是不合理的。

　　所謂的「唯識」其實指的是「世間所計心外之境，確實是空無的，但心則不可說是空無的。」換言之，依熊十力所理解的佛家唯識學所說的「唯識」，他是通過「識」來決定「境」，是以認識的主體決定了所認識的對象，或者說原來「唯識」的「識」指的是對於外在事物有所理解了知的「識心之執」。❻熊十力對於這樣具

---

❹　請參見窺基《成唯識論述記序》，又文中的註語為熊十力所加者，見氏著《新唯識論、文言本》，見熊十力論著集之一，頁46，臺灣，文津出版社，臺北，1986年10月。

❺　關於「表詮」與「遮詮」，熊十力曾有明白表示，他以為所謂的「表詮」是承認諸法是有，而以緣起義來說明諸法所由成就。而所謂「遮詮」則是欲令人悟諸法本來皆空，故以緣起說破除諸法，即顯諸法都無自性。（見同註❻）顯然的熊十力是將此二法融會為一，先遮而後表，其思想與佛家當然不同，但其思想的表達方式，尤其就「唯識」一詞的瞭解，熊十力為表詮。

❻　從來有關唯識的論點便極不一致，有所謂的「有相唯識」，「無相唯識」，或者說：有「虛妄唯識」、「真常唯心」。明顯的，熊十力這裡的論敵是「虛妄唯識」，是以護法為主的「唯識今學」的傳統。此統為中國之玄奘窺基所承繼。民國初年南京支那內學院以歐陽竟無大師為主所弘者即為此學。熊十力曾為歐陽門下，後因所見不同而反之，多有論戰。

有存有論化的「識心之執」頗不以為然，他以為「識心之執」，是因跡而起的，是起於實用的要求而成慣習，它究極來說是空無的，是幻有的，並不足以作為存有論的基礎，真正足以作為存有論的主體的是「本心」。本心也者，作為一個活生生實存而有的在世存有的參與主體是也。熊十力《新唯識論》中所說的「識」，並不是「識心之執的識」，而是這裡所謂的「本心」。

《新唯識論》雖然以本心為主，但並不是就不談「識心之執」（妄心），換言之，熊十力是以「唯識」作為其本心論的基底，從「唯識」的識心之執（妄心）轉而為本心，這是一個辯證的昇進過程。熊十力所謂「辨妄正所以顯本，妄之不明，本不可見。」❶值得注意的是，這裡所謂「顯本」即是探究一存在的絕對與真實，他已與佛教的緣起性空之基本論點相違。或許有人會說熊十力這樣的方式是否紊亂了語言，使得真理無所定準。熊十力的解釋是這樣的，他亦知道他之使用這些語詞，大部分是「承舊名而變其義」者，因此他要求讀者要能依其立說的統紀以看待這個問題。例如，「恆轉」一辭，舊義所指的是「阿賴耶識」，熊十力則用來「顯體」，與舊義完全不同，其它這種情形還很多。如果我們整個說的話，我們可以說熊十力根本上是要從他原來所熟悉的唯識學（護法的有相唯識、玄奘、窺基的唯識今學）翻轉而上，造就一新的唯識學，這樣的唯識學不只停留在知識論的層次，而且更而進至一本體論及宇宙論的層次。這樣的唯識學不只停於「識心之執」的層次，它要更進至「無執的本心」之層次。

就如馬一浮為熊十力所作《新唯識論》〈文言本〉的序一樣，他說：

> 其為書也證智體之非外，故示之以明宗；辨識幻之從緣，故析之以唯識；抉大法之本始，故攝之以轉變；顯神用之不測，故寄之以功能；微器界之無實，故彰之以成色；審有情之能反，故約之以明心。❶

馬一浮這段話可說是熊十力的知音，整個《新唯識論》就在說明「智體之非

---

❶ 同註❻。
❶ 同註❻。

外」，即熊十力所謂「實體非是離自心外在境界，及非知識所行境界，唯是反求實證相應故，是實證相應者，名之為智」，原來探究實體的活動是回到自家身心，歸返天地人我一體的境界而說的，並不是向外的求索。向內實證是「智」（即所謂的「性智」），而向外求索則是「識」（即所謂的「量智」），「識」是由緣而起現的，所以「識」是虛幻的，不是真實的，虛妄唯識之義不可成。熊十力一方面也注意到唯識舊學與唯識今學而進至一新的理論，此即其《新唯識論》之所由作也。依熊十力看來，原先的唯識學（唯識今學）的意識哲學的方式是不能穩立一對於世界存有之闡釋與說明的。他以為唯有進至一智體非外的《新唯識論》的方式才為可能。他便從體用合一的論題來展開他的論述。他以為唯有儒家《大易》（即《易傳》）、《中庸》以來的傳統才能建立起這套體用合一論，佛老則不能。「轉變」、「功能」兩章他深刻的檢討了佛家的空宗、有宗以及道家的思想，建立了以「恆轉與功能」為核心的本體論，這樣的本體論是要「明神用之不測，抉大法之本始」的。的確熊十力的「破集聚名心之說，立翕闢成變之義，足使生肇歛手而咨嗟，奘基撟舌而不下」❶，佛教傳入中國約近兩千年，闢佛者歷代有之，但系統如熊十力者，深刻如熊十力者，「入其壘，襲其輜，暴其恃，見其瑕」如熊十力者，可謂絕無僅有。當然，熊十力在闢佛的理論過程中，不免有許多的錯誤，但他所指出的問題則是可貴的。我們甚至可以說後人有論及儒佛論爭者，熊十力決是一重要的標竿，因為他使得儒佛論爭有了一個較為恰當的可能性。如他的高足——牟宗三對於佛教的理解頗多過於其師熊十力者，實因其師有以導之也。這也就是說熊十力開發了問題的根源，而牟先生則給予一恰當的衡定。

作了以上的敘述，我們可以發現熊十力可以說另闢蹊徑的開啟了一個嶄新的中國哲學研究方向。看起來，他仍然囿限在宋明儒「闢佛老」的階段，其實不然，他已吸收了佛老的思想，而將其存有論的解構者轉成方法論的運作（融攝空宗），將其知識論橫攝的方式轉成本體及宇宙論的縱貫方式（融攝有宗）；儘管他對佛老多所誤

---

❶　從以「集聚名心」到「翕闢成變」這代表著熊十力哲學的轉變，大體說來，這是從眾生多源轉成眾生同源的一個關鍵性的轉變。關於此請參看拙著《熊十力唯識學的轉變關鍵——從眾生多源到眾生同源》，1990 年手稿，未刊行。

解，但是我們卻發現他真開啟了一些重要的哲學構造方式。他哲學的動源是來自於「存」——生命實存的感受與存在的遭逢，這樣的一個「存」的活動，便使得內外通為一體，渾然為一，從「分別說」轉為「非分別說」的境地，於是他所謂的「哲學活動」就不只是「思辨」的學問，而是整個生命參與於其中的學問，所謂「思修交盡之學」是也。他所謂的「真理」就不只是「符合一客觀對象」這樣的真理，而是體驗證會其通而為一的真理。

在這樣的「哲學觀」與「真理觀」下，當然熊十力所謂的「存有學」就不是探索一「存有之所以為存有」這樣的學問，而是探索「活生生的實存而有」這樣的學問。存有的探討就不只是靜態的認知與探討，而是動態的參贊與實踐。又這種活生生的實存而有的方式，人的參贊與實踐成了最為重要的關鍵與核心。無疑的，熊十力的哲學是以實踐作為中心的。熊十力的哲學在表達上，或者常習於從宇宙論的層次往下說，似乎看起來是一種「宇宙論中心」的哲學，其實不然，因為，他最為根本的是以「道德實踐」為中心，他這樣所建立起來的宇宙論，其實是一「道德的宇宙論」，他這樣建立起來的形而上學，其實是一「道德的形而上學」。[20]他的「道德的形而上學」便是以「體用合一論」展開的。

三、《新唯識論》〈明宗章〉釋義
——「體用合一」的基本結構

熊十力在所著《新唯識論》的〈明宗章〉開頭便說：

> 今造此論，為欲悟諸究玄學者，令知實體非是離自心外在境界，及非知識所行境界，唯是反求實證相應故。[21]

---

[20] 這樣的道德的形而上學後來為牟宗三所承繼，但是牟先生的道德的形而上學並不同於熊十力的道德形而上學。熊先生偏重在宇宙論，而牟先生則偏重在本體論。熊十力偏重在自本體的流出，牟氏則偏在智體的照明。

[21] 同註❻。

這裡，熊十力顯然的要區分他所要締造的形而上學是不同於一般形上學家所做的探討。或者如他所說的形上學是要探索「實體」的，但這樣的「實體學」（Ontology）並不同於亞里士多德的「實體學」（Ousiology）㉒，因為他所謂的「實體」不是離自心的外在境界，也不是知識所行的境界，而只是反求實證相應的境界（若假說為境界的話，實則不見得適合以境界名之）。所謂的「實證」則是自己認識自己，絕無一毫蒙蔽。換言之，實證並不是一般知識上的「證實」，而是生命經驗全幅的存在「遭逢」與「呼應」。

如上所說，熊十力所說的「實體」乃是一周流太虛，無有分界的總體狀況，「實」指的是一活生生有血有肉的真實，這是一生命的真實，是一存在的真實，是有別於經由意識分割後的概念世界的。實體就是整體，也可以說成本體，他以為本體之所以不離我的心而外在，是因為大全（本體）是顯現為一切分，而每一分又都已具有大全。每個人的宇宙都是大全的整體的直接顯現，而不可以說大全是超脫於個人的宇宙之上而獨在的。用眾漚與大海水來作比喻，大海水顯現為眾漚，即每一漚都是大海水的全體的直接顯現。就大海水來說，大海水是全體的現為一個一個的漚，不是超脫於無量的漚之上而獨在的。又若站在漚的觀點上，即每一漚都是攬大海水為體。（註：同上）這麼說來，熊十力的哲學並不是要去探索一個夐然絕待的東西，而是直就存在的整全來探索的。

明顯的，熊十力是不分本體與現象的，或者我們可以說他認為本體所顯現即為現象，他所謂的實體學或者本體學，其實就是現象學，但這樣的現象學並不是作為探索一客觀對象的本質的「本質學」，而是一主體相互攝入，活生生的實存的「生活學」，這樣的存有學，或者更直接的說是「自己認識自己」的學問。如熊十力所言，他不像一般的人談本體是「向外尋求，各任彼慧，構畫搏量，虛妄安立」，因

㉒　一般說來，由於受到物理學的影響，亞里士多德未能擺脫自然哲學的框架而發展出存有學來。而且，他亦未注意到存有學的差異，而只研究存有者本身，並未真正把握到存有的豐富內容。再者又由於物理學及實在論的考慮，以實體為存有者之存有，這便使得存有學轉為實體學，更進一步又轉為神學。海德格即以為亞氏忽略了存有學的差異，而變成了一「形上學的存有‧神‧學構成」（Onto-theo-logical constitution of metaphysics），請參看沈清松著《物理之後——形上學的發展》，頁 129-131，牛頓出版社，1987 年 1 月，臺北。

為他所要求的是真見體，他說：「真見體者，反諸內心，自他無間，徵物我之同源，動靜一如，泯時空之分假，至微而顯，至近而神，沖漠無朕，而萬象森然，不起於座，而遍周法界」。❸這樣的自己認識自己的本體學就是現象學，就是生活學、就是存有學。他所預取的是天人、物我、人己皆通而為一的整體觀，而這整體觀不是一死寂的整體，而是活生生的整體，或者更直接的說是一體用合一的整體觀哲學。

這樣子的體用合一的整體觀的本體論，他所要探索的「存有」的意義很明顯的不是一般所以為的「存有」。一般都以為「存有」是可以經由客觀的認知與描述，是可以經由一種概念性思考的把握，以一種「名以定形」的方式，或是「形以定名」的方式來定立的。這樣子的存有是不涉及於價值的，它屬於實然的層次，而不屬於應然的層次。但依熊十力的意思看來，所謂的「存有」當不是一離吾人之外的一種存有，換言之，不是經由概念性思考所定性的存有，而是一活生生的、本體顯現為現象，並相融不二的存有。這樣的存有與我人的生活世界是不能區隔開來的，存有與價值融成一體，應然與實然渾成一片；或者更直接的說，他所要探索的存有其實就是我人的生活世界，我人的生活世界當然是豐富而雜多的，價值與存有不二，應然與實然渾一。因此，我們可以說，這樣的存有學並不是去探索「存有之所以為存有」的學問，而是去探索「活生生的實存而有」的學問，一言以蔽之，其實就是「生活學」。

依海德格（Martin Heidegger，1889-1976）而言，探索「存有之所以為存有」這樣的存有學，其實導致一「存有的遺忘」，相反的，熊十力探索的是一「活生生的實存而有」這樣的存有學則可以免除所謂「存有的遺忘」之病。又熊十力所以為的「活生生的實存而有」並不是就一有限隔的個人之存在來說，而是通極於天地、人我、萬有一切皆通而為一，無所限隔的整全來說的。換言之，這裡熊十力預取了一天地人我、萬有一切的內在同一性原理。無疑的，這個本體的內在同一性原理是先於一切的，它是一切區隔與分化的起點，同時是終點。

既然本體是整全的，是同一的，而且它是動態的展開的，這便得尋求一展開的

---

❸　同註❻。

起點。這展開的起點其實是無所謂起點相的，說是起點，這是一種方便的說法，因為這裡所說的起點並無時間先後的意思，他只是為了要說明這個理論的說法而已。當然這起點不外於此「活生生的實存而有」的整體，我們之所以會要探索這整體如何，是因為我們自覺到我參與了這個活生生的實存而有的整體。換言之，我們的探索當然是從此「參與」開始。回到那「參與」的主體才是探索「活生生的實存而有的整體」的真正起點。這參與的主體即所謂的「性智」或「本心」。

這裡所謂的「參與」乃是一縱貫與融通的實踐活動，而不是一橫攝執取的認識活動。正因如此，本心或性智乃是一無分別心、是一整全的心，不是分別的執取之心。如熊十力所說「性智者，即是真的自己底覺悟。此中真的自己一詞，即謂本體。在宇宙論中，賅萬有而言其本原，則云本體。即此本體，以其為吾人所以生之理而言，則亦名真的自己。……此中覺悟義深，本無惑亂故云覺，本非倒妄故云悟」❷❹這樣的一個覺悟就是所謂真的自己，它本是「自明自覺的，虛靈無礙，圓滿無缺，雖寂寞無形，而秩然眾理已畢具，能為一切知識底根源。」（同上）因為參與乃是一縱貫融通的實踐活動，因此把握到了此參與的主體即是找尋到了整體的動源。這動源或者可以說是主體的能動性所展開的起點，同時也是整個道體展開的起點。主體與道體是預取其通而為一的，宇宙與人其內在是有其同一性的。當然，這裡所謂的「同一性」並不是一知識的執取的同一性，而是一渾然一體，兩相涉入的同一性，或者可以說是一「辯證的同一性」，是經由一實踐的縱貫與融通而來的同一性。如果換個語詞來說，那就是所謂的「一體觀」。

相對於「性智」所對的「一體觀」，則有「量智」所對的「分兩觀」。量智「原是性智的發用，而卒別於智者，因為性智作用，依官能而發現，即官能得假之以自用。」因此，量智不同於性智之渾然未分，而有思量和推度或辨明事物之作用。「量智是緣一切日常經驗而發展，其行相恆是外馳，夫唯外馳即現有一切物」❷❺換言之，量智乃是一橫攝執取的認識活動。它是一主體循著感官出離其自己的活動，這是一主體的對象化活動，是一心向外馳的活動。這種心向外馳的主體對象化

---

❷❹　同註❻。
❷❺　同註❻。

活動，因為假官能之作用，迷以逐物，而妄見有外，因而成為「習」，就此習而言，熊十力亦稱此是「習心」，而別於性智的「本心」。任此習心望外馳，當然會有迷妄相，甚至感情盲動，但熊十力預取了「本心」與「性智」，可以使得習心量智不陷於染污之中，「離妄習纏縛而神解昭著者，斯云懸解」（同上）。懸解只是暫時的超脫與離妄而已，這仍然不是真解，要到「妄習斷盡，性智全顯，量智乃純為性智之發用，而不失其本然，始名真解。」（同上）

如上所作「真解」與「懸解」的區分，我們可以說熊十力這裡隱含著一個由「本心性智」對於「量智習心」的治療作用。量智習心常妄計有外在世界攀緣構畫，因而常與真的自己分離，並常障蔽了真的自己。要得真解才能免於這樣的異化，才能歸反於本體。熊十力認為哲學正是這樣的活動，它的重心即在「本體論」上，本體論究是闡明萬化根源，是一切智智，是一切智中最上之智，而且是一切智所從出的地方。真解的根源乃是本心是性智，是本體是一切智智。熊十力以為本心是虛寂的，是明覺的。「無形無相故說為虛。性離擾亂，故說為寂。寂故，其化也神，不寂則亂，惡乎神，惡乎化。虛故其生也不測，不虛則礙，奚其不測。」「離闇之謂明，無惑之謂覺。明覺者，無知而無不知。無虛妄分別，故云無知。照體獨立，為一切知之源，故云無不知。備萬理而無妄，具眾德而恆如，是謂萬化以之行，百物以之成。群有不起於惑，反之明覺，不亦默然深喻哉。」（同上）這段關於本心是虛靈明覺的詮釋，清楚的標示出熊十力所謂的本體論，是不離其本心論的。這樣的一個「本心論」的立場，含著一個生發創造的世界觀。「本心」則是這個生發的宇宙動源。它既是對於這世界理解與詮釋的起點，同時也是參與此世界，進行批判與重建的起點。

如上所言，性智本心即是宇宙道體，換句話來說，熊十力繼承了宋明理學的心學傳統，接受「心即理」這個基本的命題。熊十力說：

> 本心即是性，但隨義異名耳。以其主乎身，曰心。以其為吾人所以生之理，曰性。以其為萬有之大原，曰天。故「盡心則知性知天」，以三名所表，實

是一事但取義不一而名有三耳。㉖

　　雖然三者所表，實是一事，但真正的動源則在於本心。換言之，所謂的「盡心」的「盡」乃是性天全顯，是通過修為功夫對治習染或私欲，而使得本心顯發其德用，廓然忘己，澈悟寂然而非空，生而不有，至誠而無息。熊十力所說的「心」，「實非吾身之所得私也，乃吾與萬物渾然同體之真性也」，因此，只要「反之吾心，而即已得萬物之本體」。（同上）當然這樣的所謂「本心論」與「天道論」是不一不二的。其為「不二」是因為它們有其內在的同一性，其為「不一」是因為它們的同一仍須預取一個實踐的辯證歷程。如果我們不能正視到它們的「不二」關係，將會產生存有與價值的斷裂；若果吾人不能正視到它們的「不一」關係，將會產生「滿街是聖人之誤」。㉗

　　本心論與天道論的不二關係才能使得形上學有所安排，如果不預取這個不二關係，則一切形而上學將不可言，中國傳統數千年來的儒學傳統所說的「天人性命相貫通」將成獨斷的戲論。這樣所形成的「本心論」將成一無源無頭的本心論，是為「寡頭的本心論」，這樣的「天道論」則一無本心可潤的孤絕的「無腳的天道論」。「寡頭的本心論」便不能達乎天地人我、萬有一切，合而為一體，這樣的本心論再怎麼說都不能免於主客對立、能所對立之局。「無腳的天道論」當然就是獨斷的天道論，這樣的天道論難免是一虛幻的無實的假構之物。熊十力所以一再的提出「今世之為玄學者，全不於性智上涵養工夫，唯憑量智來猜度本體，以為本體是思議所行的境界，是離我的心而外的境界。……量智只是一種向外求理的工具，這個工具若僅用在日常生活的宇宙即物理的世界之內，當然不能謂之不當，但若不慎用之，而欲解決形而上的問題時，也用他作工具，而把本體當作外在的境物以推求之，那就大錯特錯了。」㉘由此可知，熊十力的天道論不是一無腳的、獨斷的天道論，其本心論也不是一寡頭的本心論。在熊十力而言，天道論所處理的並不是一宇

㉖　同註❻。
㉗　陽明末學有此誤，這指的是忽略了實踐的歷程，而一味的以為有所謂的「現成良知」。
㉘　同註❻。

宙的規律如何的問題，因為就其客觀而對象化的認知，天道之如何運行，這是不可知的，他所處理的天道論是通過本心論而締建起來的天道論。本心論最直接關連到的是文化創造及價值創造的問題，若純就一對象化的認知來說，他所定立的是價值的規範，而不是一存有的規律；但若就一體觀的體會而言，他是通過價值規範的定立，來穩立一存在的規律。正因如此，這個存有的規律不是一客觀的、靜態的、機械的法則，而是一主體互動的，動態的，辯證的法則。熊十力即在這裡清楚的區分了玄學與科學的不同。

熊十力以為「我人的生命與宇宙的大生命原來不二，所以，我們憑著性智的自明自識才能實證本體，才自信真理不待外求，才自覺生活有無窮無盡的寶藏。若是不求諸自家本有的自明自識的性智，而只任量智，把本體當作外在的物事去猜度，或者憑臆想建立某種本體，或則任妄見否認了本體，這都是自絕於真理的。」❷明顯的，這裡熊十力所預取的是一「不二觀」或者說「合一觀」的真理觀，這不同於「分兩觀」下的真理觀。❸依「不二觀」的真理觀而言，所謂的真理其實就是他本心對於自己的認識，而這個對於自己的認識，其實就是對於萬有一切整體大全的認識。或者更簡單的說，所謂的真理就是本體的自我認識，而這本體就是吾人固有的性智，雖然說是固有的，但必須要在吾人內部生活淨化和發展時，這個智才得顯發。以為熊十力既然已經說性智是固有的，所以當下即是，這是不應理的，這是沒有注意到本心雖與道體為「不二」，但其實是「不一」的。值得注意的是，熊十力這裡所謂的內部生活的淨化和發展，並不是一與外在隔開無關的內部，因為在「一體觀」的情況下，根本無內外之隔，有了內外之隔，這明顯是在「分兩觀」的情況下，才得成立的。這麼說來，所謂「內部生活的淨化」其實指的是經由一生命的復歸活動，使得整體大全都得善遂而成。

---

❷　同註❻。

❸　關於不二觀的真理觀與分兩觀的真理觀，筆者曾有論述，請參見〈絕地天之通與巴別塔——中西宗教一個對比切入點的展開〉，刊於《鵝湖學誌》，第 4 期，1990 年 6 月。

四、結語

　　總結如上所說諸節，我們可以說：熊十力的哲學旨在強調體用合一，而所謂的「體用合一」必先預取一「體用不二」的觀點。所謂的「體用不二」或「體用合一」意指承體大用，即用顯體。體用合一預取天人、物我、人己這三個面向之通極為一。體用合一預取的是存有論、價值論、認識論三者通而為一的論點。熊十力通過眾漚與大海水彼此相互涉入的圖像來說明其體用合一的論點，所謂眾漚即是大海水，大海水就是眾漚。再者我們發現熊十力的「體用合一論」其實預取了一個與宇宙的內在同一性的原則，但這樣的同一性原則不是一實然狀態的同一之描述，而是一個理想的要求，是一實踐的要求。也就是說這樣的同一性是一「動態的同一性」，而不是一「靜態的同一性」。這麼說來，熊十力的體用合一論看起來好似從宇宙論或者自然哲學往下說的一種哲學，但我們不能說這是一種宇宙論中心的哲學，因為他早先預取了天人、物我、人己的同一性作為其論點的基礎。這不是由宇宙論導出心性論，不是由存有導出價值；而是預取了其同一性來立論的。換言之，在這樣的架構之下，認識的主體同時是道德實踐的主體，同時是整個宇宙創生的道體。值得注意的是道體與萬物的關係是不二的，認識的主體與客體亦是不二的，道德實踐的主體與道德實踐的行為亦是不二的。換言之，物（存有）與事（實踐）與知（認知）三者亦是不二的。

　　明顯的，熊十力的體用合一論雖然強調天人性命相貫通，但我們可以更直接而斷然的說：他是將整個宇宙的支點擺置在「性智」（即主體的能動性）上頭，而所謂的主體能動性並不是對於對象的決定，而是周流感通合而為一的。換言之，「體萬物而不遺」與「見心」及「見體」這三者是同一件事。熊十力意下的道體之體，與心體之體，乃至物體之體是同一個體，而這樣的「體」是即存有即活動的「體」，落實於道德實踐，他的關鍵則在對於本心之體的體認，對於本心之體的體認即是對於道體之體的體認，同時即是對於物體之體的體認。因此，我們可以說熊十力認為最重要的哲學活動乃是「見體」的活動，而所謂見體的活動其實就是性智顯發的活動。熊十力這樣描述性智顯發的情形。他說：

到了性智顯發的時候，自然內外圓融（即是無所謂內我和外物的分界），冥境自
證，無對待相（此智的自識，是能所不分的，所以是絕對的），即依靠著這個智的作
用去察別事物，也覺得現前一切物莫非至真至善。換句話說，即是於一切物
不復起滯礙想，謂此物便是一一的呆板的物，而只見為隨在都是真理顯現。
到此境界，現前相對的宇宙，即是絕對的真實，不更欣求所謂寂滅的境地。
（寂滅二字，即印度佛家所謂涅槃的意思。後做此）現前千變萬動的，即是大寂滅
的。大寂滅時，即是現前千變萬動的。不要厭離現前千變萬動的宇宙而別求
寂滅，也不要淪溺在現前千變萬動的宇宙而失掉了寂滅境地。**❸❶**

　　如上所引言，我們可以說熊十力便以此「體用合一論」作為其哲學的基本構
造，他之所以悖離佛學而歸本儒學，根本上是因為儒學是體用合一的，而佛學則不
能談體用合一的。在體用合一的格局下，我們發現了熊十力的哲學隱含了一套本體
的現象學，以及一存有的生活學。基於此存有的生活學及本體的現象學，可以有一
套本體的解釋學，及文化的治療學。這是值得我們去注意及開發的。

---

❸❶　同註**❻**。

第四章　熊十力的孤懷弘詣
及其《原儒》的義理規模

一、心靈意識的危機

　　當代新儒家被視為中國近代新保守主義的主流，這已成為思想史家所共認的事實，而熊十力之作為當代新儒家陣營中最初的理論建構者，亦是無可爭議的。值得注意的是，這位生於民國前二十七年（1885 年）湖北黃岡縣的鄉下佬，既沒有出過洋，也未曾上過大學，最後竟然成了中國當代思想史中的大師。當然一方面得力於北京大學校長蔡元培的賞識，使他得以離開南京的內學院而到北京任教，開啟了其真切而篤實的教師生命；更重要的是，熊氏以其血肉之軀投身於革命事業，後又自覺此革命事業實宜奠基於更根本的心靈革命之上，遂決志於學術一途。熊氏所謂「志於學術一途」，並不是知識理論的累積與餖飣之考據，而是投入其全部一生所終極關切的「見體」志業之上。

　　熊氏自謂「吾學貴在見體」，「見體」指的是「徹見真實的存在」，那真實的存在是生生不息，翕闢闔闢的宇宙本體，亦是人之所以為人的真宰。熊氏深切的體會到國族生命的危亡與自家生命的憂患是通極為一的，他認為惟有在實存的探索與證驗中，將自家生命投入大宇長宙中，經由一番大死大生的掙扎，才可能從生死的臨界克服心靈意識的危機，重新穩立中華民族的精神指標及意義徵符。

　　在心靈意識的危機衝突之下，他曾入支那內學院參聞佛學（時 36 歲，1920 年），但早在民國 7 年（時 34 歲，1981 年）他離開廣州，決志學術那年便已印行《熊子貞心書》揭示其融會貫通，另作《新唯識論》的伏筆。從 34 歲立志學術，到 39 歲在北

大構造《新唯識論》這 5 年，熊氏從性命交關、生死邊緣，實存的驗察探索，終而證得「體用不二」「尊生、健動」的大易哲理。

熊氏最喜歡使用「大海水——眾漚」這兩者的關係來說明其「體用不二」、「尊生健動」的哲學理念。顯然地，熊氏這個比喻正說明了他所謂的本體並不是一超越而敻然獨存的本體，他所謂的功用是不離本體的。正因為功用之生生不息，乃成就為一個統體之體（totality）；而即此統體之體而言，其實為本體、為道體。這在在顯示熊氏所揭示的體用哲學是不廢其歷史性的，只不過他又將此歷史性攝納到人的主體性之中。這在他的《中國歷史講話》（1938）、《讀經示要》（1945）及《原儒》（1955）等作品中充分的表現了出來。

熊氏可以說復活了儒家的真實生命，他所揭示的體用哲學儘管充滿了玄學的色彩，但這裡隱含了對「統體之體」的嶄新見解是值得我們去面對的，而主體性及歷史性兩者的關係，亦是儒家生生哲學中值得我們更進一步去釐清的思想菁華。

二、《原儒》乃本心證會之理想之原

《原儒》一書，起草於夏曆甲午年（西元 1954 年），是年中秋，上卷脫稿，並於明年印存一百部；秋初，又將上下卷合印二百部。熊先生於是年立秋日續撰《原儒》〈序〉，十二月由上海龍門書局再印五千部公開發行，並撰《原儒·再印記》。直至庚戌年（西元 1970 年）辛亥年（西元 1971 年）臺北明倫出版所印行，已十有七年矣！戊辰年（西元 1988 年）之冬，明文書局重新排版校定，力求完善，堪稱海內外最佳版本，距臺北明倫所印又達十有七年矣；離熊先生起草竟已一世（30年）又四年矣！光陰荏苒，倏忽其遠也。

《原儒》這部書當算作熊先生晚年結集之作（按：熊先生時年七十有一），但從出版之日起，它卻遭受到許多新傳統主義者的詰難，甚至其學生輩者亦頗多不以為然，如徐復觀氏則更表激烈，唐君毅、牟宗三氏則較能同情其師之滿腔孤憤，但仍不覺得此書有啥高超的價值，當然亦不認為此書堪為熊先生之晚年定論。但我們若通觀《原儒》全書，並回溯熊先生的著述年表，我們真要問：其然乎？豈其然乎？

當然熊先生這部《原儒》巨著，並不是餖飣考據的去探儒之源，亦不是通過客

觀的材料分析、去勾勒儒家的原型；他是通過其恢弘的文化願力，穿透歷史社會之表象，而以其真實的生命契接吾族華夏的原儒典型的。換言之，《原儒》之為「原」，並不是歷史的，不是時間的原始；而是根源於本心所證會的理想之原始。熊先生認定這樣的原儒典型既是理想的，亦復是真實的。此亦如前節所述「吾學貴在見體」之謂也。

　　值得注意的是，當我們強調熊先生仍以一種「貴在見體」的方式去揭露儒學之本原，這並不意謂如此所構成之《原儒》一書祇有主觀的臆見，而無客觀的學術價值。相反地，我們要說正因為熊先生之勇於「貴在見體」，所以他真正的切入了儒學的核心而彰顯了好些數千年來被帝皇專制所遮掩而不見的儒者精神。即使熊先生對於歷代儒者的批評容有過激或不當之處，但他卻極難能可貴的點燃了儒者的生命之燈，務其能照耀整個大宇長宙。

　　就熊先生的著作年表來看《原儒》之作當可視之為《中國歷史講話》(1938)、《讀經示要》(1945)、《論六經》(1951)三部作品之總結，這些作品構成了熊先生的經學思想。這正相應於熊先生另一系列的作品，由《熊子真心書》(1933)、《新唯識論》(語體本)(1940)、《摧惑顯宗記》(1950)、《新唯識論》(壬辰刪訂本)、《體用論》(1958)、《明心篇》(1959)等所構成熊先生的「體用哲學」的核心。前一系列是依據中國經學為背景而開顯的內聖外王之整套儒學系統，而歸本於孔子。後一系列則經由與佛家唯識學的辯析議論，而凸顯儒家《易傳》所隱含的「翕闢成變」、「全體大用」之哲學核心。若以熊先生慣用的體用範疇來說，前者所重在「用」，而此「用」是「即用顯體」之「用」，後者所重在「體」，而此「體」是「承體起用」之「體」。實則，「即體而言，用在體；即用而言，體在用」，體用不二，本是一如。

　　如上所述，我們既將熊先生的著作大別為兩個系列(按其他之「語錄」雖亦可另成一組，但實是此兩個系列的註腳)，並以體用一如的哲學核心貫串之。我們將可說，熊氏的著作正如彼所常援用的比喻——眾漚與大海水。眾漚即是大海水，大海水即是眾漚，兩者不可分離，實則兩者為一。通過這樣的「一體觀」之理解與論釋，再仔細來分述《原儒》的內涵，才能掌握得恰如其分。

三、從〈原學統〉到〈原外王〉

《原儒》分為上下兩卷，另〈附錄〉一篇，再加上〈序〉及〈再印序〉及〈緒言〉等部分構成，筆者以為讀者當先讀此三篇序言，然後再讀〈附錄〉。〈附錄——六經是孔子晚年定論〉一文，據熊先生所記乃乙未年夏季隨筆，後改寫而成。乙未年（1955），時熊先生《原儒》上卷業已寫成，並印存一百部，而《原儒》上卷有〈原學統〉、〈原外王〉二篇，此二篇是《原儒》一書最受爭議的主要部分，而此〈附錄〉則一方面對於此上卷有鉤玄勒要之功，另一方面則亦可見出熊先生的用心以及理解孔子、詮釋孔子的方法。其題為「六經是孔子晚年定論」這一方面是通過分期的方式去空顯孔子晚年具有革命及民主的精神，另一方面則扭轉了孔子所謂「述而不作」的方式，一變而為「以述為作」，而這正是通過「微言大義」的耙疏整理才得豁顯的。

大體來說，熊先生以孔子五十歲作為一分水嶺，認為以前是祖述堯舜、憲章文武，維護統治的小康禮教；五十歲以後（學易、知天命以後），思想突變，根據易義，述作六經，強調「貶天子、退諸侯、討大夫」、務期「人人皆有士君子之行」，達乎「群龍無首」、「天下一家」、「大道之行也、天下為公」的理想境界，此為大道之學。孔子歿後，儒學派別繁多，但總括則不外此「大道學派」與「小康學派」而已。後來由於秦統一六國，依據宗法格局，實施帝皇專制，為了箝制人民思想而有焚書坑儒之舉，此後大道學派便衰微而不彰，祇剩下小康學派與帝皇專制、宗法封建攜手合作。

姑且不論熊先生這樣的區分，他在所引用史料證據上是否充分，但揆諸整個中國思想史的發展，熊先生這樣大膽的立論則確有所見，並不是無的放矢。再者，熊先生這樣的立論儘管其不一定符合於史實（其實這很難說，而且歷史之為歷史亦不是簡單的知識符應說所能去說明的），但他卻對於整個儒學傳統的研究起了一個很大的振動。他告訴我們當封建瓦解，宗法殘存，並趨向於帝皇專制時，原來空曠而自由的言說境域，隨之一變而成了緊縮宰制的狹小格局。做為開顯中國民族心靈之源，點出人生命的德性亮光，大膽肯斷「人皆可以為堯舜」的儒家孔孟學是否亦因此而被擯制羈縻，以致奄奄一息呢？還有在帝皇專制的格局下，儘管如熊先生所說的大抵皆是

「小康之學」，但何以仍然代有其人，如東漢之黨錮、明末之東林，這又當作如何解釋呢？是否「大道學派」由於不得地上活動而潛入地下，形成一口耳相傳的「隱匿性傳統」，還是孔子所開發的生命之源──「仁」已涵蘊於任何一派的儒學之中，綿延不絕，繼續敲動著歷史之門，撼動著人們的心靈之窗呢？

　　如此說來，我們當可以清楚的知道熊先生所謂的「原學統」並不是要釐清中國儒學之統的源流，而是要去樹立一個真實而理想的儒學之統，此是彼所謂「所承乎泰古以來聖明之緒而集大成，開內聖外王一貫之鴻宗」，其統之為統蓋統於孔子者也。正因其折中至聖，故彼亦由是而要審定六經的真偽，當然這時候所謂的真偽不是事實意味的真偽，而是價值理想意味的真偽。他想做到的是「求復孔子真面目」，當然所謂的真面目是一終極而永恆的理想之依託，他並認為如此「儒學之統始定」。無疑地，這裡所說的儒學之統其實指的並不是系統之統，而是整個儒學精萃所聚結而成的統體之統。熊先生想經由這統體之統的穩立而重新展開一嶄新的格局。

　　既明〈原學統〉之統是一理想義、根源義下的統體之統的意思。我們當可更進一步去掌握〈原外王〉。此篇如熊先生所說，是採《大易》、《春秋》、《禮運》、《周官》四部經典融會貫穿而成。無疑地，從熊先生的取材及詮釋中，我們可以發現他旨在豁顯所謂的「大道之學」，務期具有革命及民主的性格，使它能和現今的社會、政治、經濟等各方面的學術資源有一會通的可能。大體說來，他強調的是《易經》所隱含的「社會發展觀」及「參贊格致說」，前者以闡明日新富有之奧義，而後者則聯結西方之自然科學。順此《易經》之思想為核心，盼其日趨進化，達於「群龍無首」的境界。他一方面極力的宣揚《春秋》「貶天子、退諸侯、討大夫」的批判精神，並強調如何的從「據亂世」而「昇平世」，更而及於「太平世」；另一方面則闡釋〈禮運大同篇〉的宏偉理想，並將此規模經由《周官》而落實，他認為《周官》強調以和諧原理為根本（以均為體）、以互動原理為實踐之指標（以聯為用）。這是一部撥亂起治之書，承襲著據亂世衰蔽之餘，奮起革命而為太平世開端立基。它主張本之於《大易》「格致」的精神，發展工業，並逐漸消滅私有制，取消王權而達到天下為公的境域。

　　由上所述，可以準知熊先生的「外王學」免不了穿鑿附會及過度引申，亦夾有

許多社會主義烏托邦的想法；但值得一提的是，熊先生所強調的是根源於本心良知而開展的道德理想主義，他要的是以每一個人為目的建立的道德理想王國。儘管熊先生這篇「外王學」的構造仍嫌粗略，但令我們汗顏的是：相較於彼，今之論談社會經濟、政治理想者又有幾人能留意到數千年來中國人所凝鑄而成的外王學傳統，更遑論其資源之開發者矣！筆者以為儘管這已是三十餘年前而且又祇是一個中國本土學者所提出的一些見解，但仍是值得我們去重視，並尋求更廣闊的開發之可能。讀者若以其穿鑿而輕忽之、甚而嘲笑之，此徒見其欲自絕而不知量罷了，是又何憾焉！

四、〈原內聖〉指向人性根源性的自由

依熊先生所言，〈原內聖〉乃是發《大易》之奧蘊，旨在講明內聖外王大備之宏歸。換言之，所謂的「內聖」原是不離外王的，內聖必然要通向外王。蓋內聖之所重乃人性根源性的自由，外王則此根源性的自由之充極而盡的表現，必然達於一道德的目的王國。實則，依儒者之義說來，此道德的目的王國並不是在彼岸，而是即於當下的此岸而證成的，因儒者是通彼岸此岸而為一體的。由是可知，外王實即當下之內聖，《論語》「一日克己復禮，天下歸仁焉」其斯之謂歟！

事實上，我們可以說熊先生的〈原內聖〉隱含著圓頓之教的理念，正因這樣的理念，他強調「本體現象不二」、「道器不二」、「天人不二」、「心物不二」、「理欲不二」、「動靜不二」、「知行不二」、「德慧知識不二」、「成己成物不二」。儘管這些綱目其所標舉的層次、面向容或不同，但是值得注意的是，熊先生一改宋明理學家所著重的「合一」論，而代之以「不二」論。一般說來，「合一」論者仍強調兩端之互有優劣先後，並常以其優先之一端而統攝劣後之一端；「不二」論者所強調的是兩端之互為辯證而達於一統的狀態，或者強調此統體之體即隱含兩端之複雜性。當然，如果更仔細的去理清熊先生的思想脈絡，我們將會發現他之強調「不二」觀，是從早年之強調「合一」觀發展而來。這可以說是由陸王心學傳統走向橫渠、船山氣學傳統，再調適而上遂於彼所強調的孔子傳統。像熊先生所走這樣的曲折路子，做為後繼者的新儒家們並未承述之，這是極為可惜而令人慨歎

的。

　　大致說來,熊先生所提出的「不二」觀,其後繼者則以所謂「一心開二門」的義理規模代替之。這樣的路子,一方面是再回溯到陸王心學的核心,另方面則又思由此核心再坎陷開出,牟先生說:「良知的自我坎陷以開出知識之知」,即此之謂也。熊氏是基於社會實踐的要求,而修正了儒家心學對於本體的理解,進而思由社會實踐論的締造,去面對當前的世界,並寄望儒學由是而有一嶄新的開展。牟先生則重新建構了陸王心學的傳統,穩立了其兩層存有論的義理規模,並藉由「一心開二門」的格局,思由此去穩立內聖外王的分際,而重建外王學的超越基礎——即內聖學。就當代新儒家前後兩位具有代表性的理論建構者說,從《新唯識論》到《現象與物自身》縱有蛛絲馬跡可尋,但熊、牟二先生其所建立的體系卻各代表兩個不同的類型,這是無庸置疑的。

　　如前所述,熊先生的思路極為曲折而辯證,他從陸王心學走向橫渠、船山,然後調適而上遂於孔子,終而建立其「原儒」範典。之後,他對於歷代儒者則極力批評,他深知唯有批評才能清楚的顯豁其所建立的原儒範典。自孟子以下,荀子、程、朱、陸、王,皆在受批評之列,即使他所崇仰的橫渠、船山亦在受批評之列。就以內聖學的修養工夫論來說,熊先生雖取於陸王為多,他又不滿陸王、程朱,雖有時近似船山,但又不是。大體說來,對於道德本心的強調近似陸王,但義理構成的方式又近乎船山,對於人性負面的省察則又頗似程朱。筆者以為熊先生之為可貴是他以其真實的生命去締結了一真實的系統,儘管這系統有其粗略之處,但卻可能因此更待後人去闡揚深入承述的。換言之,與其說熊先生給你一個新的儒學系統,毋寧說他給你一個新的儒學方向;與其說他給你一個新的方向,毋寧說他喚醒你去擁有一新的生命。

五、結語

　　如上述諸節所述,筆者首先從整個思想史節脈絡中去呈現熊先生的思想核心,其次則疏釋出所謂《原儒》之為「原儒」的義涵,指出「原儒」乃是熊先生以其真實的生命所證會之理想的原始之儒學典型,而不是歷史時間之所謂的原始。進而通

觀熊先生著作年表，並點出其「體用一如」的哲學核心，指出「見體」之重要，進
而循此入路而提出如何進入《原儒》一書的閱讀次序，並縷述熊先生在〈原學統〉
中對於儒學之統的獨到見解。之後，筆者又指出〈原外王〉一篇可能的價值分位，
再略述〈原內聖〉所涵「不二」觀的哲學思想核心，指出其與傳統之「合一」觀有
何異同，並強調熊氏開出之新典型與其後繼者確有差異，值得重視。

　　近些年來，代表當代新儒家的理論間架——「一心開二門」（此語脫胎自《大乘
起信論》）曾受到廣泛的討論與注意，甚至因而引起論爭，但是兩方卻未注意到如
何回溯至其更原初的理論建構者來討論，這是極為可惜的。總而言之，筆者想呼籲
的是：做為當代新儒家的奠立者——熊十力先生其所建構出來的龐大體系是值得重
新去詮釋及開發的。

第五章　梁漱溟及其文化三期重現說

——梁著《東西文化及其哲學》的省察與試探

一、前言

　　研究梁漱溟，除了對於其日常實踐的工夫必須有一番瞭解外，而真正粹集其思想及行動理論的有四本大書，一是《東西文化及其哲學》（作於 1920-1921），二是《中國民族自救運動之最後覺悟》（作於 1929-1931），三是《鄉村建設理論》（作於 1932-1936），四是《中國文化要義》（1941-1949）。這四本書並不是純學術的著作，而是梁氏面對其當下的問題，由煩悶而苦索，進而提出答案並付諸實踐的整個過程。他前後的思想雖迭有修正，但其思想之根柢則奠立於《東西文化及其哲學》，此書是梁氏的文化哲學，與其人生哲學、歷史哲學交織融鑄而成的鴻構。

　　梁氏是中國當代保守主義（conservatism）的中流砥柱，這是研究當代思想史的學者所共許的。研究當代思想的學者專家們極喜歡將「保守主義」視為因文化認同危機而形成其情意綜（complex）因而企圖去尋得心理上的補償，而宣稱中國文化可與西方文化並駕齊驅，甚或較之優越。無可懷疑的，對於中國當代保守主義的檢討應將這個觀點擺進去，但若祇使用這個觀點，那就犯了「心理學化約」（Psychological reductionism）的謬誤。較確當的是：我們應將它擺在一個思想史的視點（perspective）去衡量它。對於新儒家的梁漱溟更得如此。

　　這篇論文除了將梁漱溟放在這個思想史的視點去觀察外，更重要的是：集中注意去探索其《東西文化及其哲學》一書的方法，企圖呈現其文化哲學的基本論架，並提出批評與看法。至於批評的立足點祇是筆者近年來胸中蘊蓄的一些想法，是

故，此文對筆者而言祇是一份臨時報告書罷了，但願可有拋磚引玉之用。

二、梁漱溟──當代新儒家的一型

當代新儒家❶是文化保守主義（cultural conservatism）的大流，它面對整個民族所遭遇的意義危機（crisis of meaning）❷而困思衡慮，重新思考傳統，詮釋傳統，而卓然自成一個流派。他不同於一般保守主義者對民族歷史文化持完全守舊的態度，他深刻的體會到以道德迷失、存在迷失及形上迷失糾結成的意義危機，並且肯定惟有宋明儒學的儒家信仰的精髓。❸而且他們認為惟有重建這個倫理精神象徵才能解救中華民族於千載以來的危機之中。

大致來說，當代新儒家即是在這種危機與迷失狀態下，做其「意義探求」（the search of meaning）的工作。他們以為「意義象徵體系的穩立」是穩立一切的基礎根本。惟有大本建立了，才可能「由本貫末」的穩立了「制度結構體系」；否則，徒作制度結構的改革是無效的，甚至是躁進而有害的。

和新儒家密切相關而值得一提的是：廿世紀初期的中國充滿著「徹底的反傳統主義」的色彩，而它是與當時的科學主義相為表裡的。科學主義以為「科學代表思考的模式，代表了解生命和世界唯一而有效的途徑」。「五四」之後，它開始面臨新傳統主義者，尤其新儒家的反抗。新儒家的三位典型：熊十力、張君勱及梁漱溟都深切的從知識論、存有論及文化哲學、歷史哲學各方面提出其強烈的反擊。新儒家認為相對於科學對自然處理的態度，應該有另一種進路去面對人文世界；此進路不同於「知識的進路」，而是「存在的進路」。此進路乃是個人直接的體悟，可以說是一種「存有學的睿視」（ontological vision）。經此「存有學的睿視」才能重新締建中國傳統原具的「倫理精神象徵」。如此才能由「意義象徵體系」的穩立，而更進一步安立了「制度結構體系」。

---

❶ 就儒學思想史而言，大要言之可區分為原始儒家（先秦）、宋明新儒家及當代新儒家。

❷ 見張灝著〈新儒家與當代中國的思想危機〉，林鎮國譯。收入《近代中國思想人物論──保守主義》，頁 375。時報公司出版。

❸ 同註❷，頁 375、370。

在實踐歷程上，這三個典型是各具風格的。熊十力是一位苦學自修的儒者，在他成名的《新唯識論》中闡述了「體」與「用」的關係。大體說來，熊氏堅決的認為人含有「存有學的直覺」（ontological intuition）（即所謂的『性智』），透過存有學的直覺便能與宇宙生生不息的真實直接照面，從而體證此生生不息之根源與生生不已之現象流行是相即不二的（即體而言，用在體；即用而言，體在用；即體即用，即用即體），而且人的心靈與宇宙的大靈魂是一體的，應然的道德秩序與宇宙實在的構造是同一的；這構造這秩序是人存在的根本，它不受外在制度結構的影響，它反而要影響外在的制度結構。

張君勱曾投身於「科學與人生觀」的論戰之中，他以為王陽明的道德理想主義是抵抗科學主義的機械論與決定論最有效的利器，並且他獻身於實際的政治活動，成為政黨的領導人及國憲的起草人，他頗具當代民主的素養，想透過實際的政黨制度運作，以實踐其儒者的襟懷與抱負。

梁漱溟則是一個思想與行動合一的人，他曾傾向於立憲，繼而革命；也曾傾向於社會主義，繼而同意全盤西化；亦曾焦思苦索，煩悶非常，企圖自殺，繼而相信佛家，茹素不娶達九年之久，而最後則終歸本儒家。梁氏由佛家習得唯識學的知識論與方法學，他並以此去分析探究文化的三大統系與人生意欲的關係，並試圖指出世界「文化三期重現說」，而斷定未來世界的文化應以中國為歸趨。他又認為我們既不能走西方資本主義的路，也不能走共產黨的路，他提出另一套鄉村建設的方案，認為惟有透過此，才能帶動一富有宗教意味的群眾運動，藉著創造根本的道德共識和精神凝聚，重整崩潰的政治社會，如此將整個中國變成儒家集體的大學校，政府透過學校的組織來關聯上人民；如此以鄉村為單位來參與的民主政治，政治權力將來自人民，這便可避免官僚制度的腐化。❹梁氏的思想前後貫串於四部大著中，其文化哲學及其鄉治的主張是一體的；前者乃是其對世界文化考察所得，而後者則是他對於苦難中國建設的方案。換句話，他的文化哲學不祇說明了事實是什麼，更重要的是他企圖去改變什麼。它不祇是一套知識理論，尤其也是一實踐的指

---

❹　參見艾愷（Guy Alitto）著〈梁漱溟──以聖賢自許的儒學殿軍〉，林鎮國譯。收入《近代思想人物論──保守主義》，頁 300-303。

南針。

做為自成系統的文化哲學，我們雖得照顧作者原先的動機；而更重要的是：我們得透過知識上的討論去呈現其哲學的精神，並指出他背後的知識論立場和方法學的進路，並釐清其困結所在。

三、梁氏文化哲學的基本論架

無可懷疑的，所有的文化哲學都足以促使人增進其對自身的知識，而且所有的文化哲學都先有這樣的預設：人類的文化不祇是鬆弛和分立的事實的組合，它是一個系統，是一個有機的整體❺；而且歷史文化是一種思想，它活生生的淌流在每一個人的心靈脈動之中，因此人們才能秉其當下普遍的人文興趣去關心它，去探討它。

人文興趣和終極關懷有極密切的關係，而梁氏和其他的新儒家學者一樣，其終極關懷是探求「意義」（meaning）。而所謂探求意義乃指探求人生、宇宙的基本意義。梁氏將自己置身於文化之流中，並視之為一體。因此，他追問中國文化如何？其實追問的就是他自己如何？他探求的是自己的安身立命之道，同時也是民族文化的安身立命之道。他的方法學是體驗的、存在的。而在此書（《東西文化及其哲學》，後做此稱此書）中，其終極關切的論題是：中國歷史文化的價值何在？她在整個世界文化中扮演什麼樣的角色？而她未來的前途如何？

梁氏清楚的掌握了近代中國接受西方化的過程，有器物層次、政制層次及思想層次（此書頁 456）。梁氏以為以往都未注意到文化整體、思想整體的問題，所以洋務運動失敗，變法維新失敗，立憲不成，即如辛亥革命也祇推翻了專制，而至其時（民國 9 年）仍兵荒馬亂無大建樹。他以為到了此時（1920 年）已然問到了兩文化的最後的根本，而最根本的就是倫理思想──人生哲學（此書頁 6）。他極為剴切的強調不做這個工作的話，中國民族不會打出一條活路（此書頁 7）。從梁氏這些話中，

---

❺　參見卡西勒（Ernst Cassirer）著《論人》（*An Essay On Man*）一書，劉述先譯，東海大學出版。

可看出他認為歷史文化是民族生存的根本，而倫理思想──人生哲學又是歷史文化的根源；因此要為民族找出路，便得檢討其歷史文化，而要檢討其歷史文化便得檢討其倫理思想人生哲學。

　　梁氏慨歎的說：現在一般人對於東西文化的看法是不夠的，頂多祇能做到「顯豁的指點，而不能做到深刻的探討」（此書頁 17-23）。❻他以為「我們所求貫串統率的共同源泉，一個更深切，更明醒的說法」（此書頁 23）。梁氏所謂更深切明醒的說法即是以其個人體驗的人生哲學，透過類擬的洞見（Analogical insight），與文化哲學、歷史哲學關連起來。

四、梁氏對於「文化」及「哲學」的基本概念及方法學進路

　　所有的方法學（methodology）都和研究材料及研究者密切相關。亦即方法學並不是一獨立而分離的學問，它蘊涵於材料堆裡及研究者的研究過程中。研究者透過其心智之網去收攝凝聚研究的材料，經過一番揀擇（selection）、重構（reconstruction）、評斷（critique）❼而建立了一完整的理論，而研究者的心智之網則常呈顯於一些基本概念之上。是故企求了解某學問的方法學必得了解其人的心智之網，而這推本溯源又得從他的基本概念去把握。而這正是我們檢討梁氏東西文化及其哲學一書的方法學的起點。

　　「文化是什麼呢？不過是那一民族生活的樣法罷了。生活又是什麼呢？生活就是沒盡的意欲（will）──此所謂『意欲』與叔本華所謂『意欲』略相近──和那不

---

❻　梁氏至少指出四種時人對東西文化的看法，約略如左：一、是日人金子馬冶，以為東方是順自然愛和平，西方則是重勢能 power 之文明（此書頁 17）。二、是杜威（John Dewey），以為東方人與自然融合，西方人征服自然（此書頁 19）。三、是「新青年」雜誌等人為西方化是民主（democracy）、科學（Science）（此書頁 21）。四、是李守常，以為東方化是靜的，西方化是動的（此書頁 23）。

❼　此可參見 R.G. Collingwood《The Idea of History》一書〈The Historical Imagination〉一章，及林安梧《契約、自由與歷史性思維》第八章，臺北：幼獅文化事業公司，1996 年。

斷的滿足與不滿足罷了」（此書頁 24）。在這裡生活的樣法是抽象的說，若就實質的制作說則是文明。❽梁氏輕易的等同了「文化」與「生活」兩個名辭，並化約的以為生活是由意欲一方所決定的。而且他使用「意欲」這個辭是極豐富極含混的，它既是一種盲目的意志（blind will），又是一種精神（spirit），又是一種趨向（tendency）、態度（attitude）及動機（motive），有時又含有一超越的實體（transcendental reality）的味道，甚至也有純粹理型（pure reason）的意思。❾籠統的說，「意欲」乃是「萬法唯識」的「識」，此識既為「根身」之主，亦是「器界」之主，它周遍於天地四方中，流浹於大宇長宙裡。

梁氏輕易的建立了「文化→生活→意欲」（即：意欲決定生活，生活決定文化）的圖象後，他又繼續他的論題。他說「通是個民族，通是個生活，何以他那表現出來的生活樣法成了兩異的彩色，不過是他那為生活樣法最初因的意欲分出兩異的方向，所以發揮出來的便兩樣罷了。然則你要求一家文化的根本或源泉，你祗要去看文化的根源的意欲，這家的方向如何與他們家的不同。你要去尋這方向怎麼不同，你祗要從他已知的特異彩色，推他那原出發點，不難一目瞭解」（此書頁 24）。從這段話我們可知梁氏預設著：文化是以民族為單位的，而且民族是以文化來界定的，而文化則是以一核心概念展開的，是以意欲為根源而流衍的。要釐清文化與文化的異同便得釐清這核心概念，疏通這根源的意欲。梁氏如此化約（reduction）的湊泊了文化、生活與意欲的關係，這是鮮明可見的。何以如此呢？這便得牽扯到其方法學進路的問題。

前面我們曾說新儒家走的是「存在的進路」，而不是「知識的進路」。在此更進一步的說，他們的方法學是一本質主義的方法學（methodological essentialism），它往往忽略了外在客觀的制度結構或者將此外在客觀制度結構收攝到個人內在心靈領域去處理。他們將「我」分為大我——大宇宙與小我——小宇宙，並透過一「類擬的洞見」（analogical insight）將此二者關連起來，並以為小我具有一「存有學的直覺

---

❽ 梁氏區分文化與文明，他說「生活上實質的製作品是文明，生活上抽象的樣法是文化」。（此書頁 53）

❾ 筆者之所以舉出這麼多名詞，乃做為對照之用。個人以為它或有助於讀者對梁氏所提「意欲」一詞的瞭解，盼能善會，勿泥執其名相，是幸！

力」可以體證一「意義的真實」（reality of meaning）。這「意義的真實」是一切現象的基礎，也是穩立外在客觀制度結構的根本。它有一「主體主義」（subjectivism）的傾向。儘管梁氏亦頗能注意到外在客觀制度結構，但其基本路徑仍然不免如此。

由於梁氏方法學有本質主義的傾向與主體主義的傾向，因此，他一再的批評一般人以「外在環境」去解釋中西文化的異同的差謬，而特意的指出「文化這樣東西點點俱是天才的創作，偶然的奇想。……照我們的意思祇認主觀的因，其餘都是緣」（此書頁 44）。他注重文化是「創作的活動」，是「意志的趨往」。更進一步，他強調「社會的改革與否及如何改革，這是視人的意志而定的，並不是機械的被動的」。從這些話頭可看出梁氏最關切的是實踐的問題，而不是知識的問題。他強調意志的重要性，但卻忽略了意志與客觀結構的關係。他極注意主觀的「因」，而忽略客觀的「緣」。

從上面的分析裡，可看見梁氏使用「文化」這個詞不祇是指涉一現象，它是關連著意欲而成的，它含有存有學（ontology）的意味。關連著大宇宙，它用來指涉一「超越的實體」（transcendental reality）；中關連著小宇宙，它用來指涉一「內在的真實」（immanent reality）。而「內在的真實」與「超越的實體」是通而為一的，小我與大我是通為一體的。而內在的真實是自我穩立的基礎，超越的實體則是宇宙世界穩立的基礎。更進一步可說，內在真實的穩立即能穩立超越的實體（因為超越的實體是虛指的，而內在的真實是實指的，祇此內在的真實即是超越的實體，並無限隔），即能穩立一切存有的基礎。簡言之，文化是民族存在之基礎，而文化之根源則是意欲，要瞭解文化必得深澈其根源的意欲，要為民族找出路，必先為文化找出路；要為文化找出路必得了知根源的意欲，並改造之，引導之。

梁氏以為「哲學就是思想之首尾銜貫自成一家言的」（頁 33），又說「思想是知識的更進一步」（此書頁 31）。而知識則是生活之所產。而「思想沒有不具有態度的，並且直以態度為中心」（此書頁 31）。而態度是情感、是意志（此書頁 32），也可以說是生活的推動力，文化的推動力。從上可看出梁氏使用「哲學」這個詞是蘊含於「文化」這個詞的，祇不過它用來特別指稱某個「民族文化之思想的上層結構」，而且它仍通貫到最根源的「意欲」。同樣他使用「哲學」這個辭仍具存有論（ontology）意味的。更寬泛的說：梁氏所談東西方各家各派的哲學乃經由選擇而來

的，而它們各足以代表中、西、印三方。他們都可以被視為某超越實體的衍生物罷了。因此梁氏檢討的不祇是各家各派的哲學，更重要的是藉此來檢討中西印三大派超越實體。

五、梁氏的世界觀和歷史觀

對於梁氏文化哲學的基礎概念及其方法學進路有一番瞭解之後，我們必得繼續探問其世界觀和歷史觀。我們試圖從此去接近梁氏文化哲學的核心。

梁氏以為「宇宙」就是「生活」，而生活就是「相續」（唯識家把『有情』——現在的生物——叫做相續）。生活和生活者是一體的。以故，生活者及生物和生活都可以叫做相續。宇宙就是一綿延生生不已，生氣蓬勃，周浹無礙的宇宙。人是參育此宇宙生化流行之中的・儘管他的生活仍得憑藉「器界」——一個既成而可堪造就的世界，但人與宇宙無有限隔，而是通為一體的。祇不過梁氏又將之區分為「前此的我」與「現在的我」，所謂「前此的我」（亦稱為「已成的我」）即是這個暫時差不多已成定局的宇宙，是由我們前此的自己而成功的我。而「現在的我」即是現在的意欲。這個「現在的我」大家或謂之「心」或「精神」，它就是當下向前的一活動，是與「已成的我」——物質——相對待的。而生活即是「現在的我」對於「前此的我」的努力與奮鬥（參見此書頁 48、49）。梁氏以為宇宙不是一靜態的固定體，而是「動態的相續」。

既然，我們勢必得追問這動態的相續是如何湧出的。他說：「『宇宙即是一大生活』，而生活即是『事相之續』。照他的意思說『事即是一問一答』，即唯識家所謂一『見分』一『相分』——是為一事。一事又一事……如是湧出不已，是為相續。為什麼這樣連續的湧出不已？因為我們問之不已——追尋不已。一問即有一答——自己所為的答。問不已答不已，所以事之湧出不已。因此生活就成了無已的『相續』」（此書頁 49）緊接著他又說：「這探問或追尋的工具，其數有六：即眼、耳、鼻、舌、身、意。凡剎那間之一感覺或一念皆為一問一答的一『事』。在這些工具之後則有為此等工具所自產生而操之以事尋問者，我們叫它大潛力或大要求或大意欲——沒盡的意欲」（此書頁49）。

　　從這段話可看出梁氏是一位生機論者，以為宇宙是一無休止的生命之流，而這無休止的生命之流則源於一無盡的意欲（will）的。宇宙的唯一真實是純粹的變化，祇有我們掌握了「變化」，才能掌握到生命的本質。而變化的根本或源泉則是「意欲」，因此我們必得對於「意欲」有深切的瞭解，才能掌握到所謂的變化，也才能了解某個民族文化的本質。試繪一圖下：

生活（事的相續）→（「現在的我」對「前此的我」的奮鬥）宇宙→

　　→文化→人類意欲之朗現

生活者（眼、耳、鼻、舌、身、意的作用）→（大意欲）

　　在上節我們曾經提到梁氏是一方法學的本質主義者，亦提到彼對於大宇宙及小宇宙的看法。關連著其世界觀，我們必得繼續釐清梁氏對於「我」的看法。在其世界觀中，就縱的一面而言，「我」雖為一體，但可區分❿為二，一是「大我」──用來指涉大宇宙，一是「小我」──用來指涉小宇宙。「大我」有其「超越的實體」──中心的靈魂做為整個世界的根本或源泉。「小我」有其「內在的真實」──人的心靈做為其行動與旨意的根本與源泉。梁氏又經由一「類擬的洞見」（analogical insight）宣稱此二者通貫為一，而他們的根本與源泉乃是一既超越而內在的真實──即是一不盡的意欲。就橫拓面而言則可分為：一是「前此的我」（即已成的我），乃是截至目前為止，經由我的工具（眼、耳、鼻、舌、身、意……等）所認識及經由我的行動所造就的世界。一是「現在的我」，乃是一不盡的「大意欲」。它是與前者頡頏對抗的：「現在的我」一直對「前此的我」奮鬥努力，而又成了「前此的我」，而另一個「現在的我」又對「前此的我」奮鬥努力，如此相續不已。而之所以相續不已則全由「無盡的意欲」所推動而來。

　　前面我們曾經說到「意欲」這個辭是極豐富極含混的，並說它是一盲目的意志，是一精神，是一趨向、態度及動機，是一超越的實體，是一純粹理型；又是一生機力。又說是「萬法唯識」的「識」。做了這番冗長的敘述之後，讀者當可體會

---

❿　此區分為一超越的區分，而不是一般的區分。超越的區分是立體的，而一般的區分則是平面的。

到意欲豐富而複雜的義涵。

對於梁氏的世界觀有一番了解，又對於梁氏「我」及「意欲」等概念有一基本的認識之後，讓我們再概括的看看其歷史觀。

相應於這樣的世界觀，梁氏的歷史觀是人文的歷史觀，是一精神發展的歷史觀——認為歷史之進展取決於人類的精神（這和前面所說的意欲是一致的，因「意欲」即含有「精神」（Spirit）的意義）。梁氏這個看法要取信中國當時（1920 年）的知識界是極為不易的。無庸諱言，當時的知識界漫布著唯物的氣氛。梁氏卻能秉持其人文精神的歷史觀予它一強烈的痛擊。他說「唯物史觀以為意識是被決定的，而無力決定別的，這是我們承認的，但精神卻非意識之比，講唯物史觀的把兩名詞混同著用實在不對」（此書頁 46）。他又說「我以為人的精神是能決定經驗現象的，但卻非意識能去處置它」。他劃分了「精神」（Spirit）與意識（consciousness）的不同，並賦予「精神」一絕對崇高的地位。精神是一「超越的實體」（transcendental reality）亦是一「內在的真實」（inmanent reality），它是活動如如，永不歇息的。它不僅是宇宙論意義的——作為宇宙創生及歷史發展的根源；而且是存有論意義的——作為一切存在的基礎。而人圓滿具足這精神，因此他可堪做為自己的主人，也可堪做為世界的主人與歷史的主人。❶

看過了梁氏的世界觀與史觀之後，我們更進一步集中心力專注意欲的三大面向及文化三系統。

六、人生意欲之三大面向與文化三系說

已確立了「文化→生活→意欲」的圖象後，梁氏經由一先驗的分析（a priori analytic）論定意欲有三個面向：「一是向前面要求，即是一種奮鬥的態度。遇到問題都是對於前面去下手，這種下手的結果就是去改造局面，使其可以滿足我們的要

---

❶ 整個看來，梁氏使用「精神」一詞，這多屬宇宙論意義的，因為梁氏最關切的問題是一歷史發展與人類文化的問題。是故，我們對諸如「精神」、「意欲」等字眼的了解，不必偏歧向道德的形而上學（moral metaphysics）去理會。

求。二是對於自己的意欲變換調和持中。遇到問題不去要求解決改造局面，就在這種境地上，求我自己的滿足。譬如屋小而漏，照本來路向一定要求另換一間房屋，而持第二種路向的遇到這種問題，他並不要求換一間房屋，而就在這種境地之下，變換自己的意思而滿足，並且一般的有興趣。這時下手的地方並不在前面，眼睛並不望前看，而向旁邊看；他並不想奮鬥的改造局面，而是回想的隨遇而安。三是轉身向後去要求，它不像走第一條路向的改造局面，也不像走第二條路向的變更自己的意思，而祇想根本上將此問題取銷。這也是應付困難的一個方法，但是最違背生活本性，因為生活的本性是向前要求的。凡對於種種欲望都持禁止態度的都歸於這條路。」（參見此書頁 53、54）

就人生哲學而言，是否可先驗的區分為三估路向，這已極難令人信服；而梁氏又將此先驗分析出的三個意欲類比推到文化哲學的架構，並認為世界文化祇有三大統系。根據近代文化學家的研究，文化豈止三個統系！那麼梁氏又如何提出其合理的解釋呢？再說，人生哲學與文化哲學歷史哲學固然有其相涵湘攝的關係，但怎麼以人生哲學而又那麼化約的論架上框框極為複雜而多樣的歷史與文化呢？讀者當可覆按前文論及方法學處，做為參考。

梁氏接著說：西洋文化走的是第一條路向──意欲向前的文化。中國文化走的是第二條路向──對於自己的意欲變換調和持中。印度文化則是以意欲反身向後要求為其根本精神的（參見此書頁 54、55）。相對於知識論而言，西洋生活是直覺運用理智的，中國生活是理智運用直覺的，印度生活是理智運用現量的。**⓬**

梁氏如何一步步的證成它這個分析呢？其方式如下：

> 先從西方各種文物抽出他那共同的特異彩色，是為一步；復從這些特異的彩色尋出他那一本的源泉，這便是二步；然後以這一本的精神攬總去看西方文化的來歷是不是如此，是為三步，復分別按之各種事物是不是如此，這便是

⓬ 梁氏的知識學根柢全是佛家唯識學的，他分為現量、比量、直覺三種，代表著印度、西洋、中國三大文化之不同，梁氏後來在〈三版自序〉中曾對此提出取消的聲明。請參見原書頁 69-74。

四步。前兩步是一往，後兩步是一反。（此書頁 25）

梁氏這個方式頗類印度哲學三支論式——宗、因、喻。「宗」乃在於提出論旨，「因」則在於提出論證，「喻」則就具體事物以說明之。儘管梁氏第一步的工作是「歸納」，第二步才提出「論旨」，但事實上梁氏論證的精神是與三支論式一樣的。它的優點在於能直截了當的以一極簡約的概念去涵蓋極為廣闊而複雜的東西，但伴隨而來的缺點是：它化約（甚至扭曲）了事實，使之能置入一既成的論旨之下，並擷取適合此論旨的佐證。

除了其邏輯方法不周延外，最重要的是：梁氏對於中、西、印三大文化的瞭解太有限（在當時已數上流）。從殘缺不全的的資料裡，又援用不周延的邏輯。當然他所提的看法是可諍議的，是頗須批判地了解的，這是客觀學術所應面對的問題。然而，梁氏身懷憂患，踽踽道途，繼往聖之絕學，開未來之新運，其廣拓之心胸，恢弘之器識，堅忍之毅力，知行合一之性格，這是長垂天地而不可諍議，是經得起歷史洪流的洗鍊的。在主觀人格的成就上，梁氏可謂卓然立乎天壤了。

梁氏《東西文化及其哲學》的目的便是為中國文化找出路，他深信中國文化及中國民族的前途是光明的，而且是操之在吾人手上的。在方法學上，他擁有一極似「文化原子論」（cultural atomism）的「文化擬人論」做為基礎。在論旨上，他得出「文化三期重現」的看法。

七、文化擬人論與文化三期重現說

前面我們曾經指出「我」字在梁氏文化哲學中的重要性。梁氏以為宇宙即是一通體的生機體，是一大我的展現，而此大我又是以小我為基礎的。宇宙乃是「現在的我」對「前此的我」不斷的奮鬥，相續不已而成的。同樣的，他以為文化是一生活，是一大我——民族的意欲取向的展現。是故他所謂世界三個文化統系，它化約的比喻成三個文化統系，它化約的比喻成三個「大人」，而每大人都有其基礎的意欲，做為其要走的路向的指導原則及推動力。而且這「大人」中的每個分子都分受著這「大人」的基礎意欲。換句話說，梁氏以為基礎的意欲足以決定整個文化的取

向，而在某個文化期限（period）間，任何文化的產物——文明都呈顯著這個基礎的意欲。用梁氏的話說，這些「文化特別的彩色」正是此文化意欲的象徵。

　　「文化→生活→意欲」的圖象是梁氏文化哲學的基本建構，前面已概述過；而梁氏不只對這「意欲」化約的安立在三個「大人」之上。並說這三個「大人」秉持著三種意欲走向不同的三條路向上去。但近代以來由於東西交通，經濟政治，社會文化相激相盪，使得這三個「大人」起了大衝突。大要的說，走第一條路——「意欲向前」的大人，極富侵略性的衝擊了走第二條路與第三條路的二位大人。然而走第一條路的大人卻本身發生了問題——這是由於過分注重向前向外的征服性與競爭欲所產生的「異化」（或疏離）（alienation）的問題。而這個問題不是目前西方文化——意欲向前的文化態勢所能解決的。因此他斷定在不遠的將來，第二條路會被重新的拿出來走，在更遠的將來則會折向第三條路。也就是過去中國走的第二條路，印度走的第三條路，如同西洋走的第一條路，從文藝復興以後，依次重現。

　　文化的三大統系是與人生意欲的三大面向類比並排的，而文化三期重現則與人類認知行動的三層次類比並排的。梁氏將人生意欲的三大面向統一於認知行動的三層次中，是故也將文化的三大統系歸結於文化三期重現上。梁氏說：

　　照我的意思，人類文化有三步驟，人類兩眼視線所集而致其研究者也有三層次。先著眼研究者在外界物質，其所用的是理智；次著眼研究者在內在生命，其所用的是直覺；再其次則著眼研究者在無生本體，其所用的是現量；初指古代的西洋及其在近世之復興，次則指古代的中國及其將在最近未來之復興，再次指古代的印度及其將在較遠未來之復興。（此書頁 177）

他緊接著又說：

　　此刻正是從近世轉入最近未來的一個過渡時代也。現在的哲學彩色不但是東方的，直接了當就是中國的——中國哲學的方法為直覺，所著眼研究者在「生」，在此過渡時代還不大很同樣，愈往下走，我將見其直走入那一條線上去。（此書頁 177）

從以上可知，梁氏使用了標籤式化約辦法，獨斷的認為以前有三大文化，而這三大文化必在近代及將來次第重現。這是一種先知式的預言，由於梁氏全然忽略了文化實踐的多樣性，是故其預言仍祇滿足了「首尾一貫的思想」而成的「哲學」，這祇是理論上的虛構罷了。

梁氏的「文化擬人論」極力的反對一般人對於東西文化調和的看法。因為梁氏以為任何一派文化之所以為一派文化就在於它有一根本的精神、態度與意欲。這位「大人」便秉著其精神、態度與意欲往前走去。它與另一位「大人」的精神、態度與意欲迥然不同，無可融會，而祇可能斬截的改換。又他認為文化祇可能有三種正如同人的意欲祇有三種，它無所謂好不好。大底說來，剛開始之時都是好的，但沿著走下來才見其弊害；或遇到他不合用的時候就得變過一態度方行，而又沿著走下去，還要再變一態度……如此往復不已（參見頁 198、199）。

從上可見，梁氏的「文化擬人論」深染「文化原子論」❸的氣息。以為文化是一個獨立的生機體，它可能沖擊另一個文化或為另一個文化所沖擊，它可能有一斬截的轉變，但它仍持續其獨立體的運動，而不能與另一文化獨立體融會結合。依梁氏看來，三個文化各不相同，而都祇建立在它自身的觀念之上，而絕不會建立於其他任何條件之上。每個文化都是自我封閉的，而且都依照一固定的型態範式（Type pattern）往前進行。遭受沖擊的是此文化自身的觀念，而不是文化的現象；惟有因文化自身的觀念遭受了衝擊，它才導致此自身觀念的轉換，而後帶來文化現象全盤的更革。

梁氏以為人的認知程序是先「理智」以對外的，是故人類文化之初都不能不走第一路。而後理智偏枯，人類不得不轉向以「直覺」去感通外物。這便是以直覺的情趣解救理智的嚴酷。但因為直覺去感通外物必得使心理上逼緊了一步，從孔家的路子更是引人到真實的心理，那麼就更緊湊，當初藉以解救痛苦的是他，後來貽人以痛苦的也是他。這時候就得運用「現量」去融合內外（參見此書頁 201、202）。因

---

❸ 文化原子論（culture atomism）此語引自柯林吾（R.G. Collingwood）對〈斯賓格勒及歷史循環論〉（Spengler and Historical Cycle）的批評。見柯著《Essays in the philosophy of history》。此文拙譯刊於《鵝湖》71 期。

此梁氏將它構成了一套固定的型態範式：理智→直覺→現量。相對於文化來說是：第一路（西方）→第二路（中國）→第三路（印度），並依次在近代以及未來依次重現，做為世界文化的主人。

　　無疑的，梁氏的「文化三期重現說」是一種歷史決定論（historical determinism），而且是一辯證（發展）的決定論（dialectical and evolutionary determinism）。❹和其他的決定論者一樣，以為歷史是有可尋的，是可以預測的。他們從知識論，形而上學先建構了一套基型的論架，並將它置於歷史文化中，去型塑歷史文化的範型，並且致贈其堂皇的標籤，並且透過一「削足適履」的方法學去證明這些標籤的可靠性。他們完全忽略了歷史文化的多樣性，歷史為其實踐的複雜性所左右乃至轉換。他們習慣的先安下了炫目的中心，以做為整個文化的根據，認為整個文化都是由那個中心引導而展開來的。他們忽略了某種歷史感（a sense history）——歷史乃是就所有的個殊性（individuality）中處理個殊的（individual）問題❺，而犯了先論斷，再求事實的弊病。

　　歷史文化並不是先驗而必然的，我們不宜以一個簡單的概念（idea）或傾向（tendency）或圖象（feature）去規範一個文化，更不宜扭曲事實置入此規範中，並成為一抽象而片面觀念的例證。須知歷史是一個世代（age），一個歷程（process），一個發展（development），它時刻的轉換著（turning to）、生成著（becoming）❻，它為人類多樣性的實踐所決定；因此我們不應為歷史文化安設一個神諭，也不必構作一套決定論。或許神諭和決定論可以表現作者博學多聞與滔滔不絕的丰姿，但這祇是由於作者的才情智慧所表現出的洞見（insight）或者自成一套的似哲學（pseudo-philosophy）罷了。

---

❹　歷史決定論大約可分為三型：一是循環的決定論（Cyclical determinism）有 Herodotus，Plato，Vico，Spengler 等人。一是辯證發展的決定論（dialectical and evolutionary determinism）有 Hegel，Marx，Comte。另一則是神學的決定論（theistic determinism 如 Augustine 即是）。參見 *The Philosophy of History in Ourtime*, p.299。

❺　見柯林吾（R.G. Collingwood）著《*Spengler and Historical Cycle*》拙譯於《鵝湖》71 期，頁 40、41。

❻　此段言論具脫胎於柯林吾（Collingwood）對於歷史的見解。

八、結語

　　以上對於梁氏《東西文化及其哲學》一書的反省與試探，除了前面論新儒家而及於梁漱溟思想精神處，其餘大抵祇就其方法學及文化哲學的論架去談，並不及於梁氏的思想精神，或許這不是尊崇梁漱溟的讀者所願意的。當然這也不是筆者所願意的。據實而言，西風東漸之後，中西文化的問題乃是所有關心國家民族命脈的知識分子所關心的課題。但由於文化的問題關連著國族存亡的問題；自然使得知識分子不易基於一冷靜客觀的認知的態度，去面對中西文化的問題。而到了五四時期，漸漸形成一股徹底的反傳統主義，盲目的以為中國必須全盤西化；而梁氏深知「文化」乃是一民族存在的形上基礎，犧牲了自家的文化非獨不能換來民族的生存，反而會加速民族的滅亡；唯有穩立這個形上基礎，民族才有希望。

　　梁氏將「文化」視為一「形上的意義象徵」，並且視為民族存在之基礎。而且又將文化視為一活活潑潑的生機體，而且民族中的每一分子時刻的參與了文化的創造。這些睿見在充滿科學主義與徹底反傳統主義的氛圍下，無異是暮鼓晨鐘，足以振聾發聵。牟宗三先生認為「他獨能生命化了孔子，使吾人可以與孔子的真實生命及智慧相照面，而孔子的生命與智慧亦重新活現而披露於人間。同時，我們也可以說他開啟了宋明儒學之門，使吾人能接上宋明儒學之生命與智慧。吾人須知宋明儒學與明亡而俱亡，已三百年於茲。因梁先生之生命而重新活動了。」這可謂知之甚深了。

　　論評了梁氏的文化哲學之後，我們願意說新儒家及梁氏書中所強調的「倫理精神象徵」（ethicospiritual symbolism）及道德的理想主義（moral idealism）乃是中國文化最高的智慧，而生為中國人必然和其文化有一存有論的關連（ontological relation），我們自應對其強調的價值主體性與人的尊嚴全幅的肯定。再者我們應透過各種學問去探索新儒家的困結，並對於意義（meaning）與結構（structure）的關係有一較確當的釐清。

　　最後，筆者願意強調「當代」的重要，克羅齊（Benedette Croce，1866-1952）說「所有的歷史都是當代史」，惟有時刻的關連著當代，對歷史文化做一番批判反省。如此，歷史文化才能時刻活現於人們心中。然而，目前的中國知識界仍然瀰漫著一層迷霧，充斥著禁忌與偶像，這是令人憂心而值得深思的！

第六章　馬一浮心性論的義理結構

——從「理氣不一不二」到
「心統性情」的核心性理解

一、前言

　　談起當代新儒家，大家或許頗有見聞，但說起馬浮（字一浮）（西元 1883-1967 年）大家可能並不清楚。而思想史的學者常將梁漱溟、熊十力、張君勱、唐君毅、牟宗三、徐復觀等人列為當新儒家的代表人物，但卻未將馬一浮列入❶，原因何在呢？事實上，馬一浮與上舉這些人物都頗有交往，甚至馬一浮堪稱最為前輩，但祇要我們仔細探察一下，我們將會同意以上這樣的分法，因為馬一浮的學術思想不管在表達方式及思想內涵及其面對的問題和進路都是極為傳統的。❷他雖一再的宣稱他治

---

❶　張灝〈新儒家與當代中國思想的危機〉一文，認為當代新儒家之代表人物應以 1958 年初，共同署名發表〈為中國文化敬告世界人士宣言〉的唐君毅，牟宗三、徐復觀、張君勱四先生為代表（見《保守主義》，頁 368，時報出版，1980）。又王邦雄先生〈當代新儒家面對的問題及其開展〉一文亦承此說（《鵝湖》76 期，1981）。而筆者於〈當代新儒家述評〉一文則以為梁漱溟、熊十力均應列入代表人物。又〈梁漱溟及其文化三期重現說〉一文中，認為當代新儒家可分為三型，其代表人物是梁漱溟、熊十力及張君勱（《鵝湖》，77 期，1981）。

❷　賀麟說他「綜貫經術，講明義理，……可謂為代表傳統中國文化僅存的碩果」（《當代中國哲學》，頁 12，臺灣時代書局，1974）。曾昭旭先生說他「傳統之儒之最後典型」（《六十年來之國學》第四冊，頁 561）。

學是「不分今古，不分漢宋，不分朱陸」❸，但我們若通讀馬氏之書，則將發現馬氏於經學上雖不分今文古文，但就學術思想之發展來講，他仍有傳統儒者託古改制、以古證今、以古諷今的習慣。而他實又以宋學來綜賅漢學，又以朱子學調適上遂的來批駁陸王之學。這樣子說來，馬一浮這裡所謂的不分，事實上祇是表示其學術有一調合融會的用心，而不能說他的學術真能超邁前賢，而集其大成。

筆者一開首便對馬一浮做了這樣的分判，並不礙馬氏學術之通透，義理之精純❹，而祇能說為馬一浮的學問性格做一勾勒式的畫定，這樣的畫定將有助於我們去了解馬一浮，而通過原典的閱讀及通盤的了解之後，我們又可回過頭來檢查這個判定是否恰當，是否如實。

如前所說，馬一浮重在義理之講明，而仍以宋學綜賅漢學，融會古今為主。但問題的癥結就在這裡，就馬氏的理學而言，屬程朱的成分多呢？還是陸王的成分多呢？戴君仁先生曾親炙於馬氏之門，他說「中國歷史上大學者陽明之後，當推馬先生……謂之現代之朱子可也。」❺而劉又銘先生則以為馬氏的學術思想，以陸王為歸宿。❻戴劉二人雖各有理會，但卻都同意馬一浮是不分朱陸的，是融合了道問學及尊德性之學的。筆者本文的目的，便是想通過馬一浮的著作來解析闡釋馬氏理學的性格為何。通過這個步驟，筆者將指出馬氏學乃是程朱學調適而上遂的發展，通過馬氏學來看朱子學，將可使朱子學有一較圓滿的系統。為了豁顯馬氏的基本性格，本文擬著重於心性論的義理結構，並涉及於相關的形上學及工夫論問題。

---

❸ 《爾雅臺答問》，卷一，頁 19 下。廣文，1973。

❹ 徐復觀曾於《爾雅臺答問》〈重印代序〉上說「中國當代有四大儒者，代表著中國文化『活的精神』。一是熊十力先生，一是馬浮先生，一是梁漱溟先生，一是張君勱先生。熊先生規模宏大。馬先生義理精純。梁先生踐履篤實。張先生則頗為其黨所累；然他將儒家之政治思想，落實於近代憲法政治之上，其功為不可沒。」徐氏這些分判頗為肯綮而動人。

❺ 見上註❹，此為徐復觀先生所述戴君仁先生之言。

❻ 見劉又銘《馬浮研究》（政大中研所碩士論文，1984 年）。

二、理氣不一不二的對比辯證關係

　　馬氏之學承襲了宋明儒學的餘緒，是而其所論之學皆以道德實踐為旨歸。因此一般所謂的存有論、心性論及道德實踐工夫等三個層次在馬氏之學裡正是關連一氣的。也因為它們是關連一氣的，而且以道德實踐為旨歸，因此彼所談的存有論及形上學才可有成就的可能，彼所談的心性論才真有著力處，這是筆者首先要一提的。

　　「氣」與「理」的關係，構成馬氏之學整個形上學的基本觀念。他一方面承襲《易經》生生不息的意旨，又從橫渠《正蒙》取得一即氣言生生化化的立論點。而事實上，馬一浮雖一直強調彼所謂的理氣是一元而不是二元的，但理氣二者之間卻不是等同為一的，而是有張力的。換言之，理氣在馬一浮看來應是二而一，一而二的。馬一浮曰：

> ……所以成變化者，皆氣之所為也。故曰一陰一陽之謂道，盈天地間皆氣也。氣之所以流行而不息者，則理也。❼

　　馬氏這裡指出，變化乃是氣的變化，而氣之所以能變化乃是因為有個理在，換言之，理是氣之變化的衣準或主宰，但是氣則是變化之所以能成立的必要條件。「理」「氣」這組詞，在宋明儒學中與其說是對立的（opposition），毋寧說是對比的（contrast）。它們之間有一極為繁複而麻煩的辯證關係。但由於各個家派思想的不同，因而倚輕倚重，各有不同。但往往就在倚輕倚重，分毫之差上，看出各個家派思想雖差之毫釐卻失之千里了。

　　就上引馬一浮對理氣的說法，顯然理氣非一，但馬一浮強調理氣亦非二。他說「不善會者，每以理氣為二元，不知動靜無端、陰陽無始、理氣同時而具，本無先後，因言說乃有先後。就其流行之用而言，謂之氣，就其所以流行之體而言，謂之

---

❼　見《復性書院講錄》，馬浮著，卷五，〈洪範約義二〉，頁 136 下，廣文書局，1977，再版。

理。用顯而體微，言說可分，實際不可分也。」❽就各個存在（being）而言，理氣是同時而具的，並無時間之先後。但一分體用，就其存有論的次序看來，似乎先有理、後有氣，就其體言是理，就其用言是氣。但馬氏又不認為理氣為二，就實際上的各個存在而言，理氣固然是一，就存有論的次序看來，理氣亦不可為二。他說：「未見氣即是理，猶程子所謂『沖漠無朕，理氣未分』，可說是純乎理，然非是無氣，祇是未見，故程子曰：『萬象森然已具』。理本是寂然的，及動而後始見氣，故曰：『氣之始』。氣見而理即行乎其中，故曰『體用一源，顯微無間』，不是元初有此兩個事物相對出來也。」❾這些話告訴我們有一「理氣未分，而此即是理。但理又隱含了一未見之氣。這裡所謂的「理氣未分」的「理」顯然和此是「純乎理」的「理」，在意義的層次上是不同的。馬氏顯然是以「純乎理」來綜括「理氣未分」的情形。而這裡所謂的「理氣未分」事實上祇是在描述一「寂然不動」、尚未流行的狀態，這狀態是由流行之著而逆推上去的，並不是肯定確實有這個狀態實際存在。換言之，講理氣未分，就存在的層級而言，乃是說明有一超越現實存在的東西，而此東西是現實存在的根據；而就表達的程序言，乃是說明有一超越表達的東西存在，而這東西是所以可能的根據。馬一浮用「純乎理」來表述這東西。這東西是超越的理，但卻隱含了一可以流行生化的氣，而且氣是必然要流行生化的，氣之流行生化的依準和主宰則是理，氣一旦流行而為萬有個物，則理亦在萬有個物中，理氣是不二的。

馬一浮強調理氣是不二的，但他又明白的說理氣是非一的。他說「……『一陰一陽之謂道』，此『道』字與『理』不異，即其行乎氣中而非一非二者也。雜故非一，不異故非二，……言陰陽則非一，言道則非二矣。」❿為了便於理解這種非一非二的關係，馬一浮曾舉近代物理學上所謂的離心力和向心力來解釋，有離心力必有向心力，兩者俱在，但離心力並不是向心力。他又說極像西方辯證法所謂的正反合，不過他又反對這個「反」字，依他看來，合之所以為合乃是對比的兩方鑄成

---

❽ 見《泰和會語》馬浮著，頁44，廣文書局。
❾ 見《泰和會語》，頁43-44，廣文書局。
❿ 見《復性書院講錄》，卷五，頁139，廣文書局。

的，並不是矛盾的兩方推進成的。⓫我們從馬一浮的這些比喻性的解釋，不難看出理氣的關係是怎樣的。馬一浮說：

> 氣是變易，理是不易，全氣是理，全理是氣，即是簡易。（此是某楷定之義，先儒釋三義未曾如是說。然頗簡要明白，善會者，自能得之。）只明變易，易墮斷見；只明不易，易墮常見。須知變易原是不易，不易即在變易，雙離斷二常二見，名為正見，此即簡易也。⓬

　　這段話很清楚的表示出「理」和「氣」兩者間對比的辯證關係。氣是變化、是流行，而理則是此變化流行得以可能的依準或主宰。但理氣不二，所有之變化流行仍得依準於理之主宰。而所謂之依準與主宰實不能外乎氣，必得在氣上顯現。「變易」說明了氣變化流行不已的狀態，「不易」則說明了「理」之普遍性與永恆性。而馬氏所謂的「簡易」則取自《易傳》所謂：「乾以易知，坤以簡能」的乾易、坤簡而來。他借著這個辭彙來說明理氣不二不一的「對比的辯證關係」。⓭

三、心統性情

　　相應於其存有論「理氣不二不一對比的辯證關係」，馬一浮在心性論上主張「心統性情」。而彼所謂的「心統性情」一方面有近於橫渠者，另方面又有近乎朱子者。大體說來彼所謂的「心統性情」旨在指明「心」是「性、情」二者辯證的綜合，心對性情二者具有統合的作用。馬氏對陸王學派「心即理」的立論則不以為然。馬一浮說：

⓫　參見同上註。此處筆者據馬氏原義，稍加引申。

⓬　見《泰和會語》，頁43。

⓭　這裡特別強調這是一種「對比的辯證關係」（Contrast dialectical relaton）乃是因為它們之間是「對比的」（Contrast）而不是「對立的」（Opposition）。是辯證的（Dialectical）而不是矛盾的（Contradictory）。由於是對比的辯證關係，所以是不一不二，是二而一，一而二的。

陽明「心即理」說得太快，末流之弊便至誤認人欲為天理。心統性情，合理氣言「具理」則可，言「即理」則不可。❶

心統性情，即賅理氣，理行乎氣中，性行乎氣中，但氣有差忒，則理有時而不行，情有流失則性隱而不現耳。故言心即理，則情字沒有安放處。❶

就上述所引兩段文獻可知：馬一浮反對「心即理」之說，因為「心」這個字眼，意義頗多層面，若直截的講「心即理」的話，說不定會使人忘記了現實上氣稟之殊及物欲之雜，到頭來把人欲和天理混在一起了。再說，若祇談「心即理」，那麼此心固是先驗的本心，則「情」這個字眼便沒得安放。換言之，馬一浮認為祇談「心即理」，則容易祇照顧到「理」和「性」的層次，而忽略了「氣」和「情」的層次。由於要照顧到「氣」和「情」的層次，因此他認為應說「心具理」，而不應說「心即理」。換言之，「心」和「理」並不即是一，但心和理亦不即是二，心和理之間有一涵攝的關係；心涵具著理，理透過心的活動而顯現。

馬一浮又說：

性即心之體，情乃心之用。離體無用，故離性無情，情之有不善者，乃是用上差忒也；若用處不差，當體是性，何處更覓一性？❶

這裡馬一浮清楚的點出來，「性、情」的關係是體用的關係，而此中的關鍵則在心上。情（氣）是屬於「用」的層面，而性（理）則屬於「體」的層面。離體無用，用外無體，但體對用卻有一規範的作用及主宰的作用。換言之，情（氣）之用依準於性（理）之體，而性理之體主宰情氣之用。而心則統賅性情，統賅理氣，心

---

❶　《爾雅臺答問續篇》，卷二，〈示語二〉，頁22。

❶　同上，卷四，〈示語四〉，頁19。馬氏並未深入去探討「心即理」之確解到底為何？他似乎較從常識的層面來了解「心即理」，故頗嫌簡略。筆者在此祇順其理路而已，並未深入的分析。

❶　見《爾雅臺答問續篇》，卷二，頁2。

為「心性論」的關鍵處，亦是實踐之著力處。在這裡，我們看到馬一浮的「心統性情」之說，極為類似朱子，但在內容上仍得稍加分別。朱子認為「心是氣之靈」，認為理氣決是二物，基本上，馬一浮則認為心是理氣的統合，「全理是氣，全氣是理」。他說：「天也、命也、心也、性也、皆一理也」。天命心性都是理的彰顯罷了。「就其普遍言之，謂之天。就其稟賦言之，謂之命，就其體用之全言之謂之心，就其純乎理者言之謂之性」。❶就理之普遍性而言則為天，理之純粹性則為性。理之稟賦於人則為命，而心則是理氣之全，是人向上一幾的關鍵。

馬一浮亦援引《大乘起信論》「一心開二門」的理論間架來解釋其「心統性情」的理論構造，並以為他能深得橫渠本旨，其實底子裡，馬一浮仍較近於朱子，而稍離橫渠。

馬一浮說：

> ……只說得心生滅門，覺不覺二義，要知起信論一心二門方是橫渠本旨。性是心真如門，情是心生滅門，心體即真如，離心無別有性，故曰，唯一真如，然真如離言說相，才說性時，便已不是性了。向來說性，只說繼之者善，此卻是生滅門中覺義也。❶

就這段來說，似乎很能表示出橫渠「心統性情」的旨義，但卻不能完全表露橫渠如何盡心體物、如何盡心易氣以成性。換言之，這段話並未深入實踐工夫去探討心是如何的統性情，如何的易情而成性，如何的全性皆情，如何的全情皆性，如何的即體而言用，即用而顯體。

馬氏以「一心開二門」來解心統性情，其用心乃在調適朱子，務使朱子更進一步，而免去了心性情三分、理氣二分的諸種問題。馬一浮說「朱子釋格物為窮至事物之理，致知為推極吾心之知。知者，知此理也，知具於心，則理不在心外明矣，

---

❶　以上所引兩句原文，見《復性書院講錄》，卷一〈復性書院學規〉頁7。
❶　見《爾雅臺答問續篇》，卷一，頁14。

並非打成兩橛，不善會者，往往以理為外」。⓳馬氏這段話，可謂對朱子做了一個「創造性的詮釋」（Creative interpretation）。他更強調所謂的窮理，雖然是窮至事物之理，但理則不在心外，由於理不在心外，所以格物窮理的過程，不祇是主體對客體的認知把握，而且是主體對主體所具之理的發現過程。

馬一浮這樣的立論，可謂是朱子學調適而上遂的發展。朱子限於「心知──物理──天理」這樣的立論結構，他說是心是「氣之靈」，是屬於氣，他雖然強調透過「涵養主敬」，「進學致知」的工夫，則心亦可因下會而上達；但朱子並未點出本心，他似乎習於將天理懸於超越之處，而不願直落為人所涵具。當然我們若仔細探討朱子學，勢必會發現朱子所說的天理實亦不外於人心，但這不外則是透過實踐工夫的不外，而不是先天的不外。依馬一浮而言，則心統性情，兼賅體用，心一方面屬於氣的層面，一方面則又屬於理的層面，而如何能全氣皆理，全理皆氣，則端在於人的實踐修為工夫。馬一浮一方面如朱子般的重視一些下學而上達的工夫，但另一方面他又將物理、天理從做為心這個主體所對的客體回收而為人心這個主體所原具，於是心知對物理的把握，從而上遂於天理的認知，又轉成了本心之理的開展與全幅的朗現。

從上所述，吾人可知馬一浮強調的「心具理」和陸王的「心即理」有頗大的不同，而馬氏所說的心實是朱子學調適而上遂的發展。⓴馬氏本有調和程朱陸王的用心，而事實上他是以朱子為宗，並想以此來收攝陸王。馬一浮以這樣的方式來折衷程朱陸王，於是他拈出了「性德」之名來點示其心性論。他說：

> 德是自性所具之實理，道即人倫日常所當行。德是人人本有之良知，道即人人共有之大路，人自不知不行耳。知德即是知道，由道即是率性，成德即是成性，行道即是由仁為仁。德即是性，故曰性德，亦曰德性。㉑

⓳ 見《復性書院講錄》，卷一，頁6。

⓴ 劉又銘認為馬氏所講的心，實質上等同於陸王一路。此不確。見劉著《馬浮研究》，同註⓺，頁92。

㉑ 《復性書院講錄》，卷三，〈孝經大義二〉，頁70。

馬一浮這段話很能表現道德是自主的，是根源於自家心性的。但他特別強調德即性，而又用了兩個名詞一是性德，一是德性來闡明它。他說「即性之德」是依主釋，而「即德是性」是持業釋。❷依馬一浮的解釋，所謂「依主釋」則強調各分能所，並以所依為主。「即性之德」，性是所依，而德則是能依，而強調性為德之主，如此我們便說是依主釋。此時以性為體，而以德為用，即體而言用。所謂「持業釋」則強調本體與業用的區分，並由業用而顯其本體，「即德是性」乃是以德為用，以性為體，即用而顯體。❷

馬一浮更擴大其對「性德」的用法，他說：

> ……故六藝之教，總為德教；六藝之道，總為性道。孝經則約此性德之發現而充周者，舉示於人使其體認親切，當下可以用力踐行，盡性之道，即在於是。故知六藝之要歸即自心之大用不離，……此是聖人顯示性德普攝群機，故說孝經以為總持。……凡性德所合，聖教所敷，無不包舉，而盡攝之。故曰：道之根源，六藝之總會也。❷

馬一浮這段話，顯然是將「性德」做為其整個哲學的絕對預設，並從此敷衍開來。性德成了普攝群機，綜賅六藝（亦即六經）的形上基礎。而六藝則是成就人間道德理想世界的法門，而又以《孝經》為法門之總持。由於馬氏以「性德」為六藝之教的形上根據，並從而將六藝上提，於是成為一可綜賅古今中外學術的主體。馬氏復以《孝經》為總持，而攝六藝。如此一來，就理論層面而來，性德是最後的根源（一切從性德流出）；但就實踐層面而言，則《孝經》是最基礎的推廣方針。

在這裡，筆者想附帶一提的是，與馬一浮同代的儒學大師熊十力卻和他有天壤懸隔的看法，熊氏極厭惡《孝經》，並以為此是後世奴儒所作。熊氏鄙棄「孝治

---

❷　同註❷。
❷　依主釋和持業釋的說明請參看同註❷，頁 73，附語。此處，筆者是順著馬氏這個說明，而更進一步說明白的。
❷　《復性書院講錄》，頁70。

派」，而馬氏道是極為道地的孝治派。❷再者，馬氏的「性德」和熊氏的「性智」皆為其哲學之絕對預設，亦極不相同。❷

從「心統性情」的理論，到性德一詞的提出，以《孝經》的優位，在在顯示馬一浮心性論在其學問體系佔有極重要的地位。而籠統說來，這都是對朱子學做一創造的詮釋之後，調適而上遂的發展。因為在理論的基本框架上，馬氏採取的是朱子學式的，而在基本的工年入處更是朱子式的，分毫看不出陸王的味道。

四、從「主敬涵養」到「窮理致知」

從理氣不一不二的對比辯證關係，到「心統性情」的立論以及性德一詞的提出，這都顯示馬一浮學術統眩式的性格。若借用船山的話，這可說「即體而言，體在用；即用而言，用在體。」在道德實踐工夫上，強調的是體用交養，性修不二，涵養用敬與進學致知結合成一體。但若相較於船山而言，船山頗重視「本末交養」、「以本貫末」、「本大末亦不小」，而馬一浮則尚未能強調及此。馬氏之學仍然偏重於內聖學，外王對於馬一浮而言十足是內聖的延長而已。不過值得一提的是，馬氏是實踐工夫論頗想兼眩宋明諸大派之長，而又獨取於朱子並加以調適而上遂的發展。馬一浮：

> 理雖本具，亦要學而後明，精義入神，方能致用，所以說性修不二。專言守良心，便是執性廢修。❷

---

❷ 熊十力先生對《孝經》儒家孝治派的批評，請參見熊著《讀經示要》及《原儒》〈原外王篇〉。（明文書局）

❷ 熊氏頗富創造力，其學自謂源出大易，融通華梵。又參之以公羊春秋，成其大同思想。但要以言之，莫不源於性智。性智即是良知，即是天理，是返照足以自證的，此不同於「量智」之外逐而不返。熊氏建立了一套生生不已的體用觀及內聖外王之學，並以此來省思傳統，極富批判性。而馬氏則順承先儒之說，並加以融會貫通，批判性較弱。

❷ 見《爾雅臺答問讀篇》卷三，頁 15 下，廣文書局。

這段話值得注意，他所說的「學」並不祇是「守良心」的工夫，這是很清楚的。學可能包括了道德與認知及其他心靈活動的各種層面，而且學是使得理道性德彰顯流露成為可能。

馬一浮又指出「性修不二，全性起修，全修在性」才是「全提」的工夫，而這是源於孔子的，孔子之言是全提，這是重在「全性起修」。至於孟子則強調良知良能，重在理之本然，這是單提直指，不若全提一樣可以體用兼賅，性修不二，它極易由於單提而成為偏廢，馬一浮用了「執性廢修」這個詞來陳述它。❷❽

相對於「執性廢修」這個詞而言，馬一浮並未注意到另一種「執修廢性」的可能。因為依馬一浮看來，理道性德為人心所本具，既修則必是修其性，是不外於理道性德的。也因此，依馬氏看來即如宋明理學中偏重道問學的朱熹仍不致執修廢性，而以為「涵養須用敬，進學在致知」二語乃是性修不二之學。並以此做為自己道德實踐工夫的立論基礎。

馬氏又以「涵養」及「察識」這二者來區分宋明儒學程門弟子二派的分野，他以為龜山重涵養，而上蔡重察識，而朱子早年重察視，晚年則能綜賅涵養與察識二者。❷❾馬氏便認此乃性修不二，盡工夫之全。因此在〈復性書院學規〉首兩條便提出「主敬為涵養之要」、「窮理為致知之要」，這是馬一浮工夫論的要旨所在，至於另外兩條「博文為立事之要」、「篤行為進德之要」則是前二者的衍伸。

再以前二者而言，則「主敬為涵養之要」更為基礎。馬一浮說：「察識從涵養得來者，其察識精而持守無失；若離涵養而專言察識，其察識多疏而持守不堅者有之。漸中有頓，頓中有漸，不可截然分為二也」。❸⓪這段話一方面說出涵養為察識之本，另一方面則又強調此二者必得並重，而且頓漸二種工夫交互為功，不可截然二分。馬氏之所以強調二者交互為功，而又以涵養為最根本，實因馬氏極不喜陸王

---

❷❽　請參見《泰和會語》，頁47，廣文書局。

❷❾　宋代理學，由「中和」問題而導出了工夫論問題，涵養與察識這兩個詞包含了極為複雜而不同的各個流派的工夫論。大體而言，要了解這兩個詞必得深入各家流派就其理論脈絡，才能把握住它的意義，馬氏在這裡太過於化約而簡單的去看這兩個詞，就其使用看來，似乎亦太籠統。

❸⓪　見《爾雅臺答問續篇》卷二，頁21下，廣文書局。

之學，而他之所以不喜歡的緣故，則又因為陸王單提直指的工夫極易變為執性廢修之學。他說：

> 龍溪之言，疏而無當。王學末流，只見個昭昭靈靈底便以為是，更不窮理，此所謂光影門頭事也。學者必從朱子入，方可千了百當。❸

馬一浮所擔心的是這種光影門頭事的簸弄所造成的自欺欺人，他強調從朱子人才可千了百當，從朱子入便得從主敬涵養做起。馬一浮清楚的了解到涵養的真實工夫是主敬，敬是一種收攝心神的工夫，由於它收攝心神，因此可以返歸自家心性，因此可以通體舒泰，安詳自然。「敬」的工夫並不是勉強遏捺的忍受工夫，因為敬在內，非在外。「敬」是主體的自我收攝、自我回歸，並不是主體對某客體的執持不放。主敬才能涵養，「涵」是收攝心神，涵具萬理，而「養」則是養此心性本體，是心性本體的自養，並不是刻意去尋個心性本體來養。主敬涵養的目的是格物、致知、窮理，更強調一點的說：「未有致知而不在敬者」。❸因為透過敬的工夫，所致的知才是正知，所窮的理才是真理，格物亦才不會祇落為心氣對外物習慣性的把握而已。

馬一浮用佛教止定觀慧的對比來說明主敬和窮理的關係，他認為如果心神不凝聚而去觀理，則理不可能明澈洞達，就好像水混濁、鏡蒙垢，則影像不現。❸但須要一提的是這裡所謂的影像，並不是特別有個外物映入鏡中才得浮現的，而是此心鏡自己浮現的。換言之，「止定」並不是為了去看一外在之慧，止定自身便是慧，而所謂觀慧乃是即於止定之心體而使此心體朗現其理道性德。也因此從涵養到察識，則可以「主敬」一詞來賅攝它。

從上可知，馬一浮所謂的「窮理致知」是依於「主敬」的。其所窮的「理」及所致的「知」，也因此而成為在內的，而不致於是外在的。馬一浮解《大學》「格

---

❸ 同上。

❸ 《宜山會語》，頁34下，廣文書局。

❸ 請參見《宜山會語》，頁34-36，廣文書局。

物致知」章句時，一再的稱讚朱子較密，朱子頗能得《大學》之旨而取其漸教的路，而陽明則是頓教的路。他說：

> ……今明心外無物，事外無理，即物而窮其理者，即此自心之物而窮其本具之理也。此理周遍充塞，無乎不在，不可執有內外。❸

我們若將此段解說，參照朱子格物補傳來看，則可見他是如何的調適而上遂的發展朱子學。朱子說：

> ……欲致吾之知，在即物而窮其理也。蓋人心之靈莫不有知，而天下之物，莫不有理，惟於理有未窮，故其知有不盡也。是以大學始教，必使學者即凡天下之物，莫不因其已知之理而益窮之，以求至乎其極，至於用力之久，而一旦豁然貫通焉，則眾物之表裡精粗無不到，而吾心之全體大用無不明矣。此謂物格，此謂知之至也。❸

顯明地，馬一浮之不同於朱子的是，他點明了心外無物，由於這一步的點明使得「心知──物理」的認識論結構，一轉而為本心之知之自身之理的彰顯，主體對客體的把握一轉而為主體對主體所涵具之理的理解。這一步的點明即是朱子學調適而上遂的發展，因為就朱子學而言，心外無物是其義理的隱藏性結構，馬一浮不過揭發了這個隱藏性的意義結構罷了。朱子偶而亦透露出諸如：「致知是本心之知」❸這樣的話頭來，不過朱子著意於漸修的方式，而有強調「認知」的傾向。❸馬一浮則強調頓漸同時具在，而事實上其工夫是漸修的。

馬一浮雖點明了「心外無物」，但其學問性格並不同於孟子學，亦不同於陸王之學。他解釋《易經・繫辭傳》「窮理盡性以至於命」時，便說「窮理即當孟子所

---

❸　見《復性書院講錄》，卷一，〈學規〉，頁6上。
❸　見《朱熹四書集註》，頁6。
❸　見《朱子語類》，卷十五。
❸　請參看牟宗三著《心體與性體》第三冊，第三章。

謂知性，盡性即當孟子所謂盡心，至命則當孟子所謂知天。」又說「理窮則性盡，性盡則至命。」❸這分明是將孟子「盡心知性以知天」的立論結構，一變而為「知性盡心以知天」。雖然馬氏強調「並不是窮理了再去盡性，盡性了再至於命，只是一事非有三也」，這祇說明了三者非有時間的先後，但並未說明其沒有理論上邏輯次序的先後。

馬一浮又援用佛家語言的滿證和分證來說明工夫實踐的前後終始。他說：「須知合下用力，理窮得一分即知致得一分，在佛氏謂之分證，到得知至即滿證也。」他又說：「一旦豁然貫通，表裡洞然，不留餘惑，所謂直到不疑之地，方可名為致知也。」❸在這裡我們分明看到馬氏是如何經由漸修的實踐理論而達到圓教的境界。如此說來，馬一浮所謂的「窮理致知」，雖亦注意到「心外無物，事外無理」，但就立論的邏輯程序而言，則是「格物（窮理）──致知」，而不同於陽明的「致知──格物」。馬一浮是格窮事物之理（事物之理不外乎本心），而致其本心之知。陽明則是推致良知於事事物物上，正其不正而使其正也。馬氏之學絕不同於陽明學，他乃是朱子學調適而上遂的發展。

關連著「主敬涵養」，窮理致知，馬一浮更進一步說博文立事。他認為天下之事莫非六藝之文，而六藝之文又皆是性德之流出，因此博文的工夫，一者可以修其性，德一者可以通達於天下萬事萬物。他這樣子的把內聖學經由六藝之文而通於外王學。外王的實踐他又認為孝經足以總持一切，這牽涉到馬氏整個文化哲學的體系。至於馬氏所謂的「篤行進德」則強調無有欠闕，無可間斷地將無可限量、無有窮盡之理見之於行事，力求一人間的理想世界。因為篤行的工夫，才能使得主敬涵養真是主敬涵養，窮理致知真是窮理致知，博文立事真是博文立事，因此篤行亦可說總攝前三者。❹若我們將馬一浮的〈復性書院學規〉（以上所述四條：主敬涵養、窮理致知、博文立事、篤行進德）和朱子的「白鹿洞書院學規」（博學、審問、慎思、明辨、篤行）相比亦有同調之處。

---

❸　以上所引見《復性書院講錄》，卷一，〈學規〉，頁7。

❸　同上。

❹　參見《復性書院講錄》，卷一，〈學規〉，頁11-13。

　　總要的說，馬一浮的實踐工夫論強調「性修不二，全性起修，全修在性」。強調「體用不二，全體大用，全用在體」。他明白的指出「性德雖是本具，不因修證則不能顯。」他亦說「修德須進，而性德亦須進」，因為性德即是至誠不息，即是進，所以說性德亦須盡，而此須盡乃是要篤行到極至處的意思。❹而這些義理都是以朱子為起點而加以調適而上遂的。

五、結　語

　　從「理氣不一不二對比的辯證性結構」到「心統性情」的立論以及涵養主敬，窮理致知的實踐工夫論，我們可以斷定馬一浮之學具有極高的「調合論」的色彩，而在這色彩深處則可見他是近於程朱而遠於陽明的。因此筆者要說馬一浮學乃是朱子學調適而上遂的發展。

　　就宋明理學的發展而言，道問學與尊德性的紛爭，知識與道德對比的辯證在馬一浮的心性論裡頭獲得某種消融式的解決。通過馬氏之學再來讀宋明理學當會更清楚明白，尤其將會更能同情的理解朱子。如此說來，馬一浮的弟子戴君仁認為馬一浮是現代的朱子實為肯綮到地之言。

　　對馬氏心性論的義理結構的疏通，祇是做為研究馬氏之學的一個基礎而已。至於馬一浮由心性論而展開的六藝論乃是一套文化哲學，這套文化哲學頗能顯示馬一浮對人類、時代的用心，而若將之落在思想史的角度觀之，則馬一浮這套文化哲學頗能表示當代中國思想史中保守主義的一個典型，這是值得我們更進一步去探討。

---

❹　同上。

第七章　邁向儒家型社會批判學之建立

——以徐復觀思想為核心的基礎性理解

一、前言

　　徐復觀先生之不同於其它的新儒家，我們或許可以說是他的生命之性與氣最盛，而感受最深，其所實踐亦最切，其之為最切是因為他對於政治與社會的涉入最深，經驗最多，其所求者多，其所失望者亦甚。到了晚年，他才開啟所謂的「學問的研究」，他的研究可以說是全從生命的深刻體驗中來，尤其這樣的生命體驗，不是將自己的生命與整個歷史社會總體割離開來的「觀照式生命體驗」。相反的，是與整個歷史社會總體和在一起，連衣帶水的，在泥土中翻滾而又能卓然而立的「投入式生命體驗」。徐先生頗不願耽於形而上的證悟，而強調當落於「形而中」，即事言理的去實踐，去體會，去開啟儒家之學。在他的諸多著作中，展開了強烈的批判性格。無論對於思想史、學術史，乃至時下的批判，他一再的點示出其所根據的立場乃是一「儒家的立場」，筆者以為徐先生一生的學術與政治之間的批判活動背後隱含著一「儒家型的社會批判學」，應予揭示。❶

　　「儒家型的社會批判學」這個詞的提出，一方面指的是儒家具有批判的精神，而另方面指的是它足以構成一完整的學。環視當代以來的思想，我們或許會發現長久以來「儒家」一直被視為「被批判的對象」，而筆者硬是在此要安上「儒家的社

---

❶　或許我們可以說從熊十力到牟宗三的系絡，是一形而上體系之重構的當代新儒家，而唐君毅則開啟一生命之意義治療的當代新儒家，而徐復觀則是成就一社會批判意義的當代新儒家。

會批判學」這樣的名稱，極可能被視為笑柄；但我卻要說，「儒家型的社會批判學」並不是如今才要宣告成立的東西，相反的，它老早就已經存在。從先秦的孔孟，到宋代的朱子，明代的陽明都充分體現了儒家的批判精神，即如當代，像徐復觀、梁漱溟諸位先生，更足以成為一現成的典範。他們或許未直接標出一「儒家型的社會批判學」但是他們的行徑卻極清楚的是從事於一儒家型的社會批判運動的，而在諸多篇章中，更是隱含著一「儒家型的社會批判學」，值得重視。本文之標為「邁向儒家型社會批判學的建立──以徐復觀先生的思想為核心的基礎性理解」，其主要之意圖即在通過徐先生的思想而展開以徐先生為核心的儒家型社會批判學，然而此並不意味儒家型之社會批判學僅以此為限，而是說徐先生建立了一類型的儒家社會批判學。若縱觀其大，儒家亦可以成立一其他類型的社會批判學，惟萬變不離其宗，吾人或能從徐先生所開啟的儒家型社會批判學，而見出儒學極可貴之一面向。

二、從「形而中學」論「心」之 做為社會批判學的基礎

徐先生所展開的社會批判活動極多，並且極為根本，而總的說來，他的社會批判是迴向整個中國文化傳統為基底的，尤其是以回到儒家傳統為根柢的。值得注意的是，這裡所謂的以中國文化傳統為基底，並不是一味的要回到中國文化的傳統，而是站在中國文化的傳統來返本開新。就此來說，作為當代新儒家的他與其他學者如唐君毅、牟宗三等先生的見解是一致的。❷他們都繼承著中國文化傳統中注重心性之學的新儒學傳統而冀望有一新的開啟之可能。不過，徐先生所體會的心性之學與唐、牟、二先生是有所不同的，他強調的是一具體生活世界、歷史社會總體與人相關聯為一個整體之下的「心性之學」。筆者以為我們若真說徐先生的社會批判學

---

❷ 徐復觀、唐君毅、牟宗三三位先生於 1958 年發表了一篇〈中國文化與世界──我們對中國學術研究及中國文化於世界文化前途之共同認識〉宣言，此宣言可以視為當代新儒家第二代的開山文獻，徐、唐、牟等先生皆被稱為當代新儒家。

的基礎是儒家的心性之學，必得放到這樣的理解脈絡來理解，纔不會造成誤解。

　　依徐先生看來，人生的價值根源乃在乎「心」。他以為在中國文化中，有許多分歧而夾雜的東西，對人生價值的問題也有各式各樣的解答，但是從這個歷程追到底，把其中的曲折夾雜去淨，便可以簡截地說：中國文化認為人生價值的根源即是在人的自己的「心」。值得注意的是，徐先生更進一步指出這裡所說的「心」，指的是人的生理構造中的一部分而言，即指的是五官百骸中的一部分；在「心」的這一部分所發生的作用，認定為人生價值的根源所在。就像認定耳與目一樣，是能聽聲辨色的根源一樣。孟子以耳目為「小體」，因其作用小；說心是「大體」，因其作用大；但不論作用的大或小，其都為人身生理構造的一部分則一。他更且進一步的指出，《易傳》中有所謂「形而上者謂之道，形而下者謂之器」，這兩句話的意思是說在人之上者為天道，在人之下的是器物；這是以人為中心所分的上下，而人的心則在人體之中。他因之強調「形而中者謂之心」，說「心的文化，心的哲學，只能稱為『形而中學』，而不應講成為形上學。」❸

　　如上所說，徐先生所作形而上、形而中、形而下的區分或許在立論上嫌粗糙，但是我們卻可以發現他所強調的「形而中學」，顯然的，非常注重整個生活世界之總體，他有意的排斥形而上學的、先驗式的思考。簡單的說，徐先生所以為的「心」不是心身割離開來的「心」，也不是以心統身的心，而是心身一體，在整個生命之具現過程中而說的「心」。這樣的「心」當然就不是西方傳統唯心唯物兩分的心，他更透過〈象山學述〉一文對於將中國文化中儒家所標榜的「心」，誤解為唯心論意義下的心，給予嚴厲的批評。徐先生總結的指出中國這種「心的文化」的特點，他以為：

　　甲、心的作用是由工夫而見，是由工夫所發出的內在經驗，它本身就是一種
　　　　存在，不是由推理而得的（如形而上學的命題），故可以不與科學發生糾
　　　　纏。

---

❸　見徐復觀〈心的文化〉，收入《中國思想論集》，頁 242、243。臺灣學生書局，民國 64 年
　　5 月 4 版，臺北。

乙、心可以主宰其它的生理作用，但是亦不離開其他生理作用；而且心的作用，須由其他生理作用來完成，此即孟子的所謂「踐形」。因此，心的作用一定是實踐的。所以孟子強調「必有事焉」，王陽明強調「知行合一」。只是空談，便如王陽明所說，是被私欲隔斷了。

丙、人生價值的根源在心的地方生根，也即是在具體的人的生命上生根。具體的生命，必生活在各種現實世界之中。因此，文化根源的心，不脫離現實；由心而來的理想，必融合於現實世界生活之中。由生命所發，由現實世界所承，由五官百骸所實踐的文化，必然是中庸之道。凡過高過激的文化，都是由冥想、熱情，或推理而來的文化。

丁、任何人在一念之間能擺脫自己所有的私念成見，即可體驗到心的作用。故心的文化是非常現成的，也是大眾化，社會化的文化。王陽明曾嘆息說他在龍場驛講學時，鄉人野老都能明白。反而回到中原後不能為許多人所了解；因中原士大夫都各有成見，不及龍場驛的人，都是非常純樸，能自然與自己之心相合。

戊、人生價值根源就在自己的「心」，所以程明道便說：「每個人都是天然完全自足之物」。如此，才真有人格的尊嚴，真有人的信心；並且每個人在心的地方開闢一個內在世界，在心上得到人生的歸宿，不需外在的追求和鬥爭。所以這種心的文化是和平的文化。

己、研究中國文化，應在工夫、體驗、實踐方面下手。但不是要抹殺思辯的意義。思辯必須以前三者為前題，然後思辯的作用才可把體驗與實踐加以反省、貫通、擴充，否則思辯只能是空想。❹

如甲所言，這點出了「心」之為「心」並不是一形而上之實體，而是一作用，是由實踐工夫所開啟的內在經驗，而這樣的經驗即是存在。換言之，心是經由一活生生的實踐之體驗而去開啟存有的，並不是靜態的停駐在那裡，而是動態的、全副的參與。如乙所言，可見徐先生一方面注重心的「主宰義」，但另方面則又便為強

---

❹　見同上註，頁 248-249。

調「踐形義」，這樣的「踐形義」的心是指向社會批判與道德實踐的心，而不是只經由道德修養，而去要求一精神境界的心。如丙所言，顯然地，我們可以說「心」雖具有主宰義，但這樣的「心」並不是對於自己的身軀以及外在的事物展開一控制的主宰，而是對於自家的生命以及外在的世界起一調節性的作用，而達乎中庸之道。換言之，心具有「調節義」。如丁所言，心是根源性的，是當下即是的，是愚夫愚婦都可以有的，是純樸自然的，是大眾的、社會的，是在活生生的生活世界中展開、呈現的。換言之，心具有「根源義」。正因如此，如戊所言，人之為人是天然完全自足的，人有真正的人格尊嚴，真有人的信心，依此而開闢出一個內在的世界，不假外求，惟其如此，故是和平的、寬闊的。如己所言，徐先生點出研究中國文化，當在工夫、體驗、實踐等方面下手，但他強調不廢思辯。這指的是說，這個「形而中」的「心」，是在實踐的工夫歷程中，進到整個生活世界，而去開啟整個生活世界的。

　　徐先生不從「超越面」來看待心，而是從「作用面」來看待心，這樣的「心」是一「活生生的實存而有」的心，是一走入整個生活世界的心。❺這的「心」可以說是接上了黃宗羲所謂的「盈天地皆心」的「心」，這樣的心並不是一孤離開來的絕對體的心，而是「盈天地皆氣」下，而說的「盈天地皆心」的「心」。❻這樣的「心」是關聯著整個生活世界而說的總體的心，它在生活世界中有其起伏昇降，有其辯證發展。這樣的心是具有歷史性與社會性的，而所謂的具有歷史性與社會性指的是一方面於歷史社會總體中成長，但另方面則又指的是人因有有心作為進入到此生活世界中之動源，即此動源而具有開啟歷史與社會的可能。❼正因「心」具有此

---

❺　關於「活生生的實存而有」一辭，筆者指的是作為「人」這樣的存在，他是活生生的，是實存的，而以其為實存的而進到整個生活世界，而開啟之，參贊之，進而使得此世界成為一實存而有的世界，如此而說人是一活生生的實存而有。筆者以為當代新儒家義下的「人」都是此「活生生的實存而有」，而第一代的當代新儒家熊十力即予此作一充分的建構與證成。關於此，請參見筆者《存有，意識與實踐》，第二章、第二節〈邁向一『活生生的實存而有』的體用哲學〉。東大圖書公司出版，民國82年5月，臺北。

❻　「盈天地皆心」與「盈天地皆氣」，此蓋為黃宗羲所主張，關於此請參見劉述先《黃宗羲的心學定位》一書，允晨出版社印行，民國74年，臺北。

❼　就此而言，我們可以說當代新儒家中徐先生的儒學極類以於王船山的人性史哲學所展開的社

兩端，而成一辯證之總體，因此，我們可以說徐先生之以此具有兩端的「心」作為辯證開展的核心，展開其社會的批判，這樣的批判是具有一辯證性的、總體的社會批判，其起點在心，而其終點亦於心。❽

　　徐先生既如此理解「心」，自然而然的，他所展開的便是如中國傳統「良史誅心」的偉大志業。對於中國政治傳統，徐先生特別能注意到結構的總體性以及權力的根源的問題。他認為若未能注意及這樣的關鍵性問題，而一味的只是由於我們沒使用帝王專制這樣的詞，就強調說我們的傳統並不是帝王專制。他甚至過激的批評錢穆先生的史學，他在〈良知的迷惘──錢穆先生的史學〉一文中說錢先生「天資太高，個性太強，成見太深，而又喜新好異，隨便使用新名詞，所以他對史料，很少由分析性的關聯性的把握，以追求歷史中的因果關係，解釋歷史現象的所以然；而常作直感地、片段地、望文生義的判定，更附益以略不相干的新名詞，濟之以流暢清新的文筆，這是很容易給後學以誤導的。」❾徐先生更進一步的指出：

　　至於不談制度，不談時代背景，不談群體生活狀況，而僅談有故事可談之人，這是把人從時間空間中掛空，把人與社會的關係切斷，把歷史變成幼稚園的連環圖畫，然則中國到底有沒有史學？❿

　　徐先生或許並未同情的理解錢先生式的歷史主義的史學⓫，但就上所述，我們

會批判。其所謂的「心性論」亦較同於王船山的「命日降、性日生、日成，未成可成，已成可革」的思想。關於此，請參見筆者《王船山人性史哲學之研究》，東大圖書公司出版，民國 76 年 9 月，臺北。

❽　關於此，陳昭瑛於〈一個時代的開始：激進的儒家徐復觀先生〉一文中，曾說復觀之學的特色：辯證的、實踐的、歷史的，允為的當。該文收入，《徐復觀文存》附錄，見頁 366-367，學生書局出版，民國 80 年 6 月，臺北。

❾　見徐復觀〈良知的迷惘──錢穆先生的史學〉，收入氏著《儒家政治思想與民主自由人權》，頁 172，八十年代出版社印行，民國 68 年 8 月，臺北。

❿　見同上註，頁 182。

⓫　筆者以為錢穆先生之史學為一歷史主義的史學，他著重的在於歷史意義的點化，而徐先生則著重的是歷史結構的理解。錢先生的史學論點與當代新儒家徐復觀、唐君毅、牟宗三及張君

大體可以知道徐先生對於歷史與社會的理解與詮釋所強調的是一整體的關聯性的把握，並在此理解與詮釋的過程中，去把握歷史的因果。值得注意的是，所謂的整體的關聯的把握必得在時代背景、群體生活以及制度結構中來理解，否則這就不算是史學。徐先生這裡對於史學的宣示，其實就是他對於社會歷史批判展開的根源性起點。[12]

三、從「形而中」的「心」到儒、道兩家自由主義的精神

關聯著上節所述「形而中」的「心」之作為社會批判學的基礎，徐先生所了解的「心」自不是一掛空的、抽象的、超越的心，而是一在歷史社會的發展歷程中長養，是一具體、落實的、內在的心。換言之，心性論或者人性論之於徐先生而言，並不是通過邏輯思維去把握的，也不是通過澄心默坐的方式去體認的，而是在活生生的生活世界以及複雜的歷史社會總體中去發現的。既然如此，這便是一極為艱難而辛苦的學問歷程，他便在這種情況之下，展開了獨具風格的思想史之研究。他於《中國人性論史》的〈序言〉中指出：

> 人性論是以命（道）、性（德）、心、情、才（材）等名詞所代表的觀念、思想，為其內容的。人性論不僅是作為一種思想，而居於中國哲學思想史中的主幹地位；並且也是中華民族精神形成的原理、動力。要通過歷史文化了解中華民族之所以為中華民族，這是一個起點，也是一個終點。文化中其他的現象，尤其是宗教、文學、藝術，乃至一般禮俗、人生態度等，只有與此一

勘等位先生的觀點迥然不同，這是彼此分裂的主因，此分裂甚至延續至其學生輩。後者可見余英時《錢穆與新儒家》一文，收入氏著《猶記風吹水上鱗──錢穆與現代中國學術》，頁31-98，三民書局印行，民國80年10月，臺北。

[12] 關於徐先生的歷史哲學與其思想史方法論散見其所著各書，而以《兩漢思想史──卷三》所收〈原史──由宗教通向人文的史學的成立〉、〈論史論〉二文最為顯著，見該書，頁217-458，學生書局印行，民國68年9月出版，臺北。

　　問題關連在一起時，才能得到比較深刻而正確的解釋。⓭

　　人性論的探索構成了徐先生「形而中學——心」之所以可能的方法途徑，這樣的方法途徑，一方面是展開理解、詮釋與批判，但同時也就在這樣的歷程中，進行重建。對於「形而中學——心」的理論重建，又是徐先生展開整個歷史社會總體批判的起點。或許，我們可以關連著當代新儒家做一對比的說明。就當代新儒家來說，莫不重視人性論的問題，而且他們大體都是繼承著宋明理學傳統，而加以發揚光大的。熊先生經由對於唯識學的批評，加入個人的生命體驗，及中國傳統《易經》的哲學傳統，而建構了《新唯識論》的體用哲學。唐君毅先生則經由黑格爾式的精神辯證，從《道德自我之建立》、《人生之體驗》，最後成就了《生命存在與心靈九境》的偉大構造。牟宗三先生則經由康德式的批判哲學，發現知識之純理的構造，進而轉向道德主體的發現，終而完成了《現象與物自身》的兩層存有論之龐大體系。徐先生則通過中國歷史之思想的理解，作一思想史的綜括，去闡明中國人性論的核心理念，並進而開啟其歷史與社會的批判。

　　徐先生的整個工作，其實可以籠統稱之為思想史的批判工作，他一方面是經由思想史的批判建立其批判的基礎，另方面則又由這個基礎展開思想史的批判。他是以其活生生的生命涵浸於中國歷史傳統中，而使自身成為一歷史文化、社會總體之中的「在世存有」（being-in-the-world），這樣的生活世界是一切存在的基底（Horizon of Existence），同時也是一切理解的基底（Horizon of Understanding），一切理解與詮釋之起點在此，終點亦在此；一切之實踐的起點在此，一切之實踐的終點亦在此。

　　筆者以為最值得注意的是，徐先生是通過一「批判的批判」來建立其社會批判學的基礎的。這也就是說：徐先生並不是先預取了一批判的基礎，而後才展開其批判的活動的；相反的，徐先生是在一批判的實踐過程中，尋求得一批判之基礎的。或者，我們可以說，徐先生是經由歷史的批判來尋求批判歷史的基礎，是經由「社會的批判」來尋求批判社會的基礎，這明顯的是接上了中國原先「即事言理」以及「在事上磨鍊」的方法論傳統。值得注意的是，徐先生的「即事言理」與「在事上

⓭　見徐復觀《中國人性論史》，頁 2，臺灣商務印書館印行，民國 58 年 1 月，臺北。

磨鍊」的方法論，其勝於宋明儒的，便在於他不會只將一切的「事」只視之為一道德的反省對象，而直接關聯到心性本體而已。他特別能注意到事之為事的結構總體性與辯證之總體性的關係。再者，就徐先生之自稱其為「學術與政治之間」的人物，我們也可以因之而更清楚的認定徐先生的思想史工作與社會批判工作，其實是一體之兩面。

如上所述，我們說徐先生並不是先預取了一批判的基礎，而後才展開其批判的活動的；相反的，徐先生是在一批判的實踐過程中，尋求得一批判的基礎的。我們甚至可以說，徐先生是經由歷史的批判來尋求批判歷史的基礎，是經由社會的批判來尋求批判社會的基礎。筆者以為像徐先生這樣所展開的批判，可以名之為徹底的批判（Radical Crtique）。徹底的批判始於面對自身的批判，這是勇於面對自己而瓦解自己，從而重構其自己，因之而長成的批判。顯然地，徐先生這樣的社會批判學是建構在一完整的歷史社會之圖像上的，他將人視為一活生生的實存而有，展開其理解與詮釋，這樣的建構性思考造成了批判者與歷史社會的認同的充分張力。這樣的張力使得人之為人是在一關係網絡中而成的確定的個人，而不是一個獨立於歷史社會之外，逍遙無待的個人。換言之，徐先生清楚的闡發了當代中國人所宜有的自由觀念以為其批判的基礎，原來所謂的自由並不是心靈的精神的境界而已，而是落在人與整個生活天地、歷史社會的網絡中，如何去取得自主性，而展開其實踐的可能起點。

顯然地，從徐先生所展開的社會批判中，我們發現「批判者」與其所「批判的對象」——整個歷史社會，這兩者原不是由其中一端如何的指向一端，亦不是如何的由其中一端來把握另一端，而是交融互攝為一個整體，在一顆不可自已而要求「自由」的心的啟動下而開啟的。批判者不離於此被批判的對象，甚且是長於此被批判的對象之中，而又由此中而展開所謂的批判性活動。批判者是在批判的實踐活動中找尋到其批判的基準與起點，並且又由此批判的基準與起點而展開其批判，這裡隱含著一「批判的循環」（critical circle），這樣的循環構成了一個批判的生活世界。

如上所說，我們可以推知儘管徐先生是維護傳統文化的，但彼絕非守舊，相對來說，他雖與自由主義者殷海光見解頗異，但他卻極重視自由主義。但值得我們注

意的是，他所堅持的並不只是一抽象而掛空的理想，也不只是寡頭的個人之無礙；自由乃是一具體而落實的普遍之理念，是整個完整的社會共同體與人的互動而相對比所成的狀態。徐先生之與自由主義者不同在於五四以來的自由主義者，常將對中國傳統封建專制的批判與對傳統文化的批判，尤其與對於儒家思想的批判聯繫在一起，認為兩者是不可分的。徐先生則清楚的區分了兩者的異同，他指出儒家的思想之特質與中國傳統專制是兩個完全不同的區域。他說：

> 儒家思想，乃從人類現實生活的正面來對人類負責的思想。他不能逃避向自然，他不能逃避向虛無空寂，也不能逃避向觀念的遊戲，更無租界外國可逃，而只能硬挺挺的站在人類的現實生活中以擔當人類現實生存發展的命運。……只能說專制政治壓迫並阻礙了儒家思想正常的發展，如何能倒過來說儒家思想是專制的護符。但儒家在長期的適應、歪曲中，仍保持其修正緩和專制的毒害，不斷給與社會人生以正常的方向與信心，因而使中華民族度過了許多黑暗時代，這乃由於先秦儒家立基於道德理性的人性所建立起來的道德精神的偉大力量。研究思想史的人應就具體的材料，透入於儒家思想的內部以把握其本來的面目。❹

徐先生更且進一步的指出中國的儒家是經由德性來建立積極的人生，因而能夠自作主宰，能夠由良心理性支配自己的生活，這樣的自由精神便以一種積極的方式來表現。至於道家則從情意上去解脫人生的羈絆，這相對於儒家來說，是一種自由精神的消極表現。儒、道兩家之為中國文化傳統的主派，它們在思想的基底上具備著充分的自由精神。他鄭重的聲明：

> 自由主義者從傳統和社會中解放出來，並不是根本否定了傳統和社會，而是對傳統和社會，作一番新的估價，將既成的觀念與事象，加以澄清洗鍊，而

---

❹ 見徐復觀〈為什麼要反對自由主義〉，收入《儒家政治思想與民主自由人權》一書，參見該書，頁287，八十年代出版社印行，民國68年8月，臺北。

賦予以新的內容，並創造更合理更豐富的傳統和社會。自由主義者依然要生活在傳統與社會的大流之中，但他不是被動的、消極生活著；而是主動的、積極的、向傳統與社會不斷發揮創造改進的力量，使傳統與社會，不復是一股盲目的衝力，而是照耀於人類良心理性之下，逐漸成為人類良心的生產品。⓯

　　顯然可見的，徐先生對於所謂的「自由主義」做了一調適而上遂的詮釋，這樣的自由主義者並不是來自西方意義下的自由主義者，而是經由徐先生個人生命體驗，去掘發了儒道兩家的自由精神，而開啟的自由主義者。⓰這樣的自由主義並不是孤離於傳統和社會之外的自由主義，而是從傳統和社會中解放出來的自由主義。所謂的「解放」並不是一味的否定，而是進到傳統之中而開啟了傳統的禁錮，清理了傳統，從而使得傳統的文化土壤具有再生之可能。換言之，自由不是一種感性的解放，而是一種理性的照明；自由不是來自於批判而得建立其自己。相對的，自由是來自於其自己而開啟了批判；自由不是外於文化傳統，而是內在於文化傳統而且來自於文化傳統，進而具有一超克此文化傳統的可能。徐先生這樣的自由是一超越於抽象的變革論者意義下的自由，超越於徹底的反傳統主義者意義下的自由，他不再是一衝決網羅下的自由，他不只是具有一解構的能力，而且開啟了一理性的建構之可能。顯然地，這樣的建構是關聯著理解、詮釋、批判而有的重建。這是在道家所提供的生活天地以為一存在的基底（Horizon of Existence）下，進行一實存的理解，並在儒家的憂患意識下而開啟的批判與重建。自由之為自由，一方面指的是一生活世界，一方面則又指的是進入到此生活世界中的開啟點，而這既是開啟點、同時也是一終末點。

⓯　見徐復觀〈為什麼要反對自由主義〉，收入《儒家政治思想與民主自由人權》一書，參見該書，頁 284-290，八十年代出版社印行，民國 68 年 8 月，臺北。

⓰　其實，我們若站在思想史的脈絡來說，我們實在無法說徐先生是一自由主義者，而適合說他是一文化保守主義者（案：徐先生曾說彼並非是一自由主義者，見〈當代思想的俯視──擎起這把香火〉，中國時報，民國 69 年 8 月 17 日，臺北）。若要說他是一自由主義者，大概只能說他是一新傳統下的自由主義者。

四、結語：邁向儒家型社會批判學的建立

如上所述，我們可以清楚的發現徐先生所謂的自由主義與當時的自由主義者有許多的不同。他在述及與殷海光先生的交遊與論議時說：

> ……我們過去從語義學上，反對「國家」「民族」的說法，但實際，假定我們沒有對國家民族的真誠的愛，便不會寫許多文章，惹出許多麻煩，在我看，真正的自由主義者，也自然而然的是一個愛國主義者。你不會例外！❶

從這段話中，我們可以隱約的看見徐先生所以為的自由主義是與愛國主義或者民族主義結合在一起的。他對於當時的自由主義者一方面深致其同情，而另方面則又展開其批評，並試圖調適而上遂的將他們引到他自己心目中所以為的自由主義上來理解。徐先生之所以如此，很明顯的是因為他自己站立在儒家的立場，依他看來「長期受儒家思想薰陶的人，他的起心動志，自然直接落在國家人民的身上，而不能被一黨之私所束縛」，他甚至將原來梁任公「世界無窮願無盡，海天遼闊立多時」的詩句，改為「國族無窮願無盡，江山遼闊立多時」以為自勉。❶這在在充分說明了徐先生的悲懷宏願，亦可以看出他所謂的「自由主義」是如何的「自由主義」了。這顯然的是要求一種國家民族獨立自主的自由主義，他最為關注的仍然是整體的群性的問題，關聯於此而進一步發展成一道德人格主義式的自由主義。這與一般所謂的自由主義者之奠立於一個體性的自由這樣的自由主義者迥然不同。

徐先生既立身於儒家，自然對於儒家的體會至深，而他整個說來是經由對於儒家精神的基本體認來確立其批判思想的。如前所說，他是經由一批判的批判，是經由一思想史詮釋與批判的途徑而回到儒家精神本身，進而開啟儒家的批判之門。他在〈儒家精神之基本性格及其限定與新生〉、〈孔子德治思想發微〉、〈儒家在修

---

❶ 見徐復觀〈痛悼吾敵、痛悼吾友〉一文，收入《儒家政治思想與民主自由人權》，前揭書，頁 321、322。

❶ 見徐復觀〈國族無窮願無盡，江山遼闊立多時〉，收入前揭書，頁 333。

己與治人上的區別及其意義〉、〈中國的治道〉及〈荀子政治思想的解析〉等文中
釐清了中國近代以來知識分子自我認同的危機如何形成，因而使得他們無法真正了
解自家的文化。再者，並深入中國思想史的底蘊，指出中國文化對於知性把握的不
足，一方面指出中國文化雖然科學不發達，但以儒家而言，卻不反科學。又釐清了
「政統」與「道統」的諸多困結，指出中國儒家傳統可以解決西方文化的諸多問
題，如人性的重建、個體與全體的衝突之化解，以為西方文化今日的轉進，是要
「攝智歸仁」，而中國今後的文化，則一方面要恢復仁性，而另方面則是「轉仁成
智」，使知性在道德主體的涵煦之中，作新生即轉進的雙重努力。**⓲**

　　綜上所述，本論文意在指出徐先生所展開的各種批判似乎都回溯到中國文化儒
家的傳統以作為基礎。或者，我們可以更進一步的說，徐先生這些批判活動可以構
成筆者所謂的「儒家型的社會批判學」。當然，本論文似乎未能對於徐先生所展開
的社會批判活動作一實質的分析，亦未能與當前西方盛行的社會批判理論作一比
較，而只著重在其所可能開啟的儒家型社會批判學之建立的可能來立論。

　　我們發現徐先生經由中國文化的深切體會，肯定作為形而中的「心」乃是我們
作為一個「活生生的實存而有」這樣的人展開其實踐的動源點。這個動源點是活在
文化傳統之中的，是活在歷史社會總體之中的，是不離我們整個生活世界而又開啟
整個生活世界的。儒學傳統之為可貴的是注意到此活生生的實存而有的生活世界，
它是在對比的辯證歷程中塑造其自己，並且開啟其自己。這裡所說的塑造與開啟隱
含著一批判的互動與實踐的循環，而他的著力之場則在於整個國家民族而這樣的國
家民族是以文化傳統來規定的，至於文化傳統則是人這個活生生的實存而有所開啟
的。人這個活生生的實存而有何以會思有所開啟呢？無他，只因人有一自由的渴求
而已，而值得我們注意的是徐先生所說自由渴求，並不是消極的衝決網羅去破除障
礙而已，而是積極的完成德性的恢弘志業。此正如他所說：

　　　只須有此一覺，只要有此一提撕，則仁性恰如春風之鼓舞萬物。……不然，

⓲　見徐復觀〈儒家精神之基本性格及其限定與新生〉，收入前揭書，頁 44-91。關於徐先生具
　　體展開的儒家型的社會批判，本文並未企圖加以論述，而只是在原理上作一番疏清而已。

就是麻木不仁……「貞下起元」，端在今日之智識分子從其卑劣之諂附中，從其狹隘的閉鎖中，能有一念之轉，其所憑藉以作一念之轉者，仍當為儒家精神之啟示。❷

---

❷　前揭書，頁91。

第八章
開啓「意義治療」的當代新儒學大師
——唐君毅先生

一、出主入奴的學風丞待治療

　　唐君毅先生辭世已十七年了，十七年來，我依稀彷彿覺得唐先生是活著的，而且在我的內心中活得愈來愈鮮明。唐先生對於時代的苦難之深情痛切，對於知識分子的慈悲針砭，然而，他說的「中國民族之花果飄零」依舊，他期待的「靈根自植」仍未。時代的苦難在物質生活的富裕下被摭掩了，甚至自我蒙欺了。唐先生所深深扼腕而嘆的「如果一整個社會文化之意識、學術之風氣，皆趨向於以他人之標準為標準，以他人之認識承認與否，以衡定一學者之地位，一學術之價值，則不能不說是一民族精神之總崩降的開始」，廿餘年前是開始，現在則變本加厲。知識分子之甘為奴，以前是「窮奴」，現在或者轉成了「豪奴」，然者窮奴、豪奴，其為奴一也。所不同的是以前還有許多呼籲的黃鐘大呂，現在早被瓦釜雷鳴、讒人高張蓋過去了，大家是不自覺得生活在「錢」、「權」、「利」、「力」之中，所爭的是「名」、「位」，以為有了名位就有了道理。最常聽到的是「造勢」，而忽略了「以理導勢」。

　　這是個世衰道微的亂世，是個民族花果飄零的苦難世界，三百年前的顧炎武說當時的北方人「飽食終日，無所用心」，南方人「群居終日，言不及義」，其言或者過激，但用來描述亂世景象倒是挺寫實的，我以為顧炎武生於今日很可能還是要

這麼寫的。顧炎武有此感觸，唐君毅一樣有此感觸，所不同的是唐先生少了顧氏的驃悍氣，而代之以溫柔敦厚與苦口婆心，唐先生之所重不在「批判」，而在於「治療」。唐先生之所重不在於「分解」，而在於「綜合」。唐先生之所重不在於「論辯」，而在於「詮釋」。或者，我們可以說唐先生是一重視意義的理解與詮釋、體系的綜合與創造，經由個人生命的體驗，而開啟了一「意義治療」的當代新儒學大師。

當代新儒家並非顯學，但愈久而愈顯示其影響力，蓋「君子之道，闇然而日彰也」。人文的生長本為不易，若未能紮根於母土，滋養於傳統，則不足以締造新學問傳統也。環顧民國以來，當代新儒學在現實上遭受的壓迫雖多，而終可成一學派，此訣竅無他，只是免去了「出主入奴」的弊病，極力的紮根於母土而已。這或者就是唐先生所盛倡的「靈根自植」啊！

二、實存學、生活學與意義的治療

當代新儒學第一代以熊十力、梁漱溟並稱，而第二代則唐、牟、徐三位先生並稱，尤其唐君毅、牟宗三兩先生的名字幾乎是被連在一塊來說的。但並稱則並稱矣！熊、梁學問頗有異同，梁在晚年還著文痛批熊。唐牟學問亦頗有異同，但此中異同卻常人所忽，甚為可惜！或者這亦是機緣所致。正如同二程兄弟，雖為兄弟，並世講學，但其學問亦頗有異同，因大程子去世的早，二程子學生多，自然也就以二程子之所講為主，大程子學問之樣貌也就隱然不見了。唐先生去世的早，牟先生健在，其學生遍及港臺，自然會以牟先生所講為宗主，便何況牟先生學問的籠罩性甚強，這麼一來，港臺新儒學之「唐、牟、徐」並尊，此是歷史之事實，但說其「尊牟遠過於尊唐」此是當前之事實，這是一些具體的條件所使然。不過，可以肯定的是，並沒有「尊牟而黜唐」之情形；但由於「尊牟遠過於尊唐」，自會給人一「尊牟而忽唐」的感受。這樣的感受是真實的，而且時日一久，會讓人覺得有更封閉、更一元化的傾向，這會影響到整個當代新儒學的發展，不能不注意。

唐牟的最大異同在於：牟先生主「現象」與「物自身」的兩重區分，並借《大乘起信論》「一心開二門」的架構，而來安排道德與知識，並以此撐起以縱貫系統

為主導，而統貫橫攝系統。唐先生則主「心通九境」，經由橫觀、順觀、縱觀，再以體、相、用三者撐開，融會中、西、印、三大傳統，並將人間之不同領域與層次皆統攝於人的生命心靈之中。牟先生所重在於經由「超越的分解」以建立體系，唐先生所重在於經由「辯證之綜合」而詳論其哲學系統。牟先生學問之體系一切收攝於「道德主體」而唐先生則由原先的「道德自我」而走向「生活世界」實存的理解與詮釋。牟先生可以說成就了一「新康德派的當代新儒學」但又不限於康德，而實又想補康德之不足；唐先生則成就了一近乎黑格爾的「精神現象學式的當代新儒學」但顯然的又不限於黑格爾，而倒有著許多當代「存在主義」及「現象學」的影子，只是限於時代因素，在語辭的使用上仍較為現代，而不是後現代罷了。

說唐先生之學是黑格爾式的新儒學，這是可以的，但卻不能限於此；牟先生稱唐先生是「文化意識宇宙中的巨人」，這是更為洽當的。但我個人閱讀唐先生所著書的經驗，及對唐先生諸多行止的理解，則以為唐先生乃是一「活生生實存而有的一個儒者」，其所體現的學問是一活生生的、實存的、留意到整個生活世界的「生活學」，注意到人之做為一活生生的實存而有的「實存學」，再者，唐先生強調的是人以之做為一活生生的實存而有而進到生活世界之中，境識一體、主客不二，交融為一，「見乃謂之象」即此「現象」而成就了一「現象學」。

再者，唐先生一生所處在兵荒馬亂、世衰道微之中，以其易感之病，實亦整個時代心靈之病，他註定要與癌症搏鬥，註定要與整個時代的魔業搏鬥。如同他《病裡乾坤》這本書的書名，他是在乾坤中，在病裡求其治療，他的整個著重的是對於整個文化意識宇宙之所遍的生命存在做一點化、理解與詮釋，進而展開「意義的治療」，正因如此，筆者願意說唐先生開啟了一套儒者本懷的「意義治療學」。

三、生活世界、自我詮釋學靈根自植

唐先生的意義治療學是由「是，我在這裡」這樣的一個活生生實存而有的主斷來開啟的。「是，我在這裡」一方面點出了「把我放在世界內看」的理解詮釋原則，另方面則亦指出了此原則實亦含著「把世界放在我之中看」的實踐原則。「我」與「世界」是關連為一體的，這一體即是所謂的「人生」，是人人經由其自

家的體驗可以體知的。蓋人之為人是一「活生生具有生命的人」，此人是實存的（存在的），是活在整個生活世界的，他是具有心靈能動性的。1944 年，唐先生出版了《人生之體驗》一書，先別了原先具有實在論色彩的《中西哲學之比較論文集》（1943）階段，走向了廣大的「人」、「生」哲學——一活生生的實存的人進到生活世界中而開啟的哲學。

起初，唐先生著重在「道德自我之建立」，當然此道德自我是不廢整個生活世界的。因而唐先生在寫了《道德自我之建立》（1944）後便將此放到整個生活世界中來理解，經由《心物與人生》（1954）的探索，《文化意識與道德理性》（1958）的詮釋與釐清，對於《中國文化之精神價值》（1953）的闡發，進而強調《人文精神之重建》（1955），進論《中國人文精神之發展》（1958），並通貫中、西、印哲學各大系統，寫就《哲學概論》（1961），並於 1961 年再寫《人生之體驗續篇》，而這可以說包攝了整個生活世界，而不只是以「道德自我」為其注力之處。或者，我們可以說，唐先生並不為道德主體主義的傾向所限，而改以「生活世界」為其哲學最重要的標竿宗旨所在。

唐先生著作宏富，在 1966 之後，卷帙浩繁的《中國哲學原論》近十冊出焉，然而其方法論與世界觀實不外於原先自 1944 以來所開啟的「人生之路」。最後一生心血所結穴的《生命存在與心靈境界》（1977）亦此「人生之路」最高之體現與構造。一方面是對於生命存在的正視與心靈境界的開拓，而另方面彼之所重則是對於人之為人長於此生活天地之間的理解、詮釋與治療。

「理解」並不是一外於自身的對象化把握活動而是自身主體息息相關的交融與互動，此自然科學與人文學間之所以不同也。經由生命實存的點化開啟了嶄新的詮釋，這樣的理解、詮釋所帶來的不是批判，而是一種「因而通之」、「調適而上遂於道」的治療。這樣的治療並不是外力的力入，而是內在的迸發與昇進，從當下實存的情境下，掘發其實存的意義，喚醒人的實存主體性，在不斷的自我界定過程中，完成詮釋自我的活動，此自我之詮釋即是自我之治療活動。

這樣的理解、詮釋、治療之活動是在一「我與你」（I and Thou）這樣的思維格局而展開的，此不同於在一「我與它（I and it）這樣的思結格局。前者是兩者生命的交融，主客不二，雙方互相視之為一具有主體生命的存在，是以「愛」與「關懷」

為實踐活動而展開的。後者則強調以主體去把握客體，主客為二，以主攝客，是將客體當成一對象化的存在，帶有宰制性及工具性的意味。從比較文化、哲學宏觀的來看，唐先生自強烈的感受到文化霸權的欺壓宰制，他頗想克服此宰制性與被奴役化的傾向，但他感受最深的仍是民族的花果飄零，而尋求靈根自植仍渺乎不可得。

四、解脫「一元／反一元」的思維格局

當代新儒學是頗為多元的，梁漱溟經由文化哲學的大概括，而穩立了中國文化的基本向度，而以為中國不當走資本主義之路，亦不當走馬列主義之路，而應落實於鄉治，澤及廣土眾民，才有復活之機，才有再生之力。熊十力則經由自家生命的實存體驗，會通中印融通華梵，融佛入儒，而開啟了一實存的本體現象學的系統。外王一面則強調一「人人皆有士君子之行」的文化社區的理念。徐復觀則以其自家政治、社會的體會，著力於批判與疏清的工作，並因之而開啟深宏而肆的思想史學問，或者可說彼成就了一「儒家型的社會批判學」。牟宗三則經由純理思辨而追出知性的邏輯性格與存有論的性格，進而以實踐的進路去證立此存有論之如何可能。以「現象」與「物自身」的擘分，而將中國傳統的性智、玄智、空智，理解成康德所謂的「智的直覺」，而通貫兩界，建立其「實踐的形而上學」。唐君毅則以活生生實存的人這樣的存在進到生活世界之中，貫通整個歷史傳統，回歸道德理性，開啟文化意識宇宙的奧蘊，由理解、詮釋、轉化、治療，而開啟一「儒家型的意義治療學」。

做了以上這樣的疏清正可以反映出近人之將當代新儒學籠統視為一個一元化的整合體，這是不恰當的。這倒可以引領我們去思考一有趣的問題：是何因素使得他們無視於當代新儒學的多元性，而只看到其一元化的結構呢？是否這些指責當代新儒學為一元化思維結構的人，正中了「一元化結構」之毒呢？是否因為他們雖反一元，但心態仍一元，他們只是在「一元」與「反一元」的對反結構中打轉，因此自以為是「反一元」，而與其立場不同的就是「一元」呢？其實，自民國以來，不知有多少談論到中國文化傳統的篇章多屬扭曲之作，都是在一病態的社會底下的共業所呈現出來的病態之理解，著實可悲！

　　批判若不能回到批判自身，只是向外求索，戾氣相向，最後落得的是以暴易暴的下場。對於數千年來的帝皇專制共業，除了要勇敢的去面對它、批判它、瓦解它之外，更要注意的是它可能早已進到每一個人的生命之中，成為一難以去除的病毒，若不自覺極可能就墮入以「專制」去「反專制」的弔詭格局。因此，面對此專制之共業，除了批判之外，最重要的莫過於「以慈悲化共業」，「以一體之仁化戾氣」，經由「意義的治療」，此當可以洞察人生之虛實與真妄，此當可以由人生之顛倒而復歸其位，回到生之本然，讓民族文化生命暢達其機，人如其人，生如其生。

第九章　邁向儒家型意義治療之建立

——以唐君毅《人生之體驗續篇》為核心的展開

一、前言

　　一般說來，儒學之為「為己之學」此是大家所共許的；❶而此為己之學是「根源於本心，通極於天道」。❷它強調的是每一個具有人性身分的人皆可以自足而完滿的成就其自己，而且這樣所成就的自己不是「小體之己」，而是「大體之我」。而這裡所謂的「自足而完滿的成就其自己」這個斷語則又緊密扣連著綿綿不絕的實踐工夫。

　　無疑的，儒學所謂的內聖之學，一言以蔽之，即是以此實踐工夫而證得本體，亦即「即用顯體」之謂也。本體者，本然一體也，吾人經由「一體之仁」而與天地萬物本然一體也。❸實踐工夫證得本體，祇是倫常日用之實學而已，並無啥虛玄處，亦無黏牙嚼舌處。

---

❶　子曰：「古之學者為己，今之學者為人。」（《論語·憲問》），所謂「為己之學」蓋脫胎於此。

❷　孟子曰：「盡其心者，知其性也，知其性則知天矣。存其心，養其性，所以事天也。殀壽不貳，脩身以俟之，所以立命也。」（《孟子·盡心》上），此即所謂「根源於本心，通極於天道。」

❸　此說所據，請參見王陽明所著《大學問》一文。筆者曾疏釋之。請參閱拙著《王陽明的本體實踐學》。

　　如上所揭示之儒門義理，是所有步入儒家而以立身者所共許的。就此共許之義理，即隱含一本體的詮釋學（ontological hermeneutice），❹關連此本體的詮釋學，自有其展開的一套意義世界，以作為吾人存在之基底（horizon），吾人即生於斯，長於斯，裁成天地，輔相萬物。換言之，吾人之作為人是存活於此世間的（being-in-the-world），而此世間則為此本心之所遍潤、之所朗照，亦是此道體之所充拓，之所流布。

　　如此說來，人之為一個人，既是一當下之存在（existential being），同時亦是一本然之體的存在（ontological being）。但值得注意的是，人作為一個當下之存在，他首當其衝的是一種獨特不二的境域（situation），這個境域一方面使人真正進入世間成為一個具體而真實的存有，但同時卻使得人亦離其自己而造成所謂的疏隔〔或異化（alienation）〕的狀態。尤其是一些不可避免的外力，使得這樣的狀態益形嚴重，於是人而非人，無法成為一如實之存在（authentic being）。

　　當人之不能成為一如實之存在，而成為一疏隔的存在（alienated being），儒者面對此問題，並不落在決定論（determinism）的框架中來設想問題。他不以為外在的種種「緣」能夠真正決定「人」或改變人，使人喪失其為真實的人。相反的，他以為落入疏離的境域，正是人性昇進及開顯的契機。

　　無疑的，這種開顯的契機端在於人的本心（或稱獨體、良知，息體），因人的本心乃是一切意義之根源，它足以詮釋這個世界，亦可以敦促人們依其所詮釋之世界而展開為實踐。這樣的本心論，強調的是本心的主體能動性，是希望從本心作為整個意義世界座標的原點。這並不意味著，本心論者遺棄了這個世界，相反地，他主動的去詮釋這個世界，並且企圖積極地去改變這個世界。

　　作為當代新儒家核心人物之一的唐君毅先生，可以說是儒學義理的體現者，他從青少年時即有志於走這條真實的「人生之路」，終其一生，關於這方面的著作極多，舉凡《心物與人生》、《人生之體驗》、《道德自我之建立》、《人生之體驗

---

❹　請參筆者〈象山心學義理規模下的本體詮釋學〉（《東方宗教研究》，第一期；1987 年 9 月，《鵝湖月刊》，總 153 期，1988 年 3 月）。

續編》、《病裡乾坤》，乃至晚年之總結《生命存在與心靈境界》皆屬之。❺筆者以為唐先生這套生命哲學當可說是紹述陸王而下的結晶，是可以籠納在所謂「本體詮釋學」這個名目之下的，而更值得注意的是《人生之體驗續編》一書所著重的不僅對於存在世界作理解與詮釋，相應於此，彼著重的是生命負面的省察。他通過一種體驗的方式來省察陷溺的生命，並逐步超昇轉化，得到完整的治療。

二、體驗：理解、詮釋及治療

「治療」（therapy）似乎指的是一種外力的力入，但於唐氏著作中所謂的「治療」則是一種內力的迸發與昇進。這正類似心理學治療法上所謂的「第三勢力」，它不同於早先的心理分析與行為療法。❻它強調的是當下的存在境域意義之掘發即是對於自我之界定，而這樣的詮釋活動即是一治療的活動。

唐先生的詮釋是一「體驗式詮釋」，他從日常生活所熟悉的感知世界，層層轉入而去洞察其所面對之事件（event）所涵之意義。從唐氏的論述過程中，我們發現他往往由形下之現象從而轉入於形上之真實的探討。或許我們可以說這樣的探索方式隱含著一辯證的昇進。再者，該當說明的是，唐氏這種辯證的昇進，並不是結構性的處理，而是一種主體意義的轉化。

換言之，「體驗式的詮釋」是以人的「主體」為核心的，而且肯定這主體是通

---

❺　通觀唐氏著作，吾人可以斷言彼皆不離此「人生之路」。人文之謂也。生者，生命，生生不已之謂也。

❻　依弗蘭克（Viktor E. Frankl）所說「意義治療法」（Logo-therapy）一詞，其「Logos」指的是意義（meaning）。或如某些學者所稱的「第三維也納心理治療學派」，它的焦點放在「人存在的意義」以及「人對此存在意義的追尋」上。按意義治療法的基礎而言，這種追尋生命意義的企圖是一個人最基本的動機。因此弗蘭克所提出的「求意義的意志」（a will to meaning）與佛洛依德心理分析學派（Freudian Psycho-analysis）所強調的快樂原則（Pleasure Principle）以及阿德勒（Adlerian psychology）所強調的「求權力的意志」（the will to power）大不相同。（參見 Viktor E. Frankl 所著《Mans Search for Meaning》中譯《活出意義來》（從集中營到存在主義），起可式、沈錦惠合譯，頁 110，光啟出版社印行，1987 年 10 月 4 版。

極於道體的，所謂的「體驗」乃是「透過生活體驗感知所及而迴返於生命之自身」這樣的活動——即「驗之於體」。當其迴返於生命之自身則使得其所涉及之生活感知體驗，各有所安，各復其位——即所謂「以體驗之」。「驗之於體，以體驗之」是一個圓圈的兩個來回，是同時俱現，無分先後的。❼

正因為唐氏真實的體驗到在此紛紜擾攘的世界之上，尚有一純淨無染的理法世界，此理法世界實是此紛紜擾攘世界之所憑依與判準。❽但這並不意謂唐氏以為此理法世界不在此紛紜擾攘的世界之中。相反地，他以為不論此理法世界或俗情世間都是人心之所流注同浹一體而不可分的。不過人心或者順其氣習而成一俗情世間，或者一念自覺而顯理法世界罷了。❾

順習氣而往下滾或自覺而向上超拔並不是兩個截然二分的趨向，它們是渾淪為一的，是心念當下具體之兩個截然不同的面向，這裡構成了心靈主體與心念習氣的張力關連。❿這樣的張力關連形成了人生命的動力，亦同時顯現了生命的艱難與崇高。

唐先生強調在這個張力結構中，人當歸本於自信，惟有自信才能豁顯無限心，開顯理法界。但他強調從具體所感知的世界中豁顯了超越意識，這超越意識之豁顯並不是心地之映現，而是自上而下以覆蓋於吾所思之人類、眾生及世界之上，又未嘗離於吾之孤獨之心外也。⓫換言之，不是心體推極於外而立個道體，而是此心體即是道體，正因如此，才可能真正的歸本於體，而所謂的「自信」亦是歸本於體的自信，並不是狂妄無知的我慢。

唐氏於其著作中一再的提及「自覺」的重要。惟其自覺才能超拔乎流俗，喚醒真實的生命，建立真正的自信。他認為這是一種「復歸於己」，同時又是「超昇一

---

❼ 請參看同註❹，第 11、12、13、14、15 諸小節。

❽ 請參自唐著《人生之體驗續編》，頁 10（學生書局，1987，4 月再版），《病裡乾坤》頁 24（鵝湖出版社，1980 年 9 月初版）。

❾ 同上註，頁 11，頁 25。

❿ 請參看《人生之體驗》，頁 14。

⓫ 請參看《病裡乾坤》，頁 12。

步」的工夫。❶依他看來，復歸於己的「己」即是「本心」、「道體」，它不是這現象俗情習氣的己，它是一超越的真心。由這真心所發才可能有一真實的人文世界，當然真心同時便在這人文世界中陶養而成的。值得注意的是，這裡所謂的陶養一方面是「復歸於己」的凝聚活動，同時亦是向上「超昇一步」的開發活動。心靈之凝聚與開發如太極之陰陽，是同時而並展的。❸

超昇一步，通極於道；復歸於己，樹立精神人格。唐氏嚴分自然人格與精神人格之異，強調以精神人格作為真正的主宰而形成的統一。❹如此形成的統一才是真正的道體。道體，此道之所流佈貫注，經由人本心之感通參贊而成就之「仁體」者也。仁體，一體之仁而互動關連以成之體也。

無疑的，若以「體用」的範疇來說明儒學，我們可以說它是「承體啟用，即用顯體」。體，並不是一個超絕的實在物（transcendent entity），而是經由自覺與實踐而成的一個統一之體（totality）。

這樣的「統一之體」一方面指的是「本心」、「良知」、「道體」，但另一方面則指的是整個生活世界，或說是人文世界。前者即是所謂的善自凝聚，而後者指的是善自開發。凝聚與開發，一翕一闢，永無止歇。唐氏以為此道頗難言，或由一念自覺，或由哲學反省，或由宗教信仰，或凝視觀照一超越之理境，或專心聚智於學問事業，此中方便多門，直接間接，簡易繁難，各有所別；但重要的是「了解此事之重要」此得待心靈之有一種回頭的反省、回頭的凝聚，而後可能。唐氏即認為此凝聚即同時含有一心靈之內在的開發。❺

就此我們清楚的看見唐氏最為強調「理解及詮釋」的重要。因為真正的理解與詮釋是必然關乎本體的理解與詮釋。當然這樣的理解與詮釋指的是一種回歸自身的理解與詮釋。它一方面是去發現其所存在之境域的意義，而另一方面則指出這個境域意義的發現過程，即是本體意義之所朗現的過程，亦即是心靈主體意義之所朗現

---

❶　請參看《人生之體驗》，頁 34。

❸　事實上，儒學的實踐工夫一直是緊扣著這一幾之兩端，宋明儒深入的討論「未發」、「已發」及「涵養」、「察識」均與此密切相關。

❹　前揭書，頁 28。

❺　前揭書，頁 37。

的過程。在此，我們發現整個理解與詮釋的過程一方面是由外而內，由上而下，而另一方面則又是由內而外，由上而下的。這種上下、內外通而為一的方式，使得人之為人的本性——仁，（仁以感通為性，以潤物為用）真實的開顯，因而一切的疏隔與異化，從而消化，達到圓融無礙的狀態，如此便達到了治療的效用。

三、「是，我在這裡」：體驗的起點

「是，我在這裡」唐先生以這麼簡易的斷語來闡明其理解與詮釋的起點，而此亦即是意義治療之起點。這裡所謂的「是」乃是無限的肯定，它將一切天所賦予我的，一切現實可能的遭遇都加以承擔、負載，讓它們如如的呈現於自覺心及自由意志之前。唐氏以為人之為一個存在，雖是被拋擲的，似乎是偶然的，但當吾人現將此呈現於我之一切，知命而承認之，並全副同意之，如此一來，則一切偶然皆如其所如而成為定然的。❶換言之，當吾人說「是，我在這裡」時，吾人實已從一偶然的存在成為一定然的存在。吾人已成為整個生活世界座標的原點，開始了吾人對於這個世界之理解與詮釋，此蓋《易經》鼎卦大象所謂「正位凝命」之謂也。❶

這個「正位凝命」的過程即是人以其個體在特殊中顯見普遍者的過程，唐氏即謂此即是所謂的聖賢之道，即所謂的參贊天地之化育。人們在自然世界俗情世間中，見真善美神聖之流行洋溢，立人道以順引地道，而上承天道，這是 極高明而道中庸、至簡至易的圓成之教。❶

事實上所謂的參贊即是理解與詮釋，因為人一旦理解了艱難、詮釋了艱難，同時人便承載了艱難。人心既能承載艱難，即能克服艱難。再說人生本來是哀樂相生的，如能真懂得哀樂相生之智慧，便可在一剎那間，超越一切人生之哀樂，而這時本身即是人生之大樂。❶

---

❶ 前揭書，頁58-59。
❶ 《易傳》鼎卦大象辭「鼎，君子以正位凝命」。曾文正以為鼎卦大象傳足可養心潤肺。（見《曾文正公日記》辛亥7月。）
❶ 《人生之體驗續編》，頁59-61。
❶ 前揭書，頁62-63。

　　顯然地，對生命自身意義之如實詮釋，便隱含了生命躍昇的可能性。而生命之如實詮釋乃是依其意義之所繫的主體所隱含之能動性而發的，它並不祇是客觀事實的描述，它在詮釋理解的過程中即隱含著規範性在裡頭。換言之，生命的詮釋不祇面對實然這個層面，它是密切關連到應然這個層面的。

　　生命之理解與詮釋既如上所述的「密切關連到應然這個層面」，用中國儒家傳統的老話來說，我們當可說這即是所謂的「立志」。志者，心之所存，心之所住。如唐先生所說，立志是立一種理想，但這所立的理想是直接為自己這個具體的個人所立的，並不是抽象普遍的；而且這個所立的理想並不是心靈客觀的對象，而是自己個人心靈乃至人格所要體現，而屬於心靈人格之主體的。換言之，是要使此理想，真實的經由知而貫注到行。如此一來；我們可以清楚的說：與其說立志是立一個人生理想，不如說立志是使自己當前的實際存在成為一理想的真實存在。❷⓿

　　唐先生一再反覆的強調立志之志不祇是「向」一定的目的，或普遍抽象的社會、文化理想、人生理想，而是由當下之我的實際存在，「向」一理想之真實存在，而由前者「之」後者，此所謂「心之所之」。這時候的「志」成為「轉移變化此實際之我，超昇擴大此實際之我的力量」。值得注意是的，唐先生說這不是從文字思辨上所能了解的，必須下一真實的反躬體會工夫，才能了悟。❷❶

　　有真正的立志才會有生命真實而肯綮的理解與詮釋，立志是生命的振拔於流俗之上，是生命的普遍涵攝。它首先將自己擺置在世界之中，進而將世界擺在自己之內。前者是通過世界來為自己定位，後者則通過自己來為世界定位。依唐氏看來，惟有如此才能使向上冒起之拔乎流俗的心量，平順的鋪開，而落到實際。❷❷

　　顯然地，唐氏這裡所謂的「把我放在世界中看」，以及「把世界放在我之內看」正相應於陸象山所謂的「己分內事即宇宙內事」、「宇宙內事即己分內事」。❷❸前句所重在理解與詮釋，後句則著重於實踐與力行。前句著重的是從平坦攤開的世界中綳起，聳然而立，而後句則著重的是將此平坦攤開的世界收為一個擔子而承

---

❷⓿　前揭書，頁 66。

❷❶　同上。

❷❷　前揭書，頁 81。

❷❸　象山二語，見《象山先生全集》，商務版，頁 487。

擔之、背負之。

依唐氏所言，「把我放在世界中去看」，這即是在自然世界與人間世界，重確認我的現實存在地位。這個存在地位一被確立，我才能認識自己的精神，自動的升向廣大高明，以包涵他人與自然。同時，對比地，我也重新瞭解了自己的有限性及特殊性。值得注意的是，當我們對自己的有限性及特殊性有所自覺，並且對其他人、事、物的有限性及特殊性有所自覺，則這樣的自覺以催促我們邁向一普遍者及無限者，並由此普遍者及無限者迴返而下的要求自己去關切吾人自身及其他人、事、物，如此一來便含有一客觀的意義去理解這個世界及自身，並從而有一實踐的要求。❷❹

所謂「把世界放在我之內看」亦即把我之環境真實的放在我之內看，舉凡一切具體的存在事物之生長成就乃至求此生長成就而生的一切矛盾衝突，一切問題都放在我之內看。❷❺唐氏認為惟有如此才能發生真正有客觀意義的公志願，進而能依此志願，作出客觀價值的公事業。如果離開了這樣的方式而奢談理想志願，往往祇有一時開闊心胸的價值，或不免使人陶醉於一主觀的世界，造成人生之躲閃與逃避，這絕不可能達到真正物我合一的真實感覺。

唐氏總結他這種「把我放在世界中看」、「把世界放在我之內看」的方式，而形成了一個意義治療的簡易規條，他說「自覺你一生之真正的痛苦之所在，而思其對於自己與他人同有效之原則性的解決，而盡己之力，與人共求此解決，則你將發生一公的志願，並尋得你所當從或參加公的事業」。❷❻的確，「祇有人在其有一真正的志願，以主宰其實際存在時，人才真成為一頂天立地，通貫內外人己的真實人格；亦才成為一能開創文化，成就客觀的社會事業的人格，此之謂真正明體達用的人」。❷❼

明顯地，唐氏所提出的方法，旨在強調將人真能擺置到整個世界脈絡中理解，並從而使自己真正理解了這個世界。值得注意的是，這理解的過程並不是一平面鋪

---

❷❹　《人生之體驗續編》，頁 79-80。

❷❺　前揭書，頁 82。

❷❻　前揭書，頁 86。

❷❼　同上。

展的理解，而是一種調適而上遂之的立體性理解，這樣的理解亦即是前面所述之「明體達用」的理解。這樣的理解使得人的心神得以有向上一機的開顯，同時使得整個世界進入到自己的生命中，開始了所謂的參贊化育之過程。換言之，若將此導入所謂的意義治療來說，它強調的是，作為人這個主體主動的去掘發人所處存在境域之意義，理解之、詮釋之。如此一來，使得人理想而真實的（authentic）進入到這個意義世界裡，並成為此意義世界的座標者，因而人的生命便充滿了意義，從而人亦同時獲得了所謂的治療。

四、「我與您」、「我與它」：兩個存在樣式

唐先生認為所謂的「明體達用」不衹在這有生之際而已，它是能出生入死，往來於幽明的。因為作為人根本基礎的精神主體，它會敦促人超出其身軀之所需而求超越，求昇進，並與別人所求超越與昇進之精神交光互網，一體存在。很明顯的，我們皆知人不衹生活在身體之中，而通常是生活在身體之外的自然世界、家庭國家之人群世界，歷史文化之世界。❷❽人是憑藉此現實之身軀，經由勞動，而將其精神客觀化的顯現出來。此精神客觀化的顯發，將使得人的生命由幽入於明，由虛入於實，進而得以賡續不已。唐氏以為人之生也，生於死之上，並以最大之生，也成就其生活與精神活動的最大存在，「死」非消滅，而衹是暫終，是一線段線頭，用以凸顯整個線段之存在。❷❾換言之，死之為終是足以凸顯其生的，而所謂的「死」是經由「生」之理解詮釋，而知其為「終」的。唐氏創造性的詮釋了孔子所謂「未知生，焉知死」的觀點。

由於精神是超越於軀體之上的，因此可以上而通極於道，下而入於幽冥之際，前面溯及於祖宗聖賢，然而卻深情款款對生者有其顧念祈盼之誠，則其精神便離於幽而入於明，生者受其感動，則亦可出於明而入於幽以感受死者之精神，進而參贊之，繼起創造之。知死生，通幽明，則以禮樂祭祀為尚，禮樂祭祀之道亡，則死生

---

❷❽　前揭書，頁 92。
❷❾　前揭書，頁 92-93。

路斷，幽明疏隔，形上形下分離，天人之際亦成斷裂，人道於是窮窘而難成。❸

　　從唐先生對於死生幽明的疏釋中，我們發現唐先生啟導了一條「人生宗教」之路。作為人這個獨特的存在，以其超越的精神本心，開發了一條知死生、通幽明的大道；生命之所須求的不是他界彼岸永恆的安頓，而是此界生生不已的投入，這樣的投入即是創造，即是參贊化育。這樣的投入使得人以其個體性，經由特殊之事物而躍入生命之流中，順勢成理，以理導勢，調適而上遂於絕對道體中，此蓋亦即用顯體之謂也。

　　顯然的，唐先生這樣的說法指出精神的永恆，生命的流衍，時間的賡續，而此則具體的表現於當下實存的性情誠敬之教，此即儒家傳統所說的「仁」。仁者，人之安宅也；仁者，惻隱之謂也，源自生命最根源而不可自已的感通振動之謂也。以此感通振動及古今上下，周浹流注，一體遍覆，此所謂人之安宅也，此所謂天下之廣居也，此所謂四海之內皆兄弟也。此所謂為天地立心，為生民立命，為往聖繼絕學，為萬世開太平也。

　　拓深上述所言，我們將可發現儒學最為根本所強調的「仁」乃是一種「我與您」（I and Thou）的主體互動關係，而不是「我與它」的「主體──對象」的關係。❸儒學所強調的是通過人的仁心去潤化萬物，參贊萬物，此參贊潤化並不將其所對之萬物視為對象，而是將彼收歸主體。值得注意的是，這裡所謂的收歸主體，並不是將之據為己有。而是以主體之精神涵化之，上遂之以通極於道之謂也。換言之，萬物之為萬物，當其向人顯現時是以其主體的身分，而不是以其對象的身分。萬物既以主體身分向人顯現則必與人之主體互相啟發流注，周浹一體。而此一體之為一體，是通極於道，而形就之一體。

　　「我與它」是二分的，在其對象化過程中，將使得「我」異化而為它。（「它」是喪失「一體之仁」的能力的，祇有在「我與您」之中的「吾」才具有此能力。）不過這樣的「它」仍潛隱著回復為「我」的可能性，而這便端在於「一念自覺」與否而

---

❸　前揭書，頁 94-95。

❸　此處「我與您」、「我與它」的區分，得自於 Martin Buber《I and Thou》一書的啟發，然所論不必盡同，因筆者是借此語闡明儒學「一體之仁」的觀點。

已。從一念自覺之「吾」便是真實之我，而異化所成之「它」便是虛妄之我。能一念自覺，遍照所及之上下古今便是真實之上下古今，異化所成之「它」則以其假象之方式而映照上下古今，終而成了虛妄之上下古今。當然「我與它」及「我與您」這兩個不同的存在並不是單面而分開的，他們是交雜而混合為一的，正因如此，人生之有虛妄與真實，之有顛倒與復位。

唐先生指出人之所以有虛妄是因人有思想，人能以其思想理解上下古今，但亦可能因其思想而執泥於過去的某事某物，並擴大此某事某物，進而以擴大之某事某物而倒影於現在，遂形成虛妄。他說「人之為具歷史性的存在，是人之尊嚴的根源，而亦是人之存在中含虛妄成分的根源。」❸當然唐氏並不是不喜歡之歷史性，而是說作為一歷史性存在的人，其存在的關係樣式是有所夾雜的，很可能從「我與您」的關係中走樣而異化成「我與它」的關係，終而形成虛妄。

唐先生深刻的分析了在存在中最常犯的虛妄，此即是謊言，但人之能說謊乃因人有思想，人是一歷史性的存在，而且人是一具內在超越性的存在。因此人可撥弄過去之語言，而求一理想真實之境的來臨。但此之所以為一謊言則因人誤以為此言說即可能為真實之具現。事實上，人由於思想的能力將過去的經驗躍昇而上提為某一理想之境，並以此理想之境加之於現實之上，使現實成為一美好之現實，或有利之現實，或是自己所意願的現實。明顯的，這樣子所構成的謊言之所以為謊言乃因為人之所思所想未能通徹於心，上遂於道之所致。換言之，是人一時之間忽略了做為一個真實化的人當以「我與您」這樣的存在樣式而存在的。他誤以此「我與它」的樣式代替了「我與您」的樣式，終而久假不歸，謊言乃至其他各種不當之行為及虛妄於焉造成。

唐先生縷述了七步邁向人生真實化的方法，❸但皆不外乎此「我與它」及「我與您」這兩個存在樣式的逆反與轉化。逆反者，由反面的東西之理解，逆回頭而照出此反面之正面。轉化者，轉此反面的東西之理解，化除一切之執著與假相，入歸於道體之中。逆反與轉化實乃「天心即人心」的「仁心」是生命自覺的動力，彼源

---

❸　《人生之體驗續編》，頁 105。

❸　前揭書，頁 106-124。

之於天，具之於人，是天命之性，是當下之惻隱、羞惡、辭讓、是非所成的「一體之仁」。

「逆反與轉化」此即含一「人生之顛倒與復位」，唐氏簡略而精要的分析了人生諸種可能的顛倒相，並指出由此顛倒相如何復歸其體位的途徑。他總結的說「蓋一切顛倒之所依，乃在吾人之上有超越而具無限性之心靈，而此心靈又必求表現為現實之有限者；一念沉淪，順此有限者之牽連，遂欲化此有限者成無限，往而不返，即成顛倒，而唯求自見其自身之倒影於外。……夫然，故去此人生一切顛倒性相之道無他，即任此無限之心靈之表現寄託於現實之有限，而又不使此無限者沉淪入有限，而使有限者皆還其為有限，以相望而並存，復使無限者亦還其為無限，以昭臨於有限之上；則皆得其正位，以直道而行，而人生亦更無顛倒，其生亦皆為正生而非邪生，直生而非枉生矣」。❸❹唐氏更進一步指出，吾人若能隨處自證心量之無限，而反觀現實生命存在之有限，並且觀看他人現實生命存在之有限，於是這有限者便各復其為有限者，這便是所謂的「仁」；讓這些有限者相互制限，而各得其限，這便是「義」，使有限者互尊其限，這便是「禮」，知道有限者之必有其限，這便是「智」。要是吾人能以此仁義禮智之心而曲成天下之有限，則自成其為無限。我們若能以此仁義禮智之心，充極其量，而同其無限則可無相互之節限可言。這時我們以己之心通人之心，此所謂「仁」；人我同具此心，此所謂「義」；因我有此心而自敬之，並以之敬人，此所謂「禮」；知道人我皆有此心而無所疑，此所謂「智」。❸❺

知其為有限而安其為有限，進而可知此有限之理解與安頓中而凸顯一真實之無限，而此無限亦是經由人我、己物之具體感通而成之無限，這樣的無限，是一不休止的實踐歷程之所嚮往，之所邁向的無限，並不是一空想的無限。換言之，當我們真正清楚的了解到這宇宙一方面是以「我與它」這個樣式而存在時，正是此存在樣式轉化的契機，此是邁向「我與您」圓融無礙的契機。「我與它」的存在樣式是一有限的存在樣式，但「我與您」則是邁向一無限圓融的契機。簡言之，人生之復

---

❸❹　前揭書，頁 153。
❸❺　前揭書，頁 154-155。

位，事實上乃是其存在樣式的逆反與轉化罷了。

五、結語：邁向儒家型意義治療學之建立

如開首所示，唐先生在其「人生之路」的諸多體驗之作，是可以導向一儒家型的意義治療學之建立的。這樣的治療學是環繞著人生存在意義而開顯的，而所謂的人生存在是關連著人的本心潤化所及、詮釋所及而成的一套歸本於「一體之仁」的意義世界而說的。這樣的一套意義世界是以「是，我在這裡」這個存在述句為起點而展開的。「是，我在這裡」，一方面點出了「把我放在世界內之看」的理解（詮釋）原則，一方面亦指出了此原則實亦含著「把世界放在我之內看」的實踐原則。這樣的理解（詮釋）與實踐必然地隱含著治療。治療不是外力的加入，而是生命的歸根與復位，是生命的凝聚與開發，是生命之徹通幽明，了知生命，是生命之進入世界之中，而自立其志。能如此，則能去虛妄而返回真實，去顛倒而復歸正位。

唐先生《人生之體驗續編》中，一再的隱含著精神世界與俗情世間這個二分的格局，相應於此，他強調精神本心及俗情習心的分別。他強調精神世界與俗情世間雖二分而實為一體，精神本心及俗情習心實為一心之二用，因此重要的是如何復歸一體，如何返本一心。筆者在疏釋過程中則將此兩重世界的劃分及一心二用的區別，改以「我與它」及「我與您」這兩個存在樣式來理解，並認定此兩個存在樣式是唐先生所闡發的儒學義理所涵具的。筆者以為經由這樣的疏釋與轉化，將可使得唐先生所疏釋的儒學直接面對具體存在的抉擇與實踐，並廣泛的作為一種意義治療的指針。

或許唐先生得面臨一個嚴重的質疑，所謂「本心之為無限的，這又如何可能呢？」筆者以為「本心」在理論上是超越而無限的，此蓋為一絕對預設，但在長久以來的儒學傳統，就其實踐的角度，此則是一呈現。值得注意的是這「呈現」不能外於其歷史文化、倫常風教所成的存在境域。換言之，有此歷史文化、倫常風教作為本心開顯之場，才真有一真實的世間（authentic world），亦才有精神的真實理想。當然歷史文化、倫常風教不是一靜態已成之物，而是一動態而創造之歷程，吾人之生即在乎其中，惟願以「是，我在這裡」這個存在述句，進入於此中開顯之，自覺

之爾矣！

　　當然，「是，我在這裡」這個存在述句，首先是以「我與您」的樣式而展開的，然而一旦展開則又極速的與「我與它」這個樣式交錯複雜，糾葛難分；而所謂的「治療」則是此存在樣式的逆反與歸復之不休止的歷程。

第十章　實踐的異化與克服之可能
——悼念牟宗三先生兼及於當代新儒學之發展

一、著作閎富，極具原創力

　　牟宗三先生於 1995 年 4 月 12 日走完了他睿思深慮的一生。回顧他的一生及著作，我們可以說他為中國當代新傳統主義特別是當代新儒學一派劃下一個站碑。這意味著當代新儒學從熊十力以來發展的完成與總結，同時也是意味著未來的儒學，在他孜孜矻矻的經營下，後起者仍有一新的任務，須得發展。

　　牟先生著作閎富，皆極具創力。於中國歷史文化傳統之疏通、調暢其情志者，有《歷史哲學》、《道德的理想主義》、《政道與治道》等書，於中國傳統哲學之專門著作者，有《才性與玄理》（此講魏晉玄學）、《佛性與般若》（上、下）（此疏理佛教義理之專著）、《心體與性體》（共三冊）、《從陸象山到劉蕺山》（以上兩者講述宋明理學），於哲學智慧之開發與系統之建立，則有《認識心之批判》、《智的直覺與中國哲學》、《現象與物自身》，後更有《圓善論》，以為調適而上遂之作。牟先生於西方哲學之譯註則獨立完成康德的三大批判，此舉世所罕見者也。晚年於康德第三批判所涉美學之研究，頗有異議，因而寫作《真善美合一說與分別說》，建立自己的美學體系，此乃其原本《現象與物自身》系統之進一步擴充與發展。

　　牟先生可說是中國當代最具有原創力的哲學家，置之於國際學術，詮議較別，不遑多讓。從他身上看到的不是一個哲學的學究而已，而是一個具有哲學靈魂的哲學家。他深涵於中國文化傳統土壤之中，但又具有深刻西方哲學訓練，真能「入其壘，襲其輜，暴其恃，見其瑕」，真能「一根而發，調適而上遂於道」，建立其自

家的體系。

二、「貴在見體」與「智的直覺」

　　牟先生之學可說是當代新儒學的高峰，此是繼承宋明儒學陸王一脈而往前發展完成之一套哲學體系，彼亦如陸王學一樣，強調人與宇宙萬有內在的同一性，主體與道體通極為一，此心即是天理。整體而言，牟先生之學雖或異於熊十力先生，然其哲學問題基本則承繼於熊先生，此殆無可疑。從熊十力先生《新唯識論》到牟宗三先生《現象與物自身》，可說是一極重要之發展。《新唯識論》已然為當代哲學經典之作，熊氏哲學之重心，誠如其所自言「貴在見體」，然此所謂「貴在見體」，蓋非經由一向外向上思辯之搏畫，乃經由內在之體證，乃經由一實踐而得之體證。體證也者，「以體證之，證之以體」是也。經由如此之實踐過程，終而得以見體。牟先生於《現象與物自身》中所構造之兩層存有論乃其哲學智慧結晶。此構造乃經由儒、釋、道三家哲學之歷史性疏通，當握其精髓所在，融通淘汰，取精用宏，結穴於「智的直覺」之實踐，而如此之實踐則指向「圓善」。

　　總而言之，熊、牟二先生繼承宋明理學以來之傳統，區分「德性之知」與「見聞之知」，並將儒學定位德行實踐上，且具有強烈「唯心論」之傾向，惟此唯心論並不同於西方哲學史上之唯心論，牟先生曾於此有所闡揚。熊、牟二先生皆強調天人、物我、人己之感通與合一，然熊十力先生所成就者「貴在見體」，彼強調「體用不二」、「體用合一」之「本體論」，而牟宗三先生則以「智的直覺」為核心，經由「一心開二門」之方式，開啟物自身界與現象界，並以此締建一完整之「兩層存有論」。

　　「體用合一論」與「兩層存有論」其精神淵源並無二致，皆以整個儒學傳統為基底，尤其是以宋明理學為根源，特別是陸王一派更是彼等所紹述的前輩。不過，仔細考量熊、牟二先生，吾人將可清楚發現，牟先生可說是宋明儒學陸王學派的嫡子正宗，熊先生於精神上如此，然彼於宋明學家陸王末流則予以嚴厲的批評，而頗有取於橫渠、船山哲學之精髓。體用合一之理論構造，其宇宙論之義涵極夥，而牟宗三先生兩層存有論則一掃宇宙論之氣息，而為一絜靜精微存有論系統，熊先生立

論方式較為獨斷，彼所採取乃由上往下說之方式。彼先肯定天人、物我、人己本為一體，強調其內在的同一性，既而再由此二端之勢用——翕與闢（前者為一凝聚之動勢，或可理解為一保聚性原則，後者為一開闢之動勢，或可理解為一開創性原則）以締構其「即體而言，用在體；即用而言，體在用」之「體用不二」之構造。牟先生則頗受康德批判哲學之影響，彼經由一超越分解之方式，於執的存有論之現象界與無執的存有論之睿智界（即物自身界）作一區分，既而經由道德實踐而豁顯「智的直覺」而與之連結為一。前者所強調者在一動態之融合，而後者則強調一靜態之擘分與建構；前者強調者為一體用合一式之見體，而後者則著重在智的直覺與良知自我之坎陷兩者於全體存有界之安立；見體是一實踐活動，智的直覺與良知的自我坎陷亦是一種實踐活動。

三、「現代／後現代」與「解構／安立」

大體而言，牟先生之系統充滿「現代性」（modernity），但同時卻也隱含一儒學智識化之危機（the crisis of intellectualized Confucianism）。彼將人類之理性提到了「智的直覺」之層次，此便隱含一弔詭。彼一方面企圖於現代性有所安立，另方面則於所謂現代化下理性化危機，有一解決之可能性（只是可能性）；熊先生之系統雖處於現代，然不及於現代，彼或較近於前現代，卻又帶有後現代氣息。蓋因熊先生體用合一論可說是純粹東方心靈，彼與現代性歐美中心主義適成一強烈對比。於此意義下，吾人可說彼充滿一後現代色彩。雖為如此，然畢竟不同。彼之不同於後現代思想家者，因彼所言之「體用合一」，仍有「體」在，而後現代思想家則大略為「無體」者。熊先生所見之「體」蓋非後現代思想家所無（解構）之「體」。換言之，筆者以為熊先生東方型之心靈，若以之與所謂的「現代性」相提並論，於所謂「理性化」之宰制非但有一消極意義的否定與解構作用，且可有一積極意義之安立與融通。筆者以為此乃當前大談後現代諸先生所罕及者，當代新儒學卻有如是之可能。

再者，牟先生兩層存有論頗受德國康德哲學之影響，彼一方面吸收康德哲學之精華，另方面則經中國文化之主動脈——儒、釋、道三家，提煉三家之精髓，融通為一條理整然、理論嚴密之大系統。彼指出儒家之性理、性智，道家之玄理、玄

智，佛教之空理、空智，皆承認人雖有限而可以無限，皆具有一無限智心之可能，此無限智心即可以「智的直覺」一語名之。關連於此，吾人便可以對康德哲學架構作一嶄新之重構。一方面，吾人可承認「現象」與「物自身」之超越區分，而另方面，吾人亦可以肯定人不僅為一有限之存在，人雖有限而可以無限；人除具有感觸直覺之能力以綜攝經驗界成就知識，人亦可具有智的直覺之能力，可上及於物看身界。如上所言，牟先生將康德哲學中原屬於上帝之任務者，全收於人之主體心靈而處理之。人之心靈，可面對現象界而成就知識，此即為彼所謂的「現象界存有論」之所涵；又可面對物自身界而成就一睿智之理想世界，或為道德之所涵，或為藝術之所容，或為宗教之所涉，此即彼所謂「物自身界存有論」之所涵。

　　牟先生又借用佛教大乘起信論之系統，以「一心開二門」之方式綜括此兩層存有論，心真如門」之所攝為睿智界、物自身界，「心生滅門」之所攝為現象界、為一般實存之世界。前者為無執之心，乃心之虛靈明覺而開顯之理想境界，後者為一有執之心，一執執到底而開顯之現象世界。如康德所言，現象與物自身乃是同一事物之兩不同面相，依牟先生言，此乃一心所開二門其所對同一對象之兩不同面向而已。於此，我們可以發現所謂「一心開二門」涵著一詭譎之辯證，然此詭譎之辯證並非一黑格爾式之辯證，彼或有取於黑格爾之辯證，然由於中國文化傳統極為特殊，彼強調一無執之性理性智、玄理玄智、空理空智，因之將此詭譎之辯證改造成一逆黑格爾式詭譎之辯證，如此之逆黑格爾式詭譎之辯證，乃以主體心靈之辯證為首出者，此是以主體心靈之辯證去涵蓋客觀世界者。彼所強調者在意義之點化，而非結構之生發，彼強調由意義之總體以把握整個世界，進而去論略一結構之世界如何可能。

四、「智的直覺」及「致曲之道」

　　經由以上之疏釋，吾人可暸解為何牟先生之系統，「智的直覺」一詞確為重要，彼乃為首出者。果若不承認此「智的直覺」（自由無限心）之存在，則牟先生之系統頓然瓦解。智的直覺乃一切存在界之基礎，亦復是德行實踐之基礎，道德實踐與存在相即不二，彼皆統於一自由的無限心中。顯然的，這是繼承著宋明儒學陸王

學派強調的「心即理」——人與宇宙的內在同一性而來；他們都強調主體與道體的通極為一。牟先生強調的主體，顯然的是一「道體化的主體」，相應的，其所強調的道體亦是一「主體化的道體」。只不過、牟先生不同於宋明儒學的陸王學派，強調一「本體的詮釋學」及「本體的實踐學」而已；他更而強調須得經由一曲折的工夫才能通極於道（即所謂的曲通），這個曲折的工夫強調的是由自由無限心的自我坎陷（即良知的自我坎陷），使自由無限心由「在其自己」而自行否定其自己，而為「對其自己」，開出一客觀的結構世界，進而成就一「在其——對其自己」的圓融世界。我們可以說牟先生認為所謂的「自由無限心」放之則彌於六合，卷之則不盈於一握，但這卷與放卻不是直接的卷與放，而是一間接的卷與放，這或許可以對易傳的「曲成萬物而不遺」做一嶄新的詮釋，或許亦可用來闡釋《中庸》的「致曲」。

順著這個理論，牟先生雖然強調要「本內聖之學以開外王」，但這「開」並不是直開，而是一曲折的開，他並不認為「舊內聖可以開出新外王」。就此而言，牟先生的思想是符合於現代思潮的，如果依瑪克斯·韋伯（Max Weber）之所說「現代化即是合理化」，而牟先生他做的是經由一合理化的歷程來開出所謂的現代化，我們可以說這與韋伯之論相關，但卻是由韋伯的理論倒過來作成的。他之所以會是以這樣的方式作成，乃因為牟生順著原來的中國文化傳統，將實踐的主體與整個存在的終極的道體通極為一，即此主體，即是道體，而一切皆由此道體、皆由此主體開展出來。

這裡值得我們去注意的是，什麼樣的理由使得中國文化傳統被理解成這個樣子？什麼樣的一股力量使得我們將整個文化傳統背後的歷史社會總體壓縮成一個形而上的道體（亦可以說是一形而上的理體），而且又將這形而上的道體壓縮到吾人的心性之中，作為我們的心靈主體？其實相對於這個問題，我們也可以對西方整個文化傳統做一發問。何以將整個人類存在之總體壓縮而歸之於上帝？又何以將一切現象世界所成之總體壓縮而歸之於人的認識主體？西方現代的心靈是將宇宙存在的總體派給上帝管轄的，而又將知識的世界其所成的總體派給認識的主體管轄的，前者屬信仰與宗教的範圍，而後者則屬知識與科學的範圍；但總的來說，它們都歸之於一「理體」（Logos），一切都是此理體之所統，就此而言，我們可以理解什麼叫「現

代化即是理性化」。顯然的，若順這個角度來說，我們可以說牟先生的哲學系統是屬於現代的，這樣的現代又是統於古代的，是統於整個傳統的。由傳統到現代，牟先生的系統扮演了一個重要的角色，任何一個人都不可能替代他。

但話說回來，在牟先生的系統裡，由於將整個傳統文化之總體壓縮成一自由無限心體（即良知獨體、即道德心體），這樣的高揚良知的重要性，認為只此良知便生天生地，無所不覆載，這會不會形成所謂的「一元化的宰制」呢？其實「一元化的宰制」這個詞，讓人一聽起來便有深深的貶義，但我們若通觀整個人類近現代文化的發展，不論中、西，又有那些是能免於此一元化的宰制呢？現代西方文化似乎最強調多元，但只要稍作深刻的理解，便知近、現代的西方，陷在兩元對立的格局中思考問題，而在此兩元背後則是根深蒂固的一元。其實，近現代的理性化便不可脫去此一元的宰制，一元的宰制或許是近現代理性化的一個特徵。簡單的說，一切之歸於理體而言，即可泛稱之為一元的宰制。至於所謂的多元則是在此一元的宰制之下立言的，不可混為一談，若依此來論，牟先生之強調良知獨體、道德心體、自由無限心體，這都可類比於（雖然不同）那個體，故某一意義下，亦可說他是具有一元化系統的傾向，這一元化系統的傾向即所謂的「一本論」，一本散為萬殊，萬殊歸為一本，通統為一。

五、「一元化宰制性／抗一元化宰制性」 的奇詭結構

如上所述，我們可發現有一個極為奇詭的問題值得深究。我們發現由良知獨體、道德心體、自由無限心體所構成的一套系統，就其結構而言，與中國的帝皇專制及宗法封建有著密切關連，甚至我們可發現其同構性在。當然，所謂的同構只是就結構上而言，並不意味著內容就一樣，事實上，內容核心的布局卻是相互抗持的。換言之，以良知獨體、道德心體、自由無限心體發展而成的一套系統是經由帝皇專制、宗法封建的壓縮而進到吾人的內在本心的，但這並不意味它就是帝皇專制及宗法封建的附屬品，相反的，他隱含了抗帝皇專制及宗法封建的根苗在裡頭。儒學之為儒學，固有所謂的「帝制式的儒學」，亦復有所謂的「批判性儒學」及所謂

的「生活化的儒學」在，豈能窄化成帝制式的儒學而已呢？換言之，中國一本性的傳統下的儒學，就某一方面而言有其一元的宰制性，而另一方面則又有一抗宰制性，或者我們可以說，他是源於「一元化的宰制性」而具有「抗宰制性」，他又是源於「抗宰制性」而有「一元化的宰制性」。一元化的宰制性與一元化的抗宰制性形成一個極為奇特的總體，這總體是具有絕大支配力的，就此而言，它又是一個一元化的總體。這個問題的疏理極為艱難，從以上所述，我們可發現一辯證的詭譎在，這亦有一所謂的「道的錯置」（Misplaced Tao）在。

現在，我們可以明確的指出，如說牟先生的系統是一個一元化的系統是可以的。不過，這一元化的系統，一方面總結了中國文化的傳統，將儒、釋、道三家的精髓融匯為一個以自由無限心為核心的總體；另方面，他即以此總體去瓦解中國的帝皇專制與宗法封建，而指出邁向民主乃是根源於這個總體的一個要求，是本內聖之學心然的要開外王之學的；更重要的是，這樣的以自由無限心體為核心而形構成的總體，充滿著民族性的自尊在，有著一股無與倫比的自我認同在，他足以對抗自鴉片戰爭後近百年西方列強侵凌之下所形成的中國意識的危機。在危機時代裡，這樣一套具有一元化系統的哲學，我們一旦瞭解了個中的滋味、體會了個中的真義，作為由危機邁向轉機、由傳統邁向現代，這無疑是一重要的接榫點，並無可議。不瞭解此，而妄生非議，皆浮淺不思之過也，中國近現代所謂的前進的知識分子有幾人能免於此呢？若以為此即足夠矣，則是固步自封，不求上進之過也。保守型知識分子有幾人能免於此呢？就一個具有數千年的文化古國而言，在傳統與現代化的調適之下，極為自然的以其所壓縮而成的文化總體，而歸本於一自由無限心體，這便產生了所謂的「道德思想的意圖」來作為傳統現代的接榫點，這不能視之為謬誤。而之所以會規之為謬誤，乃肇因於沒有歷史感所致，只以平面的思維方式為之也。簡單的說其有「道德思想的意圖」，可！若言其為「道德思想的意圖之謬誤」則不可。須知，一字之差，嚴於斧鉞，豈可不慎哉！

六、「生活世界」的開啟

如前所述，我們在回顧反省熊、牟二先生學問時，特別著重的是從當下廣大的

生活世界，及複雜的歷史社會總體，做為起點的。筆者想經由這樣的檢討，去豁顯處理儒學與廣大生活世界及歷史社會總體的辯證關連的思想模式。筆者以為若不經這層的處理，只作形而上冥思，要去開出所謂的實踐是不可能的。須知，做為一個實踐哲學的儒家哲學，它是以實踐為首出的，它不能以一種由理論以導出實踐的思維模式來思考，它應被擺置在一實踐的境域中來處理。離去了實踐的境域，徒做玄思，即使高談實踐，那這樣的實踐仍只是由理論為優先所導引之的實踐，它仍然是停留在一抽象的本質狀態下的實踐，它很可能是由於「儒學的智識化」所帶來的毛病，頗值吾人注意。

再者，筆者想提醒大家的是，儒學所強調的實踐是通極於道的，但它又必然的與廣大的生活世界及豐富的歷史社會總體結合在一起，它既是一本體的實踐（即道德的實踐），同時是一日常的實踐，亦是社會的實踐，因此，它必須涉及到客觀的結構世界，不能只停留在主體即是道體的「一體化」的結構之中。這樣才能避免虛玄而蕩、情識而肆或以理殺人的毛病。顯然的，主體、道體、客體這三端到底應該做什麼樣結構性的關連，這是值得吾人進一步去注意的。當代新儒學關於這問題的處理，雖都不免「一本論」的格局，但其內部的思想理論則是千差萬別的。早期的熊十力先生，主張的是由「體用論」開出大同世界的文化社區這樣的格局；而梁漱溟先生則以為通過鄉治運動配合文化教養，來實現一道德的理想。張加勱、徐復觀二先生則想通過民主政黨政治的運作來展開其理想。康君毅先生除了強調文化教養的重要性之外，他的理論系強調的是經由一精神的發展，層層昇進，以安頓宇宙人生萬有一切。牟宗三先生強調開出道統、學統、政統三元分途的世界，當然，所謂的道德實踐及文化教養仍是其關注所在。最後，筆者想說重新去正視當代新儒學的實踐問題，尤其牟先生所開出的兩層存有論的問題是必要的。再者，筆者以為由牟先生的「一心開二門」再返回熊先生的「體用合一」的格局，進而再返回王船山的「乾坤並建」的格局，或將可以恰當而如實的處理道體、主體及客體這三端的結構性問題，而中國文化的返本開新方始有一嶄新的可能。

第十一章
牟宗三的康德學及中國哲學之前瞻
——格義、融通、轉化與創造

一、近代學者之康德哲學譯介多由日文轉繹而來

　　華人介紹康德學，最早的可能是嚴復❶與梁啟超。梁啟超讀了日本人中江兆民所翻譯有關康德（Immanuel Kant，1724-1804）的傳述，因之介述了康德，但是以梁啟超的哲學功力，其實是不太容易讀懂康德哲學的。梁啟超是帶著比較屬於知識分子或新聞記者趣味的，或者說他用讀書人經世濟民的心情去讀康德學。他瞭解到康德在整個西方近代哲學中有重要的位置，在啟蒙運動中扮演著一個重要的角色。他也知道康德學在追問的問題是「知識的客觀性是怎麼來的？」——知識有其客觀性，知識的客觀性如何可能？道德是有客觀法則性的，道德實踐是有客觀性的，但是道德是怎麼來的？這客觀性如何可能？這是康德學主要要問的幾個問題。至於整個康德學的體系為何，我想梁啟超並沒有真正瞭解。有關於梁啟超對康德學的研究，以及梁啟超對其它學問的研究，我知道中央研究院黃克武先生作過一些相關的研究。❷

　　除了梁啟超以外，王國維也讀過康德。王國維基本上並不能夠欣賞康德，王國

---

❶　根據陳啟偉在〈康德、黑格爾哲學初漸中國述略〉（《德國哲學論叢 2000》）以為華文公開發表文字述及康德者以嚴復為最早。1895 年嚴復譯《天演論》時提及，但並未詳論，較有論述者則是梁啟超。

❷　請參看黃克武〈梁啟超與康德〉，《中央研究院近代史研究所集刊》，第卅期，1998 年 12 月，頁 101-148。

維有一句名言說：「可愛者不可信，可信者不可愛。」王國維獨衷叔本華（Arthur Schopenhauer，1788-1860）。叔本華在他的《意志與表象的世界》這本著作裡面，基本上是想克服康德學裡面「現象」與「物自身」這超越的區分如何泯同的問題，而叔本華基本上多少是吸收了一些佛教唯識學的論點，但我認為他仍未恰當地彌縫「現象」與「物自身」這個裂縫的問題。其實現象與物自身裂縫的問題從康德之後，就變成一個重要的問題，包括費希特（Johann Gottlieb Fichte，1762-1814）、黑格爾（Georg Wilhelm Friedrich Hegel，1770-1831）、叔本華都在這上面下過工夫。當然，當代新儒家的牟宗三先生也在這下工夫，只是他與前面所述幾位先生擁有的學問資源是不同的。就王國維來說，他對康德學並沒有真切的瞭解，而就他的性情來講，他也不能喜歡康德學，他倒是比較喜歡叔本華。以王國維的性情來說，他還是比較適合做一位文學家，他也帶有一些史學的氣質，做了一些相關的東西。在哲學方面，王國維在美學也有相當高的成就，像他的《人間詞話》，以現在的角度重新去審視，其實還是很有價值的。

近代中國全面把康德學翻譯成中文的，第一波是鄭昕，他也寫了一部《康德學述》，大家應該在圖書館看過這部書，這部書大體來講寫得算是公允，到目前為止我覺得還是有值得參考的。另外，老一輩的學者，如臺大的吳康，寫了《康德哲學》，也寫了《柏格森哲學》。吳康是法國的博士，是研究公羊學的，這很有趣。吳康先生他的古文很好，寫起文章前面一定要加一個贊語，寫一首詩，但是除非你的古文很不錯，白話文也很清楚，對康德學也理解得很清楚，你才能夠區別他寫得怎麼樣。也就是說，他的漢文的表述系統很強，但是這個很強是放在自己的脈絡裡面，所以因此當他去理解康德學的時候，康德學往往被他拉過來，拉到後來什麼是康德學，什麼是吳康自己的想法便有點搞不清楚。像柏格森（Henri Bergson，1859-1941）和康德其實是差很遠的，但是看吳康的筆調，除非你很內行，不然會覺得文字的意味沒有差太遠。這個地方我也曾經想過，包括中國關於印度佛教的一些翻譯，有的派別差別很遠，但是經過漢文翻譯以後，很多東西其實就帶有一種奇特的融會的性格，就把它拉在一塊了。另外關於康德的翻譯，還有宗白華、韋卓民的《第三批判》，但這翻譯一般來講不算太好，牟先生便認為宗白華和韋卓民的翻譯是有很多錯誤的。這些年來又出現了許多康德著作的譯本。

二、牟宗三大幅消化康德學，建構龐大而謹嚴之體系

　　牟先生自己重新翻譯了康德的三大批判，在中國當代這樣大幅地、徹底地消化康德學的大哲學家，大概就只有牟先生一個人。❸牟宗三先生的學生們，像黃振華先生，如果黃振華先生也算他的學生的話。黃振華先生不完全算是牟宗三先生的學生，但也可以算，黃振華先生的中國哲學主要是跟方東美先生學習的，而黃振華先生基本上並沒有直接受教於牟宗三先生，但他非常尊敬牟宗三先生，並稱牟先生為老師。就牟先生的弟子們而言，大概就是黃振華先生對康德學的研究是最深入、最有成就的。黃振華先生有一部《康德哲學論文集》，我認為到目前為止還是華人世界研究康德哲學非常重要的一部書。❹

　　在新儒家陣營，還有李明輝教授，他對康德學的研究作品也相當多。他繼承了牟先生所作的研究，並且翻譯了康德學一些相關的著作，包括康德有關道德哲學方面、知識論方面他都有翻譯。除了李明輝外，像陳榮灼、李瑞全、楊祖漢、李淳玲多少都對康德下過工夫。楊祖漢對康德學的理解基本上是順著牟先生，而比較是從宋明理學的角度重新對牟先生的一些論點，一方面講習，一方面提出一些自己的看法，這些年來他一直在這裡做了相當多的工作。另外老一輩的像蔡仁厚先生，主要雖不是在康德學，而是繼承牟先生的宋明理學，但這就含有牟先生的康德學在，像他的《宋明理學·北宋篇》、《王陽明哲學》都蠻重要的。其它還有一位是朱高正先生，朱高正也可以算是牟先生學生的系列，因為他基本上是黃振華先生的學生，黃振華先生原來是臺大哲學系的教授，也是哲學系系主任。朱高正是黃振華先生的學生，朱高正在康德哲學方面，除了在法律哲學方面很有見地，社會哲學、政治哲學方面也是。前一兩年在學生書局出了一本《康德四論》，這部書算寫得不錯，大體來講他注重了康德哲學的歷史哲學、社會哲學、法律哲學、政治哲學這幾個側

---

❸ 這三部書，牟先生依序出版為《康德的道德哲學》（譯註）（1982）、《康德純理性之批判》（上、下）（譯註）（1983）、《康德判斷力之批判》（上、下）（1992、1993），均由臺灣學生書局印行，臺北。

❹ 黃振華先生所著《康德哲學論文集》自行出版於 1976 年，臺北。

面。❺一般來講，除了康德哲學的「三大批判」，這個部分就有人把它說成「第四批判」，這本康德的重要著作翻譯集子已經譯出來了，由大陸的商務印書館出版，就叫《歷史理性的批判》，由何兆武先生翻譯。❻何兆武先生現在已經七十好幾了，是一位非常傑出的學者，主要研究科學哲學、西方哲學，有很多譯著，是北京清華大學思想史的教授。大陸一直還有一些康德學繼續延伸著，有些我並不是太熟悉的，還有一些在臺灣出版過相關的書，像韓水法，他是北京大學哲學系的教授。❼其它大陸的康德學的專家，譬如武漢大學的陳修齋、楊祖陶都做過相關的研究，再下一輩的鄧曉芒也做過相當多的研究，人民大學的李秋零也都有深入研究。❽

三、黃振華以康德之知識的統覺為最高善之表象

我自己並不是康德哲學的專業研究者，我接觸康德學是由於牟宗三先生的因緣，他講授的「宋明理學」、「隋唐佛學」、「中西哲學會通十四講」、「中國哲學十九講」，我都是座下學生。牟先生《現象與物自身》（1975）可以視作體系性的總結作品之一。再早的是《智的直覺與中國哲學》（1971），更早的則是《認識心的批判》（上、下）（1956、1957）。我一方面上課，一方面閱讀，就在這樣一個過程裡，對牟先生的康德學有了一些理解。之後我在西洋哲學史的宏觀底下對康德學也有了一些理解，在這理解之後，我修讀了黃振華先生的「康德哲學」一課。黃振華先生對康德的熟悉度，就好像我對《老子》或《論語》的熟悉度一樣，可以隨時背出一段、講它一段，他可以用德文把康德著作的原文背出一段，非常熟悉，國內沒有人對康德的熟悉度是超過他的。據他所說，他是把康德的三大批判都翻譯過了，但是黃先生本身是非常惜墨如金的，他寫的東西很少，他的翻譯一改再改，現在到底有沒有面世機會我也不知道，因為他人已經過世了。牟先生的三大批判已經出來了，我也不知道黃先生的底稿會不會再印出來。

---

❺　朱高正《康德四論》，2001 年，臺灣學生書局印行，臺北。

❻　〔德〕康德著、何兆武譯《歷史理性批判文集》，1997 年，商務印書館印行，北京。

❼　韓水法《康德物自身學說研究》，1990 年，臺灣商務印書館印行，臺北。

❽　鄧曉芒對三大批判都有翻譯，李秋零譯有《純粹理性批判》。

　　黃先生對康德哲學的理解頗有特色，他認為康德所說構成知識的統覺，就是最高善的一個表象，也就是說那最高善落實在知識層面的展開上的一個東西就稱為統覺，這是相當有意思的。這個提法就是說，你不要小看知識本身的構成，這是必須通過一個主體的能力才能夠展開這個構成的活動。這個主體本身，跟道德的、跟最高善是有密切關係的。也就是說在這一層是最高善，落實在這一層作為認知主體來講的話，作這個統覺的效用，其實是這最高善落實在這個上面的一個效用。❾這麼說的時候其實就很能夠接上了我們過去討論過的「德性之知」與「知性之知」。宋明理學不是常討論這個問題嗎？德性之知跟知性之知並不是截然分開的，也就是說那個知性主體本身，其實是道德主體的另一個表現方式，這是一個很有趣的提法。在他的《康德哲學論文集》裡面隱約的看到一面，他上課時很強調這個部分，但是他卻沒有把它寫上去，我認為可能寫了，但是並沒有正式把它發揮在可以看到的一些文章裡面。後來他在詮釋《易經》，詮釋佛教的時候，大體來講常常取用這樣一個觀點。這樣一個觀點我們也可以去設想跟牟宗三先生所謂的「良知的自我坎陷以開出知性主體」這樣一個提法有何異同？看起來有一些相似的地方，其實是不同的，倒是比較像熊十力所說的「性智包涵量智」，也就是「德性之知」包涵了「知性之知」。❿

　　前一陣子中央研究院開了一個會，討論詮釋、理解與儒學傳統。在會中，劉述先先生對中國古代知識跟道德的理解說了一些看法，他的看法大體來講是認為：強烈地去分別「什麼是應然」、「什麼是實然」這樣的區隔方式是不恰當的，而勞思光先生大體來講就是順著這條路特別清楚的區別實然是「知識之所對」，而應然是「道德實踐之所做」。但是在中國傳統中所說的知識，其實即隱含了一個道德的實

---

❾　這些論點黃先生並未正式完整的形諸文字，他在上課中屢屢提起，相關資料，請參見黃振華先生《康德哲學論文集》〈六、論康德哲學中之「必然性」概念〉，頁 325-358，作者自印發行，1976 年 8 月，臺北。

❿　牟宗三先生與其師熊十力先生的哲學系統是不同的，請參見林安梧《存有、意識與實踐：熊十力體用哲學之詮釋與重建》〈第一章導論〉頁 4-8，〈卷後語〉頁 367-376，1993 年 5 月，東大圖書公司印行，臺北。又請參見林安梧〈從「牟宗三」到「熊十力」再上溯「王船山」的可能〉，《鵝湖》，第 27 卷第 7 期（總號：319），2002 年 1 月，臺北。

踐。「乾知大始，坤作成物」，這個「知」，我想不只「認知義」，還有「主宰義」、「實踐義」。陽明其實就是抓住了這樣的「知」去解釋「知行合一」，這是值得留意的。

四、康德第三批判認為美的藝術活動與心靈意識、社會總體之共識密切相關

　　我們從這個角度去理解，如果我們願意恰當地去理解康德哲學，康德哲學並不是那麼截然地將第一批判《純粹理性批判》、第二批判《實踐理性批判》，嚴格地對立起來。康德的第一批判是處理知識客觀性如何可能的問題，第二批判是處理道德實踐客觀性如何可能的問題；第一批判是處理「自然」的問題，第二批判是處理「自由意志」的問題，而第三批判是作為一個中介者而連結第一批判、第二批判。一般常講康德是用這麼一個方式去說的，其實這麼說也無所謂，因為看第三批判的時候，可以看得出來，他在《判斷力的批判》裡面有談到的〈審美的判斷力批判〉及〈目的論判斷力批判〉。〈審美的判斷力批判〉裡基本上處理了一些美學的問題，〈目的論判斷力批判〉基本上處理了相當多與歷史哲學和社會哲學相關起來的問題，在他來講這些問題是結合成一個整體的，他認為這與道德哲學有密切的關係。他非常強調「美是道德之善的象徵」，而這樣的一些提法裡基本上我們可以看得出來康德強調美的這樣一個藝術活動，跟整個人的心靈意識、社會總體，跟所謂的共識（common sense）是有密切關係的。❶這個部分其實就為李澤厚先生所重視。李澤厚先生在中國當代的康德哲學研究裡面算是獨樹一幟而很有成就的，他後頭的根本思想可以說是馬克思主義（Marxism），是辯證唯物論（dialectical materialism），但是他是接通了康德的第三批判而與馬克思主義這個傳統，用這樣作一個底子來重新審視整個康德學。在他的《批判哲學的批判》裡面，他非常強調整個歷史社會總體，整個人放在歷史社會總體所可能闡發的那樣一個歷史意識、社會意識及整個心

---

❶　關於此，請參見林安梧〈康德及其〈審美判斷力的批判〉中的歷史性思惟〉，該文收入氏著《契約、自由與歷史性思惟》第十章〈審美判斷與歷史性思考〉，頁 183-204，1996 年，幼獅文化事業公司印行，臺北。

靈意識活動的變遷，這些都是我們可以重視的。李澤厚後來之會寫《哲學人類學提綱》，我認為在寫《批判哲學的批判》時已見其端倪。❷

　　回到牟先生所理解的康德來講，大體來講，他非常強調康德學的兩個特色，一個就是康德學延續著西方哲學「兩個世界的區分」而有一個新的發展。原來兩個世界的區分大體說來，比較是放在形而上學的意義裡頭。譬如說柏拉圖的「理念界」（觀念世界）（ideal world）與「現象界」（經驗世界）（empirical world），在康德來講則把它轉成一個比較知識論意義的，一個叫做「現象界」（Phaenomenal world），一個叫作「物自身界」（Noumenal world）。他認為知識所能及的僅及於「現象」，而「物自身」只是作為同一個對應面的、兩個面相的另一端，而預取著它是作為現象、同一個事物的另一端。這樣一個說法就令人十分難解，但是他的目的是要說人的知識只能及於現象（phenomena），人的知識是不能直接把握到事物本身（thing-in-itself）。譬如說這個杯子本身，我們知識能及的只是這個杯子向我們所顯現的象。用佛教的話來講，就是我們六根對應六塵而生發出六識：這「眼、耳、鼻、舌、身、意」對著「色、聲、香、味、觸、法」，引起了我們眼識、耳識、鼻識、舌識、身識、意識的六識活動，因此對這樣一個存在事物有了恰當的把握。他認為我們所把握的那個 phenomena，就是表象、現象。問題來了，現象是變動不已的，由現象而來的知識，怎麼可能有客觀性呢？因為我們知性有一個構造的能力，才可能對於這個現象、這個事物所給出的表象，經由我們的感觸直覺之所攝取，再經由我們知性主體的構造，因此成就　個客觀的知識。這是康德學一個非常重要的地方：強調知識的客觀性並不是來自於外在的經驗事物，而是來自於我們主體的構造能力，知識不是客觀的給予，而是主體的構造。❸

　　一般來講，康德這樣的主張，在知識論上這名之曰「哥白尼式的革命」（Copernican revolution），這樣「哥白尼式的革命」之重要的意義是顯示出啟蒙時代的

---

❷　李澤厚《批判哲學的批判：康德述評》，特別是〈附論：康德哲學與建立主體性論綱〉，頁508-526，1986 年，谷風出版社印行，臺北。

❸　請參見牟宗三《現象與物自身》〈第四章、6.2 康德論三層綜合〉，頁 135-152。又請參見氏譯註《康德純理性批判》（上冊），第二卷第二章〈純粹知性底一切原則之系統〉，頁 354-474。

一種主體的意識，即啟蒙時代人對自我的一種更為突出而清楚的穩立。這清楚的穩立就是人的主體對經驗世界所構成的客觀性，而不只是如笛卡爾（Rene Descartes，1596-1650）所說的「我思故我在」（Cogito ego sum）而已。因為「我思故我在」是回到你能思的那個主體，通過這樣一個能思的主體，在反省的一個確立之下，因此而確立你自己。換言之，笛卡爾所說的「我思故我在」是在理性主義的傳統之下所確立的，而康德則是接受了經驗主義的挑戰之後所重新的一個確立，而因此能免於獨斷主義的可能。這是很可貴的一個地方，所以康德說他讀了休姆（David Hume，1711-1776）之後，對他原來獨斷主義的思考提出了一個警醒，驚醒了他那獨斷主義的迷夢。因此，他在命題方面就有所謂的分析命題、綜合命題，還提出一個「先驗的綜合命題」。「先驗的綜合命題」就是他認為知識的客觀性是這樣構成的。這樣的一個構成方式其實正在說明了康德很清楚的知道，知識的客觀性基本上並不是被給予而擺在那裡的，知識的客觀性是經過主體的構造能力所構造成的。也就是說，我們主體可以通過一個普遍的範疇，通過一個概念範疇具有普遍性，因此才會使得一個我們所接收到的現象訊息能夠構成一個客觀的知識。❶❹

這在康德來講是非常重要的一個部分，在這提法裡，如果重新去思考康德第三批判，就可以發現他隱約的強調 community、common sense。在第一批判裡面講的時候，好像純粹理性的批判只是講純粹理性是如何可能，它的活動，它的內在機制，整個系統機制如何可能，使得我們所謂的科學知識，或者客觀知識如何可能。但在第三批判告訴我們，我談的那些東西其實是與整個歷史社會總體，跟所謂的社群（community）、所謂的共識（common sense）是有密切關係的。這點我想是非常非常重要的，這個部分大概為後來康德哲學的研究者所忽略。新康德學派當然後來有所區別，像西南學派跟馬堡學派。西南學派特別強調他知識論的部分，馬堡學派強調跟第三批判相關的東西，並且試圖調和康德與馬克思，這個部分相當複雜，細的部分我們就不去說了。❶❺

---

❶❹ 請參見黃振華，前揭書，二、康德先驗哲學導論，頁 7-30。又請參見 Hans Michael Baumgartner 著，李明輝譯《康德《純粹理性批判》導讀》，1988 年，聯經圖書公司印行，臺北。

❶❺ 關於此，請參看 Bernard Delfgaauw, translated by N.D. Smith, "Twentieth Century Philosophy",

五、牟先生經由儒、道、佛之修養工夫論以確立「智的直覺」

我們從這個角度去想，其實牟宗三先生是在他所要理解的狀況下去理解康德哲學，不一定是康德哲學放在西洋哲學的脈絡裡的一個恰當的理解。不過這無所謂，這就好像我現在要在臺灣做一道義大利麵，我不一定要對義大利麵的歷史有多清楚的瞭解，我只要把它做好，好吃就可以了，義大利人吃了也覺得不錯，覺得不下於我們義大利人，對於義大利麵的來龍去脈，是不是知道的很原本，那已經是不重要了。牟先生的康德學大體來講是先建立在對於康德第一批判之非常清楚的掌握，而在清楚的掌握之下發現了第一批判本身的限制。這最大的限制就是在他的《現象與物自身》的一開頭的第一章所提到的：康德哲學有兩個預設，第一個預設「現象與物自身的超越區分」，第二個預設是「人是有限的」。⑯牟先生認為第一個預設他還能夠接受，現象與物自身必須做一個超越的區分；然而第二個預設：人是有限的，他認為這是可懷疑的，就這個問題的理解上是可以鬆動的。他認為在華人的文化傳統，包括儒教的傳統、道教的傳統、佛教的傳統，並不同意人只是有限的。中國文化傳統強調人雖然是有限的，卻具有無限的可能。他通過這三教的修養工夫論，或者廣義的方法論，重新去確立「智的直覺」（intellectual intuition）的可能。也就是說，在康德來講，從知識論的角度來講的話，人是通過感觸的直覺，再通過知性主體的構造，使得客觀知識成為可能，至於客觀知識之所及，只及於 phenoumena，並沒有及於 thing-in-itself。

因為人的感觸的直覺僅能及於現象而不能及於物自身，而物自身與現象是同一事物的兩個面相，或同一現象的兩個端點，而人之感觸直覺僅及於現象，而相應於物自身的直覺不叫「感觸的直覺」（sensible intuition），而叫「智的直覺」（intellectual intuition）。康德認為只有上帝（God）才具有智的直覺，因為上帝通過智的直覺才使得物如其為物，事物之在其自己（即「物自身」這個概念）。牟先生通過儒、道、佛三

---

pp41-48, Printed in the Republic of Ireland by Cahill and Company Limited. Dublin. 傅佩榮譯《二十世紀的哲學》，第二章〈基於傳統的解答·新康德學派〉，頁 56-64，問學叢書 11，問學出版社印行，1979 年 4 月，臺北。

⑯ 牟宗三《現象與物自身》〈第一章、問題的提出〉，頁 1-19。

教的修養工夫論、方法論去強調儒家認為人們也可以通過良知「生天生地，成鬼成帝」，「良知是造化的精靈」⓱；道家（道教）可以通過「致虛守靜」的工夫，可以使「萬物並作，吾以觀復，夫物芸芸，各復歸其根」⓲；而佛教一樣的可以通過就「從無住本而立一切法」⓳。他通過這樣一個方式，認為儒家的「知」，不只是世俗的知識之知，他反而提到上一層，名之曰「性智」，而道家（道教）把它叫「玄智」，佛教則把它叫「空智」。相對來講，空智對空理、性智對性理、玄智對玄理，而總的來講，他認為這都是回到事物自身的一個理、一個智。⓴他認為在華人儒、道、佛三教裡都有這樣一個修養工夫論的活動，可以讓人不祇侷限於有限性，還可以邁向無限。顯然地，「物自身」這個問題在牟先生的處理裡面，是通過修養工夫論就把它處理掉了。也就是說，「物自身」是人的智慧之光之所照、之所顯、之所對，而在這個對裡頭，使它成為一個具有對象義的物自身，也因此這個對象義的物自身成為我們認知的一個基礎，雖然我們所把握的是它的現象，不過是由這物自身所顯之現象。這樣的一個提法裡，基本上就是通過了一個廣義的道德修養論，來彌補康德哲學對於「現象」與「物自身」這樣的一個裂縫。

牟先生通過這樣一個道德修養論，認為人都有一個真正的本心，這個本心可以上通到物自身界，往下則可以轉折成為知性主體，涵攝、構造成知識界，而它之所對的就是現象世界，這就是他所說的「一心開二門」這個格局。借用《大乘起信論》：一心上開「心真如門」，就是所謂的物自身；一心下開「心生滅門」，就是所謂的現象界。㉑在「一心開二門」這樣的一個提法裡面，他告訴我們在華人文化傳統裡基本上是具有智的直覺，而且是以智的直覺為大宗，就是儒、道、佛。然而我們所缺的就是由感觸直覺所定立的這樣的一個客觀的知識世界，所以才會有一個

⓱ 陽明先生語，關於陽明思想我大體受益於牟宗三、蔡仁厚諸位先生的教導，並進一步做一本體實踐學之闡釋，請參見林安梧《中國宗教與意義治療》第四章〈王陽明的本體實踐學〉，頁 81-114，1996 年出版，明文書局印行，臺北。

⓲ 請參見《老子道德經》第十六章。

⓳ 這是佛教天臺宗所強調者，請參見牟宗三《佛性與般若》。

⓴ 請參見牟宗三《現象與物自身》〈序〉，頁 1-17。

㉑ 請參見牟宗三《中國哲學十九講》、《中西哲學會通十四講》。

一方面膾炙人口，一方面也引發諸多爭議的提法，就是所謂「良知的自我坎陷以開出知性主體」，而知性主體之所涵攝、建構一套知識系統，這套知識系統是相應於現代化裡頭的民主與科學。㉒

六、牟先生忽略康德所涉社會總體意識及社會契約論之傳統

在牟先生的提法裡，基本上對於康德哲學背後思想史變遷的意涵，以及相關的社會史、政治史、經濟史各方面種種，是暫時擺一邊的。他只是就康德哲學體系建構之為何，抓住了第一批判和第二批判，之後以儒學為主導，加上道家跟佛學，而把握住康德學第二批判作一個對比，強化了儒學、道家、佛學裡頭所強調的道德哲學的側面，並且把這樣一個方式提到通過一個道德修養論，而強調它具有智的直覺（intellectual intuition），並藉此來解決人的有限性的問題。換言之，一個有修養的人，或者一個理想的人，一個道德的人，一個具有性智、具有玄智、具有空智之人，依他說就如同是上帝一樣，可以具有 intellectual intuition。㉓我們可以發現到牟先生高揚了人的主體性，而把人的「主體」往上提到那個「道體」，提到那個絕對之體，提到那個 God 的地位上去說。至於這樣的一個說法裡面，當然還有很多可以繼續梳理它的，但是我們顯然可以看到的是牟先生基本上是忽略了康德知識論跟道德哲學後頭所涉及到的那麼豐富的背景因素。也就是說，康德會出現那樣的道德哲學及那樣的知識論是有他的整個西洋哲學的背景、西洋人的文化意識做為基礎的，在那種狀況之下才會出現的。譬如說，如果沒有西方社會契約論的傳統，或者更直接的說，沒有盧梭（Jean Jacques Rousseau，1712-1778）的話，我想康德的道德哲學不是那麼寫的。也就是說，盧梭在社會契約論中所強調的普遍意志（general will），就轉成了康德道德哲學中所強調的「無上命令」（categorical imperative）。㉔

㉒　關於這些問題請參見林安梧《儒學革命論：後新儒家哲學的問題向度》一書，1997 年 12 月，臺灣學生書局印行，臺北。

㉓　傅偉勳生前對此亦常有批評，請參見氏著〈佛學、西學與當代新儒家〉，收入劉述先主編《儒家思想與現代世界》，頁 9-31，1997 年，中央研究院中國文哲研究所籌備處印行，臺北。

㉔　關於此，請參見林安梧〈論盧梭哲學中的「自由」概念〉，收入拙著《契約、自由與歷史性

　　這也就是說，在盧梭來講是寫成一個社會哲學或政治哲學這樣人與 community 之間的契約關係，後頭所涉及到更為根源的 general will 的問題，而康德學把它轉譯成作為一個人，他的道德實踐的動力的來源如何的問題。也就是做為人道德實踐的時候，動力是來自於一個道德的法則，而這個道德的法則是人的自由意志所定立的，這就是所謂意志的自我立法。而人之所以作為一個人會去遵循這意志的自我立法，形成了所謂的「道德自律」（moral autonomy）。這樣的自律其實落在 community 裡頭說，人作為一個社會的人，必須遵從一個理想的社會規範，而這理想的社會規範其實是關聯著一個社會的普遍意志，而社會的普遍意志跟作為一個自由的人、自由的公民基本上骨子裡是相通的。所以，社會的公則、公約，其實就是你自律裡頭的律則，所以一個自由的人就是一個遵守自律的人，而這個遵守自己內在律則的人，同時也是遵守社會普遍意志所定立的律則的人。在西方的傳統裡面，這一點非常重要。

　　就思想史的宏觀觀點，康德學的自律應從這個角度上去理解，而在牟先生所理解的自律裡，卻很容易從人之具有「智的直覺」，人經過「一念警惻便覺與天地相似」、「反身而誠，樂莫大焉；強恕而行，求仁莫近焉」、「天人合德」㉕處去說自律。從「天人合德」處去說的道德自律，也就是說人的自由意志所定立的法則，跟宇宙的意志所確立的法則是同一的。當然，如果說在康德學裡頭再往前推進，它是不是跟自然法（natural law）密切關聯，沒有錯，是這樣的。也就是說 general will 其實跟 natural law 是有密切關聯的，但是所不同的是從 natural law 到 general will 這裡有一個很大的轉折。因為在 natural law 裡，所講的是自然的法則，general will 講的是社會契約的一個普遍理性。在我們華人來講的話，從孔孟的傳統，一直到陸王，乃至於程朱的傳統，所強調的天地所隱含的是一種關懷、一種愛、一種絪蘊造化，它重點不在於這個法則性，這一點我想與西方哲學的自然法其實有一點不同的。這倒有些像荀子所說「天行有常，不為堯存，不為桀亡」的意味。但顯然地，

思惟》一書，頁 21-46。又請參見 Ernst Cassirer 著、孟祥森譯《盧梭、康德與歌德》〈康德與盧梭〉一文，頁 15-97，1978 年，龍田出版社印行，臺北。

㉕　這三段引文，依序出自《象山先生全集》、《孟子》，「天人合德」則是《易傳》的思想，所謂「大人者與天地合其德，與日月合其明，與四時合其序，與鬼神合其吉凶」。

這不是大宗，大宗還是在「怵惕惻隱」、「一體之仁」上，不在自然法上，宋明儒學中的陸王學其實是接續孟子學，程朱學也是接續孟子學，而不是接荀子。

七、「智的直覺」與「物自身」在牟先生體系做了大的轉折，已不是康德哲學體系中的意義

　　牟先生強調人的道德情感、怵惕惻隱、道德動力，其實是作為一切道德法則，甚至在發生上是一個非常重要的端點。或者，更進一步的說，你那個本心的動力，這怵惕惻隱的動能，其實就是那個法則，這也就是所謂的「心即理」。從「心即理」的角度去說自律，其實自律這個概念已經轉了好幾折了。或者從「心即理」這個角度要去說道德實踐所展開的那個活動（良知的活動），你要把它理解成所謂的「智的直覺」，這又轉了好幾層了。顯然地，這是通過道德哲學的向度、修養工夫的向度，來詮釋上帝「智的直覺」那個活動。上帝的智的直覺的活動，我想是康德學所必須預設的一個活動，它並不是真實的，並不是你可以覺知到的活動，因為人是有限的，不可能覺知到上帝的這個問題。但依儒學來說，是人之有怵惕惻隱之仁，人的「良知是造化的精靈」，那不就是預取的，是當下呈現的，這點是不同的。❷所以牟先生在這裡又把康德原先所強化的、所強調的只有上帝才具有那個「智的直覺」轉了過來。這麼一來，才能夠理解成牟先生所說的儒、道、佛的意向下的道德自主性。同樣的，儒、道、佛通過這樣的方式，而說其為「智的直覺」之所對的「物自身」，這已不是康德哲學意義下的物自身，而是牟先生義下所說的物自身。這或者可以理解成，禪宗所說的「見山是山，見山非山，見山是山」，這到最後的「見山是山」那樣的物自身，這是第二序所說的「見山是山」那個物自身了，就是事物在其自己這樣的一個提法。

　　我們這樣來說，其實已經講了幾個不同向度。牟先生對康德的第三批判基本上是忽略的，特別是第三批判所可能涉及到的那個社會總體意識，以及那裡所引申出

---

❷　當代儒學有一膾炙人口的公案，是熊十力與馮友蘭爭議論辯「良知」是呈現，而不是假設，請參見牟宗三《五十自述》〈第五章、客觀的悲情〉，頁88，1989年1月，鵝湖出版社印行，臺北。

來的審美與道德的關聯，以及所謂的共識（common sense）是未及處理的。所以牟先生在翻譯康德第三批判的時候，導生出他對康德美學的一個反省，他在第三批判——康德的《判斷力批判》的翻譯前面寫了一個頗長的導論，闡述他自己的美學主張。牟先生所說的美學，其實純只是一個美的興味的活動，而這樣純美的興味活動帶有一種純粹的理型的方式，他把它提到直覺的方式。所以他之於美，他能夠理解並欣賞像嵇康的〈聲無哀樂論〉這樣的一個說法，他也提了一些美的欣趣的相關問題，這個部分我是覺得可以欣賞，也可以檢討的。❷另外，牟先生對於西方的社會契約論的傳統是忽略的，他對於盧梭的理解也是忽略的，所以，如何把康德跟盧梭聯繫在一塊兒理解，對他來講是非常少的。牟先生比較急的是通過儒、道、佛去聯結著康德的道德哲學跟知識論，而展開的論辯活動，然而由康德第三批判所可能導生的相關議題，牟先生基本上是忽略了，這個部分其實是可以重新再去看的。

八、牟先生將康德學的「窮智以見德」轉成「以德攝智」

如上所述，其實一方面我們在說，康德哲學也有重視歷史社會總體這個側面，也有重視生活世界這個側面，只是他有很多部分是隱而不彰的。因為康德學他強調的是要問：客觀知識如何可能？道德實踐的客觀性如何可能？對於如何可能，他給出的是一個後返的理論的處理，用康德哲學的話來講，這叫做「超越的分解」（transcendental analysis）。這樣的分解是先肯定一個事物之為可能，再問它如何可能。譬如說，他不會問「婚姻是什麼？」，他會問「婚姻如何可能？」他認為婚姻已經是一個客觀的事實，所以他問「如何可能？」就是類似這樣的活動。知識，到底有沒有客觀性呢？他不問這個問題，他問的問題是「知識的客觀性如何可能？」因為我只要回答「知識的客觀性如何可能？」我就間接地回答了「知識是具有客觀性的」，他是用這個方式，積極地去面對這個問題。

我們這樣說下來，其實已說了牟先生在吸收康德學的時候，在很多概念上會有所轉換，有所遞移，他會轉型到一個新的概念系統上。譬如說他把儒家的性智、道

---

❷ 請參見牟宗三《中國哲學十九講》〈第十二講〉，頁 245-264，臺灣學生書局印行，1983 年 10 月，臺北。

家的玄智、佛教的空智，詮釋成康德學意義下的「智的直覺」（intellectual intuition），這其實是可以探討的。他把這樣的空智、玄智、性智之所顯露，這樣的一個心性修養實踐的活動之所對，是如其所如的。譬如說佛教講「真如」、「心真如」，道家講「物各付物」，儒家講「首出庶物，萬國咸寧」、易經講「乾元用九，見群龍無首，吉」，也就是講到事物如其為事物本身。他用康德哲學的「物自身」這樣的一個方式去詮釋，其實已經是轉移了很多。當然在這樣的一個理解裡面，就我個人理解很重要的是說，牟先生因為建立在一個很不同的哲學預設上，正如他在《現象與物自身》這個著作裡剛開始就提到：康德學認為「現象」與「物自身」是超越的區分，而「人是有限的」。相對而言，在中國文化傳統，人雖然在軀體上是有限的，但他卻具有無限的可能。然而，「人具有無限可能」這樣一個提法，在康德是不是完全不能夠接受呢？其實在這個地方是有爭議的。要不然在康德學之後不會出現費希特，不會出現黑格爾。也就是說，像費希特、黑格爾某個程度上已經處理了類似牟先生一直在問的問題：現象與物自身如何彌縫的問題。黑格爾通過絕對精神，謝林通過整個整體，而費希特是通過絕對的我，牟先生「良知的自我坎陷」，其實很像費希特那個「絕對我」的否定。❷❸

　　我們說到這裡，其實一方面可以看出來牟先生具有非常強的道德主體主義的傾向，在康德學看來是「窮智以見德」，而這「窮智以見德」並不隱含著一定「以德攝智」。因為在西方哲學裡頭，「德」與「智」之為一體，是通過「思維與存在的一致性」去強化的一體，不是我們所說「以德統智」的方式的一體。在華人文化傳統裡，如在《論語》裡面講「仁智雙彰」，但畢竟仍是「以仁統智」，「智及之，仁不能守之，雖得之，必失之」。在原來整個中國哲學所使用的概念範疇構成裡面，牟先生做了很多位移的構成，因而他建構了一宏偉的系統：現象與物自身這個兩層存有論的系統。依照牟先生這個說法，當然就是「以德攝智」的系統，不是「窮智以見德」的系統。「以德攝智」的系統裡必須「由德開智」，不然這個

---

❷❸　彭文本對於牟宗三與費希特的關係，曾做過相關研究，極具見地，請參見氏著〈論牟宗三與費希特「智的直覺」之理論〉，收入李明輝、陳瑋芬主編《當代儒學與西方文化：哲學篇》，頁131-172，中央研究院，中國文哲研究所印行，2004年5月，臺北。

「德」將會成為一個孤立的德，或者說是一個渾淪的德。正因如此，牟先生才會那麼強調道德主體如何開出知性主體的問題。❷

　　牟先生在這裡，完全從一個道德主體的絕對性、超越性、普遍性、理想性，從這個地方把握住了這一點。他認為人作為一個人應該是一個「智的直覺」的存在，具有智的直覺的能力，人是「道德的存在」（moral being），人是良知的存在。至於人之為人作為一個「自然的存在」（natural being），這樣一個側面反而是為牟先生所疏忽的，人作為一個「社會的存在」（social being）也是為牟先生所疏忽的。但是人作為一個人在歷史的發生過程裡，先是作為自然的存在，在作為自然的存在的發展過程裡，才成為歷史的存在，成為社會的存在，同時在歷史的存在、社會的存在的時候，也才成為道德的存在。因為你必須正視人具有道德的存在，才能夠深切地去理解人之作為歷史的存在跟社會的存在。同樣的，你必須去正視人作為歷史的存在、社會的存在，才能夠真切地去理解人之作為人的一個道德存在的意義在哪裡。相對於宋明儒學來說，王船山對此有深刻的認識，他強調了「人性」與「歷史」、「社會」的辯證性。❸

九、牟先生嶄新哲學系統的建立：從「逆格義」到「融通」、「淘汰」，「轉化」、「創造」

　　其實，牟先生建構的兩層存有論系統是繫屬於他那主體主義的思考方式。牟先生顯然是這樣的一個思考，他順著宋明理學的陸王學一系，特別是陽明學，而特別強化了陽明學的「良知即是造化的精靈」，道德主體也就是那宇宙的道體。或者，直接地說，以那個主體就等同於道體。他在強化的過程裡，其實也強化了他的形式的側面，他並沒有真正正視了陽明學落實在人間世裡頭所面臨的浮沈昇降，那個怵惕惻隱面對世俗中浮沈昇降所面臨的問題。牟先生基本上把它純化成良知的一個亮

---

❷　關於此，請參見林安梧，2001 年 12 月，〈後新儒學的社會哲學：契約、責任與「一體之仁」——邁向以社會正義論為核心的儒學思考〉，《思與言》39 卷第 4 期，頁 57-82，臺北。

❸　關於此，請參看林安梧《王船山人性史哲學之研究》一書，特別是第一章、第二章，1987年，臺灣學生書局印行，臺北。

光，他所謂「一心之申展、一心之遍潤、一心之朗現」，而他認為這就是當下能夠發露顯現的良知的作用。❸所以，牟先生一再地提熊十力先生跟馮友蘭先生的一段對話，強調良知並不是一個假設，良知是當下的呈現。❸從這個角度來看牟宗三先生，他已經跨出了原先我們通過西方的哲學話語系統來格義中國哲學這樣的方式，他其實做了很多融通與淘汰。雖然他在融通淘汰的過程裡，那種取用概念的方式，如何位移，如何轉化，是否完全合乎一種哲理交談的正當性，我想這是可以問的，但很顯然地，他朝向了一個新的哲學詮釋跟建構。

　　我們去看牟宗三先生這樣一套儒家哲學的時候，其實我們可以看到，他之所重就是以這樣的道德主體來涵攝一切。他把原先康德學的「窮智以見德」轉成「以德攝智」，並且要「以德開智」。這時候良知、道德主體仍然有獨大的傾向，這是非常清楚的。這樣的一個思考，他認為是陸王學的主流，同時也是孔孟的主流，他從這個角度來認為這就是正統，他認為心性之學就是儒學的核心點。這個說法其實並無不可，但是他太強化了它，也太窄化了其它儒學。就在這個過程裡面，他肯定了第一期的儒學是先秦儒學，第二期的儒學是宋明儒學，當代新儒學則是第三期的儒學，包括杜維明先生，也是朝這個角度上去思考的。❸就我個人來講並不同意這樣的思考，譬如說《論語》裡面講「仁智雙彰」，講「仁禮合一」；再到孟、荀的時候，孟子講「仁義之教」，講「惻隱之仁」，荀子講「禮義之教」，講「師法之化」，這裡可以明顯地看到有幾個不同的向度，很難分其軒輊。何者為正統？何者為非正統？應該說是多元的，構成一個一統的這樣一個方式。我想我大體的把牟先生的康德學，跟儒家的哲學、中國哲學，以及他做了那些可貴的貢獻，他哪個地方

---

❸　關於此，請參見牟宗三《王陽明致良知教》，1954 年 4 月，中央文物供應社印行，臺北。又請參見林安梧《中國宗教與意義治療》第三、第四兩章，頁 51-114，1996 年，明文書局印行，臺北。

❸　同註❷，前揭書。

❸　牟先生始暢此說，其門弟子蔡仁厚、杜維明、楊祖漢諸先生等多贊成其說，杜氏有〈儒學第三期發展的前景〉一文，收於《現代精神與儒家傳統》第十一講，頁 411-442，1996 年，聯經圖書公司印行，臺北。

做了一些位移的活動，他構造的系統，及可能的限制作了一些相關的理解。❸

十、我們不能圍限在唯一的系統裡去理解，應正視典籍文本，深入詮釋

　　中國哲學的研究其實已經到了一個新的階段，不再只是作為一個「格義」或「逆格義」的方式，可以說是到了一個詮釋學時代的來臨。這個詮釋經過了翻譯、融通、淘汰、瓦解、重建的過程，牟先生可以說是作為一個非常重要的轉捩點。也就是說，牟先生在西方哲學和中國哲學互動的過程裡面，他既具有格義的方式，他又想要跨過那個格義方式。但他在那個格義的過程裡面，其實跟很多帶有格義氣味有很大的不同。比較起來，他強調了中國哲學的主體性，但是在這個過程裡面仍然有他很大的限制。多半學者是通過西洋哲學來格我們自己，但他不是，他是比較具有自己的主體性去格西方哲學。所以他在理解康德的時候，譬如說，他譯注《康德的道德哲學》，到後來他所寫的《圓善論》，他提了很多要如何補康德哲學之不足。

　　牟先生補康德哲學之不足是通過中國哲學之所看到的康德哲學，譬如說他認為康德哲學認為上帝才有「智的直覺」，因此沒有辦法穩立「物自身」，也因此整個知識是沒有辦法確立起來的。但是在康德哲學來講的話未必是如此。❸就像你從一神論的角度去看佛教，認為沒有一個真主，算什麼信仰，但是我想從佛教的角度來講這絕對是很荒謬的。為什麼一定要有一個真主，像耶穌基督，才像一個宗教呢！這也就是我覺得牟先生是在自己的立場去看康德哲學。不過這也是一個階段，沒什麼不好，總比什麼都站在別人的觀點來說，要好得許多。做個比喻好了，中西餐，用的筷子與叉子是不同的，現在換牟先生的角度來說，就會覺得西方人怎麼用叉子的方式在吃飯呢？筷子是很方便的啊！有點類似這樣。我想，這總比用西方人的觀

---

❸　請參見林安梧《儒學革命論：後新儒家哲學的問題向度》，1997 年，臺灣學生書局印行，臺北。

❸　關於此問題，近些年來或有檢討者，而以李淳玲教授所做的思考最有見地，見氏著《康德哲學問題的當代思索》〈牟宗三與康德哲學：吹縐一池春水：論感性直覺的邏輯性〉，頁 141-194，南華大學社會學研究所印行，2004 年 1 月，臺灣嘉義。

點來質疑說：你們怎麼那麼蠢啊！怎麼用筷子來叉，而不用叉子。至少他開始反省到我們自家哲學的主體性問題，他開始反省我們能不能走出自己哲學的路。

　　　　　　　甲申之冬十一月廿九日修訂於北京中國人民大學賢進樓旅次

（本文原為 2003 年 11 月 16 日為臺灣師大研究生所做〈康德哲學與中國哲學〉之講詞，由研究生何孟芩根據錄音做了全文紀錄，後來筆者採用了其中約三分之二，加以訂正，並加上了標題、註腳，完成了這篇文章。這篇文章，曾先後在 2004 年秋於政治大學哲學系主辦之「2004 康德哲學國際會議」以及是年冬天香港中文大學哲學系所主辦之「中文大學之現代儒者國際學術研討會」上宣讀。）

第十二章　牟宗三先生之後：

「護教的新儒學」與「批判的新儒學」

一、前言：牟宗三先生之後的兩翼發展

　　研究當代中國哲學，沒有人可以繞過牟宗三先生，這幾已成為不爭的事實。一九九五年四月碩果僅存的牟先生過世，標識著當代新儒學發展已告一段落，樹立了一里程碑。緊接著，我們可以說，未來將有一新的轉進，其面對的實存情境不同，問題意識亦將不同，其哲學體系之構造亦將有所不同。以是之故，去理解牟宗三哲學的成就、意義，回顧之，進而前瞻之，此已然成為當代新儒學發展不可不重視者。

　　「孔子歿後，儒分為八」，「墨子歿後，墨離為三」，陽明歿後，其學亦有江左、江右之異，此學派發展之所使然。所可貴者，孔子之徒仍為孔子之徒，墨子之徒仍為墨子之徒，陽明之徒仍為陽明之徒，皆戮力於學問道業之闡揚，未改其志也。牟宗三先生生前《鵝湖》朋友對於儒學見地亦本多歧異，唯彼此君子論交，以文會友，以友輔仁，時或不同，即如水火，亦相資而不相斥也。此亦可見宋代「鵝湖」之會，一時朱陸的景況，此蓋《鵝湖》之真精神也。

　　當代新儒學內部於中國文化乃至儒學之理解本有差別，老一輩之梁漱溟、熊十力、馬一浮，雖皆列於新傳統主義乃至新儒學之陣營，然彼此不相和合者，多矣夥矣！再一輩之徐復觀、唐君毅、牟宗三，雖亦同被歸於當代新儒學之陣營，且同被稱為香江人文三老，然其學亦彼此互有同異也。此數人，其於《鵝湖》諸師友影響皆頗大，而以牟先生為最矣！《鵝湖》師友隸籍牟先生稱弟子者亦最多，而於牟先

生學問之傳習，於中國文化及儒學之體會則亦各有所異，此或可釐清，以為論焉！不妨先以「護教的新儒學」、「批判的新儒學」，分右左兩翼以為目，對比以為論也。

二、「護教的」與「批判的」對比展開

語詞之立，各憑其時、各因其事，「護教的新儒學」一詞所指之新儒學特別強調者為牟宗三先生之儒學，而其展開之方式則取一護教之態度。「批判的新儒學」一詞其所強調者，在於對當代新儒學，特別是牟宗三先生之儒學展開全面之反省與考察，蓋「批判」並不是對抗之義，其所取義在詮釋而重建之也。筆者對比而做如此之區分，此是為闡釋之方便，其所取義，大體依韋伯所謂「理念類型」（Ideal type）之方法。❶此是做為理解、詮釋展開之起點，非做為現實狀況之概括立論者也。護教的新儒學、批判的新儒學兩者同宗孔孟，並尊陸王，其所異的是：前者以康德為對比及融通之主要資源，而後者則對於王船山哲學頗著其力，並注重西方歷史哲學、社會哲學乃至現象學、解釋學之發展，回溯當代新儒學之起源，重新詮釋熊十力，對牟先生則採取一既批判又繼承的方式。

「主體性」在當代新儒學裡是一極為重要的核心概念，就思想史的背景來說，此與中國民族面臨一存在的迷思、意義的迷思，而亟思克服有密切的關係❷。值得留意的是，此主體性之重視，雖帶有啟蒙之意義，但所不同於西方啟蒙運動（Enlightenment）思想家者，在於彼所言之主體性不限在理智之主體性，而重在道德之主體性。再者，此道德之主體性又不僅限於「心－物」、「人－己」此平鋪之層面，更而上及於「天－人」之層面，仍堅守原先「天道性命」相貫通之路❸。

---

❶ 關於韋伯的方法論，請參看林安梧〈方法與理解：對韋伯方法論的理解與反省〉，收入拙著《契約、自由與歷史性思維》，頁 91-111，幼獅文化事業公司，1996 年 3 月，臺北。

❷ 請參見張灝〈新儒家與當代中國思想的危機〉，收入周陽山主編《近代中國思想人物論——保守主義》一書，頁 375，時報出版公司，1970 年，臺北。

❸ 牟宗三先生與勞思光先生同深受康德學影響，唯牟先生仍堅守天道性命相貫通之路，而勞先生則極力撇清天道論與心性論的區別，其智識化之傾向有更進於牟先生者。

　　牟先生更取康德學以為思路之奧援，抉擇批判，調適而上遂之，肯認人具有「智的直覺」（Intellectual Intuition）之可能。至此，牟先生已徹底完成其道德的形而上學之建構。

　　「批判的新儒學」不同於「護教的新儒學」之以「主體性」為核心的思考，而特別強調「生活世界」一概念。「生活世界」指的是由人之做為一「活生生的實存而有」，進入到世界之中，而視此世界乃是一活生生的世界，此或同於唐君毅先生所謂的「意味世界」，亦同於熊十力所開啟「活生生實存而有的體用哲學」義下的實存世界❹。

　　實則，批判的新儒學所強調的「生活世界」一概念，唐先生固已有之，此不必論矣。而此原亦涵藏於牟先生哲學之中，因彼所強調之主體性是道德主體性，此道德主體性亦非如康德義下之道德主體性，而是一存在的道德真實感下的道德主體性，此自亦不可離於生活世界之實感；只是牟先生在論述上仍不免重「主體性」，而忽略了「生活世界」這樣的概念。再者，關聯著「生活世界」這個概念，批判的新儒學強調「歷史社會總體」的全面理解與詮釋，並以為唯有如此，才可能對於人有一深化之理解與詮釋；如此才能開啟一面向歷史社會總體之道德實踐，而免於以「心性之修養」替代「社會實踐」。

　　正因如此，批判的新儒學對於儒學的理解不只從聖賢之教言，直接做一理論之詮釋與重建，更而重視其發生學上之關聯，檢討宗法社會其於儒學締建所扮演之分位，並從而分理之。認定儒學所強調之「人格性的道德連結」與「血緣性的自然連結」、「宰制性的政治連結」有密切的關係。此關係當為發生學的關係，而不是本質的關係。故伴隨著經濟的發展、社會的變遷、世代的更迭；今後，當瓦解「宰制性的政治連結」，開啟「契約性的社會連結」，建立一「委託性的政治連結」。如

---

❹　有關於唐君毅先生所提「意味世界」，請參見彼所著〈意味之世界導言〉一文，刊於 1944 年《哲學評論》，現收入唐君毅全集卷十八《哲學論集》頁 93-118，臺灣學生書局印行，1990 年，臺北。又有關於熊十力先生體用哲學，請參見林安梧《存有、意識與實踐：熊十力體用哲學之詮釋與重建》第二章「邁向體用哲學之建立」，頁 25-55，東大圖書公司，1993 年 5 月，臺北。

此，原先所強調之「人格性的道德連結」更有善遂其義的可能❺。

三、「道德先驗論」與「道德發展論」的對比

相應於中國思想傳統之「理」、「心」、「氣」三大概念脈絡，程朱主「理」、陸王主「心」、護教的新儒學亦以「心」為主，而批判的新儒學則當以「氣」為主。值得注意的是，如此說之「氣」不在「理」、「氣」兩橛下之「氣」，而是貫通「道、器」，「理、氣」之「氣」。換言之，如此之「氣」，不只是形而下之「氣」，而是貫通「形而上」、「形而下」者。此或可以王船山哲學作為矩範以為思考。實者，關聯著血緣性的縱貫軸以及鄉土社會的建構，我們更能證成理、心、氣三者，當以「氣」為主導性的概念，且「氣」當不只是形而下之「氣」也❻。

相應於此，護教的新儒學極強調「道德先驗論」，並認定其為「自律倫理學」。批判的新儒學則強調「道德發展論」，以為近代西方所做「自律」與「他律」之二分，用於儒家倫理學之分判，並不恰當。因儒學所強調之「道德」，不衹指人與人關係之恰當而已，更而及於天地人我、性命天道之相貫通，如此之「道德心性論」實與西方之倫理學迥然不同。牟先生實亦深明此理，然既明此理，實可以不必再以自律、他律分別之。如王船山所論「命日降，性日生日成，未成可成，已成可革」，「習與性成」之心性論，是合著以「氣」為主導的「形而上學」而開啟的❼。

---

❺ 關於此，筆者總視之為一「血緣性縱貫軸」，並以此展開詮釋分析，見林安梧《儒學與中國傳統社會的哲學考察》，第八章〈論「道的錯置」——血緣性縱貫軸的基本限制〉，頁 131-156，幼獅文化事業公司印行，1996 年，臺北。

❻ 筆者以「氣的感通」與「言說的論定」兩辭來分判東西哲學及其文化的異同，請參見筆者〈絕地天之通與巴別塔——中西宗教的一個對比切入點的展開〉一文，收入《儒學與中國傳統社會的哲學考察》附錄二，頁 247-264。關於「氣」的論述，牽多取擇於王船山的哲學。請參見林安梧《王船山人性史哲學之研究》，東大圖書公司印行，1987 年，臺北。

❼ 請參見曾昭旭《王船山哲學》下編，第二章〈論船山之即氣言體〉，頁 325-353，遠景出版事業公司印行，1983 年 2 月，臺北。又請參見林安梧《王船山人性史哲學之研究》第三章〈人性史哲學的人性概念〉，頁 45-70，東大圖書公司印行，1987 年，臺北。

　　護教的新儒學強調之「圓善」可以視之為一心性修養及其實踐之「圓善」，此當然可以說不是一境界型態之圓善。如牟先生所言，此並非只一「縱者橫講」，以「詭譎的相即」而可彰著之；而是一「縱貫縱講」，必得經由仁體之創生性而建立❽。問題是：護教的新儒學並沒有如牟先生所談之仁體之創生性而進到「生活世界」之中，展開其理解、詮釋與批判，反而將「生活世界」收攝到「仁體之創生性」之中，渾化於「仁體之創生性」哲理之中。如此一來，生活世界之實在性自為彼等所忽視，歷史社會總體之實在性亦然。在牟先生所開啟的圓善論述之中，重點仍在心性修養之實踐，而鮮少及於社會公義之問題的探索。批判的新儒學則以為「圓善」之觀念當得及於社會之實踐方得為「圓」也，如此之「圓」，既為道德創生之圓，更為社會實踐之圓也。

四、良知及其自我坎陷的相關問題

　　換言之，牟先生之「圓善」實取決於「無限智心」（智的直覺）；其論現代化之如何可能，亦繫於此而言。護教的新儒學實肩負一重大之責任，一方面回答反傳統主義者，告彼中國文化傳統實無妨於現代化，並且可以開出所謂的「科學」、「民主」。值得留意的是，彼所謂之「開出」乃一主體之轉化以開出，此義為今之學者多所誤解，並攻詰甚多，其實，彼之所論雖亦有蔽，然迥非詰者所論也。牟先生所提之「開出」說，其於知識論之層次（亦涉及於實踐論之層次），則曰「良知之自我坎陷以開出知性主體」，並因之而轉「隸屬之局」為「對列之局」，強調一「客觀架構之表現」，以開出所謂的「民主」、「科學」。「民主」、「科學」兩者，論其性本極不同，其起源亦殊異，牟先生之以康德式超越的分解論之，同收攝於知性主體，此本亦無不可。問題在於這只是理論之收攝，而不能作為實踐之開啟；牟先生以此理論之收攝，倒過來做為實踐之開啟，此是以「理論之次序」誤作為「實踐發生之次序」也。牟先生之論走向於此，乃在於彼等之學全立基在「無限智心」上，有嚴重的主體主義之傾向，將一切客體之實在性皆收攝於此、渾化於此，並期

---

❽　見牟宗三先生《圓善論》，頁306，學生書局印行，1985年7月，臺北。

其轉出之可能。

實則，就「民主」、「科學」，乃至其他人類之活動而論之，其於歷史之發生而言，原先由無而有，如此創造之發生，此為一；再者，既已有之，再以學習而體現之，此為二；又者，省察此如何可能，此為三。一是發生的次序，二是學習的次序，三是理論的次序，三者不可淆混為一也。華人社會之走向現代化，施行民主，開啟科學，此是一學習之次序，非原先發生之次序，亦不是以理論之次序所能做成的。當代中國學者論及於此，多未能分別清楚，殊可歎也。

牟先生更而論「人格化的上帝一概念形成之虛構性」，相對而言，則肯認「無限智心」（或「智的直覺」）之確立❾。依於批判的新儒學之立場而言，「智的直覺」或「無限智心」之能確立，實亦立基於其自家之文化傳統，並非可以脫離一文化傳統而單言其確立者。人格化的上帝一概念之能確立亦然，皆可本於其文化傳統而確立。當然，換個角度，兩者亦實各不免其理論之虛構性，虛構只是說在文化的論述中而存在，並不是說其果真為虛幻也。虛構並不虛幻，可能真實得很呢！不過，儘管其為真實，畢竟其為虛構也。這樣的立場顯然地帶有文化相對主義的向度，而試圖去化解長久以來，當代新儒家與基督宗教的衝突與矛盾。

當代新儒學強調如何的由傳統邁入現代，彼所理解傳統的方式多半仍囿限於本質主義（essentialism）的思維方式，彼等總的以為中國文化傳統之本質為道德的，而西方文化則為知識的；因而如何的由道德的涵攝或開出知識的，這頓然成了非常重要的問題。然而，我們若真切的體察到我們對比的去論略中西哲學如何如何，所運用及的對比概念範疇，其當為一理念類型（Ideal type），其為理念類型並不是一真實的、本質的存在，而是一烏托邦式的存在，此存在只是做為理解與詮釋而展開的。換言之，如果我們的方法論所採取的是一較接近於唯名論（nominalism）的立場，我們就不會將理解及詮釋所構成之理論系統，當成實際的存在來處理❿。如此一來，

---

❾ 見牟宗三先生《圓善論》，頁 243-265，學生書局印行，1985 年 7 月，臺北。

❿ 本質主義與唯名論之區分，多得力於卡爾·波柏（Karl Popper Raimind）在《*The Poverty of Historicism*》一書中的啟發，又請參見筆者〈論歷史主義與歷史定論主義──波柏爾《歷史定論主義的貧困》的理解與反省〉，收入林安梧《契約、自由與歷史性思維》一書第九章，頁 167-182。

也就不必去設想如何的以道德去涵攝，去開出知識，當然也就不必有所謂的「良知的自我坎陷以開出知性主體，以開出民主與科學」。

五、結語：「傳統」與「現代」
——假問題與真答案

「傳統」與「現代」以前一直被視為對擷的兩端，而彼之所以如此以為則乃落於「本質主義」之思考方式，然此思考方式亦自有其產生之時代背景，今則可以避免，而改之以唯名論式的思考方式。問題已不再是如何的由「傳統」邁向「現代化」，而是在現代化的過程中，衍生了一連串的相關問題，特別是臺灣，它不只是「現代化之後」的問題，而且夾雜著「前現代」以及「現代」的問題，我們又如何因應，傳統文化又能綻放多少力量？它是否能繼續延申其調劑性的作用。顯然地，這便不是一主體轉化的創造所能一語帶過的，不只是良知的自我坎陷能濟其事的，它可能須要的是經由言說的互動與融通，讓傳統經典的意義釋放出來，參與到整個龐大的言說論述之中，展開其辯證。當然，撫今追昔，牟先生在他那個年代，堅持新傳統主義之路，默默奮鬥，雖然它所面對諸如「『傳統』有礙於『現代化』嗎？」這本是一荒謬的假問題，不過，在眾口鑠金的情況下，勇敢於以當真的方式，真實的以學問相對，闡明傳統是不礙於現代化，而且肯定可以由傳統開出民主、科學，這當是面對了假問題，但卻開啟了真貢獻。

牟先生所留下的諸多經典著作，散發著智慧的柴火，照亮了我們的心靈，但願我們能加入更多的「柴」，接著牟先生的「火」，如此薪盡而火傳，不可已也。

（該文曾在 1996 年 12 月，由中央研究院中國文哲研究所、中央大學、東方人文基金會等於臺北所舉辦的「第四屆當代新儒學國際會議」上宣讀。）

附錄：迎接「後牟宗三時代」的來臨
──《牟宗三先生全集》出版紀感

林安梧

《牟宗三先生全集》出版了，這標誌著牟宗三哲學的完成，但這並不標誌著牟宗三哲學的結束；相反的，它標誌著牟宗三哲學的嶄新起點。這嶄新起點是一轉折，是一迴返，是一承繼，是一批判，是一發展。

牟先生甦活了中國哲學的慧命，他深入闡述了儒道佛三教哲學，並獨立譯述了康德（I. Kant）三大批判；更難能可貴的是，牟先生將康德三大批判銷融於中國傳統儒道佛之中，經由體系性的建構，成就了規模宏偉的「兩層存有論」。近一百年來的中國哲學發展，無疑的，這是一最為重要的里程碑。

牟先生跨過了「逆格義」的限制，經由「譯述」、「銷融」、「重鑄」的過程，讓中國古代典籍的話語、現代的學術話語、當前的生活話語，和合融通，鑄成偉辭，他生產了鮮活的哲學語彙，開啟了活生生的覺知與思考。

面對廿世紀初以來，中國民族的存在意義危機，牟先生隨順著熊十力先生「體用哲學」所開顯的「乾元性海」，經由一「形而上的保存」，進一步以智識化的理論構造，穩立了道德主體；並冀求「以德開智」，經由「良知的自我坎陷」以開出知性主體，並以此融攝民主與科學。

當然，牟先生將康德哲學之「窮智以見德」經由儒道佛三教的銷融，轉而為「尊德以攝智」。他看似承繼康德「超越的分解」以穩立知識體系，但卻直契陸王，上接孔孟，穩立道德之自我，再下開知識界。這樣的「下開」即是「良知的自我坎陷」之轉出，這是一「辯證的轉折」而開，這卻是近於費希特（J.G. Fichte），而遙遙指向黑格爾（G.W.F. Hegel）。只不過，康德哲學強調的超越分解，使得牟先生做了一形而上的追溯，而有了一形而上的安宅。居於此安宅中，牟先生以一「詭譎的辯證」達到一「圓教」與「圓善」的境界。

「超越的分解」為的是一「形而上的追溯」，進而凸顯由古代經典所喚起的「存在覺知」，就在這存在的覺知的召喚下，讓這難以跨越的鴻溝有了一「詭譎的

辯證」之銷融與連結。當然，所謂的「圓教」與「圓善」就是在這詭譎的辯證銷融下完成的。牟先生雖然一再的強調辯證的開展的重要，但他做的卻是辯證的銷融，經由銷融而尋得一形而上的安宅，一純智所思的安宅。

他做了「現象」與「物自身」的超越區分，以「一心開二門」的方式，成就了「執」與「無執」的「兩層存有論」。他雖然一再的強調兩層存有論並不是截然區隔，而是融會通貫；但他卻居於無執的存有論所成的純智所思的安宅，指點人間善惡，規範那執的存有論。他亦贊同天臺宗所說之「一念無明法性心」，欣賞其「即九法界而成佛」這種「不斷斷」的精神；但由於時代精神的限制，牟先生仍只能經由一「詭譎的辯證」而達到一銷融性的和合同一，做成一形而上的圓善。我們要說這樣的圓善並不就是牟宗三哲學的完成，而是預示著一個嶄新的轉折、迴返、批判與發展。

我們當該將牟先生在形而上的居宅中，「結穴成丹」的「圓善」再度入於「乾元性海」，即用顯體，承體達用，讓他入於歷史社會總體的生活世界之中，深耕易耨，發榮滋長，以一本體發生學的思考，正視「理論是實踐的理論，實踐是理論的實踐」，「兩端而一致」的辯證開啟，重開儒學的社會實踐之門。

「轉折」，不再只停留於「主體式的轉折」，而應通解而化之，由「主體性」轉折為「意向性」，再由「意向性」開啟活生生的「實存性」。

「迴返」，不再只停留於「銷融式的迴返」，而應調適而上遂，入於「存有的根源」，進而「存有的彰顯」，再進一步轉出一「存有的執定」。

「承繼」，不再只停留於「哲學史式的論述」，而應如理而下貫，一方面上遂於文化道統，另方面做一理論性的創造。

「批判」，不再只停留於「超越的分解」，而應辯證的落實，入於「生活世界」所成的歷史社會總體，「即勢成理，以理導勢」，成就一社會的批判，進而開啟一儒學的革命。

「發展」，不再只停留於「古典的詮釋」，而應展開哲學的交談，面對現代的生活話語，經由一活生的存在覺知，重構一嶄新的學術話語，參與於全人類文明的交談與建構。

臺灣地區九二一的大地震、美國九一一雙子星大樓的崩落、美國對伊拉克的反

恐戰爭，世紀之交的後現代，人們隨著天地間的顫抖而恐懼，隨著文明的異化而驚疑。這幾個星期來，臺灣、香港與大陸正為非典型急性肺炎 SARS 的肆虐痛苦，存在在掙扎中、生命在考驗中，我深切的覺知到朱夫子所說的「堅難！」

牟先生竟已過逝八年，但我仍記起一九九五年為先生所作的輓聯：

> 夫子飄飄來魏晉風骨好為青白眼世俗人皆驚寵辱，
> 吾師悠悠去宋明義理能過生死關真儒者何畏陰陽。

牟先生面對苦痛與危難的「高狂俊逸」（蔡仁厚先生對牟先生的稱語）令人低迴！
夜深矣！深矣！天明亦已近矣！近矣！
抬頭望見我書房上的牟先生造像，有一段文字寫著：

> 吾師牟宗三先生，畢其生，拓落自然，一無所里，惟吾華族文化為終身勠力
> 之目標。彼嘗言：惟有大感受而後有大問題，有大問題而後有大悲心，有大
> 悲心而後有大智慧；如斯始能成就哲學志業也。壬戌之秋　　安梧謹誌

先生造像旁邊鑲著一副嵌名對聯，聯曰：

> 宗師仲尼誠通天地，
> 三教判列道貫古今。

夜深矣！遠矣！天明亦已近矣！近矣！禱之於天地神祇，謹此虔誠，謹此虔誠！

（癸未春暮五月五日晨三時於元亨齋）

第十三章　後新儒學的思考：

對牟宗三「兩層存有論」的反思與「存有三態論」的確立

一、牟宗三先生兩層存有論之構造

　　牟宗三先生的哲學，一般來講，可以用所謂的「兩層存有論」去概括它。所謂的兩層存有論，是通過康德「現象與物自身」的超越區分，把現象界視為「執」的存有，把物自身界、睿智界叫做「無執」的存有。所以，牟先生在《現象與物自身》一書中，談到所謂「執相」與「無執相」的對照，構造了現象界與睿智界的存有論，或者說是構造了兩層的執的存有論與無執的存有論。

　　這兩層的存有論和康德的建構其實是不同的。康德哲學的建構，重點是在於知識論的建構，也就是通過「知性為自然立法」而說明如何從現象界來建構客觀知識。至於屬於睿智界的那個部分，則並非人的智慧所能及，因為人只具有「感觸的直覺」（sensible intuition），而不具有「智的直覺」（intellectual intuition），康德認為，只有上帝才具有智的直覺。但是在牟先生的系統裡面，他通過了中國傳統儒、道、佛三教工夫論的傳統，強調通過修養實踐的工夫，可以使人從做為一般性的存在，提昇到一個更高存在的狀態，而當提昇到一個更高存在狀態的時候，他認為那是一個本然之我的狀態，或者說那是一個回到本來面目的狀態。就儒家來講的話，那是一個具有「性智」的狀態，也就是孟子所說的「仁義禮智」的狀態。那樣的狀態，用傳統哲學的語詞歸約起來，儒家就是所謂的「性智」，而道家用的是「玄智」，佛教則是用「空智」這個詞。

不管是儒家的性智、道家的玄智、佛教的空智，牟先生借用了康德「智的直覺」這個詞，而說東方儒道佛三教的哲學都認為人不只是具有感觸的直覺，更具有智的直覺。智的直覺跟感觸的直覺有何不同呢？感觸的直覺只能及於「現象」，而智的直覺可以及於「物自身」。也就是說，感觸的直覺把抓的是現象，智的直覺則創造了物自身，而物自身與現象是同一事物的兩個面相。從這個地方，隱約可以看出智的直覺與感觸的直覺，總的來講，是歸到本心、歸到一心說的。在這裡我們可以約略把兩層存有論的構造，歸到用「一心開二門」的那個構造說出來。所謂「一心開二門」，是牟先生借用了《大乘起信論》的構造，將心分成兩門：心真如門與心生滅門。心真如門所對應的是物自身、睿智界；心生滅門所對應的則是一般生生滅滅的現象界，但心真如門與心生滅門最後都還是要歸於一心的。

牟先生兩層存有論的構造，還有一個特殊的地方，就是當論述回到了哲學的人類學的時候，他是怎麼樣去正視人的？他又是怎麼樣去正視人那個本來面目的我的狀態呢？那個我其實就是一個純粹的、超越的、自性的我，或睿智界的我，即可以及於物自身界的那個我。那個我不是經驗所能限制的，也不是歷史所能限制的，遠超乎經驗與歷史之上，而又作用於經驗與歷史之中。所以牟先生講的這樣的一個我，其實是一個超越的、純粹的形式之我。在儒家這個我是個道德的我，在佛家這個我是個解脫的我，在道家來講的話，就是那個返璞歸真的真我，牟先生便是以此作為他哲學最高的一個支柱。

二、宋明理學和當代新儒學皆主張主體與道體的同一性

從這裡我們可以發現到牟先生這樣的作法，在整個哲學史的發展上有一個很重要的意義，他擺落了這個民族幾千年來歷史的業力、社會的習氣以及在經驗中、歷史中種種沾惹在其身上的那些應該甩脫掉的東西。宋明理學家已經很接近這個方式，他們基本上就是從「本心」這樣的主體，上溯到超越的主體，也就是內在的主體和超越的道體，兩者通而為一。譬如在象山和陽明的系統中，就把這兩者徹底的通而為一，或者我們也可以說，他們是去揭示了人內在的本源和宇宙的本源原本就有一種同一性，所以，這樣的哲學基本上是一種同一性的哲學，是主體和道體的通而為一的哲學。

在宋明理學家中，程朱學派基本上並不這麼直接地把道德的本心和那個天理通而為一；但是，他們也強調要經由修養工夫而涵養主敬、格物窮理，最終也是要讓本心與天理通而為一。大體來講，這是整個儒學非常重要的根本所在，宋明理學和當代新儒學所走的路大體上都是如此。也就是經由一種修養的工夫，讓你內在的本然之我跟宇宙的本源能夠通透起來，這樣的方式是整個儒學很重要的心性論之本源。

儒學另外一個很重要的方式，則是經由一種道統論、一個理想的歷史延續性，把現實的、不合乎理想的部分給跨過去。最明顯的就是直追三代，堯、舜、禹、湯、文、武、周公、孔子、孟子，一直跨到宋代，這就是宋代理學的道統論。當然當代新儒學基本上仍然延續這樣的道統觀，只是不太強調罷了。當代的道統論裡面，國民黨也提了一套，堯、舜、禹、湯、文、武、周公、孔子、孟子，然後是孫中山、蔣介石，當然這是黨國威權之下的道統論，這是把黨國威權的思考，也就是將三民主義的思想，與中國文化傳統的道統連在一塊，而取得其政權形而上的合法性。

三、牟宗三先生強調良知學須經由客觀化的歷程於具體生活中展開

就當代新儒學而言，並沒有努力去區隔這之間的不同，也沒有再去努力地締造自己的道統論，基本上只是繼承了心性論。如果就宋明理學以來的儒學而言，有三大重要的支柱，即「心性論」的傳統（或叫良知學的傳統）、「道統論」的傳統，還有一個就是「宇宙論」的傳統。如果談到「天命之謂性」、談到宇宙本源的生生之德，就宇宙論這個部分而言，當代新儒學談的比宋明理學少，而在道統論這個部分，談的也比宋明理學少。當代新儒學主要還是抓住了心性論、良知學這個向度，予以徹底的發揮。

良知學這樣的一個發揮方式，在牟先生的兩層存有論中，幾乎達到了一個最高的高度。良知作為一個內在的主體，同時也是一個超越的道體，牟先生說出了「既超越而內在」這樣的一個詞，來連結良知與天理。基本上，這還是對於宋明理學以來天理良知一致性的一個新的詮釋。這新的詮釋有別於宋明理學的地方，在於他強

調這個良知學必須在我們具體的生活中展開，而這展開的過程必須經由一個客觀化的歷程，或者一個主體對象化的歷程。用牟先生的術語來說，即是所謂「良知的自我坎陷」以開出知性主體，由知性主體開出對列格局思考下的民主和科學。這樣的說法，一方面是在強調民主和科學與中國傳統的良知學之間並不相妨礙，另一方面也將現代化兩大支柱的民主和科學收到了良知學裡面來。

四、康德是「窮智見德」而牟宗三是「以德攝智」

在牟先生的哲學架構中，作了一個有別於康德哲學的轉向。康德強調要「窮智見德」，牟先生則藉由中國心性論的傳統，回溯到那個心性和道德的本源，由心性道德的本源開出知性主體，再由知性主體開展民主和科學，這很顯然地是所謂「以德攝智」的傳統。

「以德攝智」的傳統，跟「窮智見德」的傳統，思考問題的方式是不同的，整個解決問題的方式當然也有所不同。「窮智見德」的傳統，一方面是要釐清科學的知識如何可能，一方面也要釐清這樣的客觀知識的界限何在，而進一步則保留了道德的、信仰的領域。當然，很重要的是，在康德的哲學系統裡面，他是一個道德的主智論者，也希望讓道德成為一種客觀法則現象所能論定的東西，所以康德是一個道德的法則主義者、道德的主智論者。而牟先生所詮釋的儒學或哲學系統，主要的問題意識還是以儒學為主，《現象與物自身》雖然也有談到道家，談到佛教，並且在判教上借用了佛教的一些道理，像圓教、圓善的觀念都是借用於佛教的判教觀念，但基本上他的思想還是儒家的。就儒家而言，其問題意識並不在於去探討知識所能及的境界究竟何在，也並不是要去為科學找尋一個客觀的、知識學的基礎，他的重點是在於經由道德實踐、經由心性修養工夫，去證成那個內在本心是真實的呈現，而不是一種哲學的論證。而牟先生更進一步，從心性之本源是一個本然的呈現，再經由《易傳》「曲成」的觀念轉出「主體的對象化活動」的方式，而強調由「良知的自我坎陷」開出知性主體，由知性主體開出主客對列之局，來涵攝民主和科學。

五、「民主科學開出論」的「開出」是「超越的統攝」而非實際的發生

其實牟先生這樣一種「民主科學開出論」的「開出」，基本上是一種「超越的統攝」意義之下的開出。我認為與其說是開出，毋寧說其在現實上不相違背、在實際上可以和現實共存，而在理論上可以轉折地開出。也就是說，牟先生這樣的一個論據，並不足以說明從良知學如何可以經由良知的自我坎陷工夫去開出所謂的民主和科學。牟先生所說的開出論，當然是曲折的開出，這樣曲折的開出只是要說明：這是兩個不同的知識狀態或知識系統，而這兩個知識系統可以連結在一塊，並且是以道德學作為主導的。在整個系統的建構上，良知是作為現實的民主科學之用、知性主體之用的超越基礎，但是，卻不足以說是現實民主與科學之實踐的、現實的發生學上的動力，因為良知只是一個理論上的超越基礎。

因此，牟先生只是做了一個形上學的、本源的追溯，做了一個理論上的疏通，來回答從民國以來的反傳統主義者、科學主義者、民主論者、自由論者背後徹底的反傳統思考。他們都認為，中國文化傳統其實是妨礙了整個現代化、妨礙了民主和科學的發展，而牟先生這樣的一個論點，則是針對這些人之所說而發的，是有針對性的，這個針對是一個「對反上的針對」。牟先生提出這樣的論點主要是在告訴他們，中國文化傳統並不會妨礙現代化，即使現代化之民主和科學這兩大支柱，仍然跟儒學的良知學不相違背。從這裡我們可以發現，牟先生跟整個三民主義的黨國威權所強調的民主、倫理、科學有若干符合的地方，但是其實還是不同的。因為三民主義所說的民族主義、民權主義、民生主義之倫理、民主、科學三者是分開來說的，而這三者又統合於黨國威權的最高頂點，這跟牟先生將其統於良知學的思考是不同的。但是，就整個大思潮來講，兩者顯然都是傳統主義者，也都是保守主義者。

這樣說下來，我們可以發現，所謂民主科學開出論的這個「開出」，與其說是「開出」，不如說是「涵攝」要來得更加地準確。說「開出」也只不過是理論上的一個轉出的可能，並不是說在實際上、在發生上是經由這樣的一個過程。從事民主和科學的活動，並不是起先以一個道德修養工夫達到良知的一個狀態之後，再用良

知學的方式轉折地開出知性主體。發生的過程跟理論的疏清是兩回事，這點必須區別開來。

六、心性主體被理論化、超越化、形式化、純粹化之限制

當我們這麼說的時候，可以發現牟先生兩層存有論的關鍵點在於：以康德的語詞來講，即人具有「智的直覺」。人如何具有智的直覺呢？牟先生認為，這只能通過儒、道、佛三家的修養工夫論回溯地去闡明它。這個地方，他一再地強調良知並不是一個「假設」，而是一個「呈現」，這是關連著熊十力所說的方式來說的。這樣一個兩層存有論的構造，有其時代的背景，但最大的一個限制，就是將一個活生生的實存的人、有血有肉的人，高調化、理論化、道德化、超越化、純粹化了。

這樣一個人的主體，是一個形式性的主體、抽象的主體、空洞性的主體；這樣的實踐，往往也是屬於心性修養的實踐多，在現實社會發生意義上的實踐少。在整個解釋力上來講的話，則是變成必須環繞著人的道德主體為核心，來展開解釋。這樣解釋的最後模型，是回到「心即理」的傳統，但是它的意義其實是歧出而帶有混淆的，既可以上溯到理，強調其純粹性和形式性，也可以往下降於心，強調其主體性和能動性。

牟先生在他的哲學系統裡，一再地強調這是「即存有即活動」的，就「活動義」講是「心」，就「存有義」講是「理」。雖然「即存有即活動」的提法，在牟先生的系統裡，不知道出現了多少次，但是，當他說「理」這個存有，包括「心」的活動義的時候，其活動義仍然是一個純粹義的、形式義的活動，而不是一個實存義的活動；雖然牟先生偶爾也會強調實存義的活動，但那個強調只是一般形式義的強調，這是我們可以看得到的。

七、當代最大的「別子為宗」之確義：疏忽「氣」的生命動源義

在這樣的一個提法之下，其實跟朱子學是有很大的差別；但牟先生那個「即存有即活動」的活動，如果只是一個純粹義的、形式義的活動，這麼一來就變成跟朱子具有某種同調的意義了。這也就是為什麼我說，如果牟先生說朱子是「別子為宗」，那麼牟先生本身亦可以被歸類為另一個類型的「別子為宗」。因為這樣的哲

學構造方式，疏忽了一個非常重要的問題，就是「氣」的問題。牟先生在處「理、氣」這個問題上，基本上還是通過「理氣二元」的方式，把「氣」認為是屬於形而下的，認為「氣」是作為一個材質意義下的氣，而「理」是作為形式意義下的理。「氣」在牟先生來講，比較難理解為生命的一個動源；但是如果回到中國哲學的傳統來講的話，「氣」這個字的意義其實是非常豐富的，具有材質義，也具有動力義，在動力催促著它的發展過程裡，也成就其條理義和形式義。

　　所以「氣」這個字眼，由於其重點在於生命之源，所以格外具有豐富的意涵。牟先生的兩層存有論，其實很難安排在中國那麼龐大的「氣」學系統裡，因為他談到「氣」的問題的時候，並沒有一個恰當的安頓。就這點而言，我認為兩層存有論在理論的建構上，是有瑕疵的。因為兩層存有論的重點在於回到本心之上，而這樣的本心，我認為也並不能夠很正式地去正視它，只是把它純粹化、形式化了去說，而不是就其活生生實存之動源去說，也不是就一個存在的本源上去說。因為就其為存在的本源去說的時候，很難說其為主客的對立，也不能夠將其歸為主體所創造。我們應該如其所如地回到主客交融為一處的那個渾然為一的狀態，而這點是牟先生所忽略的，也是我們在看兩層存有論的過程中可以發現的。

八、「咒術型的轉出」與「解咒型的轉出」之對比

　　整個新儒學其實有一個轉出的過程，我以前在〈良知、咒術、專制與瓦解〉一文中，便討論到良知學本身一直跟巫祝的傳統與專制的傳統混雜在一塊。當代新儒學也意識到了這點，而思考要如何從這裡轉出來。我認為這個轉出有兩個方式，一個是「咒術型的轉出」，一個是「解咒型的轉出」。這個部分，我在《儒學與中國傳統社會之哲學省察》一書中有談到，在〈咒術型的實踐因果邏輯到解咒型的實踐因果邏輯〉中，有一大段都在談這個問題。我認為當代新儒學仍然處在一個「咒術型的轉出」方式，而不是一個真正「解咒型的轉出」。當代新儒學其實是希望回到那個咒術之源，回到良知、專制、咒術連在一個整體的裡面，企圖從那個地方轉出來，並且認為其本身就具有那麼強大的力量可以轉出來，這就是我在〈解開道德思想意圖的謬誤〉一文裡主要處理的問題。

　　道德與思想的意圖，基本上就是將良知、專制、咒術連結在一塊。咒術的意思

是，人們經由一個特殊的、神聖的語言，經由儀式及其它的實踐活動，能夠去觸動那個宇宙最原初的動源，由那個動源開啟一個非常強大的力量，並由那個強大的力量改變現實上的各種狀態。當代的中國人到現在為止都還相信這個，相信這個總體裡面有一個不可知的力量，而這個不可知的力量可以藉由某種道德實踐的修養方式，經由一個符咒的儀式，去觸及到祂，並且造成一個改變。牟先生的民主科學開出論，良知的自我坎陷以開出知性主體，進而去涵攝民主科學，基本上仍然是停留在這種思考裡面，這基本上是一種「咒術型的轉出」方式。

相對而言，所謂「解咒型的轉出」，就是要去釐清良知學與巫祝傳統、專制傳統之間複雜而難理關係，當那些複雜而難理的關係釐清之後，我們才得以還給良知學一個恰當的分位。所謂恰當的分位就是說，良知其實是平平坦坦，沒有那麼偉大的，只是平平常常而已。良知學本身即具有一種動力，足以瓦解顛覆夾雜在它身上的巫祝傳統與帝皇專制的傳統，這是我一直非常強調的。我認為當代新儒學並沒有徹底地轉出來，這牽涉到當代新儒學忽略了「歷史發生」這個層次的考量，而太強調形上層次的追溯。這也就是我在前幾年寫〈良知、咒術、專制與瓦解〉時，探討中國文化核心與邊緣「兩端而一致」的思考；這也即是我所強調的，必須從「血緣性的縱貫軸」走出來，轉成一個平鋪的、橫面的、主客對列的橫面軸，從「血緣性的縱貫軸」到「地緣的、主體際的互動」的一個平鋪的互動面，這是必須、也是一個艱辛的過程。

九、儒學不是心學，而是「身心一體」之學

至於西方形上學的傳統，是否也是屬於這種兩層存有論之構造？就牟先生而言，他認為現象界與物自身界的超越區分，這種經驗界與超越界之構造，是從柏拉圖以降的一種基本構造。但是在現象學的傳統中已經不是這個樣子了，在解釋學的傳統也不是這個樣子，而牟先生認為哲學一定要開二門，這是他的一個想法。我們現在在討論牟先生的思想時，基本上是在說這樣的兩層存有論到底是怎樣的一個構造方式？有哪些限制？其特點就在於這是一個人學的系統，而有別於基督教系統。

即使康德學非常強調人學的系統，但是依照牟先生的看法，康德學只成就了一個道德的神學，並沒有成就一個道德的心性論或道德的形而上學，就這一點來講是

不同的。因為在東方的儒家、道家或佛教的傳統下，都可以成就一套心性論，而這心性論在西方是沒有的，這也是牟先生一直強調的。

但我所要質疑的是，現在所強調的心性論固然是傳統中非常重要的，但是卻是太過於強調它了，而使它變得不太恰當。也就是說，儒學不是心學，道學也不是心學，儒學是身心一體之學，道學也是身心一體之學。身心一體之學跟心學是不同的，這就牽涉到我等會要談的「存有三態論」。因此，我認為應該要從「一心開二門」的結構過渡到「存有三態論」的結構。

十、良知學本身具有專制性的結構與巫祝、咒術的思維方式

兩層存有論就中國哲學一本論的傳統來講，這個一本的「本」，就是本心，也就是道心、道智、主體。但是這個地方，畢竟良知的部分很重。本心論之所以會在中國哲學中成為一個重要的傳統，基本上是和中國的帝王專制、原先的巫祝咒術有著密切的關連。因為在整個中國的帝王專制制度中，皇帝是成為一切存在之價值的、實踐的一個現實上的頂點，這跟中國傳統巫祝咒術思考下所認為的那個最高頂點有相似性，只要皇帝是親民的，只要皇帝是如同天地之本源一樣的，那麼這個世界就好了。

現在這個良知學即是連帶著這樣一個社會總體的結構，強調如果那個頂端的、最高的絕對主宰是處在一個道德的、良知的真實狀態，那麼整個宇宙的問題也就都解決掉，整個存在的問題也都可以解決掉了。所以我們可以發現良知學的傳統，是在明代達到顛峰，而明代也正是中國帝王專制最為顛峰的時代。

我這麼說，並不是說良知學就是帝王專制之學，而是說良知學就是在一個極端的不合理的帝王專制高壓統治下，知識分子為了要對抗那個帝王專制，所形成的另外一個對立面的思考。但是兩者在結構上是一致的，也就是良知學與帝王專制思考的內在本質結構往往是一樣的；然而卻是往兩個端點上走，一個是朝一個最高的絕對者走，另一個則是強調那個內在的本心作為最高的絕對者，而不是一個外在的最高絕對者。這是很有趣的結構狀態，也就是我說的超越的、絕對的、權威的主宰，跟內在的、良知的那個本心、那個主體，有一種內在的同一性，或者一種相同的構造關連，這點非指出來不可。

這也就是說，良知學本身具有專制性的結構，良知學本身即具有巫祝的、咒術的思維方式，跟帝王專制之具有巫祝的、咒術的思維方式是一件事，這就是我與新儒學的朋友們在理解上最大的不同之處。對於良知學，我強調必須通過一個具體的、真實的歷史社會結構的總體理解，通過整個中國人深層意識的理解，關連到我們本土的宗教理解，恰當地指出良知學本身具有什麼樣的內容。我認為兩層存有論的構造即是疏忽了這一點，對此沒有給予恰當的釐清。

十一、從主體性的哲學回到「處所哲學」或「場域哲學」

現在我做這樣釐清的時候，其實就是要強調：那個主體是一個什麼樣的主體？主體之為主體，並不是能生發宇宙萬有的主體，而是在主客對立之後才有所謂的主體；在主客對立之前，則是一個主客交融下、境識俱泯的狀態。那樣的哲學如果以哲學建構來講的話，其實應該回到一個總體場域的本源之中，而就那個本源來講，用《易傳》的話來說，就是「寂然不動，感而遂通」那個「寂然不動」的狀態，也就是一個「空無」的狀態、「境識俱泯」的狀態。這樣的一個說法，其實是強調：當我們要去作哲學建構的時候，不應該繫屬在一個「超越的形而上的本心」說，而應該回到一個「存在的、本源的真實狀態」去說一個「主客不分」的狀態、一個「境識俱泯」的狀態、一個寂然不動的那種寂靜而空無明覺的狀態。這樣的一個哲學，基本上我們可以理解成一個場域、一個處所，那樣的一個主體客體不分、泯除分別相而回到一個無分別狀態的哲學。這樣的哲學不同於主體性的哲學，而是一種「處所哲學」，或者說是「場域哲學」。

我們所強調的不在於主客對立，也不在於泯除客體、強調主體。因為當代新儒學以牟先生的方式，有泯除客體、回到主體，再由主體重開生源、穩立客體之趨勢。而我們的方式乃是要回到一個主客不分、境識俱泯的存在之本源，回到寂然不動、感而遂通的本源狀態裡。那樣的詮釋，叫做「存有的根源」，是一個不可分的狀態。用道家的語言來說，就是一個「不可說」的「道」的狀態；用儒家的語言來說，就是「生生之德」，創造不已的「生」的狀態；用佛教的語言來講，就是「一念無明法性心」，那個「即無明即法性」的一個空無的本源狀態。

十二、中日之文化類型對比：情實理性與儀式理性

那個本源的狀態，用日本京都學派的講法，則是接近於「絕對無」的狀態。但不同的是，日本京都學派之「絕對無」的狀態，其「處所義」、「場域義」比我們中國哲學還要強。也就是說，中國哲學的重點仍然在於人參贊於天地之間，所構成的一個「人與天地交與參贊的總體之本源」；日本的哲學重點則不在於人參贊於天地的總體之本源，而是人在天地間展現，天地是作為一個背景，人則是一個活生生的、有情欲的，跟大自然交融成一個整體的人，是一個徹底的感性的、欲望的人，那個背景是一個場域的絕對無，這當中所隱含的是一個神道的思想。

就人本身尊崇神道而言，它所產生的莊嚴肅穆感，引發了一種客觀法則性的要求，但就作為一個在場域中徹底感性的人的欲求而言，是極壯烈也極脆弱的，既具有所謂「劍」的性格，也具有所謂「櫻花」的性格。就其法則性來講，有一種對於神道莊嚴肅穆的要求，這個要求便是日本人所強調的法則性的那個「理」，也就是平常我們所說的「有理無體」。這麼一來，就把理提昇到最高的形式之理的狀態，整個人的生命則可以為那個理而犧牲。當「理」成為一個最高的、不能質疑的意識型態，就產生了日本的天皇系統、神道系統。所以日本用「天皇」這個字眼，而我們是用「天子」這個字眼，是有所不同的。「天皇」是神格化的，而「天子」則是神人合一、天人合一的。如果說，日本是一個「儀式理性」，相對而言，中國則是一個「情實理性」，這一點可以這樣去理解。

所以日本講到「絕對無」的時候，重點在於「場域」。因此日本人顯偏鋒相，不顯中和相；顯儀式相，不顯充實相。我們可以發現，凡在中國日常之間屬於「游於藝」這個層次的東西，日本通通把它轉為「道」，把「游於藝」轉為「心向於道」，所以我們的花藝、劍術、書法，它們稱之為花道、劍道、書道。這就是原來在我們生活世界中一種主客交融的狀態、一種在倫常日用裡品嘗潤澤的狀態，在日本都把它分立開來，把它極端地客觀化、形式化、超越化，作為主體心嚮往之的那個東西。

然而，如何心嚮往之呢？就是要通過一個儀式化的過程。人恆言其所不足，正因為沒有，所以要猛強調，而日本人也深知很難契之於道，所以要努力地心嚮往

之，透過儀式化的方式企及於道，這個儀式理性竟然成為日本接榫現代化最重要的一種理性。中國在接榫現代化時，是經由調節的過程，慢慢容受現代化，而對現代可以起一個治療的作用。日本人不是經由這個方式，所以接受西學比中國人為快。但不要擔心，二十一世紀整個華人的文化傳統，在面臨現代化的時候，會比日本本身的文化更能起調節性的作用，這是我的判斷。

十三、「存有三態論」的基本結構——從「存有的根源」、「存有的開顯」到「存有的執定」

我們回到剛才所說的「存有的根源」與京都學派「絕對無」的觀念，基本上兩者還是有所不同的。「存有的根源」所強調的仍是具有道德創生意義的總體本源，這總體本源不是良知而已，而是良知與萬有一切存在事物通通混而為一的不可分的狀態，這是就「無名天地之始」那樣一個狀態下說的。這存有的根源，在寂然不動中隱含了感而遂通，即寂即感，在不可說中即隱含了可說，在境識俱泯中就隱含了境識俱顯的可能。

在「存有三態論」中的第二個階段為「存有的開顯」。存有開顯之階段即主客一時俱顯而還未劃分之狀態，就是人與萬物一時明白起來的那個狀態。就這個狀態本身而言，就是鳶飛魚躍、造化流行，純任自然生機的狀態。然而，人文世界的建立不止於這個狀態，還要透過「名以定形」的過程，經由人們透過語言文字的構造去說這個世界，這便是我所謂的「存有的執定」，以這樣的方式去決定這個世界。所謂的決定，包括理解、詮釋、構造、運作、利用，以這樣的過程，讓人的生命能夠在這個語言文字符號所構造的系統下安身立命。但是問題也是從此而生，也就是在這個過程裡，人的欲望、人的癡心妄想、人們的種種其它活動都會掛搭在上面，伴隨而生。「名以定形」、「主體的對象化」活動的過程，其實就是一個「自我的他化」過程，而在自我的他化過程裡面，一方面成就了宇宙的客觀的存在，同時亦不可避免地導生了異化的狀態。因此，在這異化的狀態裡面，我們人類的文明，一方面「文明」，一方面則產生了「文蔽」的狀態。

對於這樣的後果，我們必須要除蔽、解蔽。去除遮蔽，讓那個存有如其本如地彰顯，這也就是老子所說的「道生之，德畜之，物形之，勢成之」。如其本源而

說，是謂「道」；如其本源落實為本性，是謂「德」；成為存在的事物，經由語言文字的構造與主體的對象化活動，使萬物成為「物」；物之形成一個不可自已的趨「勢」，於是造成了我們所說的遮蔽、疏離、異化的狀態。這時候就必須「莫不尊道而貴德」，回到那個生命之本源，由其本源之開顯而落實為本性，以此本性為貴。因為道德就是一種生長、一種畜養。如其「道、德」地生長和畜養，而不是在「物、勢」的驅動之下離其自己、遠而不復。這一點我覺得老子有很深的洞察力，隱含了非常深的治療學的思維。一切回到道家的治療，我名之曰：「存有的治療」。

十四、「存有的三態論」隱含有治療學的思維

所以這個存有的三態論，其實隱含了一個治療學的思維。對於經由語言文字、主體的對象化活動所構作成的存有之執定，這相當於牟先生所說的執的存有論，我們要對這樣的執的存有論應該要給與治療。給與治療就是要恰當地處置它，讓它由染歸淨，除病不除法。也就是說，我們肯定存有的執定本身的必要性，但是也留意到存有的執定本身所可能相伴隨而生的那些病痛，因此我們要除病而不除法。「存有的執定」是個「法」，由存有的執定伴隨而生的病痛是「病」。像這樣的一個詮釋方式，其實是有意地要避開良知學本身太嚴重的負擔，也趁這個機會，可以解開良知學所可能隱含的咒術性以及專制性。

我們所要強調的就是要回到那存有總體之本源，而存有總體之本源，其實就在我們生活世界的點點滴滴中展開。「道」與「場域」有其同一性，「道」是就總體說，「場域」是就展開說，「道」是二層都可以說。「道」就其總體，可以往上說，就是其本源，這是就其理想義說；就落實為具體的實存義說，也可以講「道」，那是在場域中實存的狀態。所以我們談「存有的三態論」，其實就是「道論」。這個「道」就那個生命之源說，其實就是「氣」。這樣來看，兩層存有論是以「本心論」為主，而存有的三態論則是以「氣論」為核心概念。

十五、以「存有三態論」通貫儒、道諸經典傳統

問：存有三態論之本源要如何去證成它呢？

答：這個地方我所採取的是現象學的傳統，借助於《易傳》所謂的「見乃謂之象」。什麼是「象」呢？「象」就是道體之「顯現」，即我耳之所聽、眼之所視、手之所觸，當下那個無分別的狀態，有覺知而無分別的狀態，那就是作為我們這個哲學的一個基礎點。你的知覺是就主客交融而不分、一時明白起來的那個狀態下做為一個起點來說。往上逆推的時候，我們說一個還沒開顯的、先天地生的那個狀態，這隱含了「可說」，而可說之上還有一更高層之「不可說」，大體上我們將它區隔開來。就其「寂然不動」的狀態，我們稱為「存有的根源」；就其彰顯而說，則是「見乃謂之象」；至於針對其所說，已經是「形乃謂之器」。「形」便是具體化，如何具體化？乃是透過「名以定形」。「見乃謂之象」之前是「無名」（不可說）的狀態，通過「現」的過程而進入「名」，這個「無名」而「不可說」的狀態就是「形而上」的狀態、「道」的狀態；而「形乃謂之器」則是「形而下」的狀態。我以為《易傳》所謂「形而上者謂之道，形而下者謂之器」，這個「形」是作為動詞，即「形著」、「彰顯」之義。就其形著而上溯其本源，我們說其為道；就其形著而作為一個具體存在，我們叫做「器」（或「物」）。這個區分在《老子》、《莊子》、《易傳》及儒學中都是相通的。道家從「道法自然」往下說，「道生之，德畜之，物形之，勢成之」，講「萬物莫不尊道而貴德」；儒家則從心能自覺處說，「志於道，據於德，依於仁，游於藝」。由於心對於道的總體之本源有一個真實的嚮往，因此道才得開顯；因道之有開顯，落實於存在的事物，落實於人而有一個生生之德、生生之本性，這叫做據於德，「道」就本源說，「德」就本性說；依於仁，則「仁」就感通處說，你所依存的是人跟人之間真實的感通；而游於藝，強調的是悠游涵養於生活之中。於是，我們就可以把儒家所說的「志於道，據於德，依於仁，游於藝」和道家所說的「道生之，德畜之，物形之，勢成之」關連在一塊恰當地說，並且也可以把《易傳》的「見乃謂之象，形乃謂之器」、「形而上者謂之道，形而下者謂之器」通通連在一塊說，而《老子》的「無名天地之始，有名萬物之母」亦可以連在一塊說，通通可以恰當地擺定。

十六、從「意識哲學」到「場域哲學」：熊十力體用哲學的新詮釋

由這樣的說法，我們就可以說明中國傳統基本上是儒道同源，儒跟道其實是一體之兩面。總地來說，是一個總體的，只是儒家是從「自覺」處強調，而道家從「自然」處往下說。而這麼一來的話，就可以化解掉以儒家為主流，以道家為輔助的說法，甚至可以化解掉道家只是一個境界形態形上學的說法，也可以化解掉儒家只是作為心性修養之實踐意義下的一個形態的說法，而可以回到一個總體的生活世界，在歷史社會總體裡談安身立命，這存有三態論的優點就在這裡。

另外，在文獻詮釋上，譬如《論語》、《孟子》、《大學》、《中庸》和《易傳》也可以徹底地連貫起來，而不必把《易傳》推出去，不必避諱什麼宇宙論中心。這樣一個處理問題的方式，我認為是回到那個生活的場域，回到那個總體上去。這樣的話，就可以使得牟先生的哲學從「意識哲學」轉入到「場域哲學」，或即是唐力權先生所謂的「場有哲學」。這個場域即人與天地交互參贊之總體的本源，即是交互參贊所構成之總體的場域；即其場域即其為本源，即其存有即其為活動。

當然這裡仍含有牟先生所談之本心論的影子，但這已是轉了好幾轉了。我以為這比較接近於熊十力先生的體用哲學——即用顯體，承體達用。就用處說，是就構成的總體之存在的事物，彼此之間的交互顯現；就此所顯現的，即用顯體，可以推顯出原初總體的本源；承體啟用，是承受這總體之本源的創生動力，而開顯為萬物之用。

十七、儒學是「實踐的人文主義」而不以「宗教之冥契」為優先

所以我們這樣的一個說法，是掃除了另外一種太強調內在心性修養能夠跟宇宙動源合而為一的神祕氣氛，儘量把人可以經由儀式、經由修養、經由咒語，直接冥契於宇宙之動源的東西擺落，而強調所謂的「仁以為己任，不亦重乎？死而後已，不亦遠乎？」我認為這才是儒學最重要的精神。所以儒學不是以「宗教之冥契」為優先，而是以「歷史的傳承」為優先，所以是人文主義。因為從冥契主義去講儒

學，有時候會太過，雖然有那樣的向度，但那個向度並不是儒學最強調的。儒學最重要的就是剛才所講的「仁以為己任，不亦重乎？死而後已，不亦遠乎？」當下能夠體悟、證悟「吾欲仁，斯仁至矣」、「朝聞道，夕死可矣」。但是不要忘了，在「吾欲仁，斯仁至矣」的時候，是說如果我對於那個當下的感通，有一種來自生命內在的願望欲求的話，當下我就有那個感通的能力，它的重點是在這裡。這還是要去實踐的，並不在於跟冥冥的絕對者之冥契。

「朝聞道，夕死可矣」是說：當我們的生命真正面對死亡的時候，才能夠對於那個最高的、回到一個存有的空無狀態，有一種冥契之感。其它在儒學裡談論這個問題的時候，通通都是擺在一個人文的領域說的。所以，要說儒學是一個「超越的冥契主義」，還是一個「實踐的人文主義」，我認為還是要從實踐的人文主義去定位。所以在宋明理學家的整個發展過程裡，太過強調超越的冥契主義這樣的工夫論，就某一個意義下來講的話，儒學實踐人文的那一面相對地也就慢慢減少了，這是一個很值得重視和思考的問題。

（本文乃 1999 年春夏間於中央大學哲學研究所教授「當代儒家哲學專題」一課之講詞之一，經由劉謹鳴、楊譽綺兩位同學整理，再經何孟芩潤筆，最後經講者修訂而成）

第十四章　從「牟宗三」到「熊十力」
再上溯「王船山」的哲學可能
——後新儒學的思考向度

一、問題的緣起

　　一九九三年我在《存有、意識與實踐：熊十力體用哲學之詮釋與重建》一書的〈卷後語〉中提到了從「牟宗三而熊十力」，再由「熊十力而王船山」的發展可能。我當時以為由牟宗三而熊十力，此是「上遂於道，重開生源」；由熊十力而王船山，則意在強調歷史社會總體的落實與開展，而這是人性史哲學的重新出發。❶

　　大體說來，近些年來我是依著這方向來發展所謂「後新儒家哲學」的。一九九四年四月我在哈佛大學儒學討論會上講〈後新儒家哲學論綱〉，一九九六年十月於南華管理學院哲學研究所啟教開講禮上講《道言論》綱領，又在同年十二月第四屆當代新儒學國際會議宣讀〈牟宗三先生之後：護教的新儒學與批判的新儒學〉，一九九七年四月於第一屆臺灣儒學國際學術研討會上宣讀〈咒術、專制、良知與解咒——對臺灣當代新儒學的批判與前瞻：對於《後新儒家哲學論綱》的詮解〉，一九九八年四月於中國哲學會年會上宣讀〈生活世界與意義詮釋：後新儒學的存有學與詮釋學〉，順著這些發展，我終於在一九九八年年底刊行了《儒學革命論：後新儒

---

❶　參見林安梧《存有、意識與實踐：熊十力體用哲學之詮釋與重建》，頁 373，東大圖書公司印行，1993 年，臺北。

家哲學的問題向度》一書。之後，一九九九年七月我又於第十一屆國際中國哲學會上發表〈後新儒家哲學擬構：從「兩層存有論」到「存有三態論」——以《道言論》為核心的詮釋與構造〉一文，二○○一年七月我再度發表〈後新儒學的思考：「存有三態論」與廿一世紀的中國哲學之可能發展〉一文；總的說來，經過勤愍勩力的探索歷程，「存有三態論」的歸模大體成形。

「存有三態論」：「存有的根源」、「存有的開顯」與「存有的執定」的思考，大體由熊十力體用哲學的詮釋轉化創造而來。當然，這也可以理解為從牟先生兩層存有論的「無執的存有」與「有執的存有」轉化而來。在「存有三態論」的思考過程中，我試圖從熊十力「體用一如」的理論規模加入王船山「乾坤並建」、「兩端而一致」的思考。我試圖從原先宋明儒學所重視的「主體性」思維轉化為注重「場域」、「處所」、「天地」的哲學思考。就在這樣的向度下，後新儒學強調歷史社會總體的重要性，而一反原先「由內聖開出外王」的思考，改而強調「由外王而調適內聖」；一反原先以「心性修養論」為核心，轉而強調以「社會正義論」為核心的哲學思考。

這些思考跟著我長了十多年，特別最近八年那更是日夜糾纏，揮之不去；「思之思之，鬼神通之」，偶有所得，悅樂滿懷，但「輾轉反側，寤寐求之」，苦悶焦急，難以言喻。今逢此盛會，願將我所思所想，謹就教於諸位前輩賢達。

二、熊十力體用哲學的義理向度：「存有三態論」

在《存有、意識與實踐》一書，筆者對熊十力的體用哲學大體做了如下的總結：

熊十力的體用哲學乃是一「活生生的實存而有」這樣的一套存有學。這樣的一套存有學是以「人」這個活生生的實存而有為整個存有的觸動點而展開的。這個存有的觸動點不是我們一般所以為的意識主體，因為熊十力發現了一般的意識主體都只是一概念機能所成的「權體」（暫時之體），它不足以作為一「常體」（恆常之體）。更重要的是，熊十力發現到真正的恆常之體是一「無體之體」，它是超乎言

說、超乎表達的純粹之體❷；或者，我們亦可說熊十力揚棄了「唯識學」的意識主體的概念❸，因為凡是涉及於外境的意識才可能成為一有質礙的東西，才可能成為一權體；但這權體畢竟是權體，而不是實體；熊氏他發現到真正的「體」不是一獨立體，而是即用顯體之體。因此，若落在意識哲學的角度來說，真正的體乃是一虛空無物之體，是一透明性之體，它是自由的、無礙的，落在存有哲學的角度來說，這樣的體具有無限的可能性，筆者用「存有的根源——『X』」去說它。

這麼說來，我們便可以作出這樣的聲稱：熊十力的體用哲學之作為一「活生生的實存而有」的形而上學，它是越出意識哲學的範圍的，但這樣的一個提法並不意味著在那執著性、對象性的存有之上的境域為不可知。那無執著性、未對象化的存有雖為不可說的境域，但卻不是不可知的領域。熊氏以為此雖非概念之知，非執著性、對象化的認識之知，但卻可以是一理念之知，是一超乎執著性、對象化的實踐之知。換言之，熊氏並不是經由一思辯的辯證性思維去縫合概念與理念的層次，去接通認識與實踐的層次；而是經由一實踐的辯證性思維去開權顯實，遮撥執著，疏通存有的本源。換用傳統的哲學語詞，我們可以發現熊十力恰當的處理了「道

---

❷　陽明曰：「目無體以萬物之色為體，耳無體以萬物之聲為體，鼻無體以萬物之臭為體，口無體以萬物之味為體，心無體以萬物之感應是非為體。」（《傳習錄》卷下，頁 235-236，商務版，1974 年 8 月，臺四版，臺北。）龍溪於此而改為一「空空道體」，彼謂「空空者，道之體也。口惟空，故能辨甘苦；目惟空，故能辨黑白；耳惟空，故能辨清濁；心惟空，故能辨是非。」（見《王龍溪全集》，卷六〈致知議略〉），意義比陽明更進一層。又陽明四句教亦云「無善無惡心之體」（同前揭書，頁 257），而王龍溪即以此更由此而論心意知物皆為無，而說「無心之心則藏密，無意之意則應圓，無知之知則體寂，無物之物則用神。」（見《王龍溪語錄》卷一〈天泉證道紀〉）。從陽明到龍溪發展可以見出儒學已不是停留在一意識的主體性的哲學，而逐漸走向一意向性的哲學，意向性的哲學則可以劉蕺山為代表，經由此再發展到一歷史性的哲學，此則以王船山、黃梨洲為代表。（關於此，請參見林安梧〈論劉蕺山哲學中「善之意向性」——以〈答董標心意十問〉為核心的疏解與展開〉一文，見《國立編譯館館刊》，第 19 卷第 1 期，1991 年 1 月，臺北）

❸　如熊氏所言「有宗不見本體，直妄構一染性之神我當做自家生命，（此中神我者，佛家雖遮撥外道神我，而其賴耶說實不異神我，故直以神我目彼賴耶）此其大謬。」（見《論著集》〈答問難〉，頁 641），熊氏之論或有可議，然此仍可見彼之體系不贊成以意識主體為核心這樣的思考。

體」、「心體」、「物體」三者的的互動關係，而其關鍵點則在「心體」上。或者，我們亦可說像熊十力這樣一套完整的「體用哲學」，他正視到了「意識」、「存在」與「實踐」諸問題的互動關連，而問題的核心點則在於「實踐」上。❹

或者，我們可以進一步對熊十力在《新唯識論》中所開啟的體用哲學再做如下的闡述與概括：

一、意識原是空無的、透明的，此是意識的本然狀態，此狀態是「境識俱泯」的，「境」「識」兩不相涉，各處於其在其自己的狀態，由於各處於在其自己的狀態，是無分別的，是歸本於寂的，此歸本於寂而吾人即說為存有之根源；但之說為存有之根源實有過於寂者，此是就此寂所隱含之感來說，而且此感是一主動的明覺性、自由性之感。即於此，我們說意識的空無性、透明性即隱含明覺性與自由性。我們將此說為「存有的根源——『X』」。

二、意識與存有不能停於在其自己的狀態，而必相涉而俱起。蓋「境識俱起」者，存有的根源自如其如的開顯其自己也。熊十力即於此假說翕闢成變，彰顯存有開顯的辯證法則。就此彰顯而言，它是主客同起而未分的，是無執著性、是未對象化的。在存有論的角度說，它是先於那執著性、對象化的存有，在知識論的角度說，它亦是先於執著性、對象化認知的。

三、由於存有的開顯與轉折加上人根身習氣的乘權作勢、以及概念機能總體的執取作用，使得存有對象有所執定，而成為一執著性、對象化的存有。這時已不是主客同起而未分的狀態，雖然，它仍是境識俱起，但已是主客同起而分立，意識與存有形成兩相對礙的兩端，各成其為體，而此體乃只是權體，而非常體。此權體是由識知之執而成的，然此執必帶有染，以其根身習氣乘權故也。以此，我們說其為意識的染執性、權體性，以別於意識的空無性與透明性。再者，此染執性、權體性必含有質礙性、障蔽性。

四、境識俱泯狀態下的意識之本然的狀態，它具透明性與空無性；在境識俱起而主客同起而分立的狀態下，它具染執性與權體性。此本然的狀態與分立的狀態形成一對比，此對比使得意識的自由性、明覺性與意識的質礙性、障蔽性形成一對比

---

❹ 以上所述，請參見林安梧《存有、意識與實踐》，頁 323-325。

的張力狀態。在此對比的張力狀態下，道德意識最為顯豁，否則只是百姓日用而不知罷了。

　　五、熊十力之學即以此「道德意識」作為人之特殊的定向，即此特殊的定向而作成其活生生的實存而有的體用哲學。蓋活生生的實存而有即以此「道德意識」作為人之迎向世界、世界向您迎向，這相互迎向過程中的觸動點，就此觸動點來而說其為吾人的心源動力，道德的、實踐的形而上學亦於焉而成。❺

　　顯然地，熊十力的體用哲學所做成的是「存有三態」：存有的根源（境識俱泯）、存有的開顯（境識俱顯）、存有的執定（以識執境），儘管熊十力仍然極為強調「本心」的重要性，但畢竟他所重視的是「乾元性海」，他最常舉的「體用不二」的形象比喻——「眾漚與大海水」，這在在清楚的顯示這不是以「意識哲學」為核心的思考，而是跳脫了主客對立的思考，這是一種「場域」式的思考，不再是一主體性思維。❻

　　就以「境識俱泯」之做為「存有的根源」而言，這便擺脫了實在論以及唯心論的困境，而回到中國傳統的「道論」立場。如此一來，就跨過了唯心、唯物的限制，跨過了宋明儒學「主理」（強調超越的道德形式性原則）、「主心」（強調內在的主體性原則）兩派的對立，而回溯到「理氣不二」、「心性為一」、「道器不二」、「即道即器」的「氣論」傳統。徹底來說，「道論」與「氣論」是通而為一的，只是一重在「總體之根源」說，一重「根源的創生」說。顯然地，這時我們所說的「存有的根源」並不是一夐然絕待的、超絕的形上之體，而是做為「無名天地之始」的「場域始源」，是人參贊於天地所形成一無分別相的總體之本源，充滿了生發創造可能的本源。

　　這「場域之始源」是做為一切存在之所憑依者，它不落在實然層面，不落在符號構作的層次，不落在分別相的思考，不是在執著性的系列裡往前追溯所可以達到的；它跨過了分別相，跨過了符號構作的層次，跨過了實然的層面，它是一理念的

❺　以上所述，請參見林安梧《存有、意識與實踐》，頁343-344。

❻　關於此，筆者以為可與日本京都學派互參比較，請參見筆者《「當代新儒學」與「京都學派」——以熊十力《新唯識論》與西田幾多郎《善之研究》為核心的對比展開》，1997-1998國家科學委員會計畫成果。

永恆歸依，它是一帶有神聖徵符的歸依。我們從儒、道、佛諸家典籍中常看到所謂「大哉乾元」，所謂「天地之始」，所謂「先天未化前」都可以從這向度來理解。

　　深層視之，熊十力體用哲學可以說是陽明學與船山學進一步的發展，當然也批判地融會了佛教與道家，但他比較起來更傾向於陽明學一面。❼他將陽明學所強調的「無體之體」轉成「即用顯體」的「體」，並強調這「體」不是一形而上的夐然之體，而是一場域之始源，是即於「眾漚」的「大海水」之體，這「體」是總體之體，是根源的場域，是場域的始源。這是體用一如的哲學思考，而這體用一如可不是「平鋪的相即而如」，而是經由「縱貫的創生」，因之而有「平鋪的開展」，再落實而為一「存有的執定」。

三、「存有三態論」：
存有的根源、存有的彰顯、存有的執定

　　不同於「兩層存有論」，將問題的根結擺置在「一心開二門」的格局來思考，「存有三態論」是以「存有的根源」、「存有的彰顯」、「存有的執定」這三階層而立說的，這樣的立論雖頗有得於熊十力的體用哲學，而最重要則來自於《易經傳》及《老子道德經》的理解、詮釋與轉化。依筆者之見，《易經傳》所謂「形而上者之謂道，形而下者之謂器」、「見乃謂之象、形乃謂之器」與《老子道德經》所說「道生一、一生二、二生三、三生萬物」（見《老子道德經》四十二章）、「天下萬物生於有，有生於無」（見《老子道德經》第四十章）、「無名天地之始，有名萬物之母」（見《老子道德經》第一章）等都可以關聯為一個大脈絡來理解。

　　「道」是不可說的，是超乎一切話語系統之上的，是一切存在的根源，原初是處於「境識俱泯」的狀態下的，這可以說是一空無寂靜的境域，亦即老子所說的「無名天地之始」，也就是存有三態論的第一層狀態，是意識前的狀態（pre-

---

❼　關於此，從熊先生晚年所立三像——中為孔子，右為陽明，左為船山，詳見郭齊勇《熊十力與中國傳統文化》第一章〈熊十力先生傳略〉，頁48，天地圖書公司印行，1988，香港。

conscious level），也可以說是「寂然不動」的狀態，是秘藏於形而上之道的狀態。❽

　　再者，須得一提的是，「道」不能永遠秘藏於不可說的狀態，「道」必經由「可道」而開顯，「道」之一字重在其不可說，由此不可說而可說，此是「道可道」一語的解釋。再者，如此之「道」之必然開顯則可以理解為一「生」，「生」者不生之生也，如其道而顯現也，即如《易經傳》所說「見乃謂之象」也。若總的來說，我們實亦可以說「道顯為象」也，而如此之顯現即為「不生之生」，由此不生之生，必具體實現之、內化之，此即是「德」，「德畜之」，蓋畜之而為德也，承於道、著於德也。就此而言，此當屬存有的彰顯，是境識俱起而未有分別的狀態，是即境即識，亦可以理解為純粹意識的狀態（pure conscious level），是道生德畜的狀態，這是存有三態論的第二層狀態，是「感而遂通」的狀態。

　　老子除說「道可道」外，他又說「名可名」，而其「道德經」則由此「有名」與「無名」而展開，這是說「道」必經由「可道」開啟，而「可道」當落在「名」上說，否則不足以為說。「道」重在說其「不可說」，而「名」則重在說其「一切話語、言說之源」，論其「言說、話語之源」，是一切言說話語之所歸，然非一般言說話語之所能涉，就其隨言說話語之源而說亦是不可說者，此亦當經由一言說話語之命定活動（名以定形）而展開，但此展開已非原先恆常的話語言說之源，也因此說「名可名，非常名」。

　　「名」必經由一「可名」的活動，而走向「名以定形」，但「名」必本於「無名」，這正是「天地之始」。這正闡釋了在一切言說話語未展開之前，原是一虛空靈明的場域，我以為從老子《道德經》所開啟的「處所哲學」、「場域哲學」是迥異於以「主體性」為首出概念的哲學思考。❾因之，所謂「存有的根源」並不是一

---

❽　此見解實脫胎於 1990 年關永中先生所授現象學一課，吾於此課中習得 M. Merleau-Ponty 的《覺知現象學》（*Phenomenology of Perception*），有趣的是此書的許多論點，就連書名都似乎與熊先生的《新唯識論》可以連在一起思考，該書為臺灣雙葉書店影印發行，1983 年，臺北。

❾　關於處所、場域、天地等概念多啟發自日本京都學派的見解，特別是西田氏的《善的經驗》一書，關於此，請參見江日新譯《日本近代哲學思想史》，東大圖書公司印行，1989 年 5 月，臺北。

夐然絕待的形而上之體，而是渾淪周浹、恢詭譎怪、通而為一、境識俱泯、心物不二的場域生發可能。

「無名」本「不可名」，此「不可名」又當隱含著一「可名」，由此「可名」之彰顯而為「有名」，有名者，經由命名的活動、主體的對象化活動，使一對象成為一決定了的定象，這亦是老子所說的「始制有名」，這樣的一個活動即是「有名萬物之母」一句的詮解。相對於「形而上者之謂道」，此即是「形而下者之謂器」，經由一形著具體化的活動，經由主體的對象化活動，使得那對象成了一決定了的定象。又《易經傳》所說「見乃謂之象，形乃謂之器」，「器」即此之謂也。又老子「物形之」「物」即此之謂也。落在存有的三態論來說，這屬第三層，是「存有的執定」。這是境識俱起而了然分別，以識執境的狀態，是意識之及於物的狀態，是意識所及的階層（conscious level），是念之涉著於物，並即此而起一了別的作用。《易經傳》所謂「曲成萬物而不遺」當可以用來闡釋此。若以一九九六年所為之《道言論》來說，這是順著前面所說的「道顯為象，象以為形」，進而「言以定形」的活動。

「名以定形」，「言以成物」，言說話語才使得對象物成為對象物，但一落言說話語的脈絡便會因之形成一不可自已的出離活動，這樣的力量之不能自已，可以成為「物勢」，是隨著「物形之」而有的「勢成之」。這樣的「物勢」正標明了「言說話語」所可能帶來的反控與異化，真正的問題並不是「物」，而是「名以定形」的「名」，「言以成物」的「言」，這名言（言說話語）所挾帶而來的趨勢，是會導致反控與巔覆的，所謂「天下皆知美之為美，斯惡矣！天下皆知善之為善，斯不善矣！」正是這寫照。伴隨著言說話語挾帶而生的利益、性好、權力、貪欲、趨勢，將使得我們所展開的認識活動與價值實踐活動因之而扭曲、異化、變形，甚至是倒反。就此來說，即《道言論》所論「言業相隨」也。我也在這點上接受了哈柏瑪斯（J. Habermas）有關「知識」與「趣向」（Knowledge and interest）的論點。❿

---

❿ 關於此，顯然受到西方知識社會學傳統之影響，如卡爾曼罕（Karl Mannheim）等之影響，又哈柏瑪斯之見地，請參見 Jurgen Habermas, "Knowledge and Human Interests", Translated by Jeremy J. Shapiro, Beacon Press, 1971, Boston, USA.

四、從「存有三態論」到
「存有的治療」之哲學詮釋

「天下萬物生於有，有生於無」（見《老子道德經》四〇章），落在存有三態論來理解，可以豁然明白。天下間一切對象物之所以為對象物，是經由一「有名」（「始制有名」，見《老子道德經》三十二章）這樣的命名活動，這樣的主體對象化活動而構成的。再進一步推溯，這「有名」原生於「無名」，「言」始於「無言」，「言」與「默」是連成一個不可分的整體，「可說」必上溯於「不可說」，這便是「有生於無」。顯然地，「天下萬物生於有，有生於無」，這是從「存有的執定」往上溯而及於「存有的彰顯」，更而往上溯而及於「存有的根源」。

相對來說，「道生一，一生二，二生三，三生萬物」（見《老子道德經》四十二章），就存有的三態論來說，這是從「存有的根源」往下說，「道生一」是就「存有的根源」說，而「一生二」是就「存有的開顯」說，「二生三」是就「存有的執定」說，由此存有的執定因之對象物始成為對象物，此之謂「三生萬物」。

若關聯著「默」與「言」，「不可說」與「可說」來論，「道」本為不可說，如此之不可說是渾合為一的，是一不可分的整體，「道」本為空無，而有一不生之生的顯現可能，即此顯現而為一不可分的整體，這即為「道生一」，「道生一」總落在「存有的根源」一層立說。道既顯現為一不可分的整體，如此不可分的整體雖仍為不可說，但這樣的不可說之整體便又隱含著另一對立面的可能，如此之對立面實由此整體所分別而來，既有分別，便由原先之「不可說」轉為「可說」。如此「不可說」而「可說」，此即所謂的「一生二」是也。進到此「一生二」之境域，實即為存有的開顯之境域。如此之「可說」又必然的指向於「說」，「可說而說」，這是主體的對象化活動，如此使得一切存在之對象成為一決定了的定象，這即是「二生三」。「道生一」是由空無性進到總體的根源性，而「一生二」是由此總體的根源性進到兩端的對偶性，而「二生三」則是由此兩端的對偶性進到具體的個別性，由此具體的個別性才能說天地萬物之存在，這即是「三生萬物」。這是由「說」而「說出了對象」，由具體的個別性具體化成為一個別之具體物。

若進一步闡述之，我們亦可說此「道生一、一生二、二生三、三生萬物」，

「道」是「未顯之不可說」，而「一」是「已顯之不可說」，「二」是「未執之可說」，「三」是「未執之說」，「萬物」即為「已說之執」。若關聯到我多年來所闡述的中國解釋學的五個層次：「道」、「意」、「象」、「構」、「言」，「道生一」即為「道顯為意」，「一生二」即為「意顯為象」，「二生三」即是「象以為構」，而「三生萬物」則是「以言為構」。「道」是總體渾淪而未發，「意」是將發未發之幾微，「象」是顯現而無分別，「構」則是顯現而有分別，「言」則是分別而為對象物。⓫

由於道家思想的薰陶，讓我深切的體會到我們這個族群有一極為可貴的地方，迥非西方文化主流所能及，這就在於我們在言說話語之上有一「超乎言說話語的存在」，「可說」與「不可說」、「言」與「默」，並不是斷裂的，而是連續的。我們早在二千餘年前即清楚的了知「名以定形」、「言以成物」⓬，任何一個客觀的對象物都不是一既予的存在，而是經由言說話語所建構的存在。正因如此，凡所謂的存在的異化都不是來自於存在本身，而是來自於言說話語的建構，這應說是「話語的異化」，而不是「存有的異化」。⓭

就西方當代哲學涉及於此者來說，我以為工夫倒做了。他們判之為「存有的異化」，再企求一「話語的治療」；實則，應該判之為「話語的異化」，所當求的是「存有的治療」。我認為這在在可以看出西方是以「Logos」為核心的思考，此不同於我們中土是以「道」為核心的思考。正因我們這「道」論的傳統，我們才不拘於「語言是存有的居宅」，我們更而說「存有（道）是語言形而上的居宅」，而

⓫ 關於此「道、意、象、形、言」首見於「革命的孔子：熊十力儒學中孔子原型」一文，涉及於「詮釋方法論及其相關問題」處，請參見《儒學革命論：後新儒家哲學的問題向度》，頁169。關於此，進一步的論述，請參見《人文學方法論：詮釋的存有學探源》（臺灣、讀冊文化事業公司印行，2001年）。

⓬ 「名以定形」（頁65）最早由王弼提出，相關者，他亦有「名以定物」（頁6）、「名者，尚乎定真」（頁5），請參見王志銘編《老子微旨例略、王弼注總輯》一書，東昇出版事業公司印行，1980年10月，臺北。

⓭ 請參見林安梧〈語言的異化與存有的治療〉，收入《中國宗教與意義治療》一書第六章，頁139-175，明文書局印行，1996年4月，臺北。

「語言則是存有（道）落實於人間世的居宅」。⓮「存有」（道）與「語言」兩者的關係，借用王夫之的哲學用語，應是一「兩端而一致」的關係。⓯所謂「異化」的克服即須在此「兩端而一致」的格局下來思考。

如前所述，在「存有三態論」的格局看來，所謂「存有的治療」便是真切去面對「存有的執定」及其伴隨而生的貪取、利益、權力、占有、欲求等等，經由一種「存有的歸返」活動，回到原先存有的開顯，乃溯及於存有的本源；再如其所如依此存有之本源開顯其自己，並在此場域中獲得一種甦醒與調劑的可能。換言之，道家義下的存有的治療，它所重的並不在於存有的執定這層次的對治，而是經由存有的歸返活動，讓自己能回到境識俱泯的根源性狀態，因之而使生命能如其自如的生長。

現在，我們且以老子《道德經》為例闡述之：

> 致虛極，守靜篤，萬物並作，吾以觀復，夫物芸芸，各復歸其根，歸根曰靜，是謂復命，復命曰常，知常曰明，不知常，妄作凶。知常容，容乃公，公乃王，王乃天，天乃道，道乃久，沒身不殆。（見《老子道德經》第十六章）

這是我講習老子最常引用的經文段落，我亦因之而於存有三態論所隱含的治療學思維，更無所疑。「致虛」、「守靜」這是對於存有的執定與伴隨而生的染污的撤除活動，是一「滌除」的工夫，由此「滌除」，才得「玄覽」也。⓰由這樣的撤除活動，我們才能「損之又損」，回到「存有的根源」，才能有一「存有的光照」（即所謂「玄覽」，或作玄鑒）。換言之，致虛守靜看似一消極性的撤離活動，但實為一積極性的光照也，是來自於存有之在其自己的光照也。經由如此之光照，萬物如其自如的生長著，這便是所說的「萬物並作」。能致虛、守靜，能得存有的光照，方得

⓮　關於「語言」與「存有」的見地，頗受海德格（Martin Heidegger）啟發，海氏見解，請參見氏著《走向語言之途》（孫周興譯），時報文化事業公司印行，1993 年 4 月，臺北。

⓯　關於「兩端而一致」的思考，請參見林安梧《王船山人性史哲學之研究》，第四章「人性史哲學的方法論」，頁 71-96，東大圖書公司印行，1987 年，臺北。

⓰　「玄覽」語出《老子・道德經》第十章，或作「玄鑒」。

「觀復」。「觀復」是就人往上說，而「玄覽」則就道往下說，是一體之兩面。「觀復」是就存在的現實居宅往上說，而「玄覽」則是就形而上的居宅往下說。玄覽是一道體的照明，而觀復則是一修養功夫，這功夫是連著前面所說的「致虛」與「守靜」而開啟的。

「致虛」、「守靜」、「觀復」、「歸根」、「復命」這些字眼或可以做多方的闡釋，但總的來說，他們都指向一存有的回歸，並經由這存有的回歸而獲得存有的治療。「存有的回歸」，無他，只是回復生命之常罷了，能體會得此生命之常，即為智慧通達之人。不能體會生命之常，無知妄作，必然招致凶禍。能體會得此生命之常，便能有所容，能有所容，則無不公矣。當回到生命的存有之源，得此存有之源的浸潤，有了一生命的溫潤之情，自能有一相與融通合匯之可能（常乃容），如此才能凝成一有力量的社會共同體（容乃公），能如此才能通天地人，成為此共同體之領導者（公乃王），這樣的一個現實政治的領導者才能朝向普遍理想（王乃天），如此之普遍理想並不是敻然超於物外，而是通同於一根源性的總體（天乃道），能通於此根源自能長久不息（道乃久），終其身永不停歇（沒身不殆）。顯然地，存有的回歸便隱含著存有的治療，而所謂的治療便在於存有的照明，總的來說，這是一修道與體道的活動。

如上所述，這樣的「存有的治療學」得之於道家的啟發頗多，它走出了境界型態的形而上學的詮釋角度，而往社會存有學、社會實踐學邁進。他意圖跨過「儒主道輔」的儒家主流思考，而強調「儒道同源」、「儒道相生」、「儒道互補」。依這樣的詮釋，我們發現道家不再只是強調主觀修證的境界型態的形而上學，儒家也不再是以「心性修養論」為核心的「道德的形而上學」。當然，也就不再是以「一心開二門」的格局來建立「兩層存有論」，而是以「天地人交與參贊成的根源性總體」、「境識一體」、「物者心之物也，心者物之心也」❶❼的去闡釋「存有三態論」的理論可能。當然，這也就不再是「如何由內聖開出外王」的思考，而得思考

---

❶❼ 「天地人交與參贊成的根源性總體」此語可用來詮釋「道」，是這二十餘年講習諸家經典而後訂定的；而「境識一體」則有取於熊先生體用哲學之理解；「物者心之物也，心者物之心也」則是王船山哲學的觀點。

「內聖外王交與為體」，甚至是相對於以前，反過來要思考「如何由外王而調理出新的內聖」來。

五、從「以心控身」到「身心一如」：由「外王」而「內聖」的新可能

大體而言，我以為宋明理學不管是程朱學的「道德天理論」或者陸王學的「道德本心論」都難脫「以心控身」論的格局，當代新儒學雖思有以突破，然而卻仍圍限於「道德智體論」的格局。「道德智體論」或名之為「智的直覺論」，此語殆脫胎自康德哲學，然實有別於康德哲學而有進於康德哲學者，此論以牟宗三先生為代表，其代表著作《現象與物自身》、《圓善論》，俱可見其精奧者在。❸此論乃承繼康德「現象與物自身」兩重之區分以為論，所不同的是康德認定惟上帝始有「智的直覺」（Intellectual Intuition），人則無智的直覺；牟先生則依東土儒、道、佛之智慧，而強調儒以其「性智」，道以其「玄智」，佛以其「空智」，俱可稱之為「智的直覺」。如此之異，端在人之雖為有限，而可以有其無限故也。此原關連吾族文化所含存有之連續觀，本為無誤。惟病在兩層存有論之區分，將此區分結穴於一心之過轉，所謂「一心開二門」是也。❹如此結穴於本心而說人是正視人之為一道德的存在（moral being），而忽略人之作為一自然之存在（natural being）及社會之存在（social being）；而且如此之道德之存在是超越的、普遍的、抽象的、形式的，即非如此，然實際之傾向是果如此也。❿

---

❸ 牟宗三先生《現象與物自身》於 1975 年臺灣學生書局印行。《圓善論》則於 1985 年臺灣學生書局印行。相關介紹請參見蔡仁厚《牟宗三先生學思年譜》，頁 156-162、195-203，臺灣學生書局印行，1996 年，臺北。

❹ 以上所論主旨見於牟宗三《現象與物自身》第一、二、三章，臺灣學生書局印行，1990 年 3月，初版四刷，臺北。

❿ 請參見林安梧《儒學革命論：後新儒家哲學的問題向度》第二章〈牟宗三先生之後──「護教的新儒學」與「批判的新儒學」〉，第三章〈咒術、專制、良知與解咒：對臺灣當代新儒學的批判與前瞻：對於《後新儒家哲學論綱》的詮解〉，頁 29-64，臺灣學生書局印行，1998 年 11 月，臺北。

　　牟氏此說一秉於「道德智體論」而說，膾炙人口之「良知之自我坎陷」論亦由是而出。此雖不同於道德天理論之「以心控身」之格局，較近於道德本心論之「以心控身」的格局。可視之為一「絕對唯心論」之體系建構。這依舊是將「心」實體化、道體化，甚至是上帝化。❷❶值得注意的是，如此將「心」實體化、道體化，甚至上帝化而建立一絕對惟心論。牟氏之論將「身」銷歸於「心」，再由「心」而坎陷出「身」來。在理論上，彼先吞沒了「身」，再由此「心」輾轉生出此「身」。由「心」輾轉生出「物」，這樣雖有別於原先吾所論「以心控身」的格局，而成就另一新類型之「心為身之源」式的「以心控身」論，或者說是「以心成就身」之論調。「心為身之源」，而身心可以為不二，且「心」是本心，是道心，是智體明覺；由是牟先生之論專在如何由「良知之自我坎陷」以開出「知性主體」而成就民主、科學；彼於傳統之修養工夫論則頗為不足，社會實踐論亦缺；彼所成就者乃形而上之保存也，是一道德之形而上學也。❷❷

　　就其可發展處衍之，牟先生之學重在回溯道德智體，並由是欲開展其「新外王」之理論；然此辯證之曲折開展，實乃「理論之建構次序」，此與「歷史發生之次序」，「學習成就之次序」迥然有別，須得釐清，不可混同。❷❸

　　牟先生之論實有不同於傳統之「以心控身」論者，故彼亦不重視此論下之修養工夫論，祇單提一「逆覺體證」足矣！吾以為此當正視開一新的修養工夫論與社會實踐論，此即於所倡言之以「社會公義」為優先，「心性修養」之為其次也，非由

---

❷❶ 這裡筆者強調的是「將『心』實體化、道體化，甚至是上帝化」的狀態，筆者以為當代新儒學特別是牟先生的系統有這樣的傾向，或者說其流衍有一這樣的傾向。當然，牟先生之學亦可以不往此方向走，但我看到的是往這方向走。這是思想落實發展的問題，與他的思想本身當然相關，但不可以做為一件事來看待。

❷❷ 筆者在悼念牟先生之文中即有此論，請參見筆者〈無盡的哀思：悼念牟宗三先生兼論「形而上的保存與實踐的開啟」〉，收入林安梧《當代新儒家哲學史論》，頁 221-226，明文書局印行，1996 年 1 月，臺北。

❷❸ 關於「理論的次序」、「發生的次序」、「學習的次序」之異同，請參見林安梧〈解開「道的錯置」——兼及於「良知的自我坎陷」的一些思考〉，載於《孔子研究》，第 53 期，頁14-26，1999 年 3 月出版，中國山東。

「內聖」而「外王」，實乃「外王」而「內聖」也。❷「身心一如論」如前所言，心身之本然一體，無分主從之關係。此以中國傳統儒學視之，船山之學於此最為明白。彼之不同於「理」中心論者、「心」中心論者，亦不同於一般所以為之「氣」中心論者，彼或可謂為「理氣不二」論者，此乃與其「身心一如」論，或「理欲合一」論伴隨即生者。❷

船山之學或視之為「主氣」之傳統，此亦無不可；但此「氣」實不宜視之如戴震所說自然血氣之氣也，實不宜直視之為「自然人性論」也。船山乃一理氣不二論，其為不二，則重在「互體」論上。彼所論「有聲、色、臭、味以厚其生」，「有仁、義、禮、智以正其德」，「合兩者而互為體」；自然之生與人間之德是互為體的，推而衍之，「理與欲」、「性與情」、「身與心」，皆是互為體的。❷若依「大體」、「小體」而論之，船山以為「……此固天性之形色而有則之物，亦何專於心耶！唯小體不能為大體之害，故養大者不必棄小者。若小體便害大體，則是才有人身，便不能為聖賢矣。」，此論當然是反對將「身」當作「臭皮囊」來論的，而是正視「身」的重要性。❷

依傳統儒學「大體」是「心」，「小體」是「身」，高揚大體，貶黜小體，揚心黜身，以心控身是常論；船山悖此常論而強調身心本為不二，既而有二，則此二

---

❷ 請參見筆者所著〈從「外王」到「內聖」：以「社會公義」論為核心的儒學——後新儒學的新思考〉一文，第二屆臺灣儒學國際學術研討會論文集，頁 591-610，國立成功大學中文系印行，1999 年 12 月，臺南。又關於此王季香曾為文加以討論，見〈儒家內聖外王之道的新思考：「從『外王』到『內聖』：以「社會公義」論為核心的儒學述評」，刊於《鵝湖》第20 卷第 2、3 期（總號：302、303），2000 年 8 月、9 月，臺北。

❷ 這理論的結構主要是以王船山哲學為典型，請參見林安梧《王船山人性史哲學之研究》，特別是第五章〈人性史哲學的核心問題〉，東大圖書公司印行，1987 年，臺北。

❷ 船山謂「情受於性，性其藏也。乃迨其為情，而情亦自為藏矣。藏者必性生，而情乃生欲；故情上受性，下授欲。」（見王船山《詩廣傳》〈邶風〉，頁 23，河洛圖書出版社印行，1974 年 9 月臺景印版。）彼又謂「性情相需者也，始終相成者也，體用相函者也。性以發情，情以充性；始以肇終，終以集始；體以致用，用以備體」（見《周易外傳》卷五，頁22，廣文版《船山易學》，頁 958，廣文書局印行，1971 年 5 月。

❷ 前揭書，頁 939-940。

為「互體」。互體是各有其體，而依其體成其用，各有其用，即用而顯體。❷❽「心」之為大體是「體」，此體是普遍義，根源義之為體；相待言之，「身」之為小體是亦為「體」，此體是具體義，實存義之為體。人之生也，是以實存義、具體義之體而涵納此普遍義、根源義之為體，即此涵納是為「用」。再者，此普遍義、根源義之體亦當落實實踐而可以不蹈空，此乃得經由「身」之為小體，之為具體義、實存義之體而展現，如此是承大體之體，而達乎小體以為用也，是乃承體達用。明顯的，「身心一如」之論（大體、小體通而為一之論）可以構成一「體用合一」論。即體而言，用在體；即用而言，體在用；即用顯體，承體達用也。

「以心控身」論，常轉而為「以道心控人心」之論，此大體以偽古文《尚書》〈大禹謨〉之論「道心為微，人心為危，惟精唯一，允執厥中」，以為論。船山強調「人心亦統性、道心亦統情」兩者皆源於天命，故危而不亡，然具體的表現於氣質，故危而不安，兩者是「藏互宅而各有其宅，用交發而各派以發」者，這是「身心一如」論之工夫，有別於「以心控身」論之工夫。（同上註）依此「人心」、「道心」之論，船山提出之工夫是「著其微而統危而危者安，治其危以察微而微者終隱」。❷❾（註❷❽）讓道心之微具體而形著於身（形、器、物）之間，如此充實而有光輝，所謂人心之微，也自然而然歸於這樣的統籌之下，而危歸於安矣！要是祇採取「對治」的方式，對治人心之危而想精察得此道心之微；此道心之微終將遮隱而不顯。

依船山之學而論，一切推之於「氣」，然此「氣」非與「理」相待之為氣也，而是理氣交融為一不可分之整體的「氣」，即此「氣」而為「道」。「氣」之凝而為「質」，然而「氣」生「質」，而「質」還生「氣」也。這與前所述之「交與為體」是同樣的思路，都是「兩端而一致」的思路。❸❿順此「氣化流行」的自然史哲

---

❷❽ 船山論及此有「藏互宅而各有其宅，用交發而各派以發」之論，請參見《尚書引義》卷一〈大禹謨〉，頁 22，河洛圖書公司印行，1975 年 5 月，臺北。

❷❾ 見前揭書，頁 24。

❸❿ 請參見林安梧《王船山人性史哲學之研究》，頁 111，前揭書。又關於此「兩端而一致」之論，請參見曾昭旭先生〈王船山兩端一致論衍義〉，收入《王船山學術研討會論文集》，頁 109-114，輔仁大學出版社印行，1993 年 10 月，臺北。又關於「乾坤並建」之思想，請參見

學論調，氣之凝而為質，質之聚而成形，性即生焉。這實亦可理解為「道生之、德蓄之」（見《老子道德經》五十一章）的老傳統，是「生之謂性」的老傳統，只是此「生」亦可是創生義之生，亦可是生成義之生。❸船山學兩面皆能顧及。在此不斷「具體化」的過程中，任何一「具體」都足以為其「藏」，而且連續之體，互以為藏。氣質互為藏，質形互為藏，形性互為藏，繼而由此「性」往下說，則「情受於性，性其藏也。乃迨其為情，而情亦自為藏矣。藏者必性生，而情乃生欲；故情上受性，下授欲。」可見「性情互為藏」，進一步推之，我們可以說「情欲互為藏」。❸

　　如此說來，「道」、「理」、「氣」、「質」、「形」、「性」、「情」、「才」、「欲」等都可以縮合為一不可分的總體，通之於宇宙造化的生之源。船山更而分析世俗所謂的「縱欲」，其實根本不是「縱欲」，而是「過欲」，他說：

> 不肖者之縱其血氣以用物，非能縱也，過之而已矣。縱其目於一色，而天下之群色隱，況其未有色者手？縱其耳於一聲，而天下之群聲閱，況其未有聲者手？縱其心於一求、而天下之群求塞，況其不可以求求者手？……故天下莫大於人之躬，任大而不慴，舉小而不遺，前知而不疑，疾合於天而不懟，無過之者，無所不達矣。❸

這段話很能顯示船山對於「欲望」的看法，他深入的分析所謂的「縱欲」，本質上是「過欲」的，他認為欲不可縱，縱之所以過之也，欲亦不可過，故宜暢其欲，達

曾昭旭《王船山哲學》，第三編，第二章，第三、一節「船山之乾坤並建說」，頁 339-342，遠景出版社印行，1983 年 2 月，臺北。

❸　關於此，傅斯年說之甚詳，請參見氏著《性命古訓辨證》上卷，中央研究院歷史語研究所，1992 年 12 月景印二版，臺北南港。筆者，再總結論之如此。

❸　請參見林安梧《王船山人性史哲學之研究》，頁 106—118，東大圖書印行，1987 年 9 月，臺北。

❸　見《詩廣傳》卷四，〈大雅〉，頁 112-113。

其情，而上通於道。**❸❹**

　　船山對於老子「五色令人目盲，五音令人耳聾，五味令人口爽」之論點提出批評，以為這是「不求諸己，而徒歸怨於物也」。當然，老子之論，若恰當言之，當可以深化詮釋，知其重點在於此「令人」之「令」字上，而不在於「五色、五音、五味」上頭。**❸❺**「色、聲、味之在天下，天下之故也。色、聲、味之顯於天下，耳、目、口之所察也。故告子之以食色言性，既未達於天下已然之跡；老氏之以虛無言性，抑未體夫辨色、審聲、知味之原也」**❸❻**。這是說做為主體之所對的客體，它與我們的關係應操之於主體，不可為客體所奪。問題的重點不在於「色、聲、味」，而在於如何的「辨色、審聲、知味」。由「辨色、審聲、知味」而知五色、五聲、五味是「性之顯也」，是我們生命之所對、所攝，並因之而顯現者。再說這「辨、審、知」是有其恆定性的，這可以推極而溯之，肯定此「色、聲、味」是「道之撰也」，是生命總體之常具現所成者。

　　就「性之所顯」而說，是將外在之客觀對象關連到做為主體的人生命之原上去說；就「道之所撰」而說，是將外在客觀對象關連到宇宙造化之原上去說。如此一來，主客內外上下通貫為一，此乃合乎「身心一如」之理論。「夫其為性之所顯則與仁、義、禮、智，互相為體用；其為道之所撰，則與禮、樂、刑、政互相為功效」。**❸❼**這是將人的生命主體之源與所謂的倫理儀則關聯起來處理，將宇宙造化之原與客觀的制度規章關連起來處理；這是將「身」關連著「心」，並將「心」形著於「身」而成就者。此亦可以理解為「心」、「身」互為體用的哲學思考。

---

❸❹ 船山於《詩廣傳》中盛發「性情相與通貫」之義理，他認為情下授欲而上受於性，又性所以藏道也，總括來說則是：下暢其欲，中達其情，上通於道。請參看曾昭旭《王船山哲學》〈船山之詩經學〉4、論情之性質，5、論治情之道，二小節，頁 100-114。又船山更秉乎此思想，對老子「五色令人目盲，五聲令人耳聾……」之說，提出駁斥，他認為老子是不求諸己而歸怨於物，這是愚蠢之見，請參看《尚書引義》，卷六，〈顧命〉，河洛版，頁 146-149。又船山於《老子衍》中，引申其義，以為此當歸之於心。見該書，河洛版，頁 8。

❸❺ 見王夫之《老子衍》，頁 4，河洛圖書出版社印行，1975 年 5 月，臺北。

❸❻ 請參見《尚書引義》，頁 146，河洛圖書公司印行，1975 年，臺北。

❸❼ 見《周易外傳》卷五，頁 22，廣文版《船山易學》，頁 958，廣文書局印行，1971 年 5 月。

　　「身」、「心」互為體用，一者「身」以藏心，「心」以發身；再者，「心」以藏身，「身」以發心。這就是所謂的「交藏」、「交發」，互為體用的思考。「身」之藏心，這是「具體而實存」的藏，是以此活生生之實存而具體化的身將「心」具體化、實存化、內在化，經由此進一步才可能「心」以發身，這樣的「發」是將原先普遍、絕對之真實的心融入具體而實存之境域，身心通而為一。「心」以藏身，這是「本體而根源」的藏，是將此活生生之實存而具體化的身，藏於本體之源的「心」，經由此，進一步才可能「身」以發心，這樣的「發」是將此本體之源的心經由具體而實存的身，顯露出來，身心通而為一。將此「身心交藏交發」的互為體用過程，再推擴為「身、家」，「家、國」，「國、天下」亦皆為交藏交發、互為體用的過程；若以「內聖、外王」兩者論之，亦為交藏交發、互為體用也。

　　依此，我們可以對原先之「由內聖推向外王」的思考，做一修正。「內聖」做為「外王」之本體根源，由此內聖通向外王，這是將此內聖之學經由一具體化、實存化而彰顯形著的過程，「內聖」之做為「外王」形而上之宅第，外王藏於此內聖之宅第之中。同時，「外王」之做為「內聖」落實體現之根本，由此外王而使得內聖得以安頓，這是將此外王之學經由一調適而上遂於道的過程，得以存聚於內聖之源中，「外王」之做為「內聖」形著為器的宅第，內聖藏於此外王之宅第之中。如此說來，「內聖」之做為「外王」之本體根源，這時「心性修養」之為外王之學的首出本源；相對言之，「外王」之做為「內聖」之具體根本，這時「社會公義」之為內聖之學的落實依據。❸

　　如此說來，「內聖」、「外王」並不是「由內而外」的單向過程，而是「內外通貫為一」的過程。所謂的「內外通貫為一」，是「由內聖通向外王」以及「由外王而迴向內聖」的雙向互動。「內聖」、「外王」之關係如此，「心」、「身」之關係亦如此，並不是單向的「正心」而「修身」，而是「內外通貫為一」的過程；是由「正心」通向「修身」，「心」為「身」之形上之根源；既而「修身」迴向「正心」，「身」為「心」形著之根本，身心通貫為一。

---

❸　請參見同註❷④。

六、結論

這些年來，我試圖對當代新儒學的理論核心做一深度之反省，企圖由「兩層存有論」過渡到「存有三態論」。大體說來，牟先生的「兩層存有論」是從康德的「現象與物自身」的超越區分之結構所轉出來的。他特別的經過了儒道佛心性修養論的深度詮釋，指出「智的直覺」之可能，因此用「一心開二門」的構造，去融攝康德，並試圖開出中國哲學的新局。當代新儒學對於「心性論」與「道統論」的再提出，為的是擺落中國歷史的業力習氣，而一如宋明理學心學一系是以「良知」做為內在的主體，而這亦是超越的道體，它做為一切生發創造之源。不同於康德的「窮智見德」而當代新儒學則主張「以德攝智」，此中有一明顯之有趣對比。

如此一來，我們發現當代新儒學將心性主體理論化、超越化、形式化、純粹化，這與原先儒學之重真存實感、社會實踐便有了極大的分隔。

其實，相對而言，儒家的人學不應是「以心控身」，而應是「身心一體」之學。它之所以成了「以心控身」，這與帝皇專制、巫祝咒術與道德良知的詭譎糾結密切相關。須得經由歷史社會總體的深度理解，我們才能真切的展開一專制與咒術的瓦解活動；如此，我們才能擺脫原先專制意識型態所主導的封閉型的心性修養論。進一步，我們才能從「心性修養論」為核心的儒學，進到以「社會正義論」為核心的儒學；我們才能從原先的主體性哲學解開而進到處所哲學與場域哲學，而存有三態論便在這樣的過程中逐步構成。

當然，原先當代新儒學強調「良知的自我坎陷以開出知性主體，進而涵攝民主與科學」，這樣的思考亦因之有了新的轉折，因為真正重點在於學習民主與科學，這是一學習次序，與理論的次序有別，與歷史發生的次序亦當區別開來。我們應該就在現代化的過程中，調理出新的心性之學、新的道德實踐方式。我們若強化的說，這已不是「由內聖如何開出外王」的思考，反而是「如何由外王而調適內聖」的反思。

總的說來，牟先生高度的發揮了「道德智體」，強調「智的直覺」之可能，這多少帶著啟蒙智光的理想。在理論上，這大體做的是「形而上保存」的工夫，而且是在「道德智識化」的思考下所做成的。熊十力的體用哲學強調直入造化之源、境

識一體而不分，經由理論的詮釋與轉化，我因之闡發此中所含之「存有三態論」。
其實，在思考的回溯與轉進之中，船山「兩端而一致」的思考，對我的啟發極大，
他讓我疏通了「兩層存有論」的可能限制，讓我正視到由體用哲學往存有三態論的
路徑，有著嶄新可能。從道器不二、理氣不二、理欲不二、理勢不二，擺脫了以心
控身的格局，強調身心一如；進而，也用兩端而一致的思考，重新審視了「傳統」
與「現代」，重新審視了「內聖」與「外王」，不再老以「心性修養論」為核心，
而該擺置在「社會正義論」為基礎，重新思考儒學的可能。我願意期待，由牟宗三
而熊十力，由熊十力再上溯王船山，不辜負船山先生「六經責我開生面，七尺從天
乞活埋」❸的深心孤憤！

（本文曾於武漢大學哲學學院於 2001 年 9 月主辦「熊十力與中國傳統文化國際研
討會會議」上宣讀，後曾刊載於《鵝湖》，第 27 卷第 7 期（總號：319），2002年
1 月，臺北。）

---

❸ 此乃王船山自書之堂聯，見《王船山詩文集》，〈序言〉，漢京文化事業公司印行，1984
年 9 月，臺北。

第十五章 後新儒家的哲學向度

——訪林安梧教授論「後新儒學」

一、「法無定法，道有其道」：
「問題－答案」的邏輯

問：在進入關於「後新儒學」的訪談前，我們想問問林老師所常談到的方法論問題，我們如何理解「問題－答案」的邏輯？

答：假使我們都不帶問題，連一點問題意識都沒有，就很難做學問。所謂「帶問題」並不是說我自己先捉了一個問題。而是說我進到那生活世界，那存在的場域，我有我的感觸，我有我的感覺，我有我的感覺之後才能做所謂「概念式的思考」（Conceptual Thinking），於是問題就產生了。所以要帶有問題感，而不是你去捉一個問題，這在目前來講有很多人犯這個毛病，有的人採取某一家的觀點來看，或採取某一西洋哲學的觀點來看某一家，那當然帶著問題，但那樣的「帶問題」跟我現在所講的「問題－答案」的邏輯不同，我想這牽涉到方法論（methodology）上面的問題。

所有的方法我認為「法無定法」，但是「道有其道」。而所謂「道」是人參與到整個生活的場域，才構成為「道」。因為中國人講「道」並不是一個超絕的實體，而是與生活世界連在一起的。此是人參與到天地之間所構成之整體曰「道」，這樣才有所謂「道的開顯」。「道的開顯」是因為人的參與才有道的開顯，人不參與，「道」如何開顯。「道」無法自顯，是人參與才有得顯。這個地方我一直認為「道」在中國來講，是跟人之生活世界連在一起的。這個地方你也可以說他沒有

「彼岸」，只有「此岸」，但不是很恰當。「此岸」之「此」與彼岸之「彼」是對舉而生的二個字。基本上我覺得中國人無所謂「彼岸」與「此岸」之區別，或者可以說「此岸」跟「彼岸」通而為一，這樣說比較完整恰當。現在很多人說，中國人因為沒有「彼岸」的觀念，只有「此岸」所以很現世的。「現世」我想不是，中國哲學當然不是現世的，他有過去，有現在，有未來，他的時間是連續性的。他有縱深度，所以他並不是沒有「彼岸」這個觀念，而是說，他的彼岸的觀念和此岸的觀念是通而為一，是不二而一。這個地方我覺得李澤厚先生講的「一個世界」，不是「二個世界」，這個說法可行。但是也要留意一下，並不是說他沒有「彼岸」的世界，好像只有「此岸」的世界，好像中國，缺了一大截，其實不是，一個世界是「此岸」、「彼岸」通而為一。

二、「道器合一」下的人文主義

問：目前我聽到有些學者談中國思想比較強調現世主義，落在實用的精神層面上言，而他背後的形上學的說法，基本上似乎認為中國人只有現世的此岸的看法為主？

答：我覺得這樣的理解，等於是去掉了那一段，去掉那一段其實很不好。回過頭來變成說中國沒有形上的思考（Metaphysical Thinking），形上的思考好像後來才加進來的，而加進來這些等於都是煙霧彌漫的陰陽五行等等，一堆不相干的東西，它變成宇宙論中心思想，跟原來中國這套人文主義無關的。「人文主義」這個詞可以用，但是「人文主義」這個詞，不是西方意義下的人文主義（Humanism），我想「人文」這二個字在中文的意義，就如《易經》裡面講：「觀乎人文，以化成天下」。『觀乎人文，以化成天下』這個「人文」，是「人」經由語言文字、符號，去理解、去詮釋這個世界，這樣所開啟的世界稱為「人文世界」。值的注意的是，我們那個「文」是在整個天地之間，自然之「文」，我們的「文」是跟自然連在一塊的，所以我們的「人文」並不是從自然裡頭，清理出來一個什麼，他是和著整個大自然的。所以人文包蘊自然、自然包蘊人文，這個地方我覺得是關鍵。總的說來，中國人並不是沒有形而上學，中國人是有形而上學的。中國並不是只是「現世

主義」者，此處我覺的要區別清楚，沒區別清楚，會造成很大之困擾。

問：此處也是我感覺老師的著作中，背後核心思考的重點，不過當老師在批判形而上的保存，批判儒學參與原來整個中國之人文實踐，歷史社會總體之實踐，後來流於形上的保存，流於境界式的修養，心性修養，其實這個背後評判的判準是否在於老師談「道」跟「器」的關係上。老師說「道」跟「器」其實是不二，在那個「器」裡面實踐，本身就是「道」在這個地方開顯，不必把他切開來，再由「器」回歸於「道」，「道」才足以開顯。而在談歷史社會總體的建構時，也不必像牟先生那樣，從「道」和「心」的絕對處，慢慢再坎陷下來，再來保障那個「器」，比較像是「即」而「不二」，而不是切開來談，此處是如何辯證的連接起來？

答：就是「道器不二」，而這「道器不二」，也是「理氣不二」。但與你剛說「不二」的重點有點不同。我講「道器不二」，「理氣不二」重點都是在「器」（噐）上做工夫，即此「器」也，即此「道」也，即此「氣」也，即「理」也，理氣不二，道器不二。因為我們任何一個生命活著，他是活在這個具體的生活世界中，你離不開這個具體的生活世界，但是這個具體的生活世界並不是他跟「道」分別開來，他本身即是「道」。

我們現在是要透到裡面去理解那個總體的根源，而怎麼樣去開發生命的動力，進而擴充至於實踐。這點我認為還是陽明學的歷史性有這個意思，只是後來陽明學末流的說法，有一些往境界型態方面走。如王龍溪的某一面，王龍溪他也有他實際落實的一面，但是王龍溪也有一些比較境界型態的理念。我一直覺得「境界形態的追求」跟「心性的修養」跟「道德的實踐」，這三者並不太一樣。從心性的修養到道德的實踐，這二個不能夠直接推出來，道德實踐他很重要的是要「身體力行」，我覺得這身體力行的「身」很重要，他並不只是「誠意、正心」。誠意正心跟身體力行當然有密切的關係，但非常重要的就是「身體力行」，這個地方我想是個很基本的區別。我這幾年做了一些工作之後很強調這個地方要把他區別開來，這好像佛教中在談新的菩薩道精神，也應該從這個地方分別開來，要不然他太顯境界相。

三、「境界的真實」與
「真實的境界」的對比區分

問：這是不是如老師上次提到的流於「形上的境界保存」或「心性的修養」，那是一種「境界的真實」，而不是一種「真實的境界」的用意所在。

答：是的。我認為他是一種「境界的真實」而不是「真實的境界」。包括我最近在《鵝湖》發表的一篇文章，其實最早的論綱是在美國威斯康辛大學麥迪孫校區（Wisconsin University at Madison）寫的，那個論綱我就強調，正視一個實在的物質性（materiality）。他是一個活的東西擺在那裡，當我們說我去理解一個存在的事物的時候，他當然是經過我的主體的對象化活動之後，才去把他安立起來。這是就理解與詮釋的意義而說，但是理解與詮釋的意義這個層次之前，事物在此，我覺得這是要肯定的。此處我認為儒學所說的物並不是巴克萊（G. Bekerley）意義下的 Ideas，也就是說並不是「存在即是被覺知」（To be is to be perceived）這樣去說明存在；存在之為存在的事物，就儒學來講，此處他還是肯定了經驗的實在（empirical reality），但是這經驗的實在如何確立起來，是經由人運用他的語言，經由他主體的對象化活動之後才能確立起來的。

這個地方我以為當做兩層區分，前面那一層是不能忽略的。《易經》所謂「範圍天地之化而不過，曲成萬物而不遺」。萬物之為萬物，就意義詮釋這一面，是人把他建立起來，讓他成為對象，但是當他還沒有被人之意義、語言詮釋來確立以前，他本身是一個活生生的東西，你可以碰到的，它不是虛空無物的，只是說它跟我是合而為一，未分化前的合而為一。這一點我想是儒學很重要的義理，所以儒學講的「實學」，如「實」之「實」。第一層他是實在的「實」，第二層他是經由你的語言文字符號詮釋以後的「實」，有對象客觀的「實」，第三層是經由你這個詮釋以後，你有一個實踐的指向，你經由實踐把他實現出來之「實」。

儒學就從這個地方來講「實」，他不是「虛」。就此它本然的與你關連一起，它有一根本真實感通的動源，那個真實的感通的動源，就好像誠懇之「誠」，真實的感通那個感通力可以用「仁」這個表示出來。而真實的感通就這個「仁」處落實下來，他有一定的形式基礎，就是「義」。他有一定的規範就是「禮」。如此之總

體即「道」，這總體落在任何一個存在事物本身而言，他都經由「道」開顯而落實叫「德」，如此「道德」、「仁義」就可理解。所以他一定從一個世界之「一體觀」去說，而中國文化中所說的「德目」亦可經由此一個一個可把它敲定。

四、「道的錯置」之克服：「存有的治療」

問：我在老師所著《麥迪遜手記》中，看到老師強調回到無分別是一種「明」，而老師又接著說主體對象化的活動，走向一個確定性也是一種「明」。這裡走向無分別，「道」在那裡彰顯時，與無分別感通為一體，此處它是否可能流於一種虛幻性。但是當「道」落於具象中呈現時，「道」又很可能異化，之後，可能又有種種的問題存在，這正如老師後面說的「道的錯置」（misplaced Tao）問題。它是否有其必然性，「道」必須落在具體化之中開顯，但落到具體化之中他同時又有一個限定性之問題，在這個限定性問題之中，他就隱含了「異化」之可能？這些問題，如何解決？

答：關於「存有的異化」其實他有幾個向度，你剛談的「道」之自身做為一個存有，顯現他自己之後，我們經由語言、文字、符號，到主體的對象化活動去安立它。這安立本身，由於對象化的過程，人的意向（intention）、人的利害（benefit）、人的勢力（Power）、人的性好（interest），什麼東西都會加進來，加進去以後，那就會變得很麻煩。就這點而言，我在「語言的異化與存有的治療」一義中有探討。這裡我認為，經由人們語言的活動，使得對象成為一個對象，此乃經由語言活動之主體的對象化活動以後，「名以定形」，此「形」因「名」而定，但人們在使用名言概念的時候，則人的意向、人的利害、權力、性好等都進去了。進去之後即有染污，如此人的氣息相感，業力交錯，對這外在事物一樣有其交錯、交雜在一起，因而產生了「異化」。這「異化」如何處理呢？這便須得再回到「道」本身而獲得治療，回到存有本身而獲得治療。此即我所謂的「語言的異化」，因之轉而有「存有的治療」。

如果用「道」的精神化而言，可說任何一個存在之物，果真能夠如其存在之物，他都必須要回到物的本性，以及回到「物」的總體之根源。「物」的本性為

「德」，物的總體根源為「道」，這叫「萬物莫不尊道而貴德」，如此才能「道之尊、德之貴，百姓皆謂我自然」，老子《道德經》在這方面有深入的理解與見地。基本上就是要合乎自然之道，回到「道」與「德」，回到「本性」，回到「總體的根源」，生命才能真正獲得修養及生長。如此可說是「道」之開展、扭曲、變形乃至誤置，再談其回歸。這如老子書中言，「道生之、德畜之、物形之、勢成之」。形著為物是經由人的名而使其成為「物」，故「有名萬物之母」，經過此「物」、「形」之後，他就有物、有勢，「勢成之」，此勢即力，力量，各種力量，你的desire、power 都加進去了，而此「物」成為對象之後，就如《孟子》書中言：「物交物引之而已矣！」那就是勢。此時如何面對「物勢」呢？這就得一番回歸的工夫，才能回到「尊道而貴德」的境地。

再者，我在《儒學與中國傳統社會之哲學省察》一書中言「道的誤置」（Misplaced Tao）則有另外一層意義，這較偏重政治哲學與社會哲學的意義，最主要是要談儒家原來聖者當為王，「聖王」理想的境界為「聖人為王」。但是在血緣性縱貫軸所成的宗法專制政治下，卻是倒反了，變成「王者皆聖」。聖者為王的觀念，其實他是一個「人格性的道德連結」做核心，「人格性的道德連結」即是「聖」，而其實他整個的背景是「血緣性的自然連結」，「人格性的道德連結」就是談「仁義」，「血緣性的自然連結」談「孝悌」。孝悌、仁義合而為一，「人人親其親，長其長而天下平」，這是儒家的理想，其理想即如此，儒家的理想是「子奚不為政？子曰：書云『孝乎唯孝！友於兄弟』，施於有政，是亦為政，奚其為為政？」就此看來，我們發現「宰制性的政治連結」，根本就是他要排除掉的。正因為他排除掉政治的專權體制，所以他腦子中思考的政治一定不能停留在法令政刑裡，所以才講「導之以政，齊之以刑，民免而無恥；導之以德，齊之以禮，有恥且格」；講「政者，正也，子率以正，孰敢不正」，講「為政以德，譬如北辰，居其所而眾星共之」，整體來說，它強調的就是「道德教化」的作用。

這樣的政治觀念當然與我們現在的政治觀念頗為不同。現在一般學者一論到此，好像就認為這很壞啦，或說他沒有辦法發展出什麼等等。其實，這些都是瞎說的，因為這是不相干的兩回事。能不能發展出什麼，不是你思想本身的問題，思想本有其兩面性，他都可能的，那裡不可能。依思想史上說，我們以為缺了什麼就發

展不出什麼，這個以我看都是瞎說，無聊得很。我們可以發現古今中外之思想，大部分說來，思想只要你願意去發展一個什麼東西，它就可能連在一塊，他和外來思想也可能連在一塊。此處其實思想本身，他要配合的是什麼，是要有那個思想的土壤，那土壤不能離開所謂的「文化傳統」、「政治社會的構造」以及「經濟的發展」，而經濟發展背後，又很重要的是「生產的方式」。這些東西總的來說，與人用什麼姿態活在這個社會上有密切的關係，這是很明顯的。譬如我們常說：中國人的冒險精神不夠，但在臺灣的中國人冒險精神那裡不夠，強得不得了，那為什麼會如此說；因為他會變，他會轉，所以我一直不能同意「思想決定論」的說法。

　　我剛談「道的錯置」那個部分，秦漢以後變成了宰制性的政治連結為核心，也就是以國君、天子做為核心，其他二者（血緣性自然連結、人格性道德連結）成了背景。如此一來，這就變成好像一個三角形，頂頭是「君」，底下就是「父」與「聖」。「父」代表的是「血緣性自然連結」的最高象徵，「聖」代表的是「人格性道德連結」的最高象徵，「君」代表的是「宰制性的政治連結」的最高象徵，形成一個如此繁複的連結。進一步，我們發現這時的「王」即「聖」；國君的旨意就成了「聖旨」，這種方式，在中國來講是非常麻煩的。當然這裡比起日本的「天皇」、「神道」的那種專制，我們還是小巫見大巫。然而是日本的「神道」、「天皇」不是人，他是神聖的、絕對的、超越的。在中國來講那個皇上還是人，其實，中國文化傳統的麻煩點就在這裡。或者說中國人腦袋裡面思考這問題的時候，就沒有辦法一直往上頂，頂出一個「超越的人格神」，或類似這樣的一個東西。相對而言，中國有很多東西是要拉下來放到人間做和諧性的處理，但是他又頂出一個「天子」，然而「天子」與「天皇」是不同的。「天子」是「天」之「子」，「天皇」是「天」跟「皇」合而為一的，所以日本的「天皇」跟中國的「天子」是很大不同的概念。現在有些人將它們混在一起來理解，其實是錯誤的。「天子」這個概念在我們理解，他是「天之子」，但他不是「天」，而「天」從哪裡來呢？《尚書》所謂『天聽自我民聽，天視自我民視』，這又轉一個圈後，回過頭去全部擺平。中國基本上還是一個「中道」，混成一個整體來看。但日本人不是，往上說，說到一個最高的「神道」，或是最高的「天皇」，這個地方他變成一個「儀式型的理性」，儀式主義，朝向那邊。中國人不是如此的，中國人較近乎一「情實型的理性」。

這裡我們講「道的錯置」之問題，是以目前這個時代來看，他其實有一個新的發展，這新的發展，並不是說，你批評儒家就可以把這一套專制瓦解掉。我的分析架構是要說明，整個中國的專制並不是儒家造成的。專制是中國文化裡頭非常重要的現象，他影響非常的深遠，但是，他原本是如此簡單的分析架構；「君」、「父」、「聖」，「血緣性的自然連結」、「人格性的道德連結」以及「宰制性的政治連結」，這是最簡單的分析方式，又可以把最重要的幾個因素全部包括在裡面。如此可以很清楚的看出，儒學在整個中國專制的過程中，其實不是霸權，其實是調節了中國的專制，使得中國的專制不敢太過分，它企圖用「道統」來指導「政統」，但又沒辦法指導，「政統」又回過頭來控制你「道統」。然而既要控制、要假借，就因此會有牽制，或者調節產生。

五、從「以心控身」到「身心一如」

問：此處的一些問題老師也提到，他一方面有抗持調和的功能，而他同時也受到些薰染。譬如說：人格性的道德連結，血緣性的自然連結，同時也帶有宰制性的政治連結的意味。這些常常就落實在我們的生活世界裡面，譬如說：「父子」、「師生」這一層關係，可能受到薰染而帶有一些上對下很強烈的宰制性。還有另外一點是說，在這種相抗持之間，老師有一個很重要的觀點是說，因為在抗持之間他必須將心性修養往上一提，越專制他越往上提，形成一個更強的張力，也就越往心性的保存這方面走，也造成了儒學真正在社會實踐中，動力的委靡及虛空化。

答：這有非常密切之關係，宋明理學發展出一套那麼注重心性修養的理論，跟整個宋代以後專制的控制的強度遠勝於以前，有密切的關係，這點是不能忽略的。因為他變成之前的那個講法，他相抗而相持，到最後要開拓一個更高的境界才能不為這個現實所拘，因為要去面對現實時會碰到很多挫折和困難，所以就以「境界的真實」來替代那個真正要去實現的「真實的境界」。大體說來，人類幾個大的文明，現在都是以男性為中心的思考，其男女之欲也是以男性為中心的男女之欲，這是男性控制女性。不過，值得注意的是：這裡形成一個非常有趣而麻煩的弔詭，男性的生命變成飄移的狀態而女性則是固著的狀態。女性「貞節」的觀念是以男性為

中心所賦予的，但是男性賦給她，是因為男性必須靠著一個穩定的力量使得他的飄移生命穫得穩立。這個地方男女兩性有一個非常有趣而複雜的關係，男性控制女性，結果到最後，男性被他所要去控制的女性所形塑成之意義系統，回過頭來穩立男性，而這個穩立本身又形成另外一種反控。

　　中國歷史上常發生很荒謬的事，當男性發覺到他的女人，失去貞節或者是有所不貞時，這時男性所表現就有二種態度；一是非常憤怒，一是如喪考妣，他覺得整個生命好像完全垮掉了。我們從看過的一些戲劇或甚至在左鄰右舍就有這樣的事，這是很荒謬的。我以為從五代、宋以後，男女兩性的關係，發展是不正常的。身心、理欲的關係也都不正常，統治者跟被統治者的關係也是不正常的關係，大體說來，那已經悖離了原來儒學強調的「一體觀」。身心、男女、陰陽應該是一體的，上下應該是合而為一的，君臣、父子、夫婦、兄弟、朋友應該是以「氣」的感通關連通而為一的。現在皆不是，「心」要控「身」，「理」要控「欲」，「男」要控「女」，語言、文字、符號通過這個方式要控制這個世界。更荒謬的是：它那控制方式又不是如西方科學的以一種對象化的方式去控制，它卻是回到那符咒，回到那宇宙的動源，帶有「符咒性」、「咒術性」的控制。我以為中國傳統自宋以後這一段如果不清理，那中國人的生命就非常的「拘」，生命裡既是「專制」，又是「咒術」，又是「良知」它們通通連在一起，他本身又在動，又有一個迸開或瓦解的可能性。這樣一來，中國人的生命，人變成不像人樣。

　　我一直對宋明儒學有意見，宋明儒學他在那個時代非常了不起，這是可以肯定的；但是，宋明理學家中，多半「虛」，用牟先生的話說是「有山林氣」，有「頭巾氣」，沒有真正的「富貴氣」。這裡所說的「富貴」是「自足者『富』」、「自尊者『貴』」。宋明儒者大部分說來，他們的生命沒有充實而飽滿之感，沒有「充實而有光輝之謂『大』」，沒有「大而化之謂『聖』」，沒有「聖而不可知之謂『神』」。多半是帶有「山林氣」跟「頭巾氣」。我覺得這之中，宋明理學之生命不夠充實，他衝不出去。這可以從他忽略了一個存在事物本身之有他一個確確實實的物質性去了解，這是不能取消掉的；但是宋明理學家多半卻有這個傾向。

　　我以認為真正原初的儒學本身來講，他最首出的概念應該是「氣」這個概念，不是「心」這個概念，也不是「理」這個概念。「理」這個概念強調的是一個超越

的形式性原則，「心」這個概念強調的是內在的主體性原則，「氣」這個概念強調的是歷史社會總體的真實的互動和感通。所以基本上我自己在研究儒學的時候，就把他歸到「氣」學。連著氣來談的話，那應該是「身」學而不是「心」學。或者是身心一如的，他不是以「心」控「身」的，這個地方其實是有一個脈絡。做這研究到目前為止，我其實是感觸很多，鵝湖的朋友，真正會去理解的並不多。

六、當代最大的「別子為宗」：
牟先生的哲學向度

問：我印象很深，牟先生剛過世不久，開了一個牟先生哲學會議，會議上老師提起，從這個角度來看牟先生是最大的「別子為宗」。就當時那個情境，覺得這話有震撼力，覺得此處似有重要的深見。

答：我說牟先生是最大的「別子為宗」的意義是，因為牟先生強調的是「心學」，而牟先生所說的那個「心」，是普遍意義的，超越意義的，而帶有抽象性的，它不夠落實、不夠具體，因為只有那樣才能夠談「智的直覺」（intellectual intuition）。這個部分牟先生就太強調，太顯超越相，我覺得儒學應該就真實的感通處說，而真實的感通是落到「氣」上來說。而牟先生講這個「良知」、「智的直覺」，講到後來變成越講越絕對，越形式化，他變成一個主智主義與形式主義的傾向。我一直覺得要把他拉回來，拉到生活世界中來，正視存在有其物質性在，就某一個意義下，這是「唯物論」。其實，「唯物」有時候也不是那麼物質性，它也是心物不二的辯證，其實應該把他拉回一個具體的器世界中來感通，因而整個安排的言說系統就全然不一樣了。

當我們談這個的時候，許多朋友就以為太咬文嚼字了，然後就被認為我好像誤解了牟先生，其實總體而言並沒有誤解。我說牟先生是最大的「別子為宗」，因為他真的很不容易。例如：儒學是一個世界，牟先生把它分成二個世界，然後再把這二個世界如何通起來，再談如何從「物自身」下貫到「現象界」去，如何從「智的直覺」，坎陷為「知性的主體」，再如何面對這個世界，其實可以不必用這樣的方式，但也可以這麼談。牟先生的論點如此精彩，構成非常完整的心學系統，真是足

以成一代宗師。就這一點而言，我覺得牟先生是最大的別子為宗。

問：牟先生如此的論法，是否與其身受佛、道二家之影響有關？

答：一方面是有關，但是最重要的，是因為他所處的年代，面臨著所謂「存在的危機」、「意義的危機」。如何克服此「存在」與「意義」的危機，當代新儒學者大體所選的是一形而上的保存之路；當然，「道」與「佛」也剛好可以配合了他這個形上的保存。形上保存到最後就是鞏固了一個超越的「智的直覺」，用那樣的方式來安頓他那個時代的問題，解決他內在生命的危機，但是是否真正解決了呢？至少在那個時代，已可以得到安頓。接下來我們所要面對的問題是歷史社會總體之問題，是生活世界之問題。也就是說「牟先生之後」，我們要面對的問題，不能不面對。當然如果我們立足於發揚牟先生學問之立場言，牟先生之學問是不是也可以發展出我們強調之「歷史社會總體」，強調「生活世界」，當然也可以。如牟先生所說的「本心」，他除了形式化、超越化那一面，他其實還是非常強調要落實的，就論述的策略來說，是可以就他在論述結構中所安插的分位中，再從那個地方落實起。

七、「當代新儒學」與「京都學派」的對比

問：透過林老師的詮釋，我有一個聯想，覺得牟先生的論述好像有相似於「京都學派」，尤其是久松真一的想法。他的想法是要建立一個非歷史的歷史，非時間的時間，因為久松他也研究過禪、佛，到後來其實是往非時間性，非歷史性之形上境界。但他覺得是可以在生活世界呈現，也必須要談歷史社會的問題，但是他心目中又有一套自己的歷史社會觀，要談落實，又必須從這個地方談下來，談下來又必然走向一個非歷史的歷史，非時間的時間，對於這樣的思路應如何理解？

答：就這一點而言，可以說久松真一跟牟先生接近，但骨子裡頭還是不一樣。其實接近非歷史的歷史，非時間之時間的「圓頓之教」，「圓頓」當然非歷史的，而「圓頓」之做為一個教派是在這個歷史中發展的，所以他是個非歷史的歷史，非時間的時間，任何一個當下時間的歷程通通是收攝於那個總體，而那個總體之為總體，他又當下就顯現。所不同的是：日本京都學派久松真一，基本上他背後所被強

調的，是一個如鏡子一般的「空無」，亦即「絕對無」這個概念。儒家不是一個「絕對無」這個概念，儒家是一個「創造性自身」，他不同於「絕對無」這個概念。「絕對無」他背後有個場域的概念，收攝到最後則是一個最高的「神道」。

日本人詮釋「神道」，也是純淨的、潔白的、如同鏡子一般，中國人到最後收攝為「道」。「道」這是宇宙總體生發之源，這點中國文化和日本文化差別很大。日本之接受儒家，其實是透過禪宗而接受儒家，所以到最後能夠將儒家整個構造起來，把他拉到最高「神道」，這在日本，他不是人與人之間最真實的情感，他一拉就被拉到最上頭，那叫「誠」。「誠」者天之道，「誠」之者人之道，他一解之後完全和我們不一樣，這很有意思，所以日本他以「忠」為「孝」，就「忠君」和「孝親」而言，「忠」之為「孝」。「忠君」就是「孝君」，「孝親」就是「忠親」，所謂的「忠」，最後是投向那個絕對者，我們須從絕對服從這儀式性去理解。

問：剛才有一個不太能理解之處，照老師的詮釋方式，儒學應該是一種「場域」的概念，「場域」的強調特別重，因為他就直接落在一個具體的、歷史性的社會總體上呈現，而不是收攝到一個最後的境界，收攝於絕對無、空的概念。因為像這樣反而會流於形而上的概念，使得「道」呈現開來之張力反而不顯，相較而言，場域性比較顯的應是儒學吧？

答：中國儒學「場域」之概念，與日本京都學派強調「場域」這個概念不太一樣，日本的「場域」好像鏡子般的背景襯托，基本上是「虛」，絕對無之「虛」。中國人「場域」的概念像是土地一樣，踩在這個土地上工作，這個地方是有很大不同的。中國人在天地間，人參贊天地間，構成一個總體，日本人不是，日本人是朝向那至高無上的「神道」，而「神道」又是清靜無為的、潔淨的、透明的。

問：日本基本上那個場域的概念，還是不帶時間性和歷史性。譬如：西谷啟治；他還是覺得「空」這個問題很難克服，「空」如何跟「歷史」、「時間」建立起關係，他也碰到這種困境。佛學在當代要能夠當下在這個世界呈現佛法，就必須考慮到這世界是很具體的，是有歷史的，是有時間的，他如何把佛法之「空」帶入這個世間中，而讓他呈現？

答：這個必須看你如何解，在中國來講，大乘佛法最後轉變成「真常心」系

統，就解決了這問題。甚至，他後來更進一步轉變成「本體生起論」的系統。一般說來，佛法是不能違背「緣起性空」的理論，但是整個民間教化流行的背後卻是「本體生起論」的說法。我們可以看的出來整個民間的佛教多半相類似，而這些東西又和「道」、「巫祝」和在一塊。至於日本這個部分有些東西我也不是很清楚，但就整個推述而言，他要解決這個問題其實也是可以的，就如你剛才說的久松真一之無歷史的歷史，無時間的時間，當下就是。當下之剎那即是永恆，生命當下燃燒，任何一刻都是完全的熱烈。

　　問：如同那鈴木大拙說他每喝一杯茶，都是有「禪」的，在生活中的每一個具體行動。也是將「禪」的「空無」落顯到具體的生活世界之中。

　　答：這裡有一個很重要的地方，須得釐清。那個落實下去，在日本還是形式性的，不是內容意義的，我何以敢做如此判定。日本於此而言，他還是儀式性的，他用儀式性的方式讓自己安頓。但那個安頓是否果真讓你的身心調適？「身」如何處置？「身」在悸動，而這個悸動的時候，他這生命放在這裡，在這個悸動的當下，面對絕對的空無，想著，我的生命能夠把他處理掉的時候，就進入這個狀況。這個部分我是要解釋從芥川龍之介到川端康成，到三島尤紀夫都選擇死亡。而櫻花看起來是很脆弱，但櫻花其實是很剛強，他那個脆弱，就用那樣的盛開的方式來剛強她，並因此脆弱之剛強而得充實，這裡有一深深的生命悸動。日本的「美」有一種很獨特的「美」在。這獨特之「美」和中國的「美」不一樣，中國的「美」基本上還是充實的，所謂「充實之謂美」；如果對比參照的話，日本那種「美」，不同於充實之謂美，而是「虛靈之謂美」，更進一步我們可以說此虛靈、虛空、虛靜、虛寂之謂「美」。我最近重讀日本川端康城的《日本的美與我》，覺得那生命有一種非常寂靜的美，非常透明的、晶瑩的、剔透的一個背景，一個人在那麼強之背景下顯示其人之渺小。但同時由這個渺小映照你的偉大，偉大在於他背後的晶瑩、剔透、潔白，這時候人在此狀況之下，我之殉情更成就那晶瑩、剔透、潔白之美。那晶瑩剔透的潔白就是「神道」，就是「天皇」，也就是他們至高無上之境。這種「美」，有時候也是會很令人耽溺的「美」。如此晶瑩、剔透之潔白，一個人立於此情境，而這個人可能是充滿了欲望，充滿生命力，在對比之下，那是非常「美」的，這時候我把自己的欲望處理掉，把生命處理掉，進入永恆，經由此而彰顯

「美」。日本人最內在心裡極至就在此，這可以想像他們那種自殺時的心情，是非常深微奧秘的。

八、結語：重返王船山──後新儒學的可能向度

問：熊十力在你看來他有一個特別重要的意義，這個連結到剛才所談，這對於中國之「原儒」，即「原始儒學」中之「道」，他跟時間之間其實是並不構成問題，所以不會有像久松真一或西谷啟治的那種困局，那種渴望想要將「空」和歷史、時間接合起來的問題，因為「道」就在歷史，就在「氣」之中呈現。然而，我想要問的是：這個中間透過宋明理學的階段，這個「道」是否有一種可能性，使其歷史社會總體及時間意義，慢慢的被解消掉，或者虛空掉了，或者又是保存、又是解消；由此來看熊十力或王船山其有特別重要的意義，他們同時又把「道」拉回到時間、歷史中呈現。

答：這裡所謂的「拉下來」，就是在這裡實踐，其意義是注重到整個歷史社會總體。就此王夫之遠過於熊十力，熊十力的格局也是照顧到這個問題，所以他講「體用不二」，講「眾漚即是大海水」、「大海水即是眾漚」這是「一個世界」的論法，「道」就在此開顯，它不離於生活世界，它就落在此中。但我要說的是：熊十力還是受宋明理學的影響比較大，他講到人的「實踐」論題時，做的是內在形而上的道德本性的考察還是比落實於歷史社會總體多。例如，他所強調的「明心」即是。很可惜的是：熊先生念茲在茲的那個《量論》（知識論）沒寫出來。另外他應該要照顧更多屬於歷史社會總體的那些東西，是應該在《量論》中繼續延伸出來的東西，亦無所發揮。他在《原儒》、《讀經示要》之中寫了一些，但仍嫌少，不夠充實。再者，熊十力本身的生命也反應出，並沒有真正如孟子所說的充實之謂「美」，充實而有光輝之謂「大」，他那生命仍有一點彆扭。在理境上他透到那裡，但現實中他仍無法到達，很困難，那是時代的業障，障很深。

就此來講，王夫之有他可貴的地方，王夫之在他的生命之中與熊十力來講，我覺得是比較潤澤。他一方面能夠困居而另方面又能夠潤澤，他所採取的學問路向，比較不是「乾元獨顯」，而是談「乾坤並建」，不訴諸那「本心」，而是即其

「器」而言其「道」，是就當下任何一個存在的事物，就那個辯證之過程而去彰顯「道」。熊十力他也懂這個道理，但是他基本上重點還是「照見本心」，當然他知道這個「本心」並不是個超越的實在，那麼這個地方就有辯證性了，於此可知他所強調的「陰陽翕闢」，這是《易經傳》的系統。我個人以為就熊十力本身而言，他的哲學當然有他可貴之處，他是很值得研究的。但這並不意味熊十力的學問不能批評，有些人批評他是否心口一致、言行一如，我認為這些批評也不是空穴來風，但是熊十力的學問也不因這些批評就沒有道理，而正顯示出他其實是一直要克服他內在的困境，而又是一直克服不了，這就是那個時代的病痛。所以和王船山比較起來，他還是傾向於特顯這個「乾元」，並不像王船山的「乾坤並建」。我一直以為王夫之的哲學結構是很值得重視的，他很清楚的照顧到具體性，照顧到社會性，照顧到歷史性，照顧到物質性，我們要從這裡看物質性做為物質性，它也就不離你那心靈。我認為由牟宗三先生上溯至熊十力先生，再上溯至王船山的哲學，這裡隱含了我所謂「後新儒家的哲學」可能向度。

（以上是一九九七年十月廿九日的訪談全文，由清華大學中文研究所博士班研究生賴錫三先生訪問，南華哲學研究所碩士生裴春苓小姐紀錄完成）

第十六章　John Makeham 訪談
林安梧論「新儒學」與「後新儒學」

梅約翰（澳洲大學東亞系教授）

林安梧（臺灣師範大學國文學系教授）

時間：2003 年 1 月 22 日

地點：臺灣師大文學院館八二一室

編案：這是梅約翰教授（John Makeham）在西元 2003 年 1 月間在臺灣師大對林安梧
　　　教授的一篇訪問稿，全文由研究生廖崇斐、李彥儀、何孟芩等人根據錄音稿
　　　整理完成。內容所涉甚廣，大體及於思想與意識型態之區分，新儒學、當代
　　　新儒學與後新儒學等諸多向度。

　　梅問（梅約翰教授 John Makeham，以下以梅為稱）：有人說當代新儒家在臺灣，可以
從兩個方面去探討，一個是作為一種意識型態，另一個是作為一門學問。作為一門
學問的話，也有人說它的貢獻不是很大，它的進展不是特別明顯。但是作為一種意
識型態，是它比較顯著的一個特點，你覺得這樣講有沒有道理？

　　林答（林安梧教授，以下以林為稱）：在華人的學問裡面，「學問」跟「意識型
態」這個詞，它是有一個連續的關係的，並不是可以截然分開的。我想也不只是華
人，在人文的學問裡面，其實作為學問跟作為意識型態，它有其連續體（continuity）
的關係。就當代新儒學來講，作為一門學問，我想老一輩的先生，像唐君毅先生，
牟宗三先生，徐復觀先生，我想他們所獲得的學術成績是卓越的。從體系性的建構
到文獻的耙疏、整理、構造，以及哲學史上的探討，都有相當高的成就，我想這一

點是學界所共同肯定的。作為他們的後學者，我個人認為在學問上大部分的後學者是延續這個規模所作的發展，我認為還是學術性的。至於說作為一種意識型態，如果我們把意識型態作一個更廣泛的理解，就是說作為一種行動的指導方針，或者作為生命的一種理念信守，或者各方面種種。如果用「教」跟「學」來作區別的話，我想很清楚，也不需要再費很多的言語去說明。如果說「教」跟「學」做個比較的話，我並不認為在臺灣屬於「教」的層面有更多的發展。

梅問：「沒有更多的發展」，這是為什麼？

林答：因為整個時代的氣氛，屬於「教」這個層次，特別就儒教來講，這個層次並不是那麼繼續容易發展。當然新儒家的人物裡面，在新的傳承這一輩裡面，帶有宗教性的人格不如老一輩的人，老一輩的人比較帶有「教」的人格。譬如說像牟宗三、唐君毅、徐復觀三位學者，他們都是很好的學者，除了作為很好的學者，他們的實踐性格其實比我們作為後起者都更顯強烈。更早一點的梁漱溟、熊十力、馬一浮、張君勱那就更明顯了。

梅問：是不是這個年代，儒教作為一種意識型態，或者一種宗教信仰，已經沒有地位，已經沒有它的價值了？

林答：我想這不能從這個地方去推論，基本上應該從幾個層次去理解。原先的儒教它是跟整個官方的帝皇專制的政體，跟整個宗法封建的社會，跟整個小農經濟的組織結構，它是結合在一塊兒的。用我的話來說的話，它是一個「血緣性的縱貫軸」所形成的一個社會政治經濟的總體。在這狀況底下，儒家它依循著這樣一個體制，在體制裡展開它的力量。政治體制是官方的，而在民間的社會裡頭，它源遠流長的一種血緣親情，仁義道德教化是連在一塊兒的。但進入現代化以後，整個政體變化了，整個社會結構變化了，而在這個過程裡面，我覺得儒學必須要有一個新的轉化，而它在這個轉化的過程裡面還在適應中。當然你可能會覺得未免適應太久了，但是我覺得這就是一個很大的挑戰。所以儒學屬於「教」的性格，好的來講的話，就是它已經可以很徹底的從原來的政治體制裡面脫落出來，但是它必須要有一個新的建構，而這個新的建構可能就必須面對各個不同的宗教而有新的挑戰。

梅問：……他目前缺乏一個很重要的基礎，那就是現在沒有人讀四書五經了。是嗎？

林答：嗯，我並不認為現代沒有人讀四書五經，就以臺灣為例。臺灣讀四書五經的，五經比較少了，讀四書，當然《論語》、《孟子》是十三經裡頭的兩部，而《大學》、《中庸》都是放在《禮記》，屬於五經。但是總的來講，四書五經，四書部分，就我所知，其實在臺灣的宗教裡頭，譬如說一貫道的傳統，一貫道基本上是以儒為體，以道為用，以佛為相，我的理解是這樣。那麼在一貫道的團體裡面，基本上屬於四書的講習還是非常多的。

梅問：中層階層的話，還是以佛教比較受歡迎吧？

林答：總的來講，在臺灣佛教是比較受歡迎的。但是我願意這麼說，就是即使佛教徒，包括佛教的高僧大德，他們在傳播佛理的時候，也把儒家的思想滲透在裡面。當然這個問題牽涉到，我做一個比喻，就是說儒家還是用傳統的商店經營方式，但是現在佛教它有一個蛻變，它好像 7-11，好像全家便利商店，它是連鎖的一直出去。現在它那個店開得很大，開得很好，開得很亮麗，它這個店一樣可以賣你儒家的東西，而且本來人類的精神資源就是相通的，而它也可以從它那裡繼續生長的，這個地方並沒有什麼不正當性的問題，它有它的正當性，合法性。

梅問：在那種環境裡，儒家的東西難道不會變質嗎？

林答：我認為很基本的就是會攝入到它裡面，然後為它所吸收，然後到最後成為它的一部分。但是這個對於儒家的發展來講，某一個意義下，當然儒家就是落後了。有一次李澤厚先生到臺灣來訪問，他到花蓮慈濟訪問證嚴法師，他回來跟我說，他覺得慈濟講的很多東西其實是儒家的思想。但是我覺得雖然慈濟講的很多東西是儒家的思想，但是他畢竟是整個收歸到它佛教的團體裡面去了，也就是和佛教融合在一塊兒，而它是以佛教做底子的。當然在這個過程裡面，儒家是面臨很大的挑戰。如果說儒家在民間裡面還有力量的話，在宗教團體裡面，其實就是一貫道多一些。其他的宗教臺灣一般的民間信仰，所謂的儒宗神教，這裡有一些相關連的。但是在臺灣，儒教並沒有以一個「教」的名義出現。

梅問：以前也沒有嗎？

林答：以前的話，因為它是官方所倚賴的、所立國的一個基礎，基本上就是我剛提到的一個「血緣性的縱貫軸」，在這個血緣性的縱貫軸裡面它是以孝悌倫理為主導的，從「父子有親，君臣有義，夫婦有別，長幼有序，朋友有信」這個三綱五

常的傳統一直貫下來的。現在這個部分必須面臨到很大的挑戰，必須重新轉化。這個部分，我最近的提法就是說，不是儒家的內聖怎麼開出外王的問題，而是在一個新的 modern society，在一個新的現代社會，現代化過程裡面，儒學必須重新調整，而有一個新的內聖的問題。也就是不是從內聖怎麼開出外王，而其實是從外王重新調節出一個新的內聖。內聖的重點不在於強調內在的心性修養，而應該是注意到一個 social justice，一個社會正義底下，你如何安頓你的生命並且參與社會正義。這個部分我想儒學是需要努力的。

梅問：但是前一百年，有人就提倡這樣一個講法，就是儒學必須入世，必須參加社會活動，必須能有實踐的表現。到底這一百年以來，做到了多少？

林答：它大體是這樣的，這一百年來，整個華人世界，中國、臺灣、新加坡、香港整體來講，在現代化的過程裡面，儒學跟道家跟佛教是分不開的，它們成為華人最基本的、內在心靈的一個土壤。我的提法可能接近是，作為一個心靈的土壤，儒道佛起了一個調節性的作用，它們並不是推進現代化，它們可能某些部分跟現代化之間必須有一個新的調節的關係、磨合的關係。但是它總的來講，特別在臺灣，在香港，在新加坡，或者在韓國，整個東亞四小龍的興起，其實儒家、道家、佛教起了一個非常重要的，調節性的作用。當然，先前的日本也是如此，我以為以後的中國大陸也是如此。就這一點來講的話，它們並不是沒有作用，只是因為它以前原來所帶的，借用佛家的用語來講，就是「歷史業力」，也就是一個歷史的包袱，歷史的力量，使得大家一想到儒學的時候，就覺得應該趕快把它拋棄掉。但是其實儒學它仍然在民間裡生長。現在比較大的問題是我們談儒學的人跟整個民間的 continuity，這個連續性，沒有處理的很好。所以儒學好像變成了中文系、歷史系、或哲學系裡頭某些教授，去做 research 的工具，好像是牟利營生取得學位的工具而已。其實不是，它在民間裡面仍然有它生長的力量。

梅問：那麼它在民間最核心的表現是什麼？

林答：在最核心的表現基本上就是孝順父母，友愛兄弟。在整個臺灣截至目前為止，基本上孝悌人倫仍然是我們最重要最基礎的倫理，最基礎的道德。

梅問：這個是屬於儒家的壟斷嗎？

林答：我想這個地方牽涉到其實人類各個不同的宗教，各個不同的「教」，或

者說各個不同的意識型態，各個不同的人類心靈，它其實有它的一個 universality，它的普遍性，這個不是儒家能壟斷的。我想儒家所提的孝悌人倫是儒家的一個根本，而孝悌人倫在家庭裡頭。那麼從孝悌人倫再往上提的話，就是談仁義道德。「仁」談的是一種真實的情感互動，一種真實的愛，孟子所謂的「怵惕惻隱」。「義」講的是一個客觀的法則。所以基本上來說，講仁義道德的時候，在儒家來講是從孝悌人倫往上提著說。以前它是在一個宗法封建、帝皇專制，這樣一個社會跟政治的總體裡面去講「孝悌人倫」與「仁義道德」。但是現在是在一個，譬如以臺灣來講，是在自由社會、民主憲政，這樣一個社會政治的總體下去談孝悌人倫，去談仁義道德。這時候孝悌人倫、仁義道德它的具體內容必須有一些調整，而我認為現在正在調整之中，而並不是說儒家它就因此都沒有了。當然如果屬於儒家的學者，或者說屬於儒家的信徒，他在這裡不發生作用的時候，它會被其他各個不同的派別，各個不同的人所取代，儒家的思想就整個滲透到這裡面而消失掉了，被溶解掉了。因為儒家所談的很多東西，就像各個宗教所談的很多東西，是 universal 的層次的，雖然他也有 particular 的部分，但是這個 particular 的東西，他必須隨著一個 historicity，一個歷史性而變化。這個地方就以佛教來講，三十多年前的臺灣佛教跟現在的佛教就有很大的不同，這個時候必須要有一些人格典型，一些真的偉大的 personality，在那個地方成為一個非常好的 ideal type。佛教是有這樣，所以他成就了他這個「教」，整個往上提升了。三十多年前臺灣的佛教跟道教跟其他什麼，根本是混在一塊兒的。現在儒家需要像佛教一樣出現一些這樣的人格典型。

梅問：佛教為什麼這三十多年來就比較成功呢？

林答：就是我剛剛說的，因為它有幾位相當難得的人格典型。譬如說星雲、聖嚴、證嚴幾位大師。他們對整個佛教有一個 reformation，一個改革，這就好像西方的 religious reformation、宗教的改革一樣。我覺得儒教也必須要有一個新的改革。而這個改革，我現在的提法是說，並不是說如何從自己的傳統轉出去談如何開出現代化，而是在現代化的過程裡頭，如何重新來變革這個傳統，而這個變革必須要有一個很大的變化。

梅問：儒教能做得到嗎？因為看以前有佛教有道教，但是沒有民間的儒教。

林答：以前的儒教是「百姓日用而不知」，之所以「百姓日用而不知」是因為

他已經被放在原來那個體制裡面，那個 structure，那個 institution 裡面。

梅問：但是它既然沒有一個形式不是更困難了嗎？

林答：我想以前他就是靠著那個龐大的形式，就是我說的宗法封建與君主專制整個的結構，而現在必須從那裡脫出來，因為那個地方已經垮掉了，現在必須有一個新的結構，他可能必須放在很多個 association，或者 society，或者 community，然後慢慢的生長，他可能必須成為一個 religion，某一個向度上。這個部分，我是覺得考驗著儒家未來發展的可能。

梅問：但是到底有多少人在推動？

林答：我想目前來講，單獨的推動沒有。基本上，還是跟著道，跟著佛連在一塊兒。這個地方其實是必須有人去做這個事，而且我覺得不應該排斥做這個事，現在應該是時候，但是誰去做，我想這是一個問題。以前梁漱溟其實有這個意願想做一點的，他推過「鄉村自治運動」，但是梁漱溟他是不是那麼高的自覺作一個儒教，我想未必。倒是康有為曾經思考過這個問題，但是他的儒教的想法裡面仍然跟我現在所說所構想的是不同的。因為他畢竟還是在一個君主專制，或者頂多說是在一個他認為的開明專制的君主立憲下，而說的一個國教的儒教。而不是跟其他各個宗教可以相互競爭。我想現在如果重提儒教運動跟康有為那個時候的儒教運動是兩回事。

梅問：有一個講法，說如果沒有牟宗三，就沒有新儒家，你覺得如何？

林答：我想這個話是講的過頭了。應該這麼說，牟宗三是做為新儒家整個發展的一個高峰，但這並不意味著，沒有牟宗三就沒有新儒家。因為從熊十力、梁漱溟一直到張君勱、唐君毅，他們其實都是在牟宗三之前就已經開始發展他們的思想了，甚至已經締造他們的理論想法了，而牟宗三只是更為完備。他所涉及的深度跟高度跟體系性比較強。

梅問：但是牟宗三他也沒有特別強調他是梁漱溟、熊十力的繼承者。

林答：他的確是沒有那麼強調，但是當我們作一個思想史理解的時候，是看這裡頭有沒有他的 continuity，如果有他的 continuity 的話，是可以說的。譬如說熊十力到牟宗三是有它的 continuity 的，有它的一個連續性的。

梅問：這個連續性有是有，但是不是牟宗三以後的人才有這個提法，才有人開

始形容有這麼一個系統？

林答：我想分兩層來說，首先，牟先生並非完全沒有自覺，他其實已經也有自覺的是在走這個路，而後人更發現這裡頭有他的連續性（continuity）。也就是說牟先生在發展他的學問的時候，他是受到熊十力的啟發跟影響的。但是牟宗三的系統並不完全被熊十力的系統所限制，他也不是完全發展了他的系統，他就某一個向度加上他自己的發展，而熊十力是有他另外一個成就的。所以我想這裡並不一定可以那麼清楚的區隔，也不必這樣區隔。

梅問：牟宗三後的新儒家，包括臺灣跟大陸的，大陸當然少一些，他們有什麼比較值得提的貢獻？

林答：所謂「牟宗三先生之後」，應該是年紀比他輕的這一班人全部都算吧。那麼大概分兩個向度在走，一個基本上是繼續著牟宗三先生原來所建構的那個哲學結構，而繼續往前發展。這個繼續的往前發展，我就把它叫做「護教的新儒學」，維護牟宗三先生基本的理論系統。另外一個我稱之為「批判的新儒學」。一個「護教的新儒學」，一個「批判的新儒學」。「批判的新儒學」基本上是對牟宗三先生的系統作一個歷史的回溯之後，給予一個分判。這個分判是想把牟宗三先生過世的那一年，當成一個以牟宗三系統來講的新儒學的一個轉捩點。

梅問：但是既然你的著重點還是牟宗三，那麼我們又回到剛才我問的問題，如果少了一個牟宗三，那麼還有什麼新儒家可講呢？現在的這些新儒家學者，他們所談的中心人物還是牟宗三？好像牟宗三的名譽越來越大。

林答：我想個問題牽涉到幾個方面，一個就是牟宗三先生年輩與唐君毅先生一樣，不過唐先生早過去了將近二十年，而且在臺時間久，牟先生的影響力自然較大。唐君毅先生他所構成的一套系統和牟宗三是不一樣的，再往前追溯，熊十力也是不一樣的。我自己個人認為熊十力的哲學是必須要重視的，唐君毅的哲學也必須要重視的，只是因為牟宗三先生的系統是非常分明的，而且他的學生有很多原來是中文系出身的，而中文系出身其實對哲學整個綜括的理解上是比較有限的。中文系學生對哲學比較有一個向道之心，就是當成一個「教」，當成一個「道」，這樣的一種心情。正因為，牟宗三先生他的學問體系非常的龐大，非常的嚴整；一方面他的學生輩裡面學中文的比較多，而在中文系所講的中國哲學，它的求道意味比起哲

學系濃厚；另外一方面，他又多活了二十年。所以在這個過程裡面，很自然而然的，他的學問就比較是一種「教義」的傳播方式來發展的，這個是有密切的關係的。如果我們從一個知識社會學的觀點來講的話，那是很清楚的。

在這樣的過程裡面，我是覺得有必要對牟宗三先生的整個傳統做一個回溯，我的理解是把他回溯到宋明理學上，這個脈絡整個來看，他當然也受到西方哲學的發展影響。我認為如果以「格義」來說，牟宗三先生在中西方文化的會通上來講，他應該是「格義」的一個巔峰，但是所謂巔峰並不意味他已經達到中西哲學的真正會通，因為那還是不對等的。當我們說要從「格義」進到一個新的境地的時候，必須雙方的概念是對等的，這個必須往前走，而這個時候我覺得牟宗三先生的哲學變成了一個很重要的資產。這個資產不是說我握有它就得了，而要去釐清它，檢討它，批判它，繼承他。一方面是批判的繼承，另外方面是真正的延續與發展，我認為必須要有一個這樣的很高的自覺意識。但是目前來講，因為牟宗三先生的學問已經被納到一個 academic system 裡面，一個學術的政治組織裡面去，放在中央研究院所研究的項目裡，因此也會引發更多研究者。但是因為他是被放到目前這個研究體制底下，作一個對象來研究，所以他基本上原先的生命活力，其實反而會受到禁錮，甚至由於體制所帶來的權力（power）問題，他也可能被匡限、被竄奪。相對來講，像唐君毅，像熊十力反而就被忽略了，因為研究者只有一些，他們比較不受鼓勵，所以在這樣的過程裡面，這一點是我覺得並不是很好的。那麼中國大陸的年輕一輩對於這些東西的研究來講的話，他們因為也有他另外一個儒學的傳統，像馮友蘭，像張岱年，湯一介種種這些，他們也會注意到唐君毅、徐復觀。總的來說，就哲學的深度與高度來講的話，有些研究還不及臺灣，像中央研究院對牟宗三研究的深度，但一方面，當然就是，整個大陸現在正在發展中，未來是不是會有更大的發展，這是值得注意的。未來他的侷限會越來越少，這是肯定的。當然牟宗三的思想還是會影響比較大，有幾個原因，一個就是牟宗三的書，這幾年由上海古籍出版社出版，他發行量很廣，特別他重要的著作，像《心體與性體》，像《中國哲學十九講》，像《中西哲學會通十四講》，還有《圓善論》，還有其他都陸續在發行中，所以這個影響力會更大。這樣的影響力大基本上對於整個大陸的中國哲學研究來講當然是有一股新的生命力，不過因為整個大陸的新儒學的研究課題，近十多年來，

新儒學研究課題是顯學，相對來講的話，中國哲學的研究，原來譬如說以船山學來說，這十年來反而停滯，這其實並不好。不過現在伴隨經濟的發展，整個學術也在發展中，我想這個會有變化，而且原先那新儒學的研究課題已經結束了。

梅問：我發現最近幾年大陸那邊發表論文，好像先秦的，和這個宋明的來相比的話，還是先秦的越來越多，宋明的越來越少，這個對於新儒學會有什麼樣的影響，會帶來什麼樣的影響？

林答：我想這個牽涉到大陸這些年來有很多竹簡啦、帛書啊，這些東西，地下考古資料的刊行，這當然還牽涉到國家的研究課題，也牽涉到一個學問的客觀性，各方面種種。他比較有客觀性，因為這些東西它總要整理而且又有經費，那麼這些東西的出現，它會對於整個中國古代思想史有一些重新的理解。那對於儒學的發展來講的話，他未必那麼直接，但是總的來講，客觀學問性的講求會越來越高。明顯地，大陸目前學問性的講求已經超過原來意識形態的方式很多了，意識型態慢慢在淡化中。但是以研究新儒學來說，也有一些研究者，他們把它當成信念了，而目前來講，作為信念的儒學，作為你先前提問講的「意識形態」，或者「信念」，或者「教」這個儒學，在大陸其實也在生長中，這當然不是很多。

梅問：不是很多！恐怕沒幾個吧？真正的把自己成為一個新儒者。

林答：應該這麼說，就是說自覺的把自己稱為新儒者的不多，但是伴隨著整個大陸經濟發展，跟官方有意的扶植儒家、道家，整儒道兩教作為意識型態的發展，其實正在民間裡頭影響著，包括這些年來，大陸的年輕人乃至小孩的讀經運動。其實官方是有意的放手，讓他自己生長的狀況之下，正在方興未艾。

梅問：不過，那還不是很普遍吧？

林答：嗯，還不是很普遍，正在生長中，所以這個地方有待觀察。但是依我看來，伴隨著整個大陸的經濟發展來講的話，整個經濟在這個發展的狀況底下，馬列主義，原來的教條性的馬列主義基本上幾乎是完全退落了。退落了之後，這裡繼續發展的，未來他必須依靠著，他必須要有一個調節性的力量，他不是一個控制性的力量，而最適合做為調節性的力量就是儒、道、佛這三教。中國傳統經過了幾千年，特別到了明代中葉以後，這些東西已經成為人們心靈的一部分。我在一九九○年第一次到中國大陸的時候，就覺得中國的民間百姓其實他骨子裡面，他心靈的深

層結構裡面，仍然具有儒，具有道，具有佛的因子在的，這必須肯定。這真是「野火燒不盡，春風吹又生」啊！現在他其實還在生長中。大陸改革開放十多年了，未來十年左右（也就是二○一○左右），他可能必須面臨非常嚴重的，我覺得是個非常嚴重的一個轉捩點，他能不能經受得起，這也很難說，這很辛苦，我認為大陸也自覺到這個問題的嚴重性。

　　梅問：嗯，這個後新儒學，後新儒學在大陸可以扮演著什麼樣的角色？

　　林答：「後新儒學」大陸現在大家也留意到了，因為我在一九九四以後開始有這樣的一個提法，正式提到文獻上則是一九九六年間。我當時的提法就是牟宗三先生之後，因為整個新儒學的大師，牟先生的仙逝，那真是一件天大的事。就臺灣來講，儒學的思考，一直牟宗三先生的影響力非常大，包括我們鵝湖月刊的朋友，鵝湖月刊的朋友雖然他的各個不同想法很多，但基本上還是以牟先生的思考為主導的。在中國大陸來講的話，其實還沒有那麼自覺到的說所謂「後新儒學」，他們只是也開始思考到整個儒學在發展。「後新儒學」這個詞，他們並沒有很清楚的意識到說，是針對著何者來說，怎麼樣繼承與發展。就我個人來講的話，是很清楚的意識到在理論系統上的轉折。這個轉折就是從牟宗三先生的「現象」與「物自身」的兩層存有論，有一新的發展。我現在的提法就是我那天跟你提的「存有三態論」，從「存有的根源」，到「存有的開顯」，到「存有的執定」。我這個理論可能必須還一段時間才會正式的把它寫成一本專著，但是在整個發展裡面，我大體來講，現在是發展到一定的程度。我認為我現在這個提法，比方說對《中庸》、《易經》這個老傳統來講就與牟宗三先生所說的「一心開二門」的系統是不一樣的。「兩層存有論」並不是當代新儒學的共法，而是牟先生的獨創，唐君毅就不是一心開二門的兩層存有論系統。唐君毅在他《生命存在與心靈境界》那部書，他所提的就不是牟宗三先生「一心開二門」的系統。在熊十力的《新唯識論》也不是這個「一心開二門」的系統，而是比較接近我說的「存有三態論」的系統。我的「存有三態論」系統，其實是從熊十力的《新唯識論》裡作作一個創造性的詮釋（creative interpretation），進而有的一個重建（reconstruction）與發展。我認為這個地方還有很多東西必須要去面對，譬如說你面對一個新的現代化的社會，你必須怎麼去處理，教育的問題你必須怎麼處理，各方面的問題怎麼處理，而這裡頭，我覺得它必須要有

一群人的努力，當然是不是能夠有一群人的努力，這個是一個很大的考驗。

梅問：香港呢？請您談談香港的新儒學。

林答：香港的新儒學！以前我們談新儒學，常合稱叫「港臺新儒學」，就香港跟臺灣，香港以新亞書院、新亞研究所，那麼現在有個部分是在香港中文大學的哲學系，以前錢賓四先生、唐君毅先生、牟宗三先生、徐復觀先生都曾在那邊任教過，這四位先生都已經故去。後起的劉述先教授也退休，回到了臺灣。香港中文大學哲學系屬於新儒家的調子也就少了些！新亞研究所也少了些。在香港，我想還有少部分的牟宗三先生，唐君毅先生的門人，那麼他真正還有實踐的動力的，最強而有力的，其實是霍韜晦先生，霍先生自己創造了法住文化書院，「法住」其實是佛教的，它與佛教結合在一起，對香港社會有著相當的貢獻。但從這裡，我們倒可以看到，儒學在現代社會的發展中，如果要走進去而有力量，可能必須面臨很大的挑戰。

梅問：那新加坡呢？現在有沒有人參加新儒學活動？

林答：新加坡一直是華人活躍的舞臺，儒道佛三教的思想都有。像以前牟先生的學生，像蘇新鋆教授，他也是唐君毅先生的學生，他在新加坡國立大學哲學系任教，目前來講他們幾年前成立了另外一個「新加坡儒學會」。「新加坡儒學會」也參與國際儒聯。整個國際儒聯在整個儒學的發展上有它一個組織跟結構上的一個作用，而新加坡的儒學會因為伴隨著新加坡的政治社會總體，它仍然代表一個很重要的象徵。

梅問：我提到香港和新加坡，從八五以後，恐怕就很少有人寫有影響的文章和專著，就是從這個新儒學的角度。

林答：當然以前牟宗三先生很多著作是在香港寫的。八五年以後就很少，沒有錯，我想這個理解是正確的。或者說即使有寫，基本上都是一個 research，就是一個研究。作為學院裡頭的一個研究，它其實對整個民間社會，整個 civil society 的影響非常有限。

梅問：臺灣和大陸學者之間還有什麼隔閡？你們溝通上有沒有什麼隔閡？意識型態上還有隔閡嗎？

林答：我想，看是哪方面的學者。當然比如說儒家的學者，做儒家的學者來講

的話，我認為隔閡是在減低中，在消融中，在幾乎慢慢接近到沒有什麼隔閡的境地。如果說早先因為跟大陸的學者，依我接觸的經驗，在十幾年前接觸的時候，他們受馬克思主義教條的影響比較大，而這些年來他們馬克思主義的教條的影響越來越少。那我個人從另外一個角度去看，就是說其實馬克思主義的成分在大陸的學者裡面仍然扮演一定的角色，但是這個一定的角色比較是一個學問性的角色，而不是一個意識型態的指導方針了。

梅問：不過，那這麼說的話，方克立怎麼說？

林答：我想方克立也是一個很重要具體的例子，他代表的是仍然比較堅持在馬克思主義的傳統下，來發展所謂的儒學。但是，你如果從他前後期的著作看下來的話，其實腳步也在調整中，我想這是值得重視的。方克立推動新儒學的研究，這十多年對大陸學界起著重大的作用。

梅問：現在好像沒有類似的推動者，就是新儒學的一個推動者，他當然不是一個信徒或者一個傳教者，但是，他推動了這門學問。

林答：以大陸來說，作為官方的一個推動者，我想，就目前來講大概是這樣的。就是說，整個大陸在發展的過程裡面，現在大概就會，因為他們，我記得應該是從國家的發展計畫裡面變成幾個重點基地，像是倫理學研究基地，像是中國傳統文化的研究基地，乃至素質教育的研究基地。素質教育就是我們說的 general education，或者 liberal arts，那麼它基本上來講的話也在發展中，但是他並沒有特別標舉。這裡如果說要舉出具體的人，武漢大學的郭齊勇教授應該會是比較重要的推動者之一，像上海的楊國榮、陳衛平，北京的陳來、陳明等等。尤其是陳明十年來的《原道》已振動了中外。

梅問：我們之前提到過，大陸現在還有人自稱為新儒家嗎？

林答：嗯，就我所知，應該是有，譬如說羅義俊，我想他是很清楚的把他的commitment 放在新儒家，這是肯定的。那蔣慶的話，他提的是較接近「外王」這一面。他用了一個詞，不是很好的詞，也容易被誤解，叫「政治儒學」。我想他的意思是儒學必須通過政治來實現，而不是一個政治化的儒學，而是儒學本身必須通過一個，在一個具體的政治的活動裡頭，他有他要扮演的角色。

梅問：是經世儒學嗎？

林答：沒錯，「經世」，我想這個詞用得很好，就是經世濟民，經世儒學。

梅問：嗯，臺灣本土化運動和新儒學運動，這兩個運動之間有沒有矛盾？

林答：如果就學理上來講，他不應該是矛盾的，但是就政治上講的話，目前碰到了某種矛盾的狀況。因為就學理上來講的話，臺灣所謂本土化運動是不能離開漢文化運動的，既然不能夠離開漢文化運動，漢文化裡頭的儒、道、佛的整個生長是必須被肯定，必須被正視的。不過，由於臺灣海峽兩岸的政治關係，使得臺灣的本土化運動跟他的原來的母文化，有著一種很奇特的關係，就是所謂的矛盾關係。但是我認為這樣的矛盾關係是暫時的，或者是假象的，也就是因為臺灣畢竟以漢人做主體的，以漢文化做主體的，即使他有意的要區隔所謂的「中原文化」與「臺灣文化」，但是他骨子裡頭，仍然是以中原文化做主導的，所以我認為這個矛盾關係只是表象的，或者是一時的，當政治的氣氛變得比較緩和的時候，他有一些新的，進一步的發展可能。但是這樣的發展也好，因為這會使得臺灣的儒學可能會有新的向度，其實在十幾年前，蔣年豐教授與我就有一個提法叫「海洋儒學」，有別於原來的中原的「大陸儒學」，「海洋儒學」更具有國際性的，更具有開放性的，更liberal 的。

梅問：這個「海洋儒學」，它指的是臺灣、新加坡、香港，還包括北美嗎？

林答：也包括。我當時提法是說，是「邁向海洋的，朝向全世界的」。當然這個提法背後都有一些時代的因素，但是我認為這個提法也沒有什麼不好，它也可能是一個新的發展。但是整個來講，可能海峽兩岸的關係會趨近於緩和，然後達到一個我所謂「一統的境地」。我用「一統」這個詞跟「統一」不太一樣，統一的話就是中國傳統的帝皇專制的，以中原為核心的，而一統我用的是「春秋大一統」這個觀念。「一統」是多元的，而「統一」是單元的。我認為秦漢帝制是統一，而秦漢之前的春秋那才叫「一統」。

梅問：也不見得，當時不是戰國嗎？

林答：對，我是借用一個 model，借用那個模型說的，戰國再往前是春秋嘛，就是孔老夫子想法裡面「春秋大一統」，「大一統」跟「大統一」是不同的，統一就小啦，因為它是霸道，是小統一，「大一統」對比於「小統一」。因為中國以前是一統而多元的，多元你才能夠「邦有道則入，邦無道則隱」，孔老夫子才能夠周

遊列國。

　　梅問：文哲所（按：即中央研究院中國文哲研究所）的新儒提倡者還有創造性質的貢獻嗎？

　　林答：以臺灣的文哲所目前所做的新儒學研究，基本上比較偏學術性的研究。因為整個臺灣的中央研究院的特質上，基本上是受到歷史語言學派影響的，歷史語言學派是認為學問（包括 human science）是有它一種科學性的，它是可以對象化，作為一個客觀實證研究的，這個影響非常非常大。新儒學也好不容易成為中央研究院研究的一個對象，我覺得他很難避免在一個學術的體制裡面，在科學主義主導底下的某種客觀性，而這樣的客觀性往往是犧牲了人文的可生長性跟可創造性，我並不認為在中央研究院的文哲所所做的新儒學研究是新儒學的創造，我認為它是一個研究，這個研究基本上是一個對象化的研究。至於說他之於新儒學本身的發展，我認為應該起著一個「間接的影響」，但是並沒有「直接的效用」。而另外就是在臺灣非常複雜的學術權力的鬥爭跟平衡底下，它其實只是聊備一格，作為某一個大的系統裡面某一個小的部分，它也不可能有太大的作用。不過，有總比沒有還好，這是肯定的。如果另外說它有的功能，可能因為它在一個學術的龐大知識體系裡面，它有國家的力量來支持，那麼它跟國外的互動會多一點，說不定也因此而引發了更多國外的學者來關心這個問題，所以我說在間接的效用上，它是有的。

　　梅問：臺灣的當代新儒家有誰？代表人物是誰？我說的當代是當今的，今天的？

　　林答：一般來講，臺灣的新儒學，從牟宗三先生之後來講的話，老一輩人有中央研究院的戴璉璋，東海大學的蔡仁厚，成功大學的唐亦男，還有臺南師範學院的周群振，再來就是王邦雄，曾昭旭，之後，就是我們這一輩人了，包括我、楊祖漢、袁保新，包括李明輝，包括王財貴，包括高柏園、顏國明、陳德和、周博裕，這樣下來，數起來應該還有二十個以上的學者。

　　梅問：那麼，這些學者的人數是不是越來越少？

　　林答：應該說，這些學者的學生輩也不少，在發展的過程裡面，新儒學的旗幟，這個色彩逐漸的減淡，甚至不見了，如果用這個角度來看，是不是剛好符合你說的越來越少。當然我認為這個問題是不是有什麼發展，或者說是不是如鄭家棟所說的，是一個「正在消解的群體」，我認為這個倒未必，我想應該說是一個「重整」。

梅問：但是重整的證據是什麼？我們怎麼能證明它是在重整中？

林答：我想從幾個角度來看。就學問性上來說，新儒學研究的論述並沒有因此減少，還在增加中。對於新儒學理論的反省原先阻力非常大，但是這幾年來我覺得那個阻力減少了，大家意識到必須要去反省了。譬如像我的朋友，像楊祖漢，包括李明輝，以前他們大概是會很強烈的完全站在維護的立場，但這些年來我覺得，特別最近這兩三年來我覺得他們也正在調整，他們也覺得必須要重新去思考這個問題。當然他們是比較保留、比較保守的。這個重整，我想有幾個向度，必須要有人去做的，我想姑且借用杜維明教授區隔的三個向度「道，學，政」來說。在「道」方面，其實就是他必須要從 teaching 到 religion，教化到宗教，這個向度上來努力。在教化這個層面來講的話，王財貴教授提倡「兒童讀經」，讀經運動一時之間還未能發榮滋長，真正能夠長起來，這我想是也要再經過五年十年。這個部分還必須要有更多帶有一點宗教性的人格去實踐。就學問方面來講，我認為當代新儒學面臨到很大的挑戰，這個問題牽涉到全球文明發展的 human science 非常不景氣。這個部分我想是必須要看什麼樣的辦法。人文學（human science），是不是能夠，特別在臺灣，在華人地區，能夠慢慢走出自己具有 creativity 的 human science，我想這是一個很大的挑戰。因為基本上在西方的核心國家的主導底下，我們其實往往喪失了主體性，我們只是在西方的主導下的一個螺絲釘。怎麼樣掙脫出來走出自己的路，從新儒學裡頭走出來，這裡頭必須一方面要有 continuity，一方面也要有 discontinuity，連續與斷裂的 tension，在這裡如何有一個理論性的建構，我認為這個考驗很大。我自己在這裡做過一些努力，但是我覺得就能力、各方面種種，都面臨到很大的挑戰。還有時間，還有因為學問還是必須要有一 community 一起討論的，但是整個臺灣的學術社群現在如果比起牟宗三先生他們那個年代，看起來好像比較大，但是那個力量卻是比較小的。這問題牽涉到學問性的方法，因為整個學術性的結構它越來越客觀化、體制化，我們全部被消磨在那個體制裡面，我們怎麼樣走出自己的路來，這面臨了一個很大的挑戰。「道，學，政」這個「政」不只是 political，包括放在整個 society 裡面，我想就是你剛才用了一個很好的詞，就是「經世」，「經世儒學」。這個部分，我想是一個很重大很重大的考驗，我認為這個部分不長出來，儒學的發展空間會被壓縮得越來越小，所以最好的方式是有一群

人，能夠有一個類似像基督教民主黨，這樣一個在政治上的儒教民主黨，但是它是否可能，目前並不樂觀。

梅問：現在臺灣的黨派已經太多了吧！

林答：我想如果有，那就看上蒼能不能找到這樣的人了。

梅問：「儒學復興熱」在大陸是不是已經過去的事了？

林答：我覺得還沒有，應該說大陸的儒學復興熱必須進到第二個階段了。也就是說，第一個階段基本上那個復興熱，如果借用辯證法來說，它只是作為對立面的一端，現在大概跨過了那個階段，必須是一個好好紮根，好好生長的年代了。

梅問：我發現在大陸上發表的文章，題目裡用到「新儒學」的好像比例上少，但是用到「儒學」的多，這個要怎麼解釋呢？

林答：我想這個代表一個新的調整，因為起先大陸這十年有一個新儒學的研究課題，所以用到新儒學這個詞多。而現在這個課題已經結束，而整個大陸現在其實發現到馬列主義，應該說教條化的馬列主義，其實已經退潮，已經不可能了。

梅問：但是他實權還有！

林答：是，還有實權，但是這實權他正在轉化也在妥協中，所以整個中國文化必須再重新的生根，因為十年的文化大革命把這個東西，它好像樹木一樣，都砍伐了，現在必須重新種樹，而重新種樹依我看，至少要十年至二十年，文化來講的話要到二十年、三十年。最快，以目前的傳播、教育，各方面來講的話，一代人，一世三十年，可能還需要二十年。但是大陸以目前整個社會轉型非常非常的快，它是否在這個轉型的過程裡面，我認為十年就必須面臨到一個非常非常大的考驗，這個考驗就是整個社會的結構轉變，政治結構也必須轉變。這個轉變是否是一黨多派呢？是不是還是共產黨一黨專政呢？這都很難說。可能還是，但是它可能是一黨多派，或者別的政治方式，這個地方它有多重的變數，但是它勢必要調整。我認為這是儒學、道家與佛教的新契機。當然儒學可能面臨擠壓，他得發展但同時也得面臨很大的擠壓，他不一定能夠發展出來。這部分就要看大陸這方面的知識分子怎麼發展，這個部分有待觀察，也頗值得注意。臺灣的話其實是也有待觀察，但是臺灣其實比較容易發展一點。

梅問：我們以後可以跟馬列，或者跟佛教，或者跟道教，像以前傳統社會不是

有三教合一嗎？類似的一種發展。

　　林答：這我非常贊成，而且我覺得他不止三教合一，他可能跟基督教，跟伊斯蘭教，跟各方面的，他是作為多元文化發展裡頭的一元。我的意思也就是說，他已經失去了原先帝皇專制，血緣性縱貫軸的那個護符，他現在必須謙虛一點，他作為那麼龐大體系裡面的一點點，所以這時候，不要強調一個太強的主導性，它沒有主導性的力量了。

　　梅問：這一點在你的著作裡面，有特別強調嗎？

　　林答：我有提到。基本上我的關心是「作為多元文化裡面的一環」，這個是我想現代人所必須要有這樣的一個心情，而且作為一個學者也不能太強調你有多大的使命，因為你的力量是很有限的，你必須謙卑的去面對自己的有限。

　　梅問：那麼，既然你有這種看法，為什麼不去創造一個新的方向，一個新的哲學，一個新的思想體系，而不要依賴過去的？

　　林答：我想現在就是。當我在談，譬如說我自己學問的發展系統裡面，其實對佛教、對道家，我非常善意。甚至應該說，我對道家非常的喜歡，對佛教也很喜歡。我自己也讀 Bible，而且我覺得在大約二十多年前，新儒家跟基督宗教曾經有一次論戰，大概是以蔡仁厚教授與周聯華牧師為主，周聯華是基督宗教的牧師，蔡仁厚是牟宗三先生的大弟子，他們的一個論爭，他們的那個論爭就在宇宙光雜誌社出了一個叫做《會通與轉化》。我認為那基本上是各說各話，而且基本上是在牟宗三先生的系統裡，彼此的態度應該說是不友善的。最主要的原因是因為民族主義（nationalism），那是因為他們那時代的因素，他有他的背景。這樣的民族主義，基本上，我認為應該要給予一個同情的理解，但同情的理解的目的是要給予恰當的安頓、恰當的放下，放下之後而進一步才能夠真正談溝通。我自己在閱讀 Bible 的時候，我自己覺得也深有感動，而且我覺得華人跟作為一個 Christian，作為一個基督徒，並不是矛盾的。在牟先生的想法裡面，說是矛盾的，我認為那不是矛盾的。一樣的作為一個西方人，譬如說你作為澳洲人，如果你作一個 Confucian，我覺得也並不矛盾，因為基本上這個地方，當我們開始有一種文化多元主義的想法，宗教的一個多元對比的想法的時候，我覺得我們的心胸就會寬廣了。當然這個地方也關聯到整個宗教學的發展，比較宗教學、宗教史的發展。所以學問性的發展很重要的。

梅問：那麼你覺得儒家有什麼宗教的因素？

林答：這個部分就是我那天給你那本書（案：即《中國宗教與意義治療》一書）裡面其中有兩章提到的，如果通過美國神學家 Paul Tillich 所提的「終極關懷」（ultimate concern）來說，我想從個角度來理解所謂 religion 的話，那儒學當然有 ultimate concern，當然有其終極關懷。

梅問：儒學這個 ultimate concern 是很入世的，不像基督教是超越的，是上天堂的！

林答：是的，沒錯。我在《中國宗教與意義治療》的第一章、第二章大概談了這個問題。第一章寫的是東西方宗教的對比，通過兩個神話的對比。一個是中國的「絕地天之通」，在《尚書》，在《國語》裡頭的「絕地天之通」，跟基督教 Bible 裡頭〈創世紀〉裡面的巴比倫塔（Babylon tower），在那個對比裡，從神話的原型來談宗教的不同。基本上，我的理解是，東方的宗教是在「存有的連續觀」，天、人，物、我，人、己是連續的，構成一個連續體（continuity）；而在西方神、人，物、我，人、己，是斷裂的，有其 discontinuity。因為是斷裂的，因此得有一個 agent，是很重要的。一個代理者，這個第三者，把兩個連在一塊兒。顯然地，在西方，他這個「他者」（the other）的傳統很強，它形成一個客觀的第三者的傳統很強。相對來說，在東方、在中國這邊比較弱。它另外有一個優點就是我們這個「我與你」（I-Thou relation）很強，而在西方則是「我與它」（I-it relation）很強。這個部分我是借用馬丁‧布伯（Martin Buber）的話語來說的。我以為東西方文明就有很多必須要互動的地方，它成為我們在 dialogue 過程裡很重要的東西。我覺得，整個新儒學發展到我們這一代應該要有一些新發展的可能，因為整個時代在往前走，所以我們現在談學問的時候，民族主義的氣氛應該減到最低。

梅問：這一點，大陸是一個問題，我覺得有一部分人，或者社會的某一個階層，在利用儒學，做民族主義的一種旗幟。

林答：我想是有，這是歷史發展必然會有的階段，我覺得只需要正視它就好了，好好的去看它，它會繼續發展的，它會變化的，伴隨著經濟的發展，而且國際化，它整個會慢慢往前走，我認為這樣的民族主義發展將經由對抗逐漸轉到共生，進入二十一世紀談儒學，不能夠太我族中心主義，這是中國人所該戒慎的。

梅問：這方面，杜維明做了一些貢獻！

林答：喔，我覺得是，這一點是要肯定的。杜先生在這方面有一個相當包容的態度。一方面因為他的出身背景，一方面因為他博雅的學養，他受到西方人的肯定，西方人的信賴。在這個過程裡面，他成為非常好的橋樑，非常好的 bridge，這非常重要的。但是我覺得他可以進一步的，不只停留在一個學問性的橋樑，慢慢的有更多，用你的話來講，就是意識形態性的互動跟溝通可以更多一些。

梅問：我覺得他已經做到了不少意識型態方面，可能對他要達到了那個目的不一定有利。

林答：對，因為哈佛燕京社畢竟還是一個學術性的組織跟結構，Harvard university 畢竟還是一個 university，而不是一個 church，這很大不同的。當然就是還有另外的一個問題可以討論的就是說，整個中國近一百多年來，基本上在西方文化的衝擊底下，問了很多虛假的問題。問了很多我認為是「假問題」。

梅問：是誰問的？虛假的問題！

林答：譬如說，我們常聽到這樣的問題，「中國文化傳統是否妨礙現代化？」這基本上，我認為是犯了一種方法論上本質主義（methodological essentialism）的謬誤，它認為文化有他固定的本質，徹底的反傳統主義者以為中國文化的本質不能發展出民主跟科學，只要全盤西化就好了，從根把這個本質取消掉，那才有新發展。當代新儒家深刻的體察到徹底反傳統主義的荒謬性，他回過頭來肯定中國文化傳統，並且強調中國文化傳統可以開出現代化。但是骨子裡，還是一種本質主義式的思考，只是思考向度與徹底的反傳統主義者恰好相反。為了要辯護說那是可能開出現代化的，所以就說中國文化本質可以轉化的創造，可以經由「良知的自我坎陷」以開出知性主體，進而開出民主科學。我認為當代新儒學是面臨了一個非常重大的假問題，但我覺得是應該跨過去了。

梅問：那你覺得這個本質本來沒有？

林答：我的意思是說，不應該用一個恆定不變的本質去範圍他。當我們用 essence 這個詞的時候，其實我們是拿它作為理解的方法，也就是說，在方法論的層次必須用到 essence 個詞，但不能夠把這個 essence 當作 ontological 層次去緊抓著它。在方法的層次上，它當然必須要用到 essence 這個詞。須知：在整個文化的

發展、歷史的發展過程裡面，它一直在調節的，而調節的時候，它沒有一個固定的 essence。

梅問：但是儒家這個「道」的概念，不是有一點像這個一個 essence？

林答：「道」它做為「總體的根源」，它當然有它 absolute 的部分，但是一落到人間，一個所謂，我們講的一個 life world 裡面，它在各個不同的 tradition，各個不同的地區，各個不同的人群，它就有不同的表現方式。

梅問：但是，既然你承認它有那麼一個「體」，那不就是一個 essence 嗎？

林答：這個「體」是一個 "totality"，它一直在調整；它不是作為一個 "metaphysical reality"，不是一個「夐然絕待之物」。這是很重要的，必須要這樣調整。因為不做這樣的調整，你就會覺得我是中心、我是對的。這個部分我想我在方法論上，我採取的比較是一種 conventionalism，一種約定主義，或者說一種 nominalism，一種唯名論，這樣的一個思考方式。也就是大家共同約定用的一個詞去說它，而它一直在調整中。包括孔老夫子所說「仁」這個概念，它也在變化中。一樣的，各個民族，各個宗教，各個思想都是這樣子的。所以什麼叫做「先驗的」，什麼叫 apriori，我認為那只是一個政治社會總體下的一個大家共同認定的東西。我的理解是這樣子，包括康德所說的 categorical imperative、孟子所說「良知」。我認為這或者只是一個在歷史的發展過程裡面，大家心靈積澱所成的，或者可以用 C.G. Jung 的集體意識來闡釋。我這個想法，某個意義下可以說比較唯名論一點，也可以說比較 practical 一點。

梅問：所以說換一個社會，不見得有同樣的概念？

林答：對，它會變化，它在變化中。我認為只有這樣想才可能慢慢的是一個多元的互動的融通，而且我覺得這個是比較合乎道家的。其實儒家應該也是要同意這個，就是「乾道變化，各正性命」，所有的存在事物是就它的存在事物而好好的活著。這個地方我想是必須要做這樣調整的，儒學如果不做這樣的調整，我想儒學可能到最後連最基本的、應該有的作多元文化的一部分，都沒有了。它可能就被擠壓到最後沒有了，這大概是一個時代變遷所必須面臨到的。

（該文發表於《鵝湖》第 30 卷第 8 期，總號第 356 期，2005 年 2 月號，臺北）

第十七章　中國哲學、西方哲學與馬克思主義哲學對談

──二〇〇〇年第一次對談

參與者：林安梧教授、歐陽康教授、
　　　　鄧曉芒教授、郭齊勇教授。
　　　　哲學系研究生及其它院系學生
　　　　共八十餘人旁聽了對談。
時間：2000 年 4 月 12 日下午
地點：武漢大學人文科學館哲學系會議室

緣起與問題交談的範圍

郭齊勇教授：

　　我們有幸請到臺灣清華大學林安梧教授來敝校講學。前天，也是在這裡，林教授作了題為《後現代新儒學擬構：從「兩層存有論」到「存有三態論」》的學術報告。今天下午，由林安梧教授、歐陽康教授、鄧曉芒教授和我（郭齊勇），我們四個人，做一場對談。對談的主題是《中國哲學的未來》，副題是「中國哲學、西方哲學、馬克思主義哲學的交流互動」。這場對談是由林安梧教授和歐陽康教授發起的。下面，我們請主人歐陽康教授先講。（掌聲）

歐陽康教授：

非常感謝各位光臨今天的對談。

從理論上來講，今天所談的問題涉及的面比較廣。鄧曉芒教授長期從事西方哲學，郭齊勇教授長期從事中國哲學，我自己是從事馬克思主義哲學，林安梧教授在臺灣從事中國哲學研究。他也提出了關於馬克思哲學的一些看法，尤其是在他的新著《儒學革命論》裡面，他專門談到了建構一種儒家型的馬克思主義哲學是否可能的問題。這當然是一個非常令人感興趣的問題。我們想今天下午借這個機會，進行交流，實際上也是多學科之間的一種互動。

大家知道，中國大陸的哲學，經過千年的發展，形成了一個以中國哲學、西方哲學和馬克思哲學為主幹和其他的二級學科之間交互作用的一種學術傳承結構。以中、西、馬為主幹，尤其是以馬克思哲學作為主導的中國哲學，到底應該怎麼樣進一步發展，這是我們從事中國哲學、廣義的中國哲學應該思考的問題。

我想對於中國哲學這個概念，我們通常在三種意義上使用它。

第一種涵意是比較狹義的，是指中國的傳統哲學，主要是指從古代到近代，以至到本世紀以前，甚至當然也可以包括本世紀的一些中國哲學，但主要是中國傳統哲學。這是在狹義上使用的。

那麼持比較廣義，它是一個空間概念，指的是在中國這樣一塊土地上，當然也包括香港、澳門、臺灣，生發出來的各種形式的哲學。這是相當廣義的。這種廣義的中國哲學它包含了其他各個分支學科的哲學，也包含了中、西、馬這樣一些哲學。我覺得這樣一種哲學也是需要我們探討的對象。但是，今天下午，如果我們在這個意義上使用，我們可能會顯得過於寬泛，以至今天下午的對談無法深入下去。

我想按我自己理解的中國哲學的未來，實際上可能是在二者之間。它比較多地強調在中國這樣一塊大地上，甚至在超出中國的大地上，以中國的歷史和現狀為基礎，具有中國的民族特色、民族氣派的這樣一種哲學。這樣，它可能是各方面、各類型哲學的一種綜合，也可以說是歷史與現在的一種綜合。如果這樣來界定中國哲學，也許能夠幫助我們把下午的議題限定在一定的範圍以內。

如果，這樣一種理解是可以接受的，我想今天下午的探討，大概就會涉及到以下四個方面的內容：

第一方面，以西方傳入中國的馬克思主義哲學對於中國哲學，就是我剛才講到

的第三種意義上的中國哲學的未來形態影響，會發生什麼樣的作用和功能，扮演一種什麼樣的角色，有一種什麼樣的地位。

第二方面是中國的土地生發出來的，帶有本源性的、傳統性的中國哲學，它們如何現代化，它的現代化對於未來的中國哲學的發展會產生一種什麼樣的作用，發生一個什麼樣的功能。

第三方面，中國哲學的未來發展，有一定是在與西方哲學、西方文化的一種互動關係中國生發出來的。這樣，西方哲學、西方文化將在剛才界定的第三種意義上的中國哲學形成和發展中，發生一種什麼樣的作用，具存什麼樣的功能，我想這是第三方面的內容。

第四方面在建構一個總體性的中國哲學這樣一個背景下，中、西、馬如何實現健康互動，如何來處理彼此間的關係。

如果我們按照定一種思路來對我們的議題稍微加以限定，就可能使我們在一個比較有效的、有限的時間裡，對話能夠發展得比較充分一些。這是我對議題的一種理解。

到底應當怎樣來理解議題，能否我們每人就對議題的理解先談一談，然後進入到比較實質的討論階段。下面我們歡迎安梧兄。

林安梧教授：

很高興來到武漢大學，今天是我在武漢大學第二次跟哲學系的朋友們見面。早上，我跟素質教育的一些老師們見了面，交換了一些意見。那麼，我一直覺得武漢這個地方似乎有一種獨特的氣息，他好像是整個中國當代很重要的一個非常具有生命力的地方。今天，我們在這裡討論中國哲學的未來。

◎佇立於三種向度的中國哲學：中國哲學沈潛呼吸於自身傳統、馬克思主義哲學以及西洋哲學傳統之間

中國哲學的未來從那裡說呢？剛剛歐陽院長大體提到了，即是如同我們副標題上提到的三個很重要的向度：一個是在這塊土地上原先有的中國哲學傳統；另外一個是近五十年來，或者再往前推一些，差不多近七八十年來非常重要的，在這裡生長的馬克思主義哲學，而且這樣的馬克思主義哲學是帶有中國特色的馬克思主義哲

學；除此之外，很重要的，應該更早的，超過一百年以上的在這塊土地上生長的西洋哲學。今天這樣一個座談，基本上是繞著同樣生長在這一塊土地上這三個不一樣的傳統，我們就這三個不一樣的傳統來展開一些主題的對談。

其實，我們可以思考，很有趣的是在人類的這塊土地上，幾個不同的文化版圖或思想版圖，只有中華大地是這三個非常重要的傳統，在這塊土地上生長超過五十年以上。當然，我們自己的中國文化傳統生長了四五千年了，甚至更多更多了。

當然，這個過程，就我們這塊土地上來說，我們有中國哲學傳統，有西洋哲學傳統，有馬克思主義的傳統。而在我們原先的中國哲學傳統裡，其實已經加進去了像印度的佛教的傳統，乃至一部分的伊斯蘭哲學的傳統。所以中國哲學傳統本身就有它的多元和豐富但是又能夠通統為一個整體的。當然，我這樣講還是有所遺漏的。包括我們許多邊疆少數民族的哲學貢獻，一樣也參與到這塊土地上的整個的哲學創造中來。

◎一個自由的靈魂對於馬克思主義的思索

我個人受教育的地方幾乎都是在臺灣。臺灣其實以我的理解，仍然應該是在整個東亞這一大塊土地上，整個華夏族群的這一塊土地上。就這個角度來理解的話，特別是近幾百年來，臺灣基本上是充滿了中國文化傳統意味的一塊土地；雖然這塊土地上的西洋哲學的發展也非常豐富，西洋的意味也非常強，現代化的氣勢也非常強。現代化的氣勢，我想比起大陸來，還算強很多的。但是，中國文化傳統卻無妨礙地在臺灣那塊土地上生長，這是很獨特的，這也是我最近這幾年來一直在思考的問題。其實，整個現代化的過程，中國文化傳統是在起著一種非常重要的、調節性的、和諧的、調整的，甚至帶有一種秩序的作用，使得現代化的過程裡碰到的艱難都能夠走過去。

也因為這樣一些想法，所以我一直認為「中國文化傳統」與「現代化」，或者更廣來講，跟所謂西洋文化、西洋哲學並不是相互排斥的。它其實可以在一個相互融通、相互調適的過程裡面走出一個新的路向來。

而在中國大陸，其實原來馬克思主義傳統在西洋文化傳統裡是一個獨特的表現。它基本上是對整個西洋近現代文化的一個發展。一方面繼承了這個發展；一方

面對於這樣的發展起一個非常深刻的批判。而這個批判不只是語言的批判，不只是意識型態的批判。馬克思主義的傳統很獨特，是告訴我們：意識型態的批判，這樣一個「批判的武器永遠替代不了武器的批判」。這也就是後來它走出了這麼強烈的一個實踐的行動，而在東亞地區開啟了這麼大的，可以說對整個東亞地區乃至全世界有這麼大的影響。而這樣一個傳統在西洋文化傳統裡非常獨特的。特別整個馬克思主義的傳統、正統馬克思主義傳統，其實它的實踐是在東亞成功的，而不是在西方。當然，西方的馬克思主義傳統也不絕如縷，它轉成了所謂的西方馬克思主義，所謂的新馬克思主義這樣的傳統。

無可否認的，馬克思主義傳統是目前人類文明發展裡頭非常重要的一個向度，也是一非常重要的一個參與力量之一。而很少一個地方能夠徹底的像中國大陸一樣，幾十年是一個馬克思主義的意識型態徹底落實的這樣一塊土地，有那麼的多人口參與。一直到目前為止，仍然是作為最重要的一個指標之一。而就這一點來講的話，它不只是政治指標，而且它也深入我們這塊土地上人們的心靈，包括他使用的話語系統，包括他的思維方式，包括他的世界觀，包括他的宗教觀，包括他的人生觀，其實仍然都身受著馬克思主義的影響。所以我認為，討論中國當代哲學的發展，一定不能夠外於馬克思主義的傳統，不能夠離開馬克思主義的傳統，而應該無論如何要放進來討論。這也是我這幾年來感受到、考慮到的問題。

雖然臺灣並沒有一個馬克思主義的傳統，而我們談馬克思主義的東西其實讀馬克思主義批判、讀馬列主義批判，而不是讀馬列主義。我們的課程叫「馬列主義批判」，另外一個課程就叫「三民主義哲學」。因為臺灣大學在成立博士班的時候（當年），教育部的要求就是你們們必須開這課，要不然就不讓你們成立。教育部之所以這麼要求，是因為當時很獨特的，當時是在黨國威權底下的末期，所以我們還開這門課。也正因為有開這個課，所以我們有機會在讀馬列主義批判的過程裡，談到很多馬列主義原典的東西，也因為這樣，接受到了很多馬列主義的傳統。而我覺得這是一個很有趣的，而可能是在座各位朋友不一定能了解的地方，我順便提到一下。

而在這個過程裡面，其實剛剛歐陽院長提到的，我在《儒學革命論——後新儒家哲學的問題向度》裡面，有一篇文章題目叫「邁向儒家型的馬克思主義」，那是

當時修讀這個課所寫的報告。那個報告一直放著，當時並不是很適合發表，放了很久。經過十幾年，有一次我在整理書房的時候，才發現這篇寫了二萬字的稿子。我於是再把它拿出來，稍微修整了一下，就把它拿去發表了。那麼當時對那個想法跟現在還是有點距離的。當時我那個副標題就叫做「革命的實踐、社會的批判與道德的省察」，其實談的是正統的馬克思主義，還有新馬克思主義的哲學。而當時我的一個想法就是必須回到以道德省察為主的儒家的傳統，才能恰當的讓馬克思主義有更進一步的發展，才能夠讓新馬克思主義的傳統有一個恰當的發展，才能夠讓儒學有一個恰當的發展。那時候，年紀相當輕，所寫的這個向度，後來再檢查它，我覺得有很多粗陋不足；但是這個向度上，我到覺得這代表一個階段，也代表一個繼續往前發展的方式。

這幾天來，我也拜讀了很多朋友的著作，包括歐陽康院長的自選集裡面的很多重要的論點。那麼，像今天這樣一個對談，其實我們希望它是一個起點。

因為我自己的研究題目，碩士階段我做的是王夫之（王船山）人性史哲學研究，而博士階段，我做的是熊十力哲學的研究，所謂「存有」、「意識」與「實踐」，作一個徹底的「存有三態論」的建構嘗試，這是從他的體用哲學走出來的一個新的可能。那麼後來我對於當代新儒學，特別是牟宗三先生的系統花了很多心血，有所了解之後，我覺得牟宗三先生的系統可以視為當代新儒學理論的一個高峰；而這樣一個理論的高峰，它必須有進一步的發展。這進一步的想法，我的這個想法，就是「從牟宗三回到熊十力，由熊十力回到王夫之」。

我記得，當時我的博士論文發表成書的時候，我在書的卷後語上，其中有一段，我的想法基本是強調整個中國哲學的未來發展上的一個可能。我當時是這麼寫的，我說：「近數十年來，面對當代新儒學之傳承發展，我之提出由牟宗三而熊十力，而由熊十力而王船山，區區之意，盡在於斯。由熊十力而牟宗三，只是順遂其事、合當其裡；由牟宗三而熊十力，這是上遂於道、重開生元。若繼而論之，由熊十力而王船山，則強調歷史社會總體的落實與開展，是人性史之重新出發也。若比較於西方哲學而言，牟先生之學可以總攝調適康德之學，進而交融乎德國觀念論之傳統，代表的是當代中國哲學中的唯心論傳統。唐君毅先生之學亦可置於此，而與牟先生形成雙璧共論之。熊先生之學可以總攝調適自胡塞爾以來之現象學，與祁克

果以來之存在主義傳統（大陸有的叫生存主義），進而交融乎詮釋學乃至其他後現代諸大哲的傳統，直至現象學式的生活學的傳統。梁漱溟先生之學亦可同置於此其論之。船山之學側重歷史社會總體與人性的辯證關聯，此當可以總攝調適自馬克思以來之學，繼而交融乎新馬克思主義之學，開啟一新的社會批判，欲其有新的重建點，此是中國儒學重氣的的傳統意向——唯物論傳統。徐復觀先生之學亦可同置於此共論之。我預告：中國當代哲學之再造必以如斯三者之大綜合而有所新的開展也。」

寫這個卷後語的時候，是在七年前一九九三年的時候，我的想法可能有些微的修正，但大體來講，方向還是這麼想的。當時我寫這些是表示站在當代新儒學發展上有些什麼可能。我是談這樣的幾個可能：一個是從牟先生的傳統到康德學到德國哲學傳統，到德國觀念論的傳統；一個是從熊十力的傳統到胡塞爾現象學到解釋學，乃至收容了生存哲學這個傳統；另外一個就是馬克思主義的傳統。我認為王船山哲學這方面的研究是很有益於彼此之間的共融跟互動的。

我記得近二十年前作王船山研究的時候，我覺得當時整個中國大陸的王船山哲學的研究已經是到達一個相當的深度。那麼最近這十幾、二十年來，我覺得很獨特的是，王船山哲學研究在大陸似乎有一種停滯的感覺，當然，臺灣的王船山哲學的研究是很有限制的。但是，從大陸來講，以整個湖南、湖北這一塊地區，各方面似乎有一點停滯，這有一點可惜。當然，還有別的地方，就是在北京、在廣州，還有在別的地方都有王船山哲學研究，似乎相較於其他的研究，也有一點停滯。這一點來講，我認為有點可惜。

那麼大體這樣說下來，大致我的一個想法就是：當我們談中國哲學的時候，我其實會同意剛剛歐陽院長所提的，中國哲學應該不會只是說這個中國哲學學門。作為學術史這樣的一個學門，參帶的一個客觀性的研究。它其實也是我們參與到中國當代的傳統而往前發展的一種彼此相互參與的新的可能。因為關係到這種新的可能，所以我們想說，締造一個機會，我們一起來討論討論，讓它作為一個起點。我想今天這樣的一個會，就在這樣一個方式之下，在歐陽院長，在郭齊勇教授的一起督促之下，邀請了鄧曉芒教授展開這樣一個對談。

我的前面的引言就先說到這裡，謝謝大家！

鄧曉芒教授：

很高興聽了林先生很好的發言。前天林先生在這裡做了一個講演，我也聽了當時有一些感想，稍微交換了一下意見，因為時間非常匆忙，所以沒有來得及展開。能夠在今天有這樣一個機會把相互的思想交流交流，對兩岸的學術，我想都會有相當大的好處。

剛才林先生也回顧了它的路數，我現在做的也有很多人會感到驚訝：在臺灣，對馬克思主義抱有這樣一種研究的意向、考察的意向，帶有肯定性的，從批判裡面讀出正面的涵義出來，這是非常難得的。我們大陸的學者，在近些年來，有時候私下裡交換意見，有時候在會上就談出來了，對臺灣的學術研究感到有點遺憾，比如至少馬克思主義哲學這一塊，就是空白。對中國哲學來說，好像它的根留在大陸，對西方哲學來說，好像臺灣人到外國去的倒不少，但是真正坐在自己家裡的冷板凳上來啃的人不多，好像啃出來的東西也不怎麼樣。我呢，孤陋寡聞，看過一點東西，但是確實有一點這個感覺，覺得是一般介紹性多一些，介紹的時候發揮得過分的地方也多一些。大陸呢，當然也是一般介紹性的比較多，發揮過分的也比較多。但是，大陸的環境好比臺灣這個島嶼的位置，好像相對來說，安穩一些，沒有那些外在的東西的干擾。我認為大陸五十年以來對於德國古典哲學的研究，以及近二十年來，對於現代西方哲學的研究，我覺得還是相當不錯的。當然由於國內的條件有限，對外界的交往也不是很多。但是，也還是有一些不錯的研究。我們有的博士生開玩笑說我們的博士論文都廉價賣給臺灣書商了。臺灣很多出版社到大陸來廉價收購博士論文和書稿，這也反映出臺灣學術界對大陸近二十年以來的哲學研究還是相當肯定的。

◎撥開黑夜與白晝：我與中國哲學、西方哲學、馬克思主義哲學歡然相遇

至於我個人呢，對於中國哲學、西方哲學、馬克思主義哲學，也有我的一段經歷。我最開始接觸哲學這個領域，那是在作為下放知青在農村勞動的時候，現在可以說是三十多年了，從六八年開始就對哲學感興趣，看了一些書。當時能看到的書很少，但盡量的見書就看。首先，當然是馬克思主義的書。我們大陸的情況就比較特殊，馬克思主義的書倒是到處都有。經典著作，當時也讀了一些。但是我讀過這

些書的時候，我是把它當作哲學來讀的，就是：馬克思主義哲學是一門學問。當時我是這樣來看待了。所以讀馬克思主義哲學經典著作，我就一個非常深的感受。什麼感受呢？也就是馬克思主義哲學它是西方哲學，就是馬克思、恩格斯是西方的思維方式；列寧呢，西方哲學味道比較淡一點，當然基本上還是西方的思維方式，也帶上了一點東方式的。

馬克思、恩格斯的書，我當時特別喜歡讀恩格斯的，因為恩格斯的文筆非常流暢，我相信我的文筆在某種程度上還受到恩格斯的影響。恩格斯有些非正式的著作，像《自然辯証法》那樣的一些書非常好；再就是一些像馬克思的一些歷史性的著作，像《路易·波拿巴的霧月十八》、《法蘭西內戰》，這些都非常之好。

所以現在回過頭來講中國大陸在近五十年以來的在馬克思主義研究方面，一般人對義理的解讀比較重視。但是我更看重的是在教會中國人懂得哲學這一方面，在語言方面，在哲學翻譯語體方面，它給五十年來大陸的中國哲學定了型。我們現代用的哲學語言是由馬克思、恩格斯決定的。當然不是由馬、恩本人決定的，而是由馬、恩的翻譯決定的。所以，我覺得五十年來馬克思、恩格斯的經典著作的翻譯功不可沒。我們從這裡面體會到怎麼樣用一種語言來進行哲學思考；何種語言適合於哲學思考，也就是應該用怎麼樣一種語言來進行思考，這個是非常重要的。

大陸有個作家王小波曾經談到過，我們這一代年輕（當時的年輕人），我們的文學素養是通過翻譯作品、西方古典文學的翻譯作品得到薰陶的，而不是通過讀《詩經》或者是讀《紅樓夢》，當然也有，但是主要是現代漢語、現代白話文。我們可以比較一下三十年代的白話文跟五十年代以後的白話文，實際上形成我們今天的哲學語言，是五十年代以後的白話文，就是通過讀馬克思、列寧經典著作。馬列經典著作應該算是在中國翻譯史上可以跟佛經的翻譯比較的。當時，玄奘他們搞了一大幫人互相讎校、互相探討，從義理到表達。馬列翻譯也有這個程度；當然也有一些誤解和錯誤的地方，現在也有很多人在揪這個問題。但總的來說，是相當不錯的。遺憾的是其他的翻譯比較少，像黑格爾多一點，康德也有一些，其他的人就比較少。這是題外話了。

我當時學馬克思主義是把他當哲學來學的。那麼，這就有一個問題，就是哲學是沒有國界的，哲學也不分民族。所以在我剛開始學哲學的時候沒有這個概念：

中、西、馬是三個不同學科。只要是哲學，對哲學有興趣，那就叫哲學研究了。所以當時我對哲學方面的書呢，中國的我讀的不多，但是，能找到了我讀了楊榮國的《中國古代思想史》，那是作為大批判的，「批林批孔」的一個材料，正式公開出版，我基本上把那個讀了，從那種批判的的語言裡面看出了林先生在馬列批判裡面看出的類似的東西。然後，當時也是為了應付「批林批孔」的需要，由湖南師大編印了一套《中國哲學史資料選編》，還有零零星星的，像任繼愈的《漢唐佛教思想論集》，還有一些其他的，反正不多，就那麼兩、三本。那麼，西哲方面讀了黑格爾的《小邏輯》、《歷史哲學》，康德的《實踐理性批判》，《純粹理性批判》在當時找不著。我當時把這些東西都是貫通起來讀的。當然貫通能力有限，所以貫通得不好，這是肯定的。比如說唯物主義和唯心主義這兩條紅線來貫穿整個中國哲學史，這也是當時的風氣。兩條線一直下來，誰是唯物主義，誰是唯心主義，我自己把它列了一個表，分兩樣，這邊是唯物的，那邊也是唯心的，這邊辯證法的，那邊是形而上學的。這樣搞了一通，不管怎樣，當時作為入門，也還起到了一定的作用。後來才反省到，這種做法是非常可笑的。但是，這個思想，我到如今還是一直沒有變，就是哲學是不分科的，也不分國界的。

所以，我後來考研究生，第一次沒考上，因為家庭問題，「右派」問題沒解決，已經到北京中國社科院參加了夏試了，都上線了，但是最後給刷下來了。後來考武漢大學。在中國社科院考的是馬克思主義哲學，因為我覺得我對馬克思主義還是有一點理解和把握的。後來考武漢人學考的是西方哲學。我當時的概念就是馬哲、西哲不分科，中哲好像稍微有點不同。而馬哲呢，是西方哲學，它裡面滲透著西方文化；從裡面我們可以讀出西方人怎樣進行哲學思考，可以讀出整個西方文化的底蘊。我是這樣來看馬克思主義，跟今天很多年輕人對馬克思主義的感覺不太一樣。你想想，當年在農村的時候沒有書讀，只有馬克思主義的經典著作，那是多麼新鮮。像《反杜林論》，今天你們一拿起來就頭痛，好像要考要背什麼的。我們當時在沒有那個壓力的情況下，讀起來津津有味。因為它是一種思維方式，不管它的結論究竟對還是不對，或者說是過時了還是沒有過時，它調動了思維，在思維已經被冷凍的情況下，能夠讓它活動起來，那是非常容易有趣的。所以我對馬克思主義，從感情上來說還是很深的。

但是，當然現在就不能感情用事了，現在把它拉到一個學理的層次上談，當作一種科學，當作西方文化的結晶。所以，上海劉放桐教授曾經有一個說法，就是我們特別要注意馬克思主義是西方哲學。當然也有的人認為馬克思主義也是中國哲學，因為後來有很多中國的馬克思主義交流。但是說馬克思主義哲學本身，它的來源？就是西方哲學。若說是中國哲學，恐怕有一些問題就不太好解決了。比如說如果一個西方人研究孔夫子，是不是要在美國尋找孔夫子的源頭。這並不妨礙我認為馬克思主義確實是一門很了不起的科學，不管它在中國有沒有消失。沒有源頭又怎麼樣？沒有源頭還是照樣還可以學嘛！

至於中國哲學，我發現一個問題是拿馬克思主義的一套範疇和概念去套中國哲學，但是後來出的很多中國哲學史的著作、教材也是這樣的，就是兩個對子：唯物主義和唯心主義、形而上學和辯證法，用兩個對子來貫穿中國哲學史。最近一些年來，有些人已經提出來，這種貫穿法不符合事實；中國哲學有它自身的範疇體系，有它自身的一套表達。

那麼，對於它的表達是否能算哲學？我的一個想法就是說，當然把哲學的概念擴大一點，當然也可以算作一些中國的哲學家、中國的哲人，中國哲學史，都可以這麼說的。不但中國有哲學，也可以說少數民族也有哲學；新疆維吾爾族有哲學，西藏也有哲學，都可以這樣說的。每個民族都有哲學，是人都應該有哲學思想，應該這樣承認。

但是，如果從嚴格的意義上來講，哲學作為追求智慧之學，這一方面我覺得中國哲學家與西方的，比如說希臘哲學家有很大不同。我曾經在一篇文章裡講，中國哲學有智慧，但是缺乏愛智慧，更缺乏愛智慧之學。中國哲學智慧很多，比如像傳統文化的一些作品，都是智慧的箴言；道德、形上學等等，都是一些智慧的箴言。但是缺乏在這樣一種智慧道路上拼命追求和開揚，有所新發現，而且這樣一種新發現通往某一個目標或某一個彼岸世界，形成這樣一條道路的這樣一些思想家。中國哲學給我的感覺就是好像很可以用李澤厚的「積澱說」來加以解釋，就是積澱很厚，像酒一樣，釀得越久就有醇香。但是它就是那股味，從先秦一直到王夫之，就是對前人的一些線性發展，或者叫單線進化論吧。

其實西方也不是常單線進化論，但是總的來說，西方有這樣一種特點，就是比

較不是單線進化的、有所開拓的。當然，開拓也是是重視前人才有所開拓，但是有些開拓是根本性的，是推翻前人的。拉斐爾有一幅壁畫叫《雅典學園》，就是柏拉圖和亞里斯多德在那裡爭論，一個指天上，一個指地下，這是大家都很熟悉的。為什麼要一個指著天，一個指著地呢？就是互相能夠爭辯，在同一個節拍裡面老師和弟子之間這樣一種爭辯，這樣一種爭論；然後，造成了學術的發展和繁榮。

這種形式在中國哲學中缺乏一些。當然中國哲學有它的一些特性，所以在講到哲學的時候，馬克思主義哲學跟西方哲學這兩者的哲學的意義是一致的，當然馬克思對西方哲學的解釋有新的突破，但基本上還是一致的；而講到西方哲學和中國哲學，差異就比較大一些。但是不管怎麼樣，對人類的思維，我一直覺得：今天很多搞哲學的，把西哲啊，馬哲啊，或者其它的比如倫理學啊，邏輯學啊，說成他是搞邏輯的，他是科技哲學的……分得那麼嚴格，我覺得這是違反哲學精神的。不管你是搞哲學的，是愛智慧的，每一個學者，都應該對哲學的這種普遍性要有比較深切的了解。

所以，我今天對這個課題，我覺得好像還是太嚴了一點，無以著手。只好談談我個人的一些體會吧。就說到這裡。

郭齊勇教授：

剛才歐陽院長提出了中國哲學的界說，曉芒教授又提出了哲學是沒有國界的、不分民族的，安梧教授特別指出了至少是兩岸的互動，他覺得要談中國哲學，絕對不能把馬克思主義哲學丟到一邊。我想我們可把問題分析為三個層面：哲學是一個層面，中國哲學是一個層面，在中國的哲學又是一個層面。

◎交織著話語霸權與政治權：馬克思主義滲透到中國的思想傳統裡

西洋哲學在中國，康德、黑格爾哲學的研究，薩特哲學的研究，海德格爾，伽達默爾的研究，那叫做西洋哲學在中國，那不叫中國哲學。馬克思主義哲學在傳播過程中，很長的一段時間，在文化新傳統中，在它的話語系統中，是馬克思主義哲學在中國，恐怕在一定的意義上，它還不叫中國哲學（至少不是經典意義上的中國哲學）。

當然實存的合理性，我們要承認，它是一種實際的狀態。近百年來馬克思主義

哲學在中國成為一個新的傳統，這是一個事實，但是它和我們民族源遠流長的中國哲學區別很大。

不同的文化傳統，蘊涵有不同的智慧，不同的智慧，它會開展出不同的人生觀、價值觀、世界觀。因此世界上就有不同的哲學。西派不承認中國有哲學，因為他們以西方哲學為哲學。普遍標準承認哲學的多樣性。中國哲學和在中國的哲學是不一樣的，也和一般所謂愛智的哲學是不一樣的，但它確實是哲學。中國有自己的哲學傳統。中國哲學也善於融攝、消化外來的哲學。禪宗是中國哲學，它是印度禪傳入中國。在中國玄奘開譯場，翻譯了那麼多的法相、唯識之學，那不叫中國哲學，那叫印度法相學，它只延續了五十年。以後，到近代的時候，法相唯識學的著作，要以日本返輸中土，因為它沒有在中國生根。

方東美先生說，原始儒學、原始道家、中國佛學、宋明理學是中國哲學的四大思想資源和四大思想傳統，是一種極高的智慧。中國文化是一樹繁花。中國文化有它一以貫之之道，有它的中心，有它的體悟方式。正像前天林安梧教授所講的，它的道，它的體道的方式，是與華夏民族生存生方式緊密相聯的。它的價值判斷，它對宇宙的觀照，它的心理，它的倫理關係，乃至於它在外王學上的即社會、政治、文化、教育方面的傳統，都有它獨到的、充滿深層智慧的東西。這個東西，由於我們的學養不夠，或者學術路向不對應，也許不能究盡它的「致廣大而盡精微，極高明而道中庸」的內涵。

所以，作為話語霸權，政治權威的馬克思主義哲學，儘管在中國新傳統中有近百年的發展，而且已經滲透很深；但是，它要融為一種真正的中國哲學為時尚早。柏拉圖、亞里斯多德、康德、黑格爾哲學傳統，翻譯家們翻譯過來以後，已有很長一段時間，但是，它只能到西洋哲學在中國，其精華融入中國哲學，還要相當長的時間，佛學傳入中國，形成中國化的佛教宗派，後來儒、釋、道三教合流，形成宋明理學，經過了八百年的消化。所以，真正中、西、馬的融合，形成新的華夏族的、面向未來的、有開拓性的又有根源感的這樣一種哲學，恐怕還是一個過程之中，我看至少還要有五百年的歷史！這是我的一個淺見。謝謝大家！

◎馬克思主義哲學中國化之影響

歐陽康教授：

　　從剛才一段發言中，可以看出各位對中國哲學不同的理解，我覺得大家們理解的差距很大。這正好是對話的起頭。曉芒兄提出了哲學無國界，齊勇兄提出了哲學的民族性的問題，我想從這個地方來談一談馬克思主義哲學當代發展的一點看法。我覺得實際上多年來中國哲學界，或者說在中國搞哲學的人吧！（廣義上的中國哲學界）可能就是在這些問題，在哲學觀這個層面沒有把它釐清。

　　就今天來說，建設一個有中國特色的馬克思主義哲學，可能其實質恰恰是要在哲學的世界性、民族性和個體性中找到一種張力，來找到自己的位置。所有的哲學，我認為，實質是生成的時候，在發生學的意義上，都是一種民族的哲學。那麼一種民族的哲學，能否轉化為一種具有世界意義的哲學，這須要經過一系列篩選和淘汰機制的。各個民族都有自己的哲學，但是有多少民族的哲學變成了世界的哲學？如果我們從整個哲學史，把整個從古到今在各個民族中的各種哲學發展一個總體的掃瞄，我們看到非常少。也就是說當這樣一種以民族語言、民族內容、民族風格形成以後，能否在其他的民族找到自己的基地，找到自己的認同著，這實際上反映了一種哲學是否具有足夠的世界意識。

　　正是在這樣意義，我覺得馬克思哲學發生在當年的德國，生發在當時的那一種社會歷史條件下，但是通過一系列傳播與轉換的機制，展示出它所具有的世界意義，也就是講沒有國界了，或者說大大地超出國界。

　　馬克思主義哲學向其他民族傳播和滲透的過程，既是它作為一種民族哲學世界化的過程。同時它是其它的民族在接受馬克思主義哲學這個世界化過程中，還要依賴於許多哲學家的努力。比如我們早期的第一代哲學家、第二代哲學家、第三代哲學家，就都展示出一個哲學的個性。我始終覺得，在看待哲學的民族性與世界性和每一個哲學的個性的時候，既要有一種民族意識，又要有一種個體意識，同時還要有一種世界意識。

　　在這樣一個背景下，我們可以來看看馬克思主義哲學的中國化，它的成就確實很大。到現在，馬克思主義哲學傳入中國也有八十多年了。馬克思主義傳入中國的

過程，恰恰是應了中華民族在探尋自身未來發展和尋找自己對於世界的哲學理念和提升的自我意識的需要。要是，中國人在中國傳統哲學中所有找不到的東西，在馬克思主義中找到就有可能接受它。如果中國傳統哲學已經提出過這樣的東西，中國人就不一定需要馬克思主義哲學，人們就自然地接受傳統哲學，將其延續下去就可以了。但是很明白，正是自身的傳統中沒有找到足夠的思想資源，我們的先進思想家們才把自己的內裡伸向海外。當時的各種主義進入到中國的大陸，從二、三十年代的大爭論，到最後馬克思主義在中國，找到了自己的一種特殊的社會力量，成為一個黨的指導思想，成為一個國家的指導思想。這個過程實際上就是「馬克思主義中國化」的過程。這個過程，我想在座的各位都非常熟悉，而且它取得了非常大的成就。

馬克思主義哲學中國化對中華民族的社會發展的影響主要集中在幾個方面：

第一，它提供了一種政治的意識形態，這是不言而喻的。馬克思主義成為中國共產黨的一種指導思想，這個我想大家都是非常熟悉的。

第二，它提供了一種哲學的理論構架，也包括經濟學和社會主義理論的理論構架。這個理論構架既有意識形態的特色，又有自己的學理的內容。因此，它兼有兩者的特色。

第三，它提供了一種比較科學的、有效的方法，這種方法帶有一種普通的意義。它還提供了一種評價體系，提供了一種價值觀念等等。

但是，在馬克思主義中國化的過程中間，也出現了相當多的問題。第一個問題，當馬克思主義哲學作為一種反傳統的力量傳入中國的時候，它與中國的傳統文化形成了一種對立和對峙。不知道我的這個判斷是不是正確？大家知道，馬克主義傳入中國以後，第一個口號就是「打倒孔家店」。這個在西方，也許是是馬克思主義的本來含義，他的產生就意味是反傳統，就是對於歷史和現實的一種批判，那麼它要進入一種新的土壤，必然要對土壤的現有基礎，包括它的意識形態和路徑進行批判，要不然它在這個地方不可能生根。正是因為馬克思主義的傳入和「打倒孔家店」綜合起來，它才能夠找到自己的安身立命的基礎。但是由此它也造成了一個巨大的問題，也就是在中國實際上造成了歷史與現代的一個斷裂，而且這種斷裂是一種在自覺的、在一種程度上是比較極瑞的意義上表現出來的。

第二個方面，馬克思主義傳入中國後，又脫離了西方的文化背景。剛才曉芒講到，馬克思主義本來就是西方的。但是，恰恰是在傳入中國的過程中間，它自覺不自覺地以離了它似乎西方文化和西方哲學。因為馬克思主義也是以當時西方哲學與文化批判的面貌來出現的，應當保持自己的相對獨立性，這也是它本來題中應有之義。但是這也相應地造成了一種後果，就是使得中華民族在接受馬克思主義的同時，自覺或者不自覺對西方的哲學與文化採取了一種排斥的態度。裡面確實有的是應該排斥的，因為馬克思主義本來就排斥它們。馬克思主義在中國成為一種主導的意識形態以後，它帶來的社會和理論、學理方面的問題就相應說來比較多了。

第三個方面，我覺得就個性的問題來講，中國的馬克思主義者對於馬克思主義哲學的理解又經歷了前蘇聯的哲學體系的中介。大家知道，我們直接學來的就是俄文版的馬克思、恩格斯的書，或主要是這一方面的。我們當時直接看到的德文版、英文版的還是非常有限的，主要是從俄國來的。俄國人從他們的實踐中對於馬克思主義的理解深深地影響了當時中國的馬克思主義者，而且這樣一種影響，直到今天還在發生作用。

正是在這樣一個意義上，我覺得今天專程提出建立或者建設有中國特色的馬克思主義，實際上恰恰是要回復馬克思主義哲學應當有的一種特性。在這樣的意義上，我覺得我們今天提出的任務，實際上要對我們整個的哲學觀念進行一種比較深刻的調整，才有可能談得上建設一個中國特色的馬克思哲學。

在這種意義上，我以為齊勇兄講建立一個馬克思主義哲學，成為真正的中國哲學還要五百年，這似乎太悲觀了一點。為什麼呢？我覺得我們這一代人，如果我們離開了馬克思，如果現在認定在座各位不准用馬克思的話語體系，我不知道我們還會不會說話，因為我們已經薰陶了這麼二十年、三十年、五十年、七十年，它已經進入到我們的生活世界，已經變成了我們的話語系統，已經變成了我們的生命的內在組成部分。當然這個理解還是有不同的。

所以，在這個意義上，馬克思主義在當代中國，尤其是近二十年來的發展，它確實是在一種回復到自己的應有面目，立足於時代而又關連到現實的實踐而建構起來的。這二十多年，中國哲學的發展，我覺得一個根本的進步，就是哲學與文化的觀念得到變革。

　　林安梧教授講到他在臺灣學習馬克思主義是在批判中學習的；實際上我們當時也全部是在批判西方哲學的著作，和批評孔子的學說的著作。我們很多思想也是在這些批判中間生成的。

　　我們再看看美國。美國這樣的國家，實際上也有相當長的時間對於馬克思主義哲學的排斥。在美國，大家知道，五、六十年代有一個非常反共的、排斥馬克思主義的時期。我在美國的時候遇到一位學者，他就是因為相信馬克思主義、教學馬克思主義、宣揚馬克思主義，而幾次被美國的紐約州立大學某分校聘請，又被政府強制性的拒聘。直到現在為止，他的夫人仍然耿耿於懷，堅持做為加拿大的公民，而不做美國公民。現在這位教授還是每天從加拿大開車到布法羅來上班，下了班就回去。這個人現在是全美哲學會的馬克思主義哲學研究會的會長，他建立了一個相當盛大的世界性的馬克思主義的網路，每天我都可以收到很多電子郵件，知道他們在討論馬克思主義哲學發展中間的一些問題。

　　那麼，中國特色的馬克思主義哲學到底應當如何來建構？我覺得這確實是一個比較大的問題。如果說離開了與其它哲學，與傳統哲學的一種健康的互動，它基本上是不可能的。當然，作為一個搞馬克思主義哲學的人，我覺得最關鍵之點是發掘出馬克思的實踐和人的思想。這一點恰恰也是馬克思當年實現革命的一個重要點，但是後來被我們多多少少忽視了或是曲解了。

　　我覺得如果說馬克思有一個自己的哲學思維方式，它就是一種實踐論的思維方式，而以這樣一種實踐論的思維方式來解釋哲學、社會、人，尤其是自然、社會、人它們之間的關係；對於人與世界的關係作這樣一種整體性的透視，和尋找處理這種關係中應有的智慧，我覺得這是馬克思主義哲學對於人類的一種獨特性的貢獻。

　　所以中國的馬克思主義哲學研究，在今天實際上面臨的任務是通過創建一種具有中華民族的民族形成和民族內容的哲學，使它有真正世界的意義。謝謝。

◎關於話語系統

林安梧教授：

　　這個座談談到現在為止差不多一輪多一點，時間也過了一個鐘點。大概也可以看得出來，這個對話今天應該算是一個起點，它應該叫做對談前的對談。這樣的

話，我就覺得很有趣，剛剛郭齊勇教授所提出來的，西洋哲學在中國，馬克思主義在中國，這是在中國的哲學，跟中國哲學，跟中國的哲學不一樣。西洋哲學在中國，要成為中國的哲學，他認為還要有好幾百年；一樣的，馬克思主義哲學在中國，成為中國的馬克思主義哲學，他認為要好幾百年。那歐陽院長認為說這樣的論點稍微悲觀了一點。但是我想問一個很有趣的問題，也就是剛剛歐陽院長提到的，現在如果我們不用馬克思主義哲學的話語系統，那麼我們就不知道該怎麼思考，怎麼說話。我想他講這個話是一個經驗事實的一個陳述。但是現在我們就要問這個問題了：具有幾千年文化傳統、而且自認為也有哲學的——認為它有哲學，我想這一點鄧曉芒教授不一定同意。他認為也可以叫「哲學」，但是如果用嚴格意義的話，那就很難講，他的意思應該是這樣。他也點頭了。（鄧曉芒教授插入一句：點頭不一定是贊成，點頭是聽到了，點頭表示知道。）所以這個問題在這裡就很有趣了，我們有幾千年文化的傳統，從先秦諸子、兩漢、魏晉、南北朝、隋唐、宋元明清，到當代的中國，我們這裡有從諸子百家到後來的儒、佛、道三教的傳統，還有其它很多很多知識的論辯；而我們現在說如果我們把馬克思主義哲學的話語系統退出來的話，我們就不知道該怎麼講話。

其實在臺灣，如果你把兩方的話語系統退出的話，大概還可以講話。但所講的話也跟中國文化傳統還是有一段距離。所以我想剛剛郭教授那個提法，是超過我原來的想法，但是我覺得是很有意思的。也就是說對我們現在在談一個中國哲學未來的發展的時候，「中國哲學」這四個字怎麼讀、怎麼想。如果我們在談「中國哲學」，如果我們認為中國哲學沒有嚴格意義的哲學，它只不過是一套思考、一套想法、一套意見罷了，它根本不構成自己的話語系統，那麼實在今天這個對話就會很困難。所以你們有沒有發現到，到這個時候已經有點各說各話的傾向。但是各說各話的傾向是一個很好的起點。我認為這是一個對話前的對話。

所以，我們現在問幾個問題：為什麼具有非常豐富的話語系統、概念範疇這樣的中國傳統哲學，它的話語系統在中國當代並沒有辦法恰當的釋放出來，參與到整個我們應該有的學術話語系統裡好好往前發展。這一點，其實就是徹底的反傳統主義的反動使得我們原先的傳統的話語系統跟整個當代的話語系統徹底地割裂開來。如果你去看看嚴復的《群己權界論》的翻譯，還有其他的翻譯，基本上你可以發現

到他其實努力在做一個事，就是把中國傳統話語系統跟西方話語系統作一個恰當的溝通、接融，並且用一種類似於以前利瑪竇年代「格義」的方式，我認為還比利瑪竇成熟的「格義」方式，去接受西方的哲學，並且朝向一些新的締造的可能。但是這個傳統因為古文被廢了以後，就完全分解開來。而我們所謂的「白話語文」的系統，剛剛鄧曉芒教授也提到了，整個中國當代的白話語文的系統，與其說從《紅樓夢》來，毋寧說是整個翻譯的著作來。也就是說，目前我們所使用的白話語文系統跟自己的傳統語文的系統中間有一個斷裂，而這個斷裂我們如何重新來思考。如何來重新留意這個問題。這一點其實現在只能夠將就的就既有狀況往前走，因為歷史是不能回頭的。

　　但是，就這幾個狀況我們要去了解到在西方現代化過程，整個西方思潮傳入中國，產生了強大的徹底的反傳統主義；而中國人內在心靈面對西方文化其實一方面有吸取，而在另一方面有不願意接受的一個態度，就覺得我們中國怎麼何只於此呢。而在這個過程中，一方面是一西方主義式的反中國傳統，但是這樣的方式又回到中國人內在心靈深處，打擊到中國人內部裡頭根柢性的東西。這時候再傳入了馬克思主義的傳統，馬克思主義傳統雖生自於西方，卻是反西方主義的，是反西方近代傳統的。如此一來，這就形成了中國人內在很重要、非常弔詭的、非常複雜的可以接受馬克思主義的情結之一，當然還有其它因素。它是西方的，又是反西方的。正因為它是反西方的，所以它具有西方現代理性的傳統，這是很獨特的。那麼整個中國的馬克思主義跟西方的馬克思主義，在整個中國基本上在一個階段裡被強烈的對立開來。這一方面跟整個政治的威權、話語系統的霸權有密切關係。而蘇聯到底是西方人還是東方人，一向在整個人類文明史上的研究裡頭是一個非常麻煩的問題。比如說基督宗教到了蘇聯那裡成了東正教，就很獨特，跟原來舊教的傳統，跟後來新教的傳統，都不太一樣。所以蘇聯到底是西方人還是東方人，這個本身就很獨特，它的地點也很獨特。這些我們現在暫且不說，就回到剛剛歐陽康教授提到的馬列主義的中國化過程，那我就想到在臺灣有別於馬列主義的中國化，我們可以提三民主義。三民主義在整個中國的發展其實原來是在先的，但是它是三個原則，能不能夠成一個哲學的完善的理論建構，這當然是一個可以質疑、可以討論的。她有沒有一套很強烈地帶有普世意義的科學方法呢？完善的建構，這在評價體系方面，

比較在大陸的馬列主義的整個建構來講的話，不管在理論上、在實踐上，它都沒有那麼完整跟嚴密。但是作為政治的意識型態，它其實是從某個向度來講是失敗的，從另外一個向度來講卻是成功的。而這個過程也就是說，原先它的話語系統裡面並沒有排拒中國文化的傳統。

很重要的，它並不利用中國文化的傳統來對抗所謂的馬克思主義的傳統。但是三民主義的發展裡面，其中有一個階段，是跟馬克思主義密切連在一塊的，就是說你看當時的胡漢民的著作基本上是受到馬克思主義很多很多的影響，強調要從事於中國哲學的唯物論的研究。整個三民主義本身跟馬列主義的關係，中國國民黨跟共產黨的關係，在這個歷史的發展上也是獨特的。所以這個部分我想是可以去看待它，也可以再去思考它。而整個國民黨在臺灣的威權體制瓦解的過程，它經歷了一個很恰當而漸進的瓦解過程；到目前為止，意識型態的教育在大學院校裡面幾乎不見了。也因為它慢慢不見了，所以我就跟年輕的朋友說，有朝一日，可能我會提出新的課，不是從前的叫「國父思想」，也不是叫「三民主義哲學」，而是整個對三民主義的原典的詮釋和評價。我以前不開這個課，而我現在願意擔負這個課，也就是說當它走出了通過政治威權所形成的話語霸權以後，使得原先它的價值重新顯現。

不過，我認為整個哲學的發展裡面，落到政治威權的話語霸權的這個系統的強制性裡面，它會有它的限制，但是同時它也強而有力地烙印到我們的心靈深處裡，而形成非常重要的心靈意識的積澱，作為新開展的一個起點。

我同意目前如果在中國大陸把原來馬克思主義哲學的話語系統抽離掉的話，我們真的不知從何說起。而我也覺得，經由馬克思主義哲學的話語系統在目前中國大陸的哲學交談裡，其實它也已經形成一些新的話語系統的可能。也就是說馬克思主義哲學的話語系統並不完全是經由政治的威權所形成的強大話語霸權，而是它本身有它的學問性，所以它能夠成就它的理論的整個邏輯，它整套的話語系統有它自己存在的可能，在人類的理性的討論裡面，它仍然能夠存在著。

這一點，其實從我們目前的學者之間的互動和交談裡面已經可以看到的。也可以看到近二十年來，中國大陸的西洋哲學的發展裡，有一些良性的發展。這個良性的發展是，有一部分剛才鄧曉芒教授所說的在臺灣的西洋哲學比起大陸的西洋哲學

所不同的，臺灣的西洋哲學只是西洋的哲學，只是放在世界系統下的西洋哲學的一個傳述而已。而在大陸的西洋哲學，我想某一些西洋哲學的研究者就不只這樣的想法，它其實希望西洋哲學能夠在中國發展。在中國的發展能夠跟馬可思主義哲學的話語系統有恰當的互動、有恰當的發展。當然，因為馬克思主義哲學在目前中國大陸仍然是強勢的話語系統。其實我也蠻希望西洋哲學的研究者能夠理解到，讓西洋哲學的話語系統跟中國哲學的話語系統有恰當的交流跟互動。但是最大的問題就在哪裡？西洋哲學研究者會認為，中國哲學能夠成就一套話語系統嗎？這裡含著一個很有趣的問題。中國哲學算哲學嗎？但是我願意這麼說，中國哲學當然是哲學，中國哲學有它的話語系統，而這個話語系統跟整個西方哲學其實是可以互動溝通而有一個新的發展。

就這一點來講，我覺得前輩先生們曾經作過一些嘗試。譬如在賀麟先生的哲學裡，曾經常用朱子學的觀念跟黑格爾的作融通。而在牟宗三先生的哲學裡，更清楚地將儒家、道家、佛教的整個話語系統融進去了康德哲學為主導的西方哲學的話語系統裡面，進而融鑄成一個新的話語系統。牟先生締造了一個獨特的話語系統。同時，他學術上的伙伴，唐君毅先生也締造了他的話語系統。——以德國觀念論為主導的話語系統融通了儒、道、佛以及中國先秦諸子乃至後來的宋明理學，特別宋明理學為主的這樣的話語系統。它是一個很獨特的新的中西哲學融匯而成的一個新的話語系統。這個話語系統在臺灣，在香港，其實是沿襲原來的大陸熊十力先生、梁漱溟先生，以及賀麟先生、馮友蘭先生原先所開展的一些話語系統。我們可以說就是他們早年所開展的話語系統，繼續在臺灣、在香港成就了一套非常龐大的中西哲學融匯的話語系統。我認為這樣的一套話語系統是所有西學研究者應該重新考察的一套話語系統，也是馬克思主義哲學研究者應該重視的話語系統。

這樣一套話語系統未必就純粹是中國式的話語系統，因為它基本上仍然是以西洋哲學的話語系統做主導的中國哲學的話語系統。這一點是我們整個中國當代的不幸，但是也可能是一個新的幸運；也就是我們必須徹底的拋離了我們話語系統之後，重新經由西方哲學的話語系統去理解我們的哲學與宗教學。我將這種方式稱之為「逆格義」的方式。以前，我們用一種「格義」的方式，用中國的話語系統去理解佛教、格義佛教，而目前是通過西方的話語系統來理解中國哲學，這叫做「逆格

義」的方式。

　　經由逆格義的方式，了解以後，再重新締造一個新的話語系統。這是很奇特的一套話語系統。所以如果在臺灣純粹作中文系，有中國哲學、中國思想的研究，如果它是順著原先清代經學、樸學以來的那樣的話語系統來看我剛才所說的牟先生的話語系統，他會覺得是獨特的，讀不懂。你用了什麼「現象」與「物自身」，這是什麼話！在中國哲學裡面找不到，所以認為這很難接受。而在康德的研究者裡，有一些因為師生的關係所以對牟先生頗懷敬意的，它也努力去強調這話語系統怎麼樣的連接、互動跟溝通；但是也有一些做西洋哲學的，他持一種很奇特作為人家威權體系底下的長工工頭的心態，而認為中國哲學的話語系統，這裡我講的話語系統，包括牟先生對於康德學的研究，他認為那根本不需要。這種想法很值得我們去了解，也值得我們去憂心。

　　我們在這裡談如何互動、溝通，如何對談，整個中國未來發展怎麼可能的時候，其實我是注重到馬克思主義傳統裡面，很強調通過一種實踐論的思維方式，來考慮人跟人之間的問題、人跟自然的問題、人跟社會的問題。而這樣的一個傳統，我認為跟中國哲學的話語、中國哲學的傳統，應該說可以密切地關聯在一塊。但是竟然在近七、八十年來，並沒有恰當的對話，所以我們希望有這一個對話的新的可能。那麼就這一點來講的話，當然新儒學像牟先生所作的康德學跟儒學、跟道家、跟佛教的互動、溝通，其實我們從那裡再往下看，從康德到費希特到黑格爾所成的德國觀念論傳統，越過了馬克思主義的傳統，費爾巴哈到馬克思主義的傳統，這樣的一個人文主義的傳統，以實踐為核心導向的傳統，其實是中國哲學未來發展的一個可能的向度，也是一個對談可能的向度。

　　我還是要強調，我們以「逆格義」方式重新理解中國哲學，這在歷史已經成為一個不可免的階段，已經走到了這個階段，並且已經有一定的里程碑了。而未來應該也順著這樣的里程碑繼續往前推進。所謂往前推進，我的意思就是說，從逆格義的方式進到中西話語系統有更多融通的可能。而我認為在這方面，臺灣能夠出一些貢獻；而大陸也有它的這樣強大的可能的貢獻，最大的可能的貢獻就是馬克思主義哲學的話語系統在整個中國大陸，可以說無孔不入的進到這塊地上的人們心靈深處，它形成一定的話語的構造方式、溝通方式、對談方式。而我認為它已經不再只

是經由政治威權而達到的效果，它已經形成人們生活世界裡頭日常語言的一部分。我認為這就必須正視這樣的經驗事實，從這個經驗事實出發，才能接續剛才再談中國當代可能新發展的哲學。

從我前面的一段疏清，繼續剛才前面我們那一個小時所釐清出來的一些問題。發現問題，進而更作一個原思考方式的來檢討我們怎麼樣有一個新的可能。那麼大家可以聽出來，其實我是強調中國哲學有他自身的話語系統的，而這個自身的話語系統在整個當代是隱而不張的。不過經由「逆格義」的方式，仍然使得這樣的一套話語系統慢慢地被釋放出來，還有更多沒有被釋放出來。就這一點來講的話，也因為這個樣子，我非常強調從事中國哲學研究的年輕朋友們一定要下原典的苦功，因為那套話語系統你怎麼使它傳送出來，其實是相當困難的。它的困難度是因為整個中國當代很多複雜的因素造成的。不過因為它非常複雜，一旦傳送出來，就好像即使是一株小草，它堅韌的生命裡能夠穿出封在它地面上的水泥的，鑽出來的時候，它是具有強烈的生命力的。就這一點來講的話，我是很肯定的。

那我這一段的發言就先說到這裡。謝謝！

◎以地區主義的主體性把握中國哲學的主體性

鄧曉芒教授：

現在開始已經有些接觸點，還可以更加貼近一點。我首先想談談剛才郭教授的發言的一些感想，就是哲學、中國哲學與在中國的哲學。好像最開始是馮友蘭先生提出這麼一個區分的。這種區分乍一聽好像挺玄的，「在中國的哲學不是中國哲學」，中國哲學當然是在中國的了。仔細一想呢，也有它的道理；在中國的哲學不一定是中國哲學，也可能是外國哲學，也可能是西方來的馬克思主義哲學。但是，再反過來一想，恐怕還有商討的餘地。就是說這裡頭忽視了一個東西，在中國的哲學也好，中國哲學也好，都忽視了一個東西呢？就是實際上這歸結到都是中國人在搞哲學，是中國人在搞，不是中國在搞哲學，是中國人在搞哲學。這個涉及到有沒有一個一般人的概念和有沒有一個一般的哲學的概念。我想馮友蘭先生當年沒有研究啊，從義理上至少可以有這樣的一個漏洞——就是說沒有承認有一個一般的超越於中國人、西方人和所有他人之上的一個一般人的哲學本身。所以，我想這個話語

如果更貼近一點來談的話呢，我們可以這樣說，就是在中國的人的哲學，可能更準確一些，能夠貼近哲學的本性。我還是剛才的概念：哲學沒有國界，不分種族，它是人類的一個公器，是普遍的人類所追求的一個共同的目標。否則的話，我們今天也用不著對談了。

這個問題像陳康先生——這是我們中國人搞西洋哲學在西方取得的成就最大、現在目前公認的成就最大的一個人；好像是去年去世的，在美國。他是在西方導向下致思的，搞的水平非常高。他是西方當今搞柏拉圖哲學的權威學者之一。他的意見，那西方人也要聽的。他就有過這樣一段著名的話，他說：中國人搞哲學，不能夠像這樣，他舉了個例子，比如說雅典人到斯巴達去演戲劇、演悲劇；雅典人當然很會演悲劇了，在當時是世界第一。或許斯巴達人到雅典去練武功；斯巴達的武功是最高的，在當時到雅典去練武功。他說這個不算本事。真正要做到的就是說，是雅典人到斯巴達去練武功，斯巴達人到雅典去演悲劇，他認為這個才是真本事。陳康先生身體力行的做到這一點，到西方去講西方哲學，而且講到了這樣的造詣、這樣的層次，這個是很不容易的。這個充分證明了中國人的智慧在全世界一點也不比西方人低。

我記得還是 86 年，我還住在「36 家」（武漢大學一教師住宅區名）的時候，郭先生到我家來，我們有一個談話，談到的好像是出國的問題。郭老師就對我說：「你還是應該出去一下，你是研究西方哲學的。」我說：「我不是搞西方哲學的，我是搞中國哲學的。」郭老師當時眼中非常疑惑，一臉的困惑。不知道現在搞清楚我的想法沒有。當時算是給郭老師打了個啞謎。就是說，我是搞中國哲學的，所以我對於出國呢，也不是說不感興趣，我是說我是多次，蕭萐父先生給我聯繫到德國去，我都謝絕了。蕭先生還跟張世英先生在德國找倪梁康，倪梁康還給我來了信，說這一趟可以幫你連繫到德國來訪問。我說我沒有時間，我說我搞自己的事。我搞西方哲學，不是說要把他搞成一個專業，或者怎麼樣；我是把它當成哲學來搞。於是主動放棄了。而且，我估計我們這一代本來是耽擱了的一代了，外語、聽力、口語，都是很差的。如果要出去呢，時不我待，年齡已經到了這個年分了，出去再搞個幾年，你要把德語精通到能搞哲學，沒有十年，那你是搞不了的。我權衡利弊，我不去。

去年蕭先生和特里爾大學的喬偉先生聯繫幫我搞成了，那我不去不行了，所以就到特里爾大學去搞了一個月，很不像樣的這樣去走了一番，也算是出了國吧。其實我是不願意的，我連一個月都不願意去。為什麼呢？我覺得我沒有時間。他們說，你到國外去體會一下西方文化，你會對西方哲學理解更深，這個我不否認。但是我想呢，從著作裡面去理解，從文章裡面去理解思想，我還理解不過來，沒有時間去體會西方的樹長得什麼樣，房子蓋得怎麼樣。

這幾年，我給自己定的任務，可以說是超量了。所以我對外出不大感興趣。我不是說要大家都學我，我是一個特定的情況。我非常贊成林先生到國外去訪一訪、問一問、體會一下。但是我自己呢，我覺得我搞的是中國哲學，當然中國哲學也要到外國去一去，也沒有壞處，只有好處。但是我現在條件非常有限。這個就說到這裡。

所以，在中國搞中國哲學，是不是一定就要搞傳統的。當然傳統的是要搞，因為中國有幾千年傳統，當然應該關注傳統。但是這個東西有一個本位立場的問題，你搞中國傳統哲學的時候你是把你的立足點放在古聖先賢的立場上面，像孔子所講的「君子有三畏」；還是立足於個人的體驗。所謂個人體驗，這個裡面還有另外一個維度。就是說個人當下的現實。就是說，我把哲學作為我個人的一種哲學來搞。但是這個個人不是抽象的，個人是生活在社會中、生活在歷史中的。所以我搞哲學實際上立足於我在幾十年中在中國的現實生活，我所體會到的、直接感受到的現實生活。這樣搞出來的哲學，不管我是搞西方哲學的，還是搞馬克思主義哲學的，恐怕還只能算是中國哲學。因為是在中國的中國人搞的。這個在中國的哲學當然是中國哲學。相反，如果不是立足於個人本位來搞中國哲學，不是立足於人這個本位，也就是中國傳統哲學，日本人跑到中國來，搞了一下，回去了，寫了本書，這算不算中國哲學，恐怕就還是有一點疑問。一個美國人，在美國通過翻中國的史料（他們的資料很豐富），他們做了一些學問，搞了中國哲學，像墨子刻，這樣一些個學者，當然我們還是認為他們搞的是中國哲學了。但是嚴格意義，我認為的這不是中國哲學。因為它不是對中國人有影響的代表中國人的時代精神的哲學。

◎代表時代精神的哲學：哲學和生命、生活、現實密切關係

我始終有這麼一種觀點：哲學被我們搞成了一種什麼東西！搞成一種青燈黃卷，在那裡埋頭窮經皓首的那樣一種學問，那樣一種專業。我覺得這個不是哲學，這個是一種非哲學。當然也可以說這個裡頭有很多古代的智慧，但是，真正的哲學是跟生命、跟生活、跟現實密切相關的。我就還看不到，除了先秦和古代的某些哲學家以外，在現代以來，我還沒有看到一個提出自己的一種哲學，它是代表時代精神的。當然有很多大家，熊十力也好，牟宗三也好，唐君毅也好，很多大家，金岳霖啊，馮友蘭啊，他們都在搞中國哲學；但是這種中國哲學在什麼意義上代表了時代精神，代表了我們這個社會、這個文化在現代轉型的一個契機，而且是集中代表了，集中代表了這樣一個契機。我好像很難看出來。他們在談哲學的時候就談哲學，談哲學以後它都不管。

而西方哲學，比如德國古典哲學，康德、黑格爾他們有大量的著作，啟蒙啊、社會政治啊、還有科學、倫理、道德、文學、藝術、美學，全面鋪開，形成一股思潮。這個思潮也許只有幾十年，也許可以延續一百年；康德延續久一點，一直延續到今天，還在適應這個思潮、適應時代的需要。

我們今天這些哲學家，他們的哲學思想是不是能形成一股思潮？我覺得這些很抱懷疑。所以我想，哲學在中國被中國人搞成了什麼東西呢？恐怕還得要好好的評價一下。我想中國人的哲學如果從這種立場上來看，那就不管是馬克思主義的，西方的，還是中國的，都不是中國哲學。在中國的哲學也好，中國哲學也好，我不否認這個裡頭都是有它的價值的。我們今天搞傳統哲學，但是要搞出新東西來，搞出九十年代、二十一世紀的傳統哲學、中國哲學來，有沒有這個魄力？比如說，林先生搞後新儒家，我覺得是有新意的。國內也有些新儒家、新道家，但是我覺得國內新儒家好像跟著海外新儒家講的很多東西，好像沒有很多新的創意。當然我讀的不多了，我是瞎說了。

但是你像古代希臘，希臘哲學我們現在看起來是一個整體了；但是在當時非常雜亂的。比如說雅典，雅典在很長一段時間裡是沒有哲學的，根本沒有哲學傳統，是從後來的像阿那薩哥拉、普羅戈拉、德謨克里特這些外鄉人跑到雅典來搞哲學，

他們搞出的什麼哲學呢？是雅典哲學。我們搞希臘哲學，搞雅典哲學，雅典哲學是從哪裡來的？是外來人搞的，他們搞出了雅典哲學。

那麼，今天我們住在中國的人為什麼不能把西方哲學搞成一種中國哲學呢？這也是我這些年來一直在考慮的一個問題：能不能把西方哲學搞成一種中國哲學。我是中國人搞的，我哪怕不引經據典地引用中國的典籍，但是我是中國人，我身上滲透著中國傳統的血液，這是你想擺也擺不掉的。但是我這樣一個中國人的眼光和立場來談，比如說黑格爾、康德的書，我對黑格爾的評論是中國人的評論，我對康德的評論是中國人的評論，有些結論，恐怕西方還沒有這樣的結論，那裡非常獨特的。

進一步，我從這個裡頭能不能再搞出一套我自己的哲學，我的哲學？我想用誰就用誰，用黑格爾就用黑格爾，用老子就用老子，用王船山就用王船山。但是所有這些東西，所有這些範疇、概念、術語，在我的體系裡面它是我的，它是貫通一氣的，它有我的解釋，也許不太符合於前人的解釋，但是它有我的解釋。我用這些概念不是顯示我的博學，是不得已；我覺得那個裡頭非要用那個概念才能表達那個意思。

那麼如果是立足於個人的立場，個人是生活在時代中的，我想它是有時代精神涵義的，它會有時代精神涵義的，它會得到一個時代的思潮的支持。這個時代思潮當然也很廣泛了，不光是哲學領域了。

哲學不是孤立的，哲學不是一個象牙之塔，哲學跟外界是有千絲萬縷的聯繫的，比如說文學，比如說現實生活，我們現在的政治體制改革、市場經濟，以及法制建設等等。我覺得一個哲學家對這些東西都應該有所了解；當然不一定像專業的那樣的內行，但是都要有所了解，要把握到時代的命脈，來把這樣一個時代精神反映在自己的哲學的範疇、概念體系中，這就是中國哲學。我理解的中國哲學是這樣的。所以，我十幾年前給郭老師打的那個啞謎的謎底就在這個地方。

◎西洋哲學研究、馬克思主義研究成為中國哲學組成一部分的契機：進入中國古典話語系統，傳送出更多哲學

林安梧教授：

這叫當眾揭謎。在鄧教授當眾揭開那個啞謎之後，我覺得這個啞謎背後還是也有一些「迷」，這個「迷」就是把原來「啞謎」那個「迷」「言」字旁拿掉的那個「迷」，很迷人的，但是有一點令我覺得迷惑的地方。而這個迷惑的地方是整個中國當代人的迷惑。

但是我覺得剛剛鄧教授的那段話是很動人的；我也覺得西洋哲學是這麼搞的。所以我從來不覺得好像你非到西方，不能夠搞西洋哲學，我不是這麼想。其實更嚴重的講就是，在臺灣還有人認為，你搞中國哲學還是要到西方去，才能搞好中國哲學。這是一種非常荒謬的想法。

也就是說，我們的主體性何在的問題？顯然剛剛鄧教授是很強調怎麼樣把握到這個主體性。不過，這個主體性我也不太贊成血緣主義式的主體性，但是你剛剛提到的地區主義式的主體性，就是你假設的中國哲學，那就是說墨子刻搞的是不是中國哲學？墨子刻搞的是中國哲學裡頭的某一個向度，或者廣義的中國哲學，或者把中國思想史裡頭的某一些論題來推出來。請問杜維明搞的是不是中國哲學？再如波士頓儒家，其實比較接近說在波士頓的儒家。我們幫他算一算再怎麼算都不會超過一百人。在波士頓的儒家，當然環繞著杜維明為中心的這樣的一群學者所構成的學者儒家。思考儒家問題而所謂的儒家，他跟生活方式是沒有關係的，跟怎麼樣來看待這個世界也未必有關係，這個是很有趣的。所以像那樣的儒家是不是可以算作儒家？從廣義的來講，當然也可以。這個地方就有很多可以鋪開繼續去思考。所以我就想，就是說，你住中國，剛剛鄧曉芒教授提到的那個問題，你回到在中國這個地方要搞一個中國哲學，而且是西洋哲學的其中的某個部分，比如說做的是康德研究、黑格爾研究，但是是中國哲學，而不只是西洋哲學在中國。這裡很顯然，話語系統就必然要跟中國哲學的話語系統密切關聯。如果沒有密切關聯的話，那他其實是另外一個方式，它也可能因此形成一個很強大的力量，這個地方怎麼樣控制，形成那個地方的話語系統。譬如說，菲律賓原來不是講英語的，現在英語成為菲律賓的通行語言，如果就語言來講的話，菲律賓這個地方變成講英語的。

那麼你講的所謂的你搞的那樣一個西洋哲學，在中國的西洋哲學，是不是你的想法就是不是把西洋哲學轉譯成中國哲學，並且就在中國哲學生長，而這個生長的過程裡面，當然你會想到話語系統也參與過來。但是問題就在於，中國哲學的話語

系統在整個中國當代是非常非常稀薄的，並一直減少。我剛剛提到的這種「逆格義」的方式勉強地拉出來一些，然後連在一塊。

當然，我還是比較樂觀地去想，它會有強烈的生命力，再怎麼樣生長。但是問題如果這一代人在從事西洋哲學研究、從事馬克思主義哲學研究，希望它成為中國哲學主要的一部分，而是帶有中國特色的，或者真的中國哲學的組成的一部分，而不會只是西洋哲學在中國、馬克思主義哲學在中國，這一點來講的。我們真的應該重視整個話語系統，中國哲學話語系統，怎麼樣的拉出來，有一些互動。這一點我就覺得其實我們更應該正視前輩先生們做的一些研究，做的一些開創，包括金岳霖，包括熊十力，包括梁漱溟，包括唐君毅、牟宗三、方東美，我覺得他們多少都做了一點，我也認為他們多少都帶有這個時代的精神，只是因為一個非常強大的帶有外力性的精神的侵入，使得我們失去了自己的主體性之下，我們對於他們的話語系統，如果我們站在作為一個西洋哲學的研究者、站在作為一個馬克思主義的研究者來講的話，非常容易的、很輕易的會忽視他們的話語系統。這一點是我感受到的。

所以，我的想法是如果鄧教授，我想出國一定是不用了，但是如果這個話語系統方面願意多接收，更多的互動，你剛才講的話就是「更貼近一點」，那麼進到中國哲學古典的話語系統裡面，從那個地方傳送出更多的哲學訊息，我認為您剛剛所做的那樣一個哲學的宣誓是可能成就的；而那樣的成就，我認為會是一個很重要的新的向度。這是我個人想到的，我想他應該會是同意的。這一點頭，我想不只是聽到而已。

◎行為系統的重要性及影響：中國文化還是活著的文化的一個倒影

郭齊勇教授：

如果我們四位的講話用電腦紀錄下來，然後挑選出頻率最高的一個字眼，那就是「話語系統」（眾人與郭先生一起說）；第二個字眼就是「搞」。1988 年底，我們到香江出席「國際唐君毅會議」的時候，唐君毅先生的女公子唐安仁女士，和一位中國大陸去的學者談話。這位大陸學者問：「您是搞什麼的，是搞哲學的嗎？」，她非常生氣，怎麼用這麼不雅訓的字啊？我連忙過去解釋，我說，「搞」字在中國

大陸的話語系統中不帶貶意，比如「我們要搞階級鬥爭」。政治話語中還有一個字「抓」，「抓革命，促生產」，「抓大放小」。如果我們把近幾十年報刊上關鍵性的字找到的話，還有一個字「要」。「要如何如何」。剛好曉芒教授最近寫了一篇文章，他說孔子的話語中有二種霸權，「你們要如何如何。」其實，「要如何如何」絕對不是《論語》的論式，而是最近幾十年馬克思主義的話語的論式。孔子是親切的，啟發式的，他與子夏討論《詩》的一段對話，即關於「繪事後素」的一段話，子夏體會到「禮」後，是多麼富有深意。

如果我們僅僅停留在話語層面是不夠的。曉芒教授剛才精采地講到他的人生的體驗，中國哲學不重視如何說話，根本上是如何做事，知識分子何以以自處，何以做人！

我想起了胡適之先生和魯迅先生，在這些激烈的反傳統的人中，他們有一套生活方式，一套行為準則。其實這是比話語層面，更為重要的行為系統。這當然也可以叫話語系統，但我認為叫行為方式、行為系統比較好。這種行為系統對於西洋哲學在中國的發展，特別是馬克思主義哲學在中國的發展，影響深遠。這也是中國文化還是活著的文化的一個例證，也說明中國文化作為時代的精神的資源之一，它仍然在今天決定著我們的生活，我們如何和人相處，乃至我們對於天、地、人、物、我關係的一種關照方式。百年來，西化無疑是一種強勢的、權威的話語，但是我們要看到，西化派人物的行為、生存方式倒不乏中國性。如胡適之先生，「胡適大名垂宇宙，小腳女人亦隨之」。包括魯迅先生，包括他們人生的理念，他們對社會的積極參與，包括我國第一代馬克思主義者，他們的「捨生取義，殺身成仁」，這樣的一種終極理念、生死觀念，他們的大同理想，乃至於生命的活生生的辯證法，這都是中國文化的積澱。無論是他們的行為方式，還是他們的思想方式，還是他們的話語方式，在很大程度上是和傳統資源有解不開的結。從清末睜開眼睛看世界的第一代人開始，我們民族現代化互動的先驅者，民族思想解放的先驅者，救民於水火中的民族志士仁人，他們身上所代表的時代精神，和傳統的紐結，是解不開的；剛才曉芒兄也講了，其實這個是扭不開的。

◎民族精神與時代精神相結合，哲學具有原創性與創造性

　　日本人、美國人他們搞的中國學叫「漢學」，或者「中國學」，那不是中國哲學。他們只是把中國學問當作客觀對象去研究，並不以此安身立命。所以實際上，在當下的社會現實中，我們反省包括網路文化在內的文明：現代化是一把雙刃劍，它對我們民族性的傷害，乃至於對整個世界文化、環境、發展的傷害，我覺得需要我們更加倍地去汲取傳統精神資源的力量，加以調節和治療。

　　其實，古聖先賢在當下並不是置於我們之外的。對於《論語》、《孟子》、《老子》、《莊子》這樣一些經典的東西，對於禮樂文明、六經諸子，我們要保持溫情和敬意，因為他們完全可以轉化為時代精神。

　　當然，任何時代精神，可能會變成時代的謬誤。自由主義者殷海光先生，它是一位西化極其強烈的人；在他臨終之前，他談到「五四」陳獨秀、胡適之，他們「打倒孔家店」，這無疑是當時的時代精神，但回過頭來看，這是一種時代的謬誤。他說，一種言論，例如必欲倒孔才能實現民主等等，因合於一時一地的情緒偏向和希望而形成了所謂「時代精神」而被普遍接受，那麼錯誤的機會可能更多。

　　適應現代化，適應後現代的發展，不是要和傳統決絕。所以剛才安梧兄特別講到了明清之際以來，利馬竇以來，民國以來，嚴幾道先生以來，還有像馮友蘭、湯用彤、賀麟、陳康先生等等的貢獻。曉芒兄也講到了。賀麟先生譯康德的《批判》認為用莊子的「批導」這兩個字來說更有意味。金岳霖先生抓住中國核心價值觀念的核心觀念、中心範疇的中心範疇「道」；儘管他的《論道》還有非常多的缺失，他自己說是「舊瓶裝新酒」，但他抓住了「道」這樣一個核心的範疇，的確是中華文化區的中堅！

　　的確，哲學是公器；的確，西化無疑是一個強勢。但是當拿破崙的馬隊把法國人民主、自由、博愛這樣一些價值帶到道德國的時候，德國的啟蒙主義者赫爾德卻提出了「保衛德意志文化傳統」的口號。他說，法國文化是一個文化，法國文化不是普世性的文化。今天面對英語的橫行無忌，法蘭西人也提出了純潔法蘭西語言，也提出法蘭西語言，捍衛法蘭西文化傳統的口號，可見，文化是有民族性的。無論你走到哪裡，你都是中國人，而你所有的處世方式都是中國式的。在一定意義上，

堅持時代精神，凝煉時代精神和我們祖宗的原典文化是可以接殖的。現代化與傳統的關係，在美國，在七十年代以來，而余英時先生說，也其實是很對立的，很絕對的；七十年代以後，人們才開始把傳統作為一種積極健康的力量滲透到當代的生活之中。剛才講到的南樂山（Robert Neville）先生在提倡「波士頓儒家」，他說中國的「禮」很有道理，禮樂文化的「禮」，它完全可以對西方做出一些調適，做出貢獻。他是一個道地的基督徒，是波士頓大學神學院的院長，他能夠有這樣的慧解。

　　方東美先生是哲學大師，他看不起一些人在西方出版的關於介紹中國哲學的書，他自己用英語寫了很多關於中國哲學的書，他受到拉達克里西南，印度的一位很有名的哲學家和政治家的影響。他說，哲學界上在世界有四種樣式：一種是希臘、一種是印度、一種是歐洲本土，還有一種是中國，都是哲學，但有樣式的不同。他說中國有四大思想資源和四大思想傳統，一個是儒家，一個是道家、一個是釋家（佛教），一個是宋明理學。應該看到，我們今天還有新的傳統，近百年來中、西、馬克思主義哲學家們有他們的維度。我剛才所說的還需要五百年是一種比喻。孟子說「五百年必有王者興」，不是實指的五百年，只是說它需要很長的階段。

　　我是從另一個角度來提出這樣的問題，即：在全球化的這樣的大潮之下，還有沒有民族性的地位？談民族性，當然人是與時代性相結合的，民族精神和時代精神總是結合在一起的。華夏族群的精神形態，蘊含了我們民族的性格、終極信念、生活準則、生存智慧、處世方略。化為族群的文化結晶的哲學，化為族群的意識與心理，它在今天仍是活著的，具有超越時空的價值與意義。因此，經濟全球化、世界一體化或網路文明的來臨，並不意味著民族性的消解，也不意味著前現代文明已毫無作用，更不意味著我的只能「向西走」。沒有多元化就沒有一體化，文化精神總見多層次的。「文化資本」、「社會資本」可以豐富現代生活。

　　最後，我還要針對鄧曉芒兄談一點，他先是以古希臘哲學作為哲學的標準，不太願意承認中國有哲學；後來勉強可承認了，又說中國人的哲學沒有創造性，老是炒冷飯。這也是一種誤解。中國哲學家在解釋經典時總是寓以新意。中國哲學家在世界哲學史上有偉大貢獻。在中國思想史上，實際上孔子、孟子、老子、莊子、墨子、荀子、韓非子，他們各自從不同的路向提出了他們的治國方略和他們的人生理

念，這就是他們的時代精神。他們有原創性。中國哲學史上有很多轉型，都是創造。但這些創造並不與先秦資源絕對對立。中國詮釋學有自己的傳統。安梧兄講到的王船山的轉型。王船山「六經責我開生面」，所有傳統資源，在天崩地裂的時代，開出新的東西，提供了很多新的東西。只要我們以平常心，以溫情和敬意的態度尊重我們的文化傳統、哲學傳統，我們都可以發現無限的珍寶，很多可以為現代化所運用。謝謝大家！

◎話語系統的差異、體現著文化系統的差異、價值觀念的差異、思維方式的差異

歐陽康教授：

當我們討論了中、西、馬是否應當互動的問題後，進一步提出一個問題：即這種互動的途徑到底何在？我倒是有一個感覺，這涉及話語體系及其相互溝通的問題，我認為表面看來，這個是話語的表達方式問題，實際上不僅僅是話語系統。話語就是思維，話語就是價值，話語就是方法，話語就是內容。僅僅把話語作為一種形式和載體是不夠的。實際上，在東西方之間的話語的差異中間，恰恰體現著思維方式、價值觀念、方法體系的差異。由於這些差異的存在，我覺得在不同文化和哲學體系的溝通中，確實存在著一種比較特殊的困難，這個也是我自己覺得非常困惑的一個問題，我在英國的時候，當時網上一直在討論一個問題，就是到底應當到哪裡去學德國哲學。一些美國人說，我們一定要到德國去才能學好德國哲學；而且，美國人還認為，我們一定要學好德文，才能學好德國哲學。但是德國人恰恰說：「我只是到了美國，讀了英文版的康德的書，才真正懂得康德。」這是非常有趣的一種現象。我覺得這樣一種話語之間的差異，實際上就是文化體系的差異、價值觀念的差異、思維方式的差異。

這種差異也存在於中、西、馬三種哲學傳統之間。現在我們講中、西、馬是因為已經有了這樣一個現實了，畢竟是有了中國的這樣一種過去幾十年分的這樣一種現實，有了這樣一種現實進步的交流與互動，就顯得特別的困難，所以我倒很想請教安梧兄，當我們以一種白話文或者現代話語的這樣一種方式，來表達了中國傳統哲學以後，它還是不是傳統哲學？這就涉及到一個傳統文化現代化的可能性和途徑

的問題。按我理解，金先生、馮先生等都在這方面進行探索，當時在哈佛大學我跟杜維明先生也討論這個問題。他過去提出儒學復興，後來提出進一步「文化中國」。那一天，他給了我兩個小時時間，很難得，我們在一塊討論了很長時間。對於中國傳統哲學的現代詮釋，還是不是原來的傳統哲學。這個問題不光適用於中國哲學，實際上對馬克思主義哲學也有這個問題。在當代的馬克思主義哲學研究者中間，大家比較強調的是兩個方面。一個方面，就是回到馬克思的問題，回到尤其是以《1844 年經濟學哲學手稿》《關於費爾巴哈的提綱》、《德意志意識型態》的主要理論，載體的文本的馬克思。這樣一種回到馬克思，對於建構一個二十一世紀的或者新的馬克思主義哲學的體系或者形態，都是非常重要的。但是它同時提出另外一個的問題，就是這種「回」是否可能？怎麼樣才能回去？這個回到的馬克思是不是真正意義上的馬克思。這個過程中間可能完全出現，有多少個馬克思的解說者就有多少個馬克思這樣的一種情況。

所以在這個意義上，我們又特別強調立足於當代的現實的實踐，立足於現時代的時代精神，來進行當代的哲學創造。在這個過程中間，我覺得又存在一種悖論性的問題，我們主張一種個性化的創造，我自己最近《哲學研究》第二期有一個書評，對個性化的問題，也在發表議論。我自己覺得哲學應當是個性化的，是高度個性化的。但是，高度個性化的東西又怎麼能取得曉芒兄剛才講的這樣一種沒有國界、沒有民族差異的世界特質？當今世界正在為這樣一種超越提供一種條件，比如說語言，特別是英語這個話語系統。從我接觸到的好多包括德國的、法國的一些哲學，包括英國的哲學家，現在都要以進入到英語哲學圈，尤其美國哲學圈為榮，認為這才進入到世界哲學圈。一位美國學者非常驕傲地告訴我，美國是世界上最大的哲學生產國。他們以為美國的哲學在世界上的地位，超出了美國在經濟、政治其他各個方面在世界上的地位。這個是美國哲學家的一個驕傲的估計。我在《當代美國哲學走向》這篇訪談錄中談到這個問題。

因此，目前的主要問題能否找哲學間相互溝通和發展有效途徑的問題。提到了這種途徑，我可以溝通，找不到這種途徑就難以溝通。我們現在正在為尋找和創造這種途徑而努力，以後還需加倍努力。謝謝！

◎中國哲學話語系統的生命力的表現：以現代漢語重鑄傳統哲學典籍，是一種創造性的表達

林安梧教授：

我想我們可以比較自由地稍微停一下好了，這是我的一個建議。就是說我現在想起來就談兩句。

話語系統牽扯到的面很多，它即是思想，也是價值評價，它也是一個行動，這是連在一塊的，這是顯然的，這個過程裡面，我想剛剛郭齊勇教授所提的，他的意思就是說：在我們一般所談的話語系統的說法之外，其實有一個更深層的話語系統。這個更深層的話語系統，它其實雖然不是那麼直接地顯現出來，跟你產生對話，但是它也放到你的生活裡面參與對話。但是，我就擔心，因為它隱而不顯，如果強勢的話語系統太久了，它也慢慢消亡。這是很明顯的。

我在此舉一個很簡單的例子，就是在臺灣來講的話，國民黨政府到了臺灣以後，我們要求說國語。國語也就是我現在所說的這個話，就是「普通話」。但是由於強勢的一個壓抑政策，你不能夠用你的原來的母語，譬如說我原來使用的母語是閩南語，也有使用客家話。但閩南話的族群，它大到了一定的地步，它還保留了一些，客家話也會保留了一些；另外少數民族的語言有一些都忘掉了，臺灣的少數民族有不少。因為話語威權的力量太大了。但是另外一個現象就是，原來講閩南話的像我這一代的人，能夠講很流暢的閩南話的不多；它全部是已經變成普通話了，同化了。如果語言只是一個工具，那無妨害的。但是其實同樣一個語系，因為閩南話其實是漢語的語言，而且是古典漢語、古代漢語。閩南話是目前來講還具有活力的最古老的話語，是古典的漢語，在漢語裡面，這個是很有趣的。譬如說，閩南話不是問人家「你有空嗎？」而是問「爾有閒否？」它其實有很多是很文言的。

我最早的大學本科念的是中文系。我們的中文系、廣義的應該是中國文化系，我受過很多語音學跟文學方面的訓練。很有趣的就是，我就證明說，其實我們認為的那個「文言文」，是「文言」，然後把它寫成「文」了；「文言」是文雅之言，其實在古代是一個活著的使用的語言，並不是不使用的。閩南話是很明顯的，就是我剛剛講的「爾有閒否」，就類似這樣的。

所以我想說，我剛剛提到的，就是說我們怎麼樣讓這個隱性的，現在被遮掩的中國哲學的話語系統，怎麼樣讓它好好地說。這點是很重要很重要的，為人類二十一世紀文明的發展來講的話，我們也應該做這個事；對於中國人在這個人類文明發展中，就自己本身怎麼發展，也應該重視這個事，也就是民族性；而就世界性，我們也要重視這個問題的。

所以，其實像今天這樣的場合，我還是很願意呼籲，就是說對於西洋哲學很重視的，對馬克思主義哲學很重視的朋友們，真的多重視一點中國哲學。而這個重視是真實的。所謂真實的意思就是你們也來講講中國哲學的話。這是怎麼講法呢？那就是你們也來讀孔、孟、老、莊，正如同我去讀馬克思主義，正如同我也讀康德、黑格爾，我也讀洛克的《契約論》。這一點我跟鄧曉芒教授有點相通的，我不喜歡人家說：這個林安梧教授就是搞中國哲學的，因為他講「搞中國哲學的」那個「中國哲學」的意味上，就是只是中國學術傳統這一塊；我喜歡說：「喔，他是研究哲學的。」我也證明過，我也寫過一部有關西方哲學的著作，那是我所有的書中最快再版的一本，這是很有趣的。

我的意思也就是說，其實這個時代我們把哲學太窄化了；而且我們把從事哲學這個工作太用一種，如同剛才郭教授所說，來用「搞」這個方式做的。「搞」這個方式其實是對象化的，「你搞什麼」。（鄧曉芒插入一句：「還有搞定」。）對象化才能「搞定」，所以這個地方它是有一種分裂的。所以他用這個「搞」字，唐小姐才會這麼反感，因為其實在臺灣、香港是很少用這些字眼的，「搞」、「抓」在香港是很少用的，在臺灣是不用的。（郭教授插入一句：「也有，現在那裡也『搞』。」）這些年來，要是就話語系統的優勢與劣勢來論，現在西方哲學的話語系統非常興旺，中國哲學的話語系統很弱。所以我們怎麼樣讓中國哲學的話語系統生長、讓它出現，讓它從掩埋在地底下讓它重新出土，讓他重新解凍，重新有一些發展的可能。我想就是作為我們今天這個對談的一個前談的可能，這樣的話，我是覺得是可以往前繼續發展的。我就先說到這裡。

鄧曉芒教授：

我再談一點啊。就是剛才談到的話語系統的問題，這也就是我這些年比較關注

的一個問題。我同意剛才歐陽老師講的話語它本身不是一個使用的工具的問題，不是一個單純的符號，而是一我覺得就是一個生命力的表現的問題。所以你怎麼樣使用話語，這個跟你內心那種東西是非常緊密結合的，但是很容易走向那樣的一種傾向，既然話語是內在的意味的一種表達，那麼我們就要問了：什麼叫表達？如果它只是意味著外部方式，那麼表達就可以忽略，或者用有限的表達去一味搞妙悟和沉思、意在言外，說到說不出來的時候，就說我這個是言不盡意，你們自己去體會。這個我覺得這恰好說明人的內在生命力的不足。內在生命力如果是充分、充沛的內在生命力，要有東西想表達，那麼它體現在語言方面，就會在語言方面有創造性。它體現在創造的語言，比如說「五四」以來的白話文跟古代的「爾有閒否」的白話文不一樣，其實兩者都是白話文，但是這個白話文在今天來說也算文言文，也只是那些有文化的人才懂得。那麼這個白話文在今天在普通話裡面已經死了，在閩南話裡還活著。所以，古文當時肯定是有生命力的，但是在當代它還應該繼續有生命力，應該繼續活著。

怎麼樣繼續活著？我就想到這個問題。當代當然有很多變化，特別是語言方面的變化。我們今天的人能讀古文的，我們在座的能夠非常順暢地談古文的，包括我自己，已經很少了，已經很難順利地讀古文了。但是我們又要關注古文。我還是同意剛才林先生和郭老師講的，我們是要高度重視我們的古代文化遺產。為什麼要重視古代文化遺產呢？是因為我們這個文化既然有這麼深厚的遺產，它裡面肯定蘊含著一些可能性，蘊含著一些我們用現代白話文表達的時候漏掉了的，被我們漏掉了的，或者我們沒注意到的，還保留在古代的表達方式裡面的一些資源。這個是毫無疑問的。

但是你怎麼樣能把它挖掘出來，是不是我們就是從《四書五經》開始背起，一直背到《十三經》、《二十四史》、《資治通鑑》這些，全部倒背如流，就能夠把它拯救出來。我覺得好像還不那麼簡單。

在當代社會裡面，你要把古代的語言使它重新恢復活力，必須要用現代語言去給它進行加工，這就是一種創造，這就是對語言的創造。所以，我倒是主張，而且事實上也就是這樣，很多搞，又用到「搞」了，很多研究中國古代傳統的典籍的、原典的學者們實際上也正在做的，因為它的那些詞彙是原典、古典的，但是他的語

法是現代的，包括牟先生，包括，當然熊十力先生還是有很多文言文語法，牟先生他們這些大家，大量的語言已經滲透了兩方現代語法。現代語法不光是表達方式問題，而是一定的思維方式，思維方式的一種轉變。思維方式的轉變是代表著現代人對生命體驗方式的轉變，我是這樣看的，這個裡頭是不可分的。那怕是牟先生那種詮釋經典、或者是用了很多「自我坎陷」這樣一些古里古怪的一些詞，從典籍裡面取來的。我覺得，其實它還是現代的；但是在牟先生那裡，這是一種創造。

那麼在現代，還有一個有創造性的，就是毛澤東的哲學話語，毛澤東的哲學話語是非常平易近人的。毛澤東在延安時期寫的「兩論」，以及後來的《新民主主義論》和一系列著作，非常通俗易懂，老百姓都非常喜歡讀，都看得懂。對哲學感興趣的人在當時都喜歡讀。我覺得這表現出他的生命力對語言的一種創造性。當然，這種創造性今天到底如何評價，還有待於時間。比如說我就認為他所表達的那個時代，抗日戰爭的危急時代，代表著話語的大眾化和話語的下移。他的哲學術語都是很通俗的，當然他從傳統裡面繼承了很多東西，「實事求是」、「一分為二」這樣的一些東西都是傳統典籍裡面有的，也是傳統典籍裡面最通俗的東西。他不用那些很深奧的詞彙，但是他創造出他獨特的哲學話語。我覺得這個方面他是有創造性的。

那麼我們今天面臨這個時代——毛澤東時代是那樣一個時代，我們今天這個時代是另外一種，我們今天這個時代有這個時代的特點。

所以我們還面臨著一個創造性的問題。所以，繼承中國傳統的血脈，或者是弘揚中國傳統文化，這個不是說你把這個典籍倒背一遍就可以做到的。當然實際也沒有人這樣做。實際上每一個在當代在說中國傳統文化的人都是在創造，但是要有一個創造意識，你這個創造是從哪裡來的？這個創造是建立在幾十年以至於近百年以來，中國文化在接觸外來文化的時候，跟中國本土的現實生活，民族話語相結合所產生出來白話文之上的一套現代漢語的。

而現代漢語在翻譯作品裡面達到一個高層次——翻譯體。這高層次的翻譯體不是民眾的，不是世俗化、不是大眾化的，但是它是中國的，是每一個有文化的中國人都可以進入、都可以憑自己對語言文字的理解直接進入的；而過去的傳統典籍裡面的很多東西已經死了。如果你想要它恢復生命，可以，你必須用現代漢語重述

它，用現代漢語解釋它。這個詞，到底用現代漢語怎麼說，甚至用英語怎麼說，應該有這樣一種溝通的意向，當然完全溝通是不可能的。我們現代人已經不是古代人了，我們中國人也不是英國人。所以你要把兩種文字或者兩個時代的文字完全溝通，那是不可能的，它是一個理想的指標。就是說如果你想保留中國傳統文化中間挖掘的生命力，實際上這個挖掘是很辛苦的，是要創造性的挖掘，是必須用現代人所習慣、所能懂的語言把古代那些智慧把它挖掘出來。

那麼這就有個前提，就是怎麼樣看待現代漢語。當然對於古典的那些文言的理解，那些體會我們現在不可能從小就從《四書五經》的背誦開始，但是也要盡量去做。但是，除此而外呢，還有應該一種溝通，就是說我們用現代語言來對它進行一種詮釋。這就是我理解的剛才林先生提到的「逆格義」的問題。「逆格義」，我們用現代漢語去格古典漢語的「義」，去格西方外來詞的「義」這是一種創造，這完全是一種創造。

我們使現代漢語不停留在一個乾巴巴的層面，而具有這樣一些豐富的內涵，現代很多情況就是完全相反，就是簡單的搬用的外來詞，或者是古典的那些現成的術語。但是，這些仍然很新鮮，因為很多人不懂；於是呢，過一段時間，那已經過去的時髦了。有一段時間，八十年代，大家都講「異化」。「異化」這個詞搞清楚了沒有？至今還沒有搞清楚。現在不講了，那已經是八十年代的時髦，現在不講了。那麼你現在把古代的那些詞翻一個來，也一定有同樣的問題，你搞懂了沒有？你所懂得那個意思是不是不可取代的？如果可以取代，就不用你翻譯；如果不可取代，那麼你要讓人家意識到這是不可取代的。你要通過現代漢語的詮釋，讓那些研究哲學的人，甚至於讓那些僅僅是對哲學有興趣的人，能夠過通過你的解釋，發現這個確實是不可迴避的，繞不過去的，非用它不可。那麼，這個詞就有了新的生命。人家在談到你所談的這個問題，你所引導到的這個問題上的時候，就非用這個詞不可，它就有了新的生命。

所以這個話語的問題，我們中國傳統中間歷來不太重視話語，對於語言這個東西，我寫過一篇文章叫〈中國哲學中的反語言學傾向〉，就是中國傳統哲學不太重視話語，這個跟西方哲學的邏各斯精神是完全相反的。但是我們現在在東西方的碰撞的交流過程中，以及我們對於古典的詮釋這一過程中，面臨著一個非常緊迫的問

題，必須要把話語看作是不僅僅是一種手段和工具，話語是人的生存方式，是我們現代人的生存方式。應該是我們的生命衝動的一種表達，而是一種創造性的表達。也跟剛才歐陽老師講的，這個就是中、西、馬以及中國現代、古典，中國現代漢語與外來語相互之間的互動。我就講到這裡吧。

◎大地母土、厚德載物的中國文化

林安梧教授：

　　1990 年第一次到大陸，距離現在剛好十年，那時候大陸的朋友問我有關大陸的整個感想是怎麼樣，我那時候給出了一副對聯，那副對聯到現在為止，我仍然認為是對的，就是借用乾、坤這兩個字眼，所寫的一附冠頂聯，「乾道難知，惟誠立命；坤德未毀，斯土安身」，我認為中國文化很強韌的就像大地母土、厚德載物一樣，充滿了生機，馬克思主義哲學在中國、西洋哲學在中國，中國實在夠大、夠厚，文化夠悠久，因而它有一新的可能，使得馬克思主義哲學，西洋哲學都成為中國的構造的一部分。我想今天這樣的對談是一個起點，或者是一個起點前的起點。

郭齊勇教授：

　　時間已經不早了，但願這是一個起點，我們以後會繼續為中、西、馬的會通努力；衷心感謝各位來聽我們幾位對談，謝謝林教授、歐陽教授和曉芒教授，我們今天的對談就到此告一段落，現在宣佈散會。

第十八章　中國哲學、西方哲學與馬克思主義哲學對談

——二〇〇五年第二次對談

主題：中國哲學的未來

　　　——中國哲學、西方哲學與

　　　馬克思主義哲學的交流與互動

時間：2005 年 9 月 16 日下午 2：30－6：15

地點：武漢大學一校區教五樓 311 教室

對談人：臺灣師範大學國文系　林安梧教授

　　　　華中科技大學哲學系　歐陽康教授

　　　　武漢大學哲學學院　郭齊勇教授

　　　　武漢大學哲學學院　鄧曉芒教授

聽眾：武漢大學哲學學院博、碩士研究生，本科生，以及其他校、

　　　院、系師生，共一百五十餘人。

緣起：從二〇〇〇年到二〇〇五年的兩岸的中、西、馬互動

郭齊勇：

　　首先介紹一下，林安梧教授是臺灣著名的學者，原來在新竹清華大學，現在在臺灣師範大學任教，辯才無礙。1995 年至 2000 年，我的前任歐陽康教授曾任我們哲學學院、人文學院的院長，現在是華中科技大學主管文科的黨委副書記。2000

年 4 月分，歐陽院長在哲學系的多媒體教室組織了一次和林教授、鄧教授的對話。那個時候，我扮演的相當於是一個司儀的角色。鄧老師呢，大名垂宇宙，不用我介紹了，大家都知道，很熟悉。

那一次我們四位的對話經過秦平整理，又經過我們四位的修改以後，林教授以「中國哲學、西方哲學與馬克思主義哲學的互動對談」為題在臺灣《鵝湖》雜誌連載，2003 年又在臺灣學生書局出版過一本《兩岸哲學對話——廿一世紀中國哲學之未來》的書。這本書除我們四位的對談，另外還附上我們各自的幾篇文章。

我們四位都是抱著一種為了振興學術，特別是為了促進馬克思主義哲學、西方哲學、中國哲學的互動的信念和宗旨來做這樣一個交流和對話的。由於我們四人的學術本位、學術立場，所讀的書，所用的功，術業專攻的方面不一樣，因此有一些討論。我們四位都是很好的朋友，但是所見略有不同，有時爭得臉紅脖子粗，我想大家也都能理解。

這次對話的發起者仍然是林安梧教授。林安梧教授這次是來參加我們剛剛結束的「第七屆當代新儒學國際學術會議」的。今天我們還是請發起者先談，而且他是遠道而來的。我們就以武漢大學的教五樓為圓心，最遠道的最先講，我們先請發起者講，然後我們再請歐陽教授，然後是鄧老師，最後是我。現在請林先生講。

一、不能只是概括的去說中西哲學之為何，要入理的說，要如其經典的說，要如其事實的說。

林安梧：

如同剛才郭教授所談，我們幾位在西元 2000 年的 4 月分舉行過一次對談。發表以後，很多朋友看了也很感興趣。之後，我們在學術會議等場合也曾碰過，但是一直沒有機會再作進一步的對談和交流。對談呢，有一個方式問題，我們還是採取比較自由的方式。上一次我們具體談的內容，我也不太清楚了。今天早上，我一直在找，準備找來再看看。基本上好像就是集中在什麼叫中國哲學的問題上，而且牽涉到研究、學習中國哲學的方法等相關問題。剛才郭老師也談到，我們的確因為所學的不同，專長不同，學問的關注不同，所以思路也不太一樣。所以，我們希望在我們四位的對談和努力的基礎上，使中國哲學與西方哲學、馬克思主義哲學，有進

一步會通的可能。

　　為什麼要把馬克思主義哲學特別提出來呢？因為馬克思主義哲學在中國大陸，已經發芽生根了至少五十年以上，如果再往前追溯到民國十年的話，那歷史可能更長。那麼從 1949 年開始，時間已經超過了五十年。那我想呢，應當要把政治和哲學分開，這個時候在中華大地上研究中國哲學、研究西方哲學的人不能免於馬克思主義哲學這個項目。而且也不可免、不必免。必須要從這三個向度去看。那從我個人來大陸參加這麼多學術會議，來大陸已經超過三十次了，有時可能要連著開好幾個會議，我深深的感覺到一個問題，包括我這幾天在華中科技大學做了個演講、在華中師範大學與研究生們座談以及在中南民族大學與研究生們交流，深深的感覺到一個嚴重的問題。現在年青一代很多同學和朋友其實對中國哲學沒有基礎，對中國文化也沒有基礎，他的資訊來源是有問題的，也就是說他用了太多太多的，譬如說：中國哲學是怎麼樣的，西方哲學是怎麼樣的；因為中國哲學是怎麼樣的，所以怎麼樣，我們是否應該怎麼樣的。我常常被問這樣的問題，也常常被這樣的問題困擾，我心裡就是在想，我能否跨過這樣一些問題。

　　我今早也在想這個問題，讀鄧曉芒教授的《康德哲學講演錄》（我們前天見面，他送我一本），後面有講到中國人有沒有「自由意志」（free will）的問題。我的角度來講的話，我就想到中國人當然是有自由意志的啊，我問問題可能和鄧教授不一樣，我會說：為什麼孟子說「自反而縮，雖千萬人，吾往矣」這樣的話語是在什麼樣的情況之下，到後來我們這個族群竟然變得畏畏縮縮，是什麼樣的，是什麼因素造成的。所以我一樣會問，為何文明程度這麼高的中華民族，它強調的自由意志，居然在兩千年的帝皇專制發展過程裡頭被磨損殆盡？我們如何回到先秦的經典，重新去理解自由意志之為何物。我這是說我很關心這樣的問題，也就是說我所理解的傳統的那個機體和鄧老師理解的中國傳統、中國文化傳統的那個機體是不一樣的。那麼這個機體的不一樣，為何，目前來講，我們怎樣做中國哲學、西洋哲學和馬克思主義哲學在我們這一塊的交談能不能取得一個比較公平、比較持平的一個氛圍。我覺得相當不容易，因為我們已經經過了至少一百年以上的徹底的反傳統主義的思潮的洗禮，截至目前為止，「傳統文化」這四個字常常還會被認為是保守的、落後的、頑固的、封建的。而相對來說，只要你是反傳統文化，你就不是保守的，不是

頑固的，不是落後的，你是先進的，你是開放的，你是通達的。我覺得這是一個很令人痛心，很詭譎的問題，很值得我們去反省。

二、徹底的反傳統主義者、新傳統主義者雖是對立的，但他們都犯了「方法論的本質主義」（methodological essentialism）的謬誤。

今天我們在這裡討論，怎麼樣來面對這個問題。這牽涉到一些很複雜的問題，如果我們再問中西馬哲學、中國文化對西方文化這樣一個對比的時候，我們所使用所謂哲學類型學的區分的時候，我們應該留意一些什麼，我們怎麼樣才可以避免一種本質主義的介入，免除本質主義方法論（methodological essentialism）的限制。方法論上若採取的是本質主義，他認定中國文化本質上如何，認定西方文化本質上如何。其實，當我們說中國文化本質上為何，只是為了方便我們去理解中國文化，而不是中國文化真的本質上就是什麼，而只是我們為了理解，不過我用了本質這個詞來說，我們可以通過什麼樣的方式去理解。運用本質這個詞，不應該陷入本質主義的這樣的一個桎梏中去。

因為整個中國近一百年的思考，我認為在方法論上多數犯了所謂本質主義的謬誤。也就是說，在論證自己的文化本質上之為何，徹底反傳統主義者（anti-traditionalist）犯了這個毛病，新儒學（New-Confucianism）或者新傳統主義者（Neo-traditionalist）一樣犯了這個毛病。徹底反傳統主義者認為中國文化在本質上就是開不出民主和科學的，根本跟民主和科學無緣，而新儒學和傳統主義者認為徹底反傳統主義者沒有真正把握到中國傳統文化的本質，而中國文化的本質是如何，我告訴你，是如何是如何。中國文化的本質之為何，做為新傳統主義者的新儒家認為它是以道德主體為本的，他強調道德本心，中國人最強調的是道德，道德主體之為何。接下去呢？這道德主體就如同康德所說的「智的直覺」，它未能直接落在經驗界裡，去成就一套知識系統，因此這道德主體就得經由一辯證的轉折開出知性主體，又如何在這知性主體之下，去開出民主與科學。我認為：新儒學所面對的是徹底反傳統主義者所提的問題，這些人所提不是一個適當的問題，他們提的是一「虛假問題」。

如此一來，他們就得問：中國傳統文化如何才可以開出民主和科學，或者說如

何揚棄傳統文化才能開出民主和科學。其實，臺灣這些年的發展，亞洲四小龍的興起，你可以看到民主和科學，自由和法治的發展，其實是一個非常長遠的學習過程。這樣的一個學習的過程，它並不是要說我如何的從傳統開出民主和科學，而是在我如何學習民主和科學，我在學習民主化和現代化的這樣的過程裡面，而讓中國傳統文化放在這裡面，而傳統文化它自然而然的非要放在這裡面不可，起一個調節性的作用。它既調節了這個整個學習的過程，他回過頭來調節了傳統文化，使得中國傳統文化有一些新發展的可能。

三、如何掙脫出文化的霸權，促成中西馬的真切互動，是當今中國哲學的首要課題之一。

這是一個事實，目前來講是這樣的。這樣的一個事實面前，就我目前的感覺，中國大陸的經濟是發展了，而中國人的原先的自我概念也慢慢轉變了，整個社會的組織結構也逐漸的在調整中，而其他的結構也在一層一層的在這個調整的過程之中。而在這個調整的過程之中，我們的傳統文化是否能夠扮演一個調節性的角色，或者我們的中國文化也陷入了眾多言說、眾多話語的那個戰場之中，東打過來，西打過去，莫衷一是。這是一個很值得我們反省的問題。這也是我這幾天作了幾個報告，和一些研究生們、大學本科生們交談一直在思考的問題。我想先起個頭，這樣有幾個回合，這樣比較有交談的感覺。

我一直想說，中國文化、中國傳統如果沒有取得一個恰當的溝通的身分，它只是在西方文化霸權的控制底下，在這樣的一個扭曲的傳統，扭曲的狀態之下，而要去談所謂的中西文化的溝通，談中西馬的互動，我認為是很困難的。所以，我期待我們能夠慢慢的廓清這樣的一個氣氛，我認為真正要廓清，最簡單的方法就是回歸原典，有一些最基本的原典應要熟讀的，譬如說《論語》、老子《道德經》，譬如說佛教已經中國化的《六祖壇經》，我想這是很容易做到的，它可能經過一年兩年就會很熟悉。如果我們能夠回到原典，對儒道佛的經典仔細的有所勘正，當別人談中國文化如何，談儒家如何，你就拿《論語》勘正一下，進一步的仔細辯論一下；人家談到道家如何，你以《老子》、《莊子》勘正一下；當人家談到佛教如何，你以《六祖壇經》、以《金剛波羅蜜經》勘正一下，我想至少可以免掉一些基

本的謬誤。

四、中國哲學研究方法的「五證」：「文獻的佐證、歷史的考證、經驗的查 證、心性的體證以及邏輯（論理）的辯證」。

前幾天，我在哲學學院做了一個報告，談到中國哲學研究的方法問題，我提到要有「五證」，即：「文獻的佐證、歷史的考證、經驗的查證、心性的體證以及邏輯（論理）的辯證」。我期待在整個中西馬哲學的互動過程裡面，作為中國哲學，不管你是談論它，或者你是作為被談論，你拿它來攻擊，拿它來發揚，都回到這「五證」，而讓他有一個真正的落實，要不然它可能又是新的意識形態，整個話語系統又處在混亂之中，不斷地折磨而已，而這樣的折磨很可能會使中國哲學、整個中國境內的哲學又受到新的限制。這是我所憂心的。謝謝！（掌聲！）

郭齊勇：

剛才在第一輪引言中，臺灣師範大學教授，《鵝湖》主編林安梧教授提到了我們中西馬的互動中的一個方法學的缺失，是本質主義的問題。本質主義引起了方法學上的一個謬誤和錯置。他提出了五證的方法，回到原典的五證的方法。我們姑且把它放在這裡，這是林教授的引言，下面我們請我們的老院長，現為華中科技大學的人文學科的負責人，著名的馬克思主義學者歐陽康教授來發表他的引言。

歐陽康：

各位老師、各位同學，大家下午好！首先我要感謝郭齊勇院長給了我一個回到哲學學院的機會。回到學院感覺到很親切，因為在這裡工作了好幾年，從 1993 年 4 月到 2000 年的 9 月分。其次要感謝林安梧教授，正是他的到來，使得我們幾位的相聚在五年後又成為可能。剛才有一位同學說五年一個輪迴太長了，我想說的是五年能有一個輪迴，算不錯了。我和郭老師、鄧老師是多年來的好朋友，儘管各自致力於馬哲、中哲和西哲的研究。我們過去的對話應該講是不止那一次，是經常對話的，但是林安梧教授的造訪給我們提供了一個特別的機會。不過今天我看了一下，熟悉的面孔不太多了，所以我就產生了一種好奇。我不知道這裡有沒有五年前參加過我們那次對談的同學？如有請舉一下手。噢，有一位！今天的主題是中西馬

對話，我們這裡以中國哲學為專業的同學請舉一下手。謝謝！西方哲學的呢？馬克思主義哲學的呢？謝謝！看來還有其他專業的同學。非常感謝大家來參加我們的這次對話！

五、哲學的本性是對話，當馬克思主義取得一尊的地位後，逐漸失去對話的可能性。

剛才林安梧教授作了非常精彩的一個導引。他的這一番話使我又想起了我們上次討論中比較有爭議的一個問題，或者大家覺得需要進一步界說的問題，就是中國的哲學和在中國的哲學。這個問題的在概念層面有很多問題可以討論，這裡我不想多談了。我想從我作為一個馬克思主義哲學的研究者或者叫研究工作者的角度來談談應當怎樣看待今天這樣的對話，這種對話對馬克思主義哲學的當代發展所具有的意義，和這種對話對當代中國哲學的發展所具有的意義，以至對於當代中國哲學加入世界哲學所具有的意義。

哲學的本性就是對話。從它最初產生的那一天起，哲學家們就在與歷史開展著對話，力圖發現歷史發展的脈絡，同時他們也在與時代進行著對話，力圖去把握他們所在的時代的時代精神，而與歷史和時代的對話實際上都是以與自己的心靈的對話作為仲介的，因為每一個人都生活在一個歷史與現實的交彙之點，而這個交彙之點的基礎就是每一個人的體驗。每個哲學家都在歷史和現實的交彙點中嘗試著對歷史邏輯和時代精神的把握。在這樣的意義上來講，對話是哲學的一種本然的要求。但是在我們學習和研究哲學的過程當中，往往自覺地或者是不自覺地會忘記哲學的這個根本的特點，而把哲學置於一種非常孤單的甚至孤立的地位。而這樣一種情況在在二十世紀的中國、特別是在二十世紀後半葉的中國的哲學研究當中，我個人認為是表現得特別明顯的。

二十世紀中國的前半段時期應該說是各種思潮湧入中國，在中國的大地上，尤其是在建構一個多樣化社會的背景中激蕩碰撞的時期。在二十世紀的後半葉，也就是新中國成立以後，尤其是從馬克思主義哲學研究的角度來看，這樣一種對話變得越來越困難，越來越薄弱，甚至越來越被人們所忘記。其特別的表現就在於，馬克思主義哲學在某種意義上獲得了一尊的地位。當把馬克思主義當作是一尊的時候，

實際上就把馬克思主義特殊化了，給它特權的地位，就把它擺到了與其他各種不同的哲學流派、分支的不平等的地位，這實際上就等於把它封閉起來了。於是馬克思主義哲學工作者自覺地或者不自覺地失去了與別的學科甚至人類文明對話的興趣與姿態，也就在很大程度上失去了對話的可能性。

六、中國當代哲學的三個站點：前文革時期、文革時期，一九七八以後的重開對話時期。

1949 年以後，中國哲學的發展，在中國的哲學的發展，我想大體上經歷了三個比較大的發展階段：一個是前文革時期，從馬克思主義哲學研究領域來看主要就是在繼續消化著蘇聯哲學對於中國哲學的影響，尤其是對馬克思主義哲學的影響。儘管在六七十年代，中蘇關係在政治上破裂了，但前蘇聯哲學對中國的哲學尤其是馬克思主義哲學卻仍然發生著深刻的影響。中國學界的哲學觀本身受到了蘇聯哲學界對哲學的簡單化的理解和對於馬克思主義哲學的教條化理解的深刻影響。在這樣的背景中，應當說，西方哲學和中國哲學在相當大程度上被忽視了。第二個時期，文化大革命時期，馬克思主義哲學界在很大程度上處於對馬克思主義哲學的片面理解之中，馬克思主義哲學的一些原理被過度地放大，其中尤其是無產階級專政下繼續革命的理論被認為是馬克思主義的幾乎是唯一的思想精髓，並在那一個時代裡得到了大力的張揚，而學術研究則基本上失去了自己的應有的地位。第三個時期，也就是 1978 年以後，哲學對話才重新開始，有所恢復，並不斷加強。二十多年來，在中國的哲學研究的最大的進步，我以為就在於恢復了對於哲學的對話本性的理解，並使哲學研究重新走上了一條對話的道路。我覺得這可能是二十多年來，在中國的哲學研究能夠取得積極的、重要的學術進步的一個最根本的前提。

在 1978 年以來二十多年的哲學進步中，中國的馬克思主義哲學研究努力地想從三種陰霾之中走出來：一是從對於哲學、蘇聯哲學、馬克思主義哲學和哲學的簡單化的、教條化的理解當中走出來。從蘇聯式的哲學理解當中走出來，實際上意味著哲學作為學術研究與政治行為的相對而言的分離，由於這樣一種分離，中國的馬克思主義哲學研究才開始有了自己的真正的學術化發展的道路，也才可能以一種平等的心態和方式來與其他的哲學開展對話。當然要真正做到以平等的、開放的方式

來進行實質性的對話，即便是今天來看仍然需要繼續作出努力。二是從與西方哲學和中國哲學的隔離中間走出來，關注西方哲學和中國哲學研究的成果，以開放的心態開始與西方哲學、中國哲學開展平等對話。三是從馬克思主義哲學的自我尊大和自我封閉中裡面走出來，讓馬克思主義哲學在與當代人類科學、哲學和實踐的互動中獲得發展。

七、《以平等心態參與當代中國的哲學對話》及《哲學視域中的現代性》

應該說，我們這幾位，包括齊勇兄、曉芒兄等都是 1977 年恢復高考後考上大學和研究生的。我們都深刻地感受到對於馬克思主義的態度和馬克思主義的研究方式的巨大轉變。馬克思主義哲學的教育和研究由過去全面學習蘇聯版的理論內容，到後來逐漸有了中國的馬克思主義哲學研究，到進一步開展了對於馬克思主義哲學的一種相對獨立的學術化的研究和發展道路。但是我以為，要繼續走好這樣一條道路，仍然需要做出艱苦的努力。近年來，我參加了國內相當一些哲學學術會議，一直在呼籲一個問題，就是以平等的心態、開放的心態參與當代中國哲學的平等對話。這方面的呼聲在馬克思主義哲學論壇上尤其強烈和突出。這裡的核心詞有兩個：一個是平等的心態；一個是開放的心態。1995 年的《中國社會科學》（英文版）第 1 期刊登了我的一篇文章，Active and Open-minded Participation on an Equal Footing in Dialogue on Contemporary Chinese Philosophy，中文名叫〈以平等心態參與當代中國的哲學對話〉，記載的就是這方面的思考。我覺得，在中國的哲學，它的生命力正在於這樣一種對話。一旦離開了這樣一種對話，中國的馬克思主義哲學研究是片面的，在中國的西方哲學研究是片面的，在中國的傳統中國哲學研究在某種意義上也是片面的。為什麼呢？因為十月革命以後，馬克思主義哲學被中國共產黨所選擇，通過在中國社會的長期傳播與實踐，實際上已經成為當代中國文化的內在的組成部分。儘管我們在過去的馬克思主義哲學研究與教育中存在著諸多的失誤、存在著諸多的教條化的、片面化的理解，但是它通過中華民族的革命和建設的實踐，尤其是 1978 年以來中國社會的發展、經濟的發展、政治的發展和文化的發展，已經變成當代中國人精神生活中的一些內在的組成部分，也變成了當代中國社會的內在組成部分。因此今天的哲學研究不能不反映這樣一種現實。如果不能反映

這樣一種現實，任何哲學研究在當代中國，我以為都是缺少根基的。

但是，當代中國哲學的現實又絕對不是僅僅作為馬克思主義理論的現實化而得到表現的，實際上它還是作為中國當代人在與西方文化的碰撞中和對中國傳統文化的重新理解中而得到實現的。大家知道，真正在 1978 年以來深刻地影響了中國的還有西方文明，尤其是西方現代化的歷史進程。中華民族在思想上和理論上的進步，在本質上是依託於中國社會在現代化中的實踐的進步而獲得的。當中國不得不走上市場經濟建設的時候，當中國不得不走上現代化道路的時候，當中國不得不從世界人類文明的發展中吸取更多的養料的時候，實際上也就意味著中國人在 20 世紀以來，第一次有比較自覺地、有意識地、有組織和有規劃地把自己納入到人類文明的進程當中去。所以如果離開了對於西方文明的理解，不可能理解今天的中國。而與此同時，20 多年來中國社會在實踐中間的進步也是以中華民族對於自身歷史文化的深刻反思作為基礎的。大家知道，在中國，尤其是在中國的主導意識形態裡，在 20 世紀以來主要是持的反傳統的這樣一種立場。從當年的「五四運動」提出打倒「孔家店」，到文化大革命這樣一場革傳統文化的命的運動，其核心就在於把中國的傳統文化中的某些因素從中國的現實中驅逐出去。這種驅逐作為當時中國現代化的一種客觀的和必然的要求，應該說有其積極的意義。但是我們知道，正如不能因為水髒而倒掉正在盆子裡洗澡的小孩一樣，中國傳統思想文化中的精粹的因素仍然應當得到保存和光復，成為中國當代精神生活中間的內在的重要部分。而這樣一種情況實際上給當代中國的哲學研究帶來了一種諸多矛盾性交織的複雜背景。一方面當代中國哲學比較多地依賴於現代化，而現代性本身就是對傳統性的一種批判。現代化的歷史進程既包括對傳統的批判性反思，也包括對現代性的一種建設性追求。而在今天，我們要求在中國現代化的建設過程中給傳統以適當的甚至是更多的空間，這就提出了多重的問題：中國現代化的思想文化基礎是什麼？中華傳統文化能否可以給中國的現代化的建設提供足夠的、充分的思想資源？而這一點恰恰是新儒學的很多學者正在努力探索，也是很多西方學者看好中華傳統文化的一個關鍵之點。但是實際上對這個問題存在著不同的看法，也需要我們認真討論。中國傳統文化的當代價值何在？中國傳統文化如何實現它的現代復興，或者說它的現代轉型，或者是現代重構呢？我想這既是馬克思主義哲學研究中的重要問題，也是當代

中國社會思想文化建設中的重要問題。

另外一個方面就是面臨著與西方哲學和文明的一種矛盾性的對話。當中國把現代化確定為自己的整體性的價值目標的時候，當中國積極加入現代化的時候，當中國全力以赴努力加速現代化的時候，我們看到了西方學者在整體上和在相當多的領域裡對於現代性的批評，我們看到了各種形態的反現代化理論、思潮，包括後現代主義等等，它們在當代中國也非常盛行。也就是說，在當代中國人大力地向西方學習的時候，而西方人卻對他們自身的文化進行著深刻的反省與批判。這也提出了一個問題：西方哲學與文化在多大的成分和程度上能為中國的現代化和文明的發展提供可靠的和有效的思想資源？我想這個問題似乎也是一個帶有悖論性質的問題。最近《新華文摘》轉載了我一篇文章，原來發表在《社會科學戰線》，題目叫《哲學視域中的現代性》。我在那篇文章中提出了對現代性的二元性或者多重性價值的分析與評價的問題。究其本來任務而言，我們認為，中國的哲學，包括在中國的哲學，包括中國的各種分支哲學，特別是馬克思主義哲學，應當能夠充分地反映中華民族追求現代化、創造現代性的現實。但是西方的現代性能夠在多大的程度上為我們所追尋呢？中華民族能不能創造出有自己特殊歷史、時代與民族內涵的現代性呢，我想也是一個非常尖銳的問題。

八、中國與西方對馬克思主義發展各有其特性與限制，應當尋求轉進、對話與發展之可能。

最後，從馬克思主義哲學研究自身的發展來看，我認為，馬克思主義哲學在二十多年來所取得的進步可能是在它在中國的歷史上前所未有過的。在與一些西方學者的交往中，我甚至談過這樣一個看法，即在中國的馬克思主義哲學研究的進步和成就是在西方的馬克思主義哲學研究不太可以比肩的，因為我們既是在一個馬克思主義哲學佔據著主流意識形態的地位的情況之下開展研究的，因此它有充分的環境和保護帶，而另外一個方面呢，在二十多年裡馬克思主義哲學研究又在與各方面的哲學的對話中間走出了自己的特殊的學術化發展的道路，因此它開拓了很多新的領域。這些領域的不少方面可能是西方的馬克思主義哲學研究者還沒有認真顧及到或還沒有深刻研究的。比如在過去的社會主義國家裡，馬克思主義哲學研究曾經佔有

過主體的地位，但是由於對馬克思主義哲學的片面化和教條化的理解使得他們不太可能達到一種全面而又深刻的研究。而在當代西方的發達的資本主義國家裡面，馬克思主義的哲學研究畢竟處於非主流甚至是被排擠的地位，因此更多地集中在對當代的資本主義的批評方面，而少有系統全面的正面理論闡發。在這種意義上，相比之下，中國的馬克思主義哲學研究享有著一種特殊的地位，有更豐厚的資源和機會，相應的也能夠和應當取得更大的成就。

但是，我覺得，當今仍然面臨的最深刻的問題就是如何實現真正意義上的中西馬哲學對話，特別是馬克思主義哲學研究如何真正實現與中哲、西哲，與科技和當代人類文明的內在性的互動，而不是外在性的。這實際上是對當代中國的馬克思主義哲學工作者的知識結構提出了一個嚴峻的挑戰。我自己研究馬哲，深感自己的知識結構的不完整和不全面性。我的知識結構不夠健全，既不像齊勇兄對於中國傳統文化有著深厚的研究和體悟，也不像曉芒兄對於西方哲學那樣有深厚造詣。中國哲學，迄今為止，我都不太敢去碰。為什麼？因為沒有花足夠的時間和精力去修習。這一段時間，倒是用了一些時間去學習西方哲學，學習馬克思主義本身所根植的那塊土壤上生長出來的一些思想文化，但要做到深入全面的把握也覺得非常困難。所以我在多次參加中西馬對話的哲學學術會議的時候，感覺到了一種力量的單薄。我認為，學科間的對話本質上是通過哲學家的內心的對話來實現的，因為沒有一種哲學能夠真正超脫於人而自己開展對話。實際上學科之間的哲學對話所能夠實現的程度取決於哲學家自身在超越自己的知識結構方面所努力的程度和所達到的水平。在這種意義上呢，我剛才提出的幾個問題就是我當前的困惑。我非常珍惜有這麼一次機會來到這裡與幾位來自不同領域和學科的哲學家對話，也包括和在座的諸位同學進行這樣一次對話。我相信，通過這樣一種積極的、建設性的和平等的對話，我們的哲學尤其是我們自己個人的哲學理解才能變得更加豐富，也變得更加符合哲學的本性。好，謝謝大家！（掌聲）

郭齊勇：

剛才歐陽教授從哲學的本性出發，他覺得可以從哲學的本性出發，讓三個學科走出自我，擁抱對方，互動互融。歐陽教授特別回顧了改革開放二十多年以來，馬

克思主義哲學學科與我們大眾的社會生活，與我們改革開放進程的密切聯繫，並對一些問題作出思考。我覺得很有意義。歐陽教授現在和楊叔子前校長一起在主持弘揚與培育中華民族精神的一個大的研究課題。他還有很多精到的思想，我們還有機會再聽他來慢慢地陳述。下面我們就請鄧曉芒老師來做引言。鄧老師不用我介紹了，最近我們在開第七屆當代新儒學國際會議的時候啊，我在會上介紹我院，特別講到鄧老師和楊祖陶先生的康德三大批判的翻譯，海外的很多學者都知道，有些學者是這次才知道的，也非常的敬佩。鄧老師和楊老師用了十多年的心血，在研究的基礎上，把康德三大批判從德文直接翻譯過來，是了不起的貢獻啊。我院有這樣的學術精品，我們都感到與有榮焉。下面我們請鄧老師作引言。

九、經由現象去把握本質這樣的理性主義傳統是重要的，中國哲學的理性主義傳統仍待加強。

鄧曉芒：

剛才兩位教授都做了非常精彩的引言。本來，林教授說要做第二次對談，我就有一些想法，我們前面一次的對談大部分時間因為對談者個人的立場，初步的接觸，到後來已經接觸到點子上了呢，時間也不多了，有很多問題都沒有展開，都在週邊，在那裡遊擊，大致瞭解一下對方的觀點時間就沒了。那麼今天我們既然要做第二次呢，那麼有一些前提就不用交代了，可以直奔主題。所以我想呢，這個引言呢，前面兩位都已經做了，包括郭教授也都已經做了，我就進一步的提一些問題比較好，節約時間。剛才林教授講到我的這個觀點，很感謝林教授對我的書讀的那麼仔細。這個我寫的就是希望人家批評，特別是我的那些觀點，我也知道在目前國內這樣提問題的不是很多而且很可能引起誤解，我就準備了來接受批評，當然也就準備了來接受答辯。所以我想從這個問題談起，剛才林教授講到了本質主義的問題，這是方法論的問題了。

本質主義，在當代西方哲學中是被很多人批評的一個話題，但是在近代西方哲學中間卻是一個非常普遍的問題和方法論。這種方法論是從什麼引起的，怎麼會有這樣一種說法。我想，還是由於西方對於理性主義的不同理解。所謂理性主義，就是透過現象看本質，你不能只看現象，你必須從大量的現象裡面提取出它的規律，

它的實體，它的原因，它的因果關係，因果鏈條，這個從古希臘亞理斯多德就以這個為基礎，西方的科學精神和理性精神都是在這個基礎上建立起來的。就是說，你看到一個現象的時候，你要找到它的原因，找到它的實體，你就能夠真正能夠把握到它的本質。你把握到它的本質，它的現象就在其中了，你就可以駕馭現象，不會被現象所迷惑。這個傳統，我認為還是很重要的，特別是對於我們中國人來說呢，這一點非常的缺乏，在我們傳統中。當然，當代西方哲學對當代人，後現代的這些人，反本質主義，他們所談論的反本質主義的問題，就是說，當你把本質的東西剔除出去以後，你還能幹什麼，你是不是抓住了本質就什麼問題都解決了，沒那麼簡單。一個是本質，你不可能一下子抓住，在一個即使你抓住了，還有那麼多的現象，你能不能丟掉。你能不能看那些現象還能發現新的本質，你不能封閉自己。所以理性主義它所面臨的一個很重要的問題就是不能封閉，所以現在後現代的很多人反本質主義，但是我覺得這個問題如果拿到用來看中國哲學，或者用在中國人研究中國哲學方面，我覺得目前來說還是有點奢侈。也許在臺灣已經不算是奢侈了，但是在中國大陸是還有點奢侈，就是說在大陸哲學界，雖然改革開放也有那麼多年了，許多領域可以自由討論，這個在理論領域、哲學領域「禁區」已經不存在了，基本上都可以自由談論，這個說實話跟世界也沒有多大的區別了，但是呢問題就在我們自身的能力，當放開了，要讓你去說的話，你能說出什麼來，所以這麼多年以來，我看了很多哲學界的人啊發表的觀點啊，我總有一種感覺，就是我們的理性主義還是不夠。就是很多問題搞不清楚，爭來爭去，你發現很多人的爭論都不在點了上，都實際上沒有針對對方討論，你說你的，我說我的，沒有共同的東西，沒有共同的話題。所以我想中國人做哲學，反本質主義是不是能夠充分，是不是能夠到了可以發起對本質主義的攻擊或者批判本質主義的地步，這個時候。我想這個是有一個要根據不同的條件，不同的時候提出來的一個問題。所以我覺得現代中國在這個方面，特別是做中國哲學在這個方面反本質主義還是不要，理性主義不足。

文本是在那裡，你學習文本，你搞國學班也好，搞國學熱也好，這個我都是很贊成的。這個跟對中國傳統文化的態度，我覺得還是不能混為一談。學經典，學傳統，瞭解、熟悉這個絕對是必須的，我自己也在做這個方面的，當然做的不夠，我覺得這是我的一個缺陷。但是另外一個方面呢，就是說，你要用一種比較客觀的，

我們今天如果完全去為了某種意識形態的需要，情感的需要或者某種非學術的需要，就把這個東西當作是另外一種東西來考慮了。這個問題是要注意的，或者是要反對霸權，或者是為了提高民族自尊心和自豪感，我們學了以後，我們就會有自豪感。這個都是不一定的，你也很可能，如果你真的是從學術的角度來學傳統，你也很可能學了以後喪失了自豪感。有這種可能，當然現在這種人可能還不多。我對傳統熟悉了以後，我發現裡面找不到出路了。有這種人，魯迅就是這樣嘛。學了很多中國的東西以後，他發現在裡面找不到出路了。也有這種情況，當然我不是說你們學了以後就肯定會這樣，而是說呢，我們不管你們將來的態度怎麼樣，但是在面對經典的時候，要有一種學術的態度，要有一種客觀的態度，要有一種理性的態度。我有情感，或者我最初就是為了情感，我來學習中國哲學，和傳統文化，這都不要緊。但是你在研究裡面和時候，你要把這個放在一邊，暫時放在一邊。你要搞清除它究竟說了什麼東西，你要把它貫通，你要體會到它是這樣的。當然我不一定要這樣，但是它是這樣的。你要把這個東西體會到，那你就有了很深厚的學理。

十、在中國歷史上儒道兩家常墮入「無自由的意志」與「無意志的自由」，這與「人性本善」、「天人合一」有著密切的關係。

這個對西方哲學也是這樣，我們不是因為崇洋媚外才去學習西方哲學，我們學習西方哲學還是有一種，當然最初我們有一種，就是我們根據我們中國的現實基礎，我們需要瞭解西方，需要擴大我們的視野，當然我們要有一種學術的眼光去分析，不是西方有一句話說的好聽點就拿過來，說的不好聽就不拿過來，而是瞭解西方人，他究竟是什麼意思？把這個搞清楚！一個西方的東西，一個中國的東西，把他們都搞清楚，那就不得了了。當然你將來可以有你的取捨，價值判斷，道德的等等都可以。當然我們中國人一般是不分的，你做學問你就要有道德，加上這樣的價值判斷。我們通常都是這樣。但是你老是這樣的話，是有缺點的，這種態度的話，實際上是缺陷的，我們是不是可以暫時離開一下我們的這種態度，我們把學問和做人和倫理道德暫時撇開，因為你現在還沒有學會做一種，沒有選擇一種適宜的道德，那麼你在做學問的過程中，是不是可以客觀一點呢，是不是可以把眼界打開一點呢，免得這些東西局限了我們的視野呢。我覺得呢，理性精神我們中國人是缺乏

的，在研究中國和外國哲學史包括馬克思主義中，這個是少不了的。也就是說，本質主義在很長的一段時間內，我們還必須得看到它的正面的意義和價值。當然它有它負面的意義，但是我們現在還談不上。

我們現在沒有，比如說你分析經典，孟子講「雖千萬人，吾往矣」，當然你是可以說這是有自由意志的，一般意義上是可以這樣說，但是它的本質是什麼，我要問這個，它本質是什麼呢。它本質是自由意志嗎？它本質不是這個。因為千萬人，吾往矣，不是因為它自己選擇了一個什麼東西，而是因為它心目中有一個天道。這個天道不是它可以選定的，它生下來就在天道之中，三皇五帝、周公傳下來的，從孔子那裡傳下來的道統，一個道統在那裡，我心中有了道統，我什麼都有了，我可以有我的意志，我可以堅持到底。而且在這種堅持中間表現出一種「威武不能屈，富貴不能淫，貧賤不能移」的自由精神。一般意義上，你可以說它這是自由意志，但是這種自由意志它的前提不是自由，它的前提不是你可以選擇然後讓你選擇的，而是你根本不能選擇的，因為「天人合一」嘛，人就在天道之中。如果你選擇了這種，你就是聖人，如果你選擇了另外的苟且偷生的活法，你就是墮落了。它首先就有一個價值判斷在裡面，你只能這樣去做而不能那樣去做。誰願意去做小人，而不願意去做君子呢？人性本善嘛。

所以這些東西，都是既定的東西，人無法選擇的。孔子講「從心所欲而不逾矩」，這個「矩」是從哪來的，是從自由建立起來的，不是通過自由意志建立起來的，而是通過三皇五帝、周公、周禮傳下來的。所以有些西方學者講中國沒有嚴格意義上的倫理，倫理是什麼？倫理是風俗，是習慣。道德是什麼呢？當然這個翻譯可能有問題啊，中國人講道德也不一定是西方講道德，但是如果用西方的眼光看，道德與倫理是不同的，道德是建立在自由意志的基礎之上的，按照康德的道德律，自由意志本身是自己選擇的，而且呢這種自由選擇要能夠一貫到底，這樣就成了道德自律，那樣的意志就是自由意志。從這個角度來衡量，當然你可以說你不能用西方的東西來衡量，但是如果從這個角度來衡量，我們擴大一下我們的眼界，你就會發現孔子和孟子講的那些自由意志，本質上不是自由意志，是一種，我把它叫做一種不自由的意志。老子、莊子的道家呢是一種無意志的自由，它有自由，但是它排除意志；儒家呢是一種無自由的意志。

　　孔子不是講了嗎，君子有三畏，「畏天命、畏大人、畏聖人之言」，你要不畏，你就不是個君子，首先要畏，首先要畏懼，當然我這裡的解釋不是很正宗啊，但是大體的東西是這樣的，你首先要有一個東西，要信它。然後，你心中有了這個信，那麼你就可以什麼也不用怕了，你就可以自由了，你就可以達到自由了。所以表面上看來，西方的聖人和中國的聖人沒有什麼區別，但是你要是說，那就沒有什麼區別了，那還有什麼研究頭呢？那就不需要研究了。如果我們從現象來看，那麼很多東西都是這樣的，西方有什麼我們就有什麼，我們就不需要說西方人是怎麼樣的，我們中國人是怎麼樣的，就把這個話題取消。我覺得這個話題取消不了。確實不管我們願意不願意，近一百年以來，以及以後，以後一百年，我相信這個問題還在就是西方人怎麼樣，我們怎麼樣。雖然在具體的細節上，有什麼不同需要探討，你不能簡單化的畫出兩條線，西方人怎麼樣的，中國人怎麼樣的，要通過長期的探討才能領會中西文化的差異何在，但是這個差異是要有人去做的，所以我覺得這是一個我們回避不了的話題，在今後一百年之內都是一個無法回避的問題。而且是一個容易出成果的話題，如果你不接觸這個話題。當然我也反對簡單化的劃線，但是如果你不瞭解這個話題，不接觸這個話題，你不會有成果，你搞中國的東西你搞不過古人，你搞外國的東西你搞不過外國人，那麼我們搞什麼呢，我們哲學系可以取消了。所以我覺得哲學的將來的前途就在中西文化的碰撞之中出新東西，這個新東西究竟是以中國文化為主還是以西方文化為主，那個我們可以不去討論，我們兩方面都要有深厚的知識背景，然後我們再去深入的考察它們中間的迷誤。

十一、西方的理性思維、邏輯思維，對中國哲學的理解與體會頗有助益。

　　就我本人來說，要以西方文化作為參照系，當然這個參照系也要經過本質主義的考察，要把那些形形色色的，你像現在西方人有很多反西方的，西方人反西方的，你怎麼說，如果你用本質主義，用理性主義去分析，你就會發現，西方人反西方是他們的傳統，西方文化的傳統就是自我否定。那麼從這個角度來看呢，西方人恐怕還是有。一方面你當然是要從經典，但是另一方面你必須要有邏輯，因為人的思維是有邏輯的，孔夫子也好，孟子也好，他們不是胡說八道，他有一個意思想要表達，這個意思我們以前中國人都是通過長期的背誦啊，揣摩啊，下功夫啊等等去

揣摩，但是現在我們有了邏輯，我們有了西方的理性思維、邏輯思維，我想這個工作可能會做得更好一些，它能夠幫助我們。但是中國哲學它的根基是在於體驗，而不是在理解，但是我們有了邏輯，就會幫助我們體悟。

很多中國傳統哲學中的官司打來打去，實際上都說明了雙方缺乏理性，很多都是用言辭取勝的。我前年在臺灣，碰到金春峰，也是我們大陸學者，他也在佛光大學，跟他一起討論。他就說理學跟心學，他說其實沒有什麼區別，他說了很多，很多人認為理學跟心學它們是勢不兩立的，它們有爭論啊，又怎麼樣的，爭過來爭過去沒有什麼區別。我就問，那麼金先生，那麼它們為什麼要爭來爭去呢？他只是笑笑，說那我怎麼知道呢。按照他的說法，其實不過是言辭之爭，其時都是講的相同的道理，用的不同的詞而已。當然用詞不同也就表現出不同的傾向，比如說雙方都承認，理啊，心啊，都承認，可能理學比較偏重於哪一方面，而心學呢比較偏重於另一方面，在用詞上就有不同，但是你要是追究它的根源來說，他們都是一個問題。所以，歷代的聖人們，傳統中間的這些有創見的大學者們，每個人都認為自己是真正的把握到了孔子或者孟子的道。為什麼會這樣呢？它是有道理的，因為他們都沒有真正的超出孔孟的前提和基礎，它只是在提法啊，新穎一些或者是怎麼樣，某些體會啊，他有所發揮而已，但是呢它實際上不像西方哲學那樣，有一個否定之否定，不斷的否定和超越自我。它是一個積澱，向釀酒一樣的積澱下來的，積澱到今天我們說不斷的博大精深。當然它有一個積澱過程，你要去追溯的話，確實博大精深，但是它的那個基本的那個底盤並沒有移動，還在那個地方。當然我這麼一說，就是本質主義的了，你這樣一說的話，那麼它的那個底盤是什麼，你如果能夠把它找到，你就把握了中國文化了，那就很嚇人了。但是呢，我覺得這不失為一個路子，可以朝著這個方向去努力，也未見得中國文化就是不可把握的，它還是可以大致的把握的。

再一個就是，剛才歐陽老師講的，我很贊成，就是一種哲學啊，它必須要跟時代，跟時代精神和時代的發展結合在一起。那麼我在昨天呢，我跟林教授也談到了，就是說你想想這個對談的主題有什麼新的發展，我提了一個想法就是說能不能討論這樣一個問題，就是說我們對五十年來的中國哲學的研究包括中國哲學方法論的研究做一個評估，我們到底研究了什麼。這次，我們在世紀之交的時候，我們有

大量的這樣的文章，但是很少有深入的。我們這五十年來，對於中國哲學、西方哲學、馬克思主義哲學研究的到底怎麼樣，這個問題看起來好像是一個無關緊要的問題，但是實際上是一個很大的問題，就是說由於這種評價我們可以採取我們今天的這種態度。比如說，這個我們郭老師有不同意見，郭老師就認為我們經過文革啊，五十年以來，特別是前三十年，我們把傳統都摧毀了。我們都是西方話語霸權或者馬克思主義霸權，我不太同意這樣一種概括，也是因為我的本質主義的這樣一種怪癖，就是我喜歡看本質，就是現象好像都是一樣的，我們文革跟五四一樣都是反傳統主義，破四舊嘛，凡是封資修的我們都要拋棄。那麼，五四也是要達到一切傳統，什麼孔家店啊，這都是一種現象。一般人看到這種現象呢就很自然的就把五四跟文革聯繫起來，但是我覺得，不能夠簡單的這樣看，五四的啟蒙興起了一大批真正有學問的啟蒙思想家，他們從西方引進了一些對於中國人來說確實是需要學習的東西，但是呢文革我們引進了什麼東西沒有，什麼都沒有，我們恰好是把那些啟蒙的功臣打倒在地，就是他們的東西都已經是糟粕了，只有一個東西不是糟粕，那就是馬克思主義的東西。但是馬克思主義的東西我們研究的怎麼樣了呢，我們是不是就全盤馬化了呢？並不是，我們是把馬克思主義中國化了以後，然後我們講我們是馬克思主義的，我們是意識形態嘛，馬克思主義領導一切嘛，但是實際上我們所運用的這個馬克思主義究竟怎麼樣。

十二、毛澤東的兩論：《實踐論》所講的不是馬克思的實踐，而是「知行關係」，《矛盾論》講的不是「矛盾」而是「對立」。

五十年以後，我們應該好好瞧瞧，究竟怎麼樣。當時黨內理論水平最高的馬克思主義者就是毛澤東嘛，毛澤東的馬克思主義水平怎麼樣，毛澤東的《矛盾論》和《實踐論》，俗稱兩論，我們當時搞哲學的學者都要學的兩論。我曾經在一篇文章裡提到，《實踐論》所講的實踐實際上不是馬克思主義的實踐，是中國傳統的知行關係，實踐就是知行關係。知和行的關係也是講的實踐，踐履，就是有一個東西在那裡，有一個道在那裡，就看你去不去做，去不去實行，最終就是實踐。知行關係，到底哪個更重要？這個孫中山也討論過這個問題，毛澤東也討論，但是西方的實踐實際上是超出這方面的關係的，西方的實踐有這方面的內容，但是西方的實踐

的概念主要是在自由的概念上面，自由的創造，它裡面包含有很多人的本質力量，包含有人的情感、人的審美、人的靈感，人的創造，包括人的個性。《實踐論》裡面談了嗎？沒有。《矛盾論》也是這樣，我發一個怪論，《矛盾論》裡面談的不是矛盾而是對立，通篇沒有講矛盾，都是講國民黨的矛盾，其實就是對立了。對立和矛盾沒有區分開，對立和矛盾沒有區分開，那談什麼矛盾啊。矛盾只能是自相矛盾，邏輯矛盾，共產黨和非共產黨可以說是有矛盾，共產黨和國民黨只是對立嘛，他們中間還有民主黨派了，你怎麼能說它們是矛盾呢？所以，《矛盾論》講的不是矛盾。那麼這樣一種，毛澤東是最高水準的馬克思主義者了，實際上他把它們都中國化了，因為中國人不講邏輯矛盾。中國人，名家講過邏輯矛盾，但是後來都沒有發揮，墨家這個形式邏輯也要排除，但是後來沒有得到發揮。

所以中國人講話呢，不太有邏輯，裡面有太多的自相矛盾，包括我們今天的法律裡面都有很多自相矛盾的東西。法理學、法哲學現在為止是非常薄弱的一個環節。種種現象還是說明，我們的馬克思主義實際上骨子裡還是中國傳統的東西。我們在文革，在這樣一種旗幟之下都表達的這樣一種馬克思主義是不是就是馬克思主義的話語霸權，我覺得很難說。毛澤東當然是熟讀古書的了，其他的人實際上也是受中國傳統文化的影響的，我們在文革期間的種種行為，當然了，我們沒有理論了。我們那時候，我們那時候造反的時候只是個青年學生了，青年學生有多少知識文化呢，我們要打倒那些有知識文化的人，但是呢我們無形中受到了中國傳統文化的，這個，深入到我們的血液裡面去的。魯迅寫《阿 Q 正傳》，阿 Q 那麼一個人，他都受傳統文化的浸透。你看《阿 Q 正傳》裡面，阿 Q 講的所有的東西都是有源頭的，都是有儒家的，也有道家的，他理直氣壯的說他是儒家的，他覺得自己也有道家的，他浸透到中國傳統文化中間去。所以，文革中間，為什麼會發動起來？我覺得，就是這樣一些東西在裡面，是我們沒有反思我們的傳統，缺乏理性，於是我們就自然而然的掉到傳統文化的慣性裡面去。文革的後期，我就開始思考，反省，當時對於毛澤東的信仰已經倒塌了，這個，七十年代末嘛。當時我就覺得，這樣大規模的一個運動決不是毛澤東一個人就可以發動起來的。毛澤東憑什麼可以調動起那麼多人，他的對手那麼強大，他為什麼能夠調動起這麼多的老百姓，青年學生，工人這些最底層的人來為他而犧牲。這肯定有一個文化心裡的根源在裡頭，

那麼這個文化心裡的根源它不能夠通過一些表面的口號反應出來。當時我們的口號好像是站在正統的立場上面，正統的馬克思主義，現在全世界就是中國了還堅持正統的馬克思主義，其他的都修了。有那麼一套話語體系，你不能就看到那一套話語體系就行了，那一套話語體系是現象，是泡沫，它底下有東西的。不要以為它就靠那一套話語體系把劉少奇打倒了，不是靠那一套東西，他是靠千百萬人對他的忠誠。這個忠誠從哪裡來的，還是從傳統中間來的。這是我們中國人好統治，中國人需要一個領袖，需要一個救星，需要一個崇拜者，歷來就是這樣。當然這種分析呢，對我來說，還是受馬克思主義的影響，就是我讀了一些馬克思主義的經典原著以後就意識到我們不能僅僅停留在表面，而要看到它的內在的東西。比如說，當時的生產方式，當時的生活方式，這個生產方式決定了它的情感，決定了中國廣大老百姓的情感，由這個東西決定的。這個東西當然也是馬克思主義的。馬克思主義的東西是不可小視的，還應該發揚光大。但是呢，我的主要的想法就是應該要以理性的精神對中西馬三種哲學方向進行思考。我就先講這麼多，謝謝大家！（掌聲）

十三、關於哲學的本性的思考，就是人的意義世界，人的終極性的關懷，精神的追求。

郭齊勇：

鄧老師一不經意就講了四十五分鐘了，時間大概相當於前兩位的總和。我也來做一個引言。剛才歐陽老師提出了哲學的本性的思考，林教授和鄧教授討論本質主義和理性主義的一些問題，對我啟發良多。從哲學的本性來思考，大概關於哲學的定義有很多很多。鄧老師是康德哲學的專家，我班門弄斧。康德的說法是對的，就是哲學的定義不外乎兩種，一種是技術性的，學院式的，一種是宇宙性的，就是把哲學當作關乎所有知識與人類理性的基本目的之關係的學問，也即是人類為理性立法，或人類探求終極價值的學問。這樣一個哲學的概念，恰好符合中國儒學的「至善」及橫渠四句（「為天地立心，為生民立命，為往聖繼絕學，為萬世開太平」）的理想。這種哲學的概念，哲學的反思與技術性的，學術性的哲學定義都有其價值。另一種關於哲學的定義，它把哲學當作，像在我院執教的邏輯學家徐明教授非常強調的，非常精細的哲學，那樣一種學問式的，講堂教授式的，技術性的那樣一種哲學。徐明

老師經常說他研究的是硬哲學，那我們研究的都是軟哲學了（笑）。對不起，他今天不在場，我希望沒有歪曲他的看法，擬再和他溝通，他本人其實並不反對一種宇宙性的哲學思考。歐陽老師剛才講到了哲學本性的思考，林老師、鄧老師講到了理性主義的問題，本質主義和反本質主義的思考問題。我想如果我們用康德的宇宙性的哲學定義，從古希臘以來，從先秦以來的哲學家和我們馬克思主義哲學的祖宗，他們所創造的哲學，其實是可以通約的，這就是今天中西馬可以對話，可以通約的一個基礎，也就是剛才歐陽老師所談到的哲學的本性問題。我們剛才所強調的一個問題，哲學家們的人類為理性立法，所思考的終極性的關懷的問題。從這一點上來考慮，中國哲學、西方哲學和馬克思主義哲學的通約性、共識性和溝通性，這是我們對話的一個基礎。鄧老師所研究的康德、黑格爾，歐陽老師所研究的馬克思主義的經典作家，馬克思、恩格斯、列寧、史達林、毛澤東，包括《矛盾論》和《實踐論》，林安梧老師和我所研究的中國的哲學，我們研究古代的儒釋道的、諸子百家的經典，明末清初的王船山，近人熊十力、牟宗三與當代新儒學等等，我想我們是可以通約的，有溝通性的平臺。用今天的話講，叫「平臺」，這樣一個平臺，或者是圓臺，不一定是平的，我覺得就是關於哲學的本性的思考，就是人的意義世界，人的終極性的關懷，精神的追求。

十四、「畏天命、畏大人、畏聖人之言」，與「天道性命貫通」，貫通到人心上，和人心的自覺這個東西並不矛盾。

方東美先生講到了中國哲學、西洋哲學（他當然沒有講到馬克思主義哲學，其實我認為馬克思主義哲學也在其中），都有一個底層的東西，就是一個偉大的哲學精神是從一個個偉大的人格精神中流淌出來的。古希臘的這些哲學家，中國的這些哲學家和馬克思主義的經典作家在這裡有他的共同性和通約性。這是中西馬可以比較，可以會通的一個基礎。剛才鄧老師講到了孔子哲學，孟子哲學的思考，比方說「為仁由己，而由人乎哉？」，「我欲仁，斯仁至矣」，我們在《論語》的語境中，孔子其實講到很多可以自由選擇和不選擇的一些問題，他講了很多，人為什麼要強調道德，他講如果說我是為了金錢，為了我的利益，「雖執鞭之士，吾亦為之」，哪怕是當一個市場管理員，我也想去做。但是孔子講了很多為什麼選擇仁，為什麼不選擇非

仁。恰如剛才鄧老師說到的，它有一個天道的思考，有三畏的精神背景，那麼我們想到基督倫理，想到康德哲學，實際上有一個很大的背景，頭上的星空，心中的道德法則，正因為這樣的一種畏懼而逼出一個道德的自主性和自律性，這一點，超越背景下的內在性道德，在中西哲學，在儒教和基督教，都是相通的。天道精神，「畏天命、畏大人、畏聖人之言」，天道性命的一個貫通，貫通到人心上，和人心的自覺這個東西並不矛盾。我們不必把世界分成兩極，它有一個貫通，貫通並不妨礙我們的自由精神。當然有莊子的自由，有孟子的自由。至於孟子講到「理義之悅我心，猶芻豢之悅我口」，「由仁義行，非行仁義也」，我們不是倫理學上的行仁義，這個不是，我們是「由仁義行」。這個是自我抉擇。所以康德哲學和孟子學恰好是在理性的自我立法上可以有它的溝通性。當然，鄧老師如果不同意，我們還可以再溝通。

　　其實牟宗三先生做的一個重要的工作就是要溝通康德哲學與儒學。他的《圓善論》，他的《心體與性體》的序論，你們看看。他不懂德語，但是他懂英語，他從英語翻譯了三大批判。鄧老師的書裡也說，牟先生的那個三大批判還是有不少可取的地方的。所以，牟先生的思考當然有他的謬誤，有他的不完善的地方，但是我想他有一個非常可取的地方，他把康德哲學和儒家哲學，特別是孟子哲學加以深刻的比較。他的一個基本框架就是康德不承認人有智的直覺，而儒家哲學和中國哲學承認人有智的直覺，因此就可以打通這個分界。因此鄧老師和我們的分歧就在這裡，就是除了理性之外，除了康德的四大問題的第一大問題之外，人的知性的這樣一個有限性之外，我們是不是能夠還有一個理智的直觀，或者理智的直覺。如果我們承認，哲學除了理性的思考之外還有理智的直觀或智的哲學的思考，那麼我們考慮到這樣一個哲學的方法學，就不會只有一個唯一性了。

　　如果我們放開去考慮，孟子學裡面，他在深刻的反省當時的「殺人盈城」「殺人盈野」的情況，人可以保持住，可以保住他的良知。求其放心，然後他能夠真正來為自己做主宰。這個我們在《孟子》裡，不僅僅是「知言養氣」章，在其他很多地方都有。是不是他只承認有一個道統，敬畏這個道統，然後就直接的進入這個道統，就陷在裡面了呢，不是的。宋明儒學家所講的也不是一個現成。雖然有現成良知之說，它只是一個當下實現的過程。我的想法是，我們的確是要注意這些西方哲

學的非常重要的思考，理性的思考，同時我們是不是還可以把它放大。在中國的哲學中或者在中國哲學中，有很多是一個生命的學問和實踐的學問。這個學問中不排斥理性的思考，但是它更強調生命的實踐和生命的體證。經驗事實、形式邏輯推翻不了。比方儒家講「仁愛」，講「太和」，佛家講「慈悲」，基督講「博愛」，而有一位青年後生說，這都是假的，虛偽，欺騙，老虎吃羊，生存競爭，人殺人，血流成河，坑殺無數云云。這種駁斥顯然是犯了典型的範疇錯置的謬誤，是單維度的思考的結果，以為通過經驗、邏輯推導，就可以判斷信仰、理念的真偽。反過來，各種宗教、哲學的理念，「天下一家」「天人合一」等，難道不恰好是對人吃人的社會的反撥、批判與指導嗎？那我們要問，經驗、知識、邏輯理性對族群認同的基本嚮往、理想、信念與信仰到底有多少相干性？

十五、文革期間，假藉馬克思主義旗號，運用了傳統的威權主義，扭曲人性，戕害人性，人的尊嚴蕩然無存。

那我在這裡，要為毛澤東說幾句話（笑）。我也是和鄧老師一樣，在文革後期反省毛澤東和毛澤東哲學的，但是我覺得如果我們只是學究式地去考證他的《矛盾論》只是講的對立而不是矛盾，他的《實踐論》並不是實踐只是踐履的話，那是十分不夠的。我想毛土席的《矛盾論》和《實踐論》他其實是在抗戰的一個背景之下，他思考的一個生活實踐問題，中華民族的一個實踐性的問題。因此我想，鄧老師，我們是不是可以把它看作是一個實踐性的哲學，也許我們從純技術性的思考中，我們可以挑出他的很多矛盾，但是我們要看到《矛盾論》和《實踐論》的，也就是鄧老師剛剛談到的時代的意義，時代的需要。它和《論持久戰》中的思考一樣都是在抗戰的背景下，民族的這個生存危機的背景之下，討論的是黨內的洋教條的王明路線會產生什麼樣的問題，而他用的是一個山溝裡的馬克思主義，其實是實踐性的馬克思主義來回應。毛澤東的問題不在這裡。毛是反儒批孔的，毛用造反、打江山的一套治天下。毛離開了中國文化的大本大源。

然後我們回到馬克思主義的祖宗，這個歐陽老師是專家了，其實鄧老師也寫了很多關於早期的馬克思和成熟的馬克思的思考性的論著。在鄧老師所寫的對馬克思的思考中，我獲得了很多教益。他並不認為那是一個純理性的思考，他認為馬克思

主義哲學是一門實踐的哲學，是一個回應時代的要求的一個哲學。在這一點上，馬克思主義哲學其實和很多中國的傳統哲學有很多可以溝通的方面，也當然和康德哲學和黑格爾哲學有可以溝通的方面。我的想法是，我們在方法學上是不是可以，像林教授剛才所提到的稍微把它擴展一下，有理性主義的思考非常重要，稍微擴展一下同時還容攝一個體證體知，容攝一個實踐性來對話現實，反省現實，然後我們才能夠達到中西馬的一個真正的溝通和互動。

　　我還和鄧教授要抬槓的一點是對於文革的反思，我和鄧老師都是過來人，我癡長歐陽老師幾歲。文革中的確有剛才鄧老師深刻反省的那些東西，我很同意他的這些反省。就是用文革的辭彙，打著那個假馬克思主義的旗號，其實有很多是傳統的王權主義，威權主義，扭曲人性的那些東西的泛濫，的確有它的泛濫之處，但是文革中的種種的不堪回首的人性泯滅的慘狀，包括我們武漢大學的例子，最根本的原因是什麼？昨天我陪境外專家們遊覽諸葛亮隱居之地隆中的時候，我說這個地方同時也是我們武大哲學系的傷心之地。武大分校在那個地方有近十年的時間，我們很多老專家們在那受盡批鬥與屈辱，還要放牛、放鴨、種菜，陶德麟先生、江天驥先生、陳修齋先生、楊祖陶先生、蕭萐父老師、康宏逵先生等等都在那個地方接受改造，受到極不公正的待遇。我想，為什麼文化大革命有那樣的非理性的、非人性的那些東西出現？尤其是違反五倫——特別是父子、夫婦、兄弟、朋友等倫常、親情以及師生這一倫的感情，完全裂解，其實在很大程度上是五四以來到文革的否定傳統文化的登峰造極，是階級鬥爭的濫用與泛化。一方面，我同意文革是用各種旗號，包括馬克思主義的旗號，包括毛澤東思想的旗號，正如鄧老師分析的，把威權主義，把不把人當人，把傳統的腐朽的東西弄出來了，另一方面，恰恰是因為全盤性的反傳統。確實是有全盤性的反傳統，幾代人都不知道《詩》《書》為何物，幾代人都不知道任何一個地域的人都知道的，在軸心文明時期的自己民族的經典，唯獨中國大陸三、四代人不知道《論語》、《孟子》和《四書》為何物，甚至不知在民間流傳既廣且久的，很有草根性的蒙學讀物為何物。所以那個時候，你們不知道，十五六歲的學生，可以把老師拉在操場上跪下來暴曬，給女老師剃陰陽頭，可以鞭打老師，任意抄家，武漢大學的學生在小操場可以當眾把下跪得不合紅衛兵定的規矩的老教授踢下臺去，產生了很多很多的暴行與悲劇。基本的親情、仁愛、道

義、師道尊嚴，人的尊嚴，做人的底線等，在所謂革命的旗號下蕩然無存。

十六、臺灣民間社會企業、媒體，保留了儒道佛的傳統，並且與現代性的合理性結合為一。

中國人幾千年維繫世道人心的，的確是孔仁孟義，這是傳統中的最優秀的東西。孔仁孟義不是沒有理性的，這恰恰是理性。一方面，五四到文革，把中國文化、儒家文化的真正的東西，孔仁孟義等，把這些東西顛倒了，把這些東西都給斬斷了，因此產生了很多人間的慘劇。我們經常不堪回首，有很多知識分子自殺，也有很多知識分子被知識分子整死，有很多知識分子被他的學生整死，父子、夫婦反目，相互揭發，寫大字報，這些天倫關係啊，師生這一倫雖不是天倫，但也是重要一倫，這個裂解，是整個中國文化的優秀的東西的一個裂變。這是我們長期疏遠傳統，疏遠我們中國人何以為中國人，中國精神家園何以為中國精神家園所帶來的孽障。

談到時代性，談到生活實踐，在現代化的轉化的過程中，孔仁孟義並不排斥現代性，恰恰可以參與到現代化的進程中來。大陸社會啊，與臺灣社會反過來了，現在臺灣民進黨在搞「去中國化」，在搞政治鬥爭，搞文革。我和鄧老師，歐陽老師近些年去臺灣都看到了，臺灣宣傳車與高音喇叭上街，他們今年市縣選舉，明年是什麼高層選舉，後年是什麼議員選舉，天天在那打嘴仗。這就是民主？他們在搞政治了，我們在搞經濟了。但細想一下，國民黨、老蔣去了臺灣以後，做了很好的基礎性的工作，一反五十年日據時代的皇民思想，讓民眾回歸中國傳統文化，如說國語，如在教育體制內對兒童、少年、青年進行國文與國學教育，他們小學中學的必修課中有系列的《中國文化基本教材》（其實就是《四書》），以圖文並茂的方式，分年級系統講讀、背誦《四書》。大學也進行國文與國學基礎的教育，成為通識教育的核心。這是很重要的文化積累，是做人做事，人生觀、價值觀的基礎。現在民進黨取消了這個課程，會帶來很多的問題。臺灣的民間社會，企業、媒體，把傳統中最重要的東西，不僅儒家的，還有道家、佛家的理念，與現代企業、現代社會倫理的重建結合起來了。傳統中有很多東西並不是反理性主義的，這個我們要辯說清楚。這些東西正在回到祖國大陸的母體上來，今天有很多民間的人士開始知道現代

化的企業、現代化的媒體、現代化的生活很需要傳統精神資源的調配。比如說林教授講的治療型的哲學等。現在功利化的、物質主義、一切向錢看的潮流也很危險。今天，中國人正在失去倫理共識與族群認同的根本，在西化思潮中迷離失據。

十七、提問：黨政體制的維護、資本主義商業化的浪潮、儒家的良知抉擇、新儒學的可能前景、與「自由意志」相關……等。

好了，我們用了兩個多小時的時間，做了第一輪的引言。現在我提議，我們把講座開放給在座的一百多位老師和同學，我們允許四位朋友，每一位提一個問題，你不要每個人都問到，一下子提五六個問題。我們現在開始，希望至少要有一位女性。然後我們從這四位所提的問題中，圍繞著剛才鄧老師所提的問題為中心，和歐陽老師、林老師所說的內容，我們再進行一輪對談。下一輪對談，我們控制時間。好！請那位同學！

同學甲：

大家好！我是學經濟會計師的。我想問一個問題，昨天和今天發生了一些事情，昨天呢千千萬萬的中國的少女們和千萬的中國人在看那個「超級女聲」，那麼今天呢我們的中共黨在保先，我想問的問題是，那麼中國啊，它現在這個公民是一個什麼樣的文化心態，它的這個哲學文化是什麼，用什麼方式才能解決這個問題。就是說，我們出現了這樣的文化現象，或者有這樣的文化背景，使我們對這兩件事情有這樣的轟動的？

郭齊勇：

好的，謝謝這位未來的會計師！他講的是我們現在正在進行的共產黨員先進性教育活動和湖南衛視的「超級女聲」決賽，鄧老師是湖南人，他們湖南人真會做。我們想這正是文化的多樣性，現代化的多樣的，多層的文化。

林桂榛（徐州師範大學政法學院副教授）：

我想問鄧老師一個問題，您剛才說，如果我沒有聽錯的話或者沒有理解錯的話，中國人，中國的哲學家不講究自由意志。如果果真如此的話，林某堅決反對。為什麼呢？因為孔子孟子有大量的話，包括道家、法家有大量的話，人有那個七情

六欲，孟子說「好色，人之所欲；妻帝之二女，而不足以解憂；富，人之所欲」，包括郭老師剛才提到孔子說的執鞭之士吾亦為之，這是一個低層次的，他尊重這樣一個自我的情緒。第二，儒家講超越的時候，講善的時候，始終堅持一個自願的原則，那就是「為仁由己」，包括孔子對他弟子說，弟子說為什麼要守孝三年啊，穀子也壞了，學習也荒廢了，政策也貧乏了，那麼孔子說，你願意不守孝的話，就不守吧，「汝安則為之」。孔子一再強調，「三軍可奪帥也，匹夫不可奪志也」，所以對於儒家的超越性的內容，超越性的不是技術性的，超越性這一塊的善啊、美啊、仁義啊都要堅持一個自由的原則。這是我讀孔子的一個理解，我讀《論語》的一個理解。所以在這個問題上，我向鄧老師提出這個問題，您怎麼來理解，謝謝！

郭齊勇：

　　希望有一位超級女生！（笑）

同學乙：

　　我想向郭老師請教一個問題，就是關於新儒學的發展前景問題，我認為任何一種文化它都必須要以一定的社會組織作為它的載體。我們知道中國傳統文化，尤其是儒學，它的社會載體就是宗法性家族。但是現在我們看到，除了一些偏遠的農村之外，宗法式家族已經基本上遭到瓦解了，像擴展式家庭正向和諧式家庭轉變，血緣性、地緣性關係越來越被取代了。像血緣關係，它現在仍然是一種重要的社會資本，但是它對社會行為、個人行為的強制性也在削弱。在這樣的一種情況之下，新儒學的發展前景到底如何？如何能使自己的理想在這樣的社會現實中找到實現的途徑呢？

同學丙（女生）**：**

　　我想向鄧老師提個問題，這個問題包括兩個方面：首先就是您剛才說到的對中國傳統文化的一個態度吧，我們研究傳統文化的時候，應該要以一種比較客觀的，學術的態度來看，但是剛才郭老師也提到了，中國文化有這樣一些特點，以體悟的這樣一種方式來學的。你曾經在上課的時候也講到一句話，就是做哲學是用生命來做的，我想，您這個裡面應該是包含著體悟的意思。那麼您怎麼來調節這個矛盾，就是關於一般的來說就是做人和做學術的這樣一個統一。另外一個就是關於您講的

那個自由意志的問題，中國人講的那個道德吧，是在一個先有的體系裡面講的，因此它從嚴格的意義上來講不是西方人所講的那種自由，因為康德所講的那個自由，意圖是超越了一切的文化價值體系，就是以一個完全開放式的意志來談人的自由選擇。如果是這樣子的話，我就有一個問題，作為一個自由選擇的人來說，他最終要走向現實，而且他是要在現實中來生活的。首先，他一降生的時候，他就已經是在一個文化價值體系裡面了，那麼用解釋學的話來說的話，就是一個人他怎麼超越他原有的那個文化價值體系，來談您剛才所說的康德所說的那樣一種完全沒有一個先在的文化價值體系，來談那樣一個自由。那樣的自由可能嗎？我覺得我們中國人所講的那樣一個自由可能首先是在一種文化體系裡面來成長，然後呢再實現自己的對原有的文化體系的一種超越而選擇，我覺得，這可能才是可能的。我覺得，他的那樣一種自由的話，到後來就發展成為對傳統的一切價值的一種重估，但是西方人沒有開出他的這樣一種解決之路，沒有找到它的解決之路，最後西方出現了後現代的一個虛無主義。這種虛無主義現在成了世界的一個，特別是在青年人當中成為一個比較流行的問題。我的學生也有人問過我，如果生命沒有依託的話，那麼人將怎麼去生活啊，就更不要談到自由選擇問題。

郭齊勇：

　　她叫劉英！是我們的博士生，也是在職的教師。那麼剛剛四位師友提出了自己的問題，我們不一定直接回答他們的問題，我們在我們的在陳述的過程中，兼答一下這四位的問題。或者不滿意，我們再問，再來窮追猛打。下面我們進入第二輪，有請林安梧教授！

十八、「方法論上的本質主義」與「方法論上的約定論之對比」。理學重視超越的形式性原理，心學重視內在的主體能動性。

林安梧：

　　在哲學是要講究理性的，哲學活動是有理性的活動，這是肯定的。方法論上的本質主義是不同於所謂我在方法論上要用到本質這個詞，而且我要去理解事物的本質，所以這一點來講的話，是應該要注意的。所謂方法論上的本質主義

（methodological essentialism）相對的是方法論上的唯名論（methodological nominalism）、方法論上的約定主義（methodological conventionalism）。我在方法論上較近於約定主義的立場，我認為中國文化傳統並不是有著亙古不遷的定性。我不認為中國文化傳統本質它一定是如何如何，而是說中國文化傳統，我們目前用的哪一個所謂本質這樣的話語去說它，它還是在變動中，還是在生長中、在累積中、在轉化中、在創造中。我想起先就回答這個問題。

理學與心學當然大不相同，它們異中有同、同中有異，我回頭遇到金春峰教授，我要告訴他，理學重視的是超越性的形式原理，心學強調內在的主體能動性。用現代的哲學話語去說，實際上是這樣的。什麼叫霸權？就是作為霸權的一方不知道自己是在霸權之中，而且會認為我不覺得有所謂霸權。整個中國當代，近一百年來，一直到目前為止，居然有那麼多作為中國人的一分子，回過頭去也承認，也跟著說：「我們對中國文化其實是沒有歧視也沒有霸權的」。話這麼說，但骨子裡卻是在一無形的霸權下，對中國文化有了獨特的歧視。我以為這是非常獨特的價值向度。這是因為我們受了西方的統治和船堅炮利把我們打開了，打垮了之後，我們不敢面對我們的 12 億人民，我們不敢面對我們的自我認同，我們的自我認同處在這樣的一種狀況底下，處於努力的「拋棄自我」，又回過頭來要取得「真正自我」。這是一個非常困難，非常痛苦的，非常艱辛的過程，我能理解也能諒解。但是我們希望我們能趕快超越，趕快克服。

十九、《孔子與阿 Q：一個道德系譜學的精神病理學研究》，如何從「自由意志」底下變成「無自由的意志」，如何從「意志自由」變成「無意志的自由」。

關於魯迅筆下的「阿 Q」，有儒家的成分，有道家的成分，但不僅僅如此，它還有其極為獨特的成分。作為儒學的研究者，道學的研究者，中國文化的研究者必須要注意這個問題。我曾經寫過〈孔子與阿 Q：一個精神病理史的理解與詮釋〉。孔子是中國文化中道德理想人格的象徵，而阿 Q 也是中國人，是魯迅筆下那個時代所描述的中國人。這你不能夠說他不是中國人，是魯迅筆下的中國人，當然是中國人；但這樣的中國人怎麼會和孔老夫子聯繫在一塊的呢？不管怎麼說，我們都要

給出一個解釋。我的解釋就是：帝皇專制兩千多年底下，使得原來強調的「社會實踐」變為「道德心性的修養」，再轉成一種「精神境界的追求」。進而由「精神境界的追求」下墮而轉成「精神勝利法的自我矇騙」，這是非常複雜的轉折過程。因為它是極為詭譎的，極為辯證的，我們要把這些複雜的過程詮釋出來，而不是要指出它就是什麼。以上所說，就是我常強調「道的錯置」（misplaced Tao），「道」它被 misplace，被錯置了。所以，原來強調的「自由意志」或「意志自由」居然會變成「無自由的意志」，居然會變成「無意志的自由」。它們如何從「自由意志」底下變成「無自由的意志」，如何從「意志自由」變成「無意志的自由」。

　　再者，「無自由的意志」和「無意志的自由」，在文學上會有一個什麼樣的效果，又如何有機的結合在一塊。大家讀了文學上那些連在一塊的東西，其實大家正是要注意它，不要只是就表像就相信它，它的可證程度是非常低的。這個問題，我們是要繼續申論的。另外關於「自由」或者「自由意志」，我認為在中國文化傳統，它的表述或者表現或許有不同，但是並不意味著我們沒有。就好像我們不用叉子吃飯，我們還用筷子吃飯，用筷子吃飯和用叉子吃飯，當然不同，但你不能夠說因為筷子不是叉子，因此，你就說筷子不是食具。筷子當然是食具。所以這裡有非常複雜的概念疏解的問題。我自己在讀很多朋友的文章，包括在讀金觀濤的文章，我曾跟他講說，你所批判的儒學，要是加上帝制式的儒學或者專制化的儒學，那我就能夠同意你的理解。因為你說的只是帝制式儒學或專制化儒學，這並不是儒學的全部。

二十、儒學有「帝制式的儒學、生活化的儒學、批判性的儒學」，「文化的王道主義」置於「政治的專制主義」下，將成了「柔弱的精神追求」而已。

　　我所理解的儒學還有「批判性的儒學」，還有「生活化的儒學」。值得注意的是：「帝皇專制式的儒學」與「生活化的儒學」、「批判性的儒學」非常複雜的糾結在一起。做為一個學者最重要的是要把它們彼此的關係處理清楚，詮釋清楚。我們不能用專制化的儒學去涵蓋其他不同面向的很多東西，或者壓抑了很多東西，忽略很多對立面的東西。再者，從這個角度去看文革（文化大革命），文革當然有它內在傳統文化的因素。是怎麼樣的傳統文化的因素，剛剛郭教授已經提到了，我現在

不去說它。另外，我們要說的是：像中國文化傳統強調整個天、地、人貫通這樣的自由，它本身有些什麼可發展性；這樣的自由本身又有些什麼限制。它有什麼樣的限制性，甚至它會限制到一個什麼樣的處境裡，而失去了什麼樣的發展可能。我覺得，這些東西要花很多功夫去理解，而我們也要去問，為何儒道文化傳統那麼強調「文化的王道主義」，後來我們居然這麼弱，被西方的船堅炮利打垮了，為何如此？這裡其實必須要好好去詮釋它。我們在帝皇專制兩千年下來這個「封閉的專制主義」下，「文化的王道主義」被放在「封閉的政治專制主義」底下，這樣一來，文化王道主義其實只變成了柔弱的精神追求而已。現在那個封閉的專制主義既然已經打破了，這給我們帶來了新的轉機，我們原來儒道文化傳統的文化王道主義就有新的發展可能。

廿一、從「五倫」到「三綱」：從「真實的感通互動」到「主奴式的倫理規定」

一個思想從哪裡發生的，從發生到生長，到長成，最後結成了種子。這種子當它落在不同的土壤裡，它有不同的生長，有不同的可能。我們不能夠說它原來是從哪裡發生的，那麼它就僅限於在那裡發生。孔老夫子所提出的「仁」這個概念，它是從周代的禮樂教化去反省，進一步發展成的。我們若繼續看，帝皇專制化的儒學它又有一些什麼樣的限制，孔老大子在先秦所談的，儒家在先秦所談的「五倫」居然在到了漢代以後變成了「三綱」。到了「三綱」是一個封閉的，主奴式的倫理關係，它不是儒家原先人與人之間平等的關懷、互動，它不再是一種真實的感通互動那樣一種愛的儒學。

我們現在對這些問題，我認為應該重視，即使我很喜歡儒家，也以儒家做為我個人的核心價值；但我認為對於反傳統主義者、自由主義者，他們所提的種種問題，依然得深切的關心。我以為他們本身所提的答案未必恰當，我以為不一定要這樣回答。我關心的是，去回答這個問題，但不要讓這問題成為不必要的意識形態災害，造成沒有溝通的結局。甚至，不只是沒有溝通，而造成了混亂，造成了意識形態混亂的後果就會使得我們整個族群在未來的發展過程裡，沒有機會參與到更重要的文明對話。我以為話語的溝通，以及平等而自由的交談是十分必要的。

總的來講，我很關心整個中國的未來發展，目前應該已經進到一個新的階段，

現在所謂的具有中國特色的社會主義，而且「中國特色的」這五個字應該要重讀，而「社會主義」要輕讀。就目前的現況來說，我們要怎麼樣去面對人的自我概念。人的自我概念在歷史的進程中，有其變化，像現在中國大陸已不再是原先的體制，而是走向一新的開放階段，我們怎麼去調節，中國文化傳統能夠做些什麼，我們該當怎麼辦，這是一個非常非常難的問題。

廿二、波柏爾《歷史定論主義的窮困》與《開放社會及其敵人》值得重視

又回到我剛才前面所說的，我以為理性當然要強調，用「本質」這樣的詞，用本質這樣的概念去思考，去釐清一個對象物本身之為何物，這是我們要有的正確態度，但這並不一定是方法論上的本質主義。我所謂方法論上的本質主義，它可能夾帶著種種威權、專制，以及其他複雜的趣向，有關這方面的理論，可以參考我在廿多年前寫過的一篇文章，是有關 Karl Popper 的，題為〈論歷史主義與歷史定論主義：波柏爾《歷史定論主義的窮困》的理解與反省〉，我以為波柏爾（Karl Popper）在這方面的反省是深切的，還有他的另一名著《開放社會及其敵人》（*Open Society and Its Enemies*），對這方面的反省也值得我們注意。目前來講，我們中華民族有機會走出來，走出一個新的可能。那我先說到這裡，謝謝大家！（掌聲）

廿三、西方哲學現流行反基礎主義，反本質主義；但哲學有其「致極性」與「超越性」，這是不容置疑的。

歐陽康：

大家不難看出，剛才的對話中幾位朋友之間在一些比較重要的問題上存在著分歧，我想這裡面一個比較關鍵的問題就是對於哲學的理解。剛才郭老師談到對於哲學的本質的理解是對話的基礎，但是在中西方哲學之間的重要分歧恰恰是對什麼是哲學有不同的理解，所以導致對話中間出現了一些困難和障礙。這裡我談幾點看法。

首先，我想就剛才鄧老師和林安梧教授反覆討論的一個問題，即關於本質主義和反本質主義的問題發表一點個人的想法。在當前的西方哲學中有一種比較時髦的潮流，就是反對基礎主義，反對本質主義。希望通過反對基礎主義的和本質主義來

與歷史上的哲學傳統劃清界限，從而找到一條當代西方哲學自我開擴的道路。但是我個人認為基礎主義也好，本質主義也好，實際上是不那麼容易被反掉的，因為它們根源於哲學的本性。什麼是哲學的本性，按照我自己對於哲學的理解，可以用六個字或者兩個概念來加以標識，一個叫作「致極性」，一個叫作「超越性」。我以為人類在有了理性以後，在一定的層面上產生哲學，或者產生某種我們後人把它叫作哲學的東西，表明了人類理性在一種特殊的層面上的一種提升。向著哪個方向提升呢？就是去探索在那些現象背後的本質性東西，本質背後的更深層的本質，就是所謂尋根究底，追蹤溯源。一方面，它鼓勵人們從生成論的意義上去追溯所有事物最先、最早發生的那個源頭；另外一個方面，它希望人們從存在論的意義上去尋找所有現象中最共同的、最普遍的那些東西。這種探索就是哲學。哲學的最初的提升源於一個最簡單的命題——「水是萬物的本原」，但是提出當「萬物的本原」這個問題的時候就意味著它對現實的一種超越，意味著它是對一種極限的追尋，而這樣的極限大體上可以分為三類：一類是作存在的極限，叫作終極存在；一類是意義的極限，叫作終極價值；一類是人們的認識的極限，叫作終極解釋。對於終極存在、終極價值和終極解釋的追尋是哲學之所以有價值、有意義，被人們所需要，被民族所不斷的延續的一個最關鍵的東西。所以我覺得，如果離開了對於這樣一些本原性的問題的追尋，哲學就不會產生，也不會存在，也難以發展。兩千多年的哲學史就是哲學家不斷地追尋著本原性，或者原初性的問題的歷史。這種追尋在每一個哲學家那裡都可能會達到一定的限度，而對於人類的哲學思維來說，則是需要不斷的超越的。這樣就產生了哲學思維的另外一個特徵，叫作超越性。在一定的時代和在一定時代的哲學家那裡，對這些終極性問題的探討，不管是在存在意義上的，還是在價值意義上的，或者是解釋學或者認識論意義上的，都只能達到一定的程度，因此就都有一個邊界，可以叫做極限，而每一代的新的哲學家都從探尋這個已有的極限或邊界開始，然後把這個邊界給它打倒，突破這個極限，並且把它往前推進。這就是黑格爾所講的，整個的一部哲學史就像一個墳場，就是後起的哲學家不斷地推翻和打到之前的哲學家並提出自己的哲學構想的過程。這就是人類哲學思維在不斷地超越極限的過程中所不斷推進的的偉大的歷史進程。從這樣的意義上來講，我覺得，對於本質主義的超越基本上是不太可能的，無非是表明了現代西方哲學對於西

方哲學的傳統、從柏拉圖到黑格爾的哲學解讀方式的一種反叛。但是實際上你去認真分析的話，很難說他們真的能夠實現徹底的反叛。反叛不了！為什麼呢？如果離開了對於本質的追尋的話，它可能就離開了哲學，成了一種非哲學的東西。這也正是很多人對著名哲學家羅蒂先生的反本質主義哲學並不認同的原因。這次羅蒂教授應邀為我所主編的《當代著名英美哲學家學術自述》所寫的有關他的學術自述文章，仍然是在談論當代的相對主義。這套書已經由人民出版社於 2005 年出版了。在這樣的意義上可以說，對於西方哲學在促進人類哲學思維發展、提升和成熟方面所經歷的歷史演進及其所取得的成就，我們是不應該簡單地、輕易地拋棄的，也是不可能拋棄掉的。這是第一點。

廿四、哲學有其民族特徵和內涵，還有它獨特的語言表述方式，跨哲學與跨文化對話的是極為必要的。

　　第二點看法，涉及對中國哲學的評價，對這個問題爭論比較多。而且好像我們三位（歐陽康、郭齊勇、鄧曉芒）每次在一塊對話，幾乎都會產生一場關於中國哲學合法性的爭論（笑）。關心這個問題的不光是我們三個，實際上整個當代中國哲學界都處在這樣一種問題的討論語境之中，關於中國哲學合法性的辯護也形成了很多不同的思路。我覺得，無論是挑戰還是辯護都是積極的、有價值的。但是就我自己的看法而言，還是應當承認中國哲學的合法性。原因在於，對於哲學所關注的各種終極性問題的追問，在不同的民族那裡，必然是以不同的形式表現出來的。在印度哲學與文化傳統中間，有它獨特的表現方式；在中國的哲學與文化中間，也有它自己的獨特表現方式。如果我們再去看看其他的一些地方，我們會發現也是如此。比如說我去過巴基斯坦，去到土耳其，在與一些伊斯蘭的哲學傳統和文化背景的學者的交流和交往中，發現它們也有自己的表現方式。最近我接到聯合國教科文組織的一封邀請信，他們希望組織一個國際學術會來討論亞洲的哲學與文化傳統和伊斯蘭、阿拉伯的哲學與文化傳統之間的關係，要開展一場跨哲學和跨文化的對話，我覺得這是一件非常有意義的事情。關於中國哲學的合法性問題實際上也涉及到哲學在中國歷史上的表現形態的問題。應該說中國哲學也一直以它自己的方式在探索著類似的終極性問題，無非是它所用的範疇體系和西方哲學之間有很大的差異，同時我也

認為中國哲學在對這些問題的探索的程度和探索的層次上可能與西方哲學也還有一定的差異和差距。當然我也不太贊成曉芒兄完全以西方哲學的哲學觀和概念範疇體系來對中國哲學所做的尖銳批評，我覺得多少還是應當承認中國哲學形態的民族特徵和哲學回答的民族內涵，中國哲學還有它獨特的語言表述方式。我想這是第二點。

廿五、「意志自由」應提升到人的最本質特徵的高度來理解，這種價值理想凝練了人的超越性這樣一種要求。

第三點，剛才討論到了一個非常重要的問題，就是意志自由的問題。這個問題實際上在所有的人類的生存和追尋中都是一個非常關鍵的問題。對於這個問題，過去僅僅把它看作是一個倫理道德的範疇，我覺得這是有問題的。對於意志自由應該提升到一個人的最本質的特徵的高度來理解。不管是在倫理道德意義上，還在人的經歷之中、政治之中和社會之中，意志自由實際上都表徵著人類的一種最高的意義和價值追求，這種價值理想凝練了人的超越性這樣一種要求。意志自由不是沒有前提的，而是有前提的，這個前提就是外部環境等複雜因素對於意志的限制和約束。意志自由的實現是有前提、有條件並依賴於實現的途徑的。因此，意志自由實際上只能是限定中的自由。在限定中追尋自由，就是對於限定的超越。當然，我的發言也是限定中的自由，我就談到這個地方。謝謝大家！（掌聲）

廿六、中國古代未認真正視「自由意志」的問題，西方討論此問題則汗牛充棟，中國熱衷討論的是天道性命之學。

鄧曉芒：

我是容易引起反對的了，而且我很高興，覺得最為愉快的是能夠聽到反對意見，最不高興的是聽了沒有反應。剛才有兩位同學都是針對我的提問，我想回答一下。一個是儒家與自由意志的問題，我剛才其實已經講到了，應該說有很多很多，我們可以從現象上看問題，但是如果你從本質上看，你就會發現，它這個講的自由意志，將來講到最後呢，還是不是自由意志。就是說，也可以選擇嘛，這個「坦白從寬，抗拒從嚴」也是選擇嘛。你如果選擇了仁義道德，你就是一個仁人志士；你

如果選擇了你的欲望啊，等等東西啊，你就是小人。這是一種自由選擇，但是這種自由選擇實際上呢，是沒有選擇的。你「坦白從寬，抗拒從嚴」能選擇什麼呢？沒有選擇的。而且呢最關鍵的一句就是，為什麼你選擇的就是道德，為什麼，是誰定下來你選擇了就是道德，不選擇這個就是不道德，這個是先王定下來的，天道定下來的。這個不要任何的意志所選擇的。而西方人在道德方面，它有這麼一個適應，就是說道德和不道德我們都先不知道，我們等於都先不知道什麼東西叫道德還是叫不道德，然後像康德講的，你看看你的自由意志能不能成為一種普遍意志，也就是說你的自由意志能不能貫徹到底啊，如果能貫徹到底，那就叫道德法則。是在自由意志這個上面建立起什麼是道德，什麼不是道德的，這個就是真正的自由意志。那個先定的一個道德標準，然後你去選擇，那個不是自由意志。所以，從本質上來看，中國古代沒有真正的討論自由意志的問題。西方討論自由意志的問題汗牛充棟，從古希臘到中世紀大量的都是討論這個問題，但中國熱衷於討論的是天道，天理心性，心性之學，討論這個東西。這個說明一個問題，自由意志問題是第二位的，談不上，因為你真正談自由意志問題的是無前定的，就涉及到剛才劉英給我提的一個問題，自由有沒有一種沒有前提的自由，你說自由意志，它肯定是有前提的，難道能夠沒有任何文化前提或者是現實前提的自由意志嗎？

廿七、自由意志與理性是分不開的，理性背後是使命，你運用理性，表現出人的生命力的一種強度，也是表現出自由意志的一種強度。

這個是一個事實，就是說，盧梭早就講過了，人生來就是自由的，但無處不在枷鎖之中。事實上人是在枷鎖之中，人的任何自由都是有前提的，都是在一定的條件之下。但是，人應不應該是這樣的呢？這就是道德的問題了。在現實中，人都是因果律的　個母體，所以那種自由是虛假的，是沒有自由的，或者說你以為是自由但實際上看來不是的，但是人發展到道德層面上應該反省，那麼我既然意識到了自由應該是怎麼樣的，那麼我就應該去爭取。這就是馬克思所講的，每個人的自由是一切發展的前提，就是這是一個社會理想，這個社會理想也不是說未來的一個虛無飄渺的一個理想，而是就是用來關照我們現實生活中的人的一個標準。在這個意義上，你如果說道德，那就不是從一個現實的角度上去談的，我們現實的人都不是很

道德的。道德就是你應該怎麼樣？那麼應該怎麼樣呢？應該是建立在自由意志之上，這個意義上的自由意志是沒問題的，它是一切的前提，應該嘛。應該怎麼樣？講應該怎麼樣的時候，它就是自由意志是一切的前提。所以呢，這個問題呢是一個非常哲學的問題，要用非常嚴密的理性以及深刻的體驗來解決的問題。不是說你好像說了幾句話，然後看起來是那麼一回事，就怎麼樣的。不去進行討論，不去進行哲學方面的深入，這個問題是只能停留在現象層面的。所以理性呢在討論這些問題時，有關鍵性的作用，自由意志和理性是分不開的，理性背後是使命。所以康德講要有勇氣運用你的理性，運用理性還要有勇氣啊，實際上康德講的是這樣的一個問題，就是理性背後是你的使命的問題。你沒有力量，你就不敢於運用自己的理性，你的生命力不強，你就不敢去運用理性。所以你運用理性，表現出人的生命力的一種強度，也是表現出自由意志的一種強度。

廿八、文革最嚴重的不只是反傳統，而是反理性，更嚴重的是把人格、人權都摧毀了。

這個剛才郭老師也給我提出了一些看法，我覺得文革當然是對傳統的一些道德的一種摧毀啊，這個是毫無疑問的，這個是對倫常的一種摧毀。但是如果從本質上看問題，實際上不僅僅是對中國傳統的倫常的一種摧毀，而且是對一般的倫常的一種摧毀。中國是反理性的，文革期間是反人性的，尤其要反西方的自由主義。你看到父母親、父子、女兒啊反目啊，互相揭發啊，當然這個是不對的，但是你不要僅僅把它看作是一種家庭關係的破裂，而是人與人的關係的破裂。而人與人的關係究竟應該怎麼樣，這個是西方的自由主義提出來的問題，西方近代以來的啟蒙精神所提出來的，人所謂人道主義提出來的這樣一個，人與人本來應該和睦相處，應該互相幫助啊，把這些東西摧毀了，當然家庭關係也在其中，也在其中。所以那樣的一種文革就是反傳統，我認為好像不能簡單的看，因為它反人道，這個人道不僅僅是傳統，而且最反的就是這個人道裡面的那些非傳統的東西，比如說人權，人格，這些東西反了，這些東西在中國傳統裡面是不強調的，至少在家庭關係裡面是不強調的，而且文革期間的時候，家庭關係破裂的時候它有一個冠冕堂皇的一個藉口，而且受到表揚的，就是「大義滅親」。「大義滅親」嘛，這也是中國傳統嘛，中國傳

統為什麼就僅僅是那個呢。它有「大義滅親」，忠孝，忠比孝更高，忠都是更大的孝，「我們忠於毛主席」，我可以不忠於我的父母，但是我可以忠於毛主席，毛主席是我的真正的父母，那毛主席比爹娘還親嘛，這個傳統都在裡面啊，不要以為都反掉了，反掉的是西方來的人權、人格那些東西。由於反掉了這些，所以才導致了他們的慘無人道，那是不人道，並不是反傳統，是反人類，應該從這個角度來看。所以我們今天的反思也應該要注意，不要僅僅把傳統恢復起來，那個不是很必要，但是人權、人格我們不能忽視掉。實際上，文革裡面摧毀的最厲害的就是人權和人格，這個好不容易從西方的啟蒙思想中，五四以來的這樣一個個體人的觀念，在文革中被根本的摧毀了，所以文革跟五四有著根本的區別，就在這個地方。我講完了。（熱烈的掌聲）

廿九、儒學反映了民族性格、生活準則、生存智慧、處世方略，作為民族的意識與心理仍活在民間有其生命力。

郭齊勇：

　　剛才有同學提問題，就是現代這個社會變化以後啊，社會的組織結構發生了很大的變化，宗法制度下的組織結構已經沒有了。社會的組織結構變化以後，儒家文化和中國文化它缺乏一種載體。那麼今天儒家文化怎麼樣為現時代所運用，或者怎麼樣能成為我們生命的一個終極性關懷、安身立命之道或者在現在的社會中扮演什麼樣的角色？這個問題提得非常好！儒家思想並沒有死亡，仍然在華人社會活著，很有草根性，仍然是現代化的資源。有一種看法，認為儒學是農業文明的產物，是過時的東西，在今天已沒有任何價值。實際上，就民族性而言，儒學反映了民族性格、生活準則、生存智慧、處世方略，作為民族的意識與心理仍活在民間，有生命力。就時代性與空間性而言，一切地域、族群的前現代文明，尤其是其精神因素，不可能不具有超越時空的價值與意義。經濟全球化絕不意味著民族文化的消解。沒有本土性就沒有全球性。沒有人文精神的調治，當下社會的發展只可能是畸形的、單向度的、平面化的。

　　實際上啊東方西方、前現代文明和現代文明的這樣一個變化過程中啊，社會組織結構都在發生變化。各位可以看看，中世紀，中世紀以後，西方的社會組織結

構，西方那個時代的那個組織結構，後來很多日本學者認為和日本的組織結構比較相近，和我們魏晉時代的門閥制度相近，也有人不這麼理解，有人同意這種意見。我想，社會的組織結構會不斷的變化，但是精神資源，與時消息，與時偕行啊，儒家文化不僅僅是在精神層面的。那麼這就涉及到，現在提出的建設有中國特色的社會主義的問題。中國特色的社會主義，如果我們不是從調侃的意味上來談，「哦，這是中國特色的」，而是真正考慮中國特色的馬克思主義、社會主義，面對現實的思考。中國特色的社會主義，我們就需要吸納剛才鄧老師一再強調的啟蒙理性、啟蒙精神，人性、人權、人格的尊重，和理性的思考；同時，我們也要吸納剛才歐陽老師講到的馬克思，作為今天的哲學家們和社會人士還在認為，他是最了不起的哲學家和思想家，為什麼會這樣。馬克思主義所以和中國的或者東方的社會相結合所產生的很多問題，正面的積極的意義和負面的一些問題，需要我們今天，我們在座的各位反省和回應。特別是在全球化，所謂經濟全球化的背景下，在美國的霸權，在超一流的、一家獨大的背景之下來思考我們的價值理念，我們的選擇和我們自己具有民族性的回答。一百多年來，中國的社會生活變了。既然是一種社會生活，是一種生活樣態，我們就得尊重這種社會生活，它到底是怎麼樣的。就像鄧老師反省文革，我確實同意，文革有一些東西就是反人類的、反人性的，我們今天確實要做這個思考，其實我不只是講它破壞了我們的人際關係、家庭關係，更重要的，它是一個滅絕人性的，把老師放在太陽底下暴曬，剃陰陽頭，這是罪惡啊！

三十、「己所不欲，勿施於人」：從人格的尊嚴、人性的養育、人權的考慮，中國文化傳統有很多活生生的東西，可以參考。

「己所不欲，勿施於人」最主要講的是人的尊嚴，不是說的己之所欲或者己之所不欲等其他的欲望啊，人的尊嚴是放在第一位的。為什麼把孔子說的這句話放在聯合國大廈，鐫刻在那裡呢？類似「己所不欲，勿施於人」的思想在基督教倫理、伊斯蘭教的倫理、回教的倫理中，在其他的倫理中、前現代文明中都有啊，但孔子的這個表達比較的理性，比較的科學，因為己之所不欲，不是人之所欲嘛。「己所欲，施於人」和「己所不欲，勿施於人」，各位從理性上去思考，哪一個說的更所謂的有理性、科學？所以從人格的尊嚴、人性的養育、人權的考慮，中國的價值其

實很多活生生的東西，可以參考。自由的東西、個人之間的自由、哲學上的自由、道德的自由、美學的自由，各種各樣的自由。那麼這種理念，它其實是有普世性的，在各個民族的表達中有它不同的表述。

　　剛才歐陽教授講到的，一個普遍的哲學在不同的民族中有不同的表達。像「由仁義行，非行仁義也」，這樣一個表述是中國哲學的經典表達，很難說它不是具有自由性的這樣一個思考，不是說先賢先聖，三皇五帝就已經先定的把什麼是道德，什麼是不道德就已經告訴你了，而是孟子學所講到的，有天爵，有人爵，這個天爵是天賦你的，天賦給你的不是說由天定的，由天定給你的什麼是道德，什麼不是道德。它是說，人爵，俗世生活中的這些功名利祿，人家給你了，人家可以奪去，而仁義是天賦給你的，人家是奪不過去的。但是，它不是在既定的時空下告訴你，什麼是善，什麼是不善，而是說人作為類的，和其他的類相區別的這個類特性、類本質，就在於它在經驗的層面上確實可能為惡、為善，甚至更甚於禽獸，但是人所以為人，其實有一個人性的共同性，東聖西聖，心同理同，共同的東西在哪裡，其實就在於人的共同的良知。這個良知，你要把它不斷地開發出來。這個良知，不是別人已經定的，是你自己覺識以後自己要去找尋的，自己當下的內求、開發、選擇。一個小孩馬上要掉到井裡去，你馬上衝過去，要把他救出來，不是因為他是朋友的孩子，也不是因為這是一個仇家的孩子，也不是因為他的聲音很難聽，當下的救人就是自由。這種自由不僅僅是理性的，同時也是超理性的。這個超理性不是非理性，不是反理性，而是實踐理性。從康德所講的實踐理性的角度來看，孟子學有很多可以溝通的地方，這個我們再向鄧老師請教。鄧老師是康德學大家，不過鄧老師對孟子學略有疏殆。（笑）不過不要緊，我向他學康德，他向我學孟子。

卅一、馬克思主義文化和中國傳統精神和西方學術傳統深入地結合起來，面向未來，反思過去，建設新的文化。

　　其實我們講到的啟蒙文化對於我們中國人來說非常重要。我很尊重鄧老師，我們都是在文革以後不斷的反思的，不斷的反省為什麼要尊重啟蒙理性，這是中國在制度層面上有一些問題。我們不要把中國在兩千年的制度層面和儒家完全打上鉤，當然有聯繫，同時有儒家的批判。啟蒙理性要求尊重，人權、人格、人性的尊重，

理性的思維，科學的思考，這個的確是中國文化缺失的，這個三位都一再強調這個缺失。其是我也不是一個九斤老太，我也是非常強調啟蒙理性和啟蒙精神的，但是同時還是要看到啟蒙時代，啟蒙理性在今天還有一些缺陷和偏頗。我們要超越這個啟蒙理性，在建構現代性的社會中，現代性的中國特色的社會主義。我們把百年以來的主流文化馬克思主義文化和底蘊層面的中國傳統精神和我們難得學到近百年來，三百年來所學到的西方的，鄧老師所強調的那些真正的東西、真精神、真方法，把它更加的，在廣度和深度上，更加深入地結合起來。這樣的面向未來，反思過去，來建設我們的社會主義的新的文化。今天我們講和諧社會，我們講親民，你看看胡錦濤總書記和溫家寶總理的一些講話，其實既是人類性的也是民族性的，既是馬克思主義的也是西方啟蒙的也是中國孔仁孟義的。和諧的社會，強調公平、正義，強調社會的一個平治。所以這個東西也就是難分難解。那麼我想呢，我們要做的真正的是要把這三大文化把它更加密切地交融起來，其實已經在交融，剔除它的一些負面的東西。剛才鄧老師講的一些負面，否定它，特別是思想上否定，黑格爾所說的否定，那種坎陷，然後我們豐富自己的東西。這是在座的各位，你們的任務！現在我們的時間呢，已經到了五點半，我們怎麼辦？（笑）那我們就再進行一輪。同學們提問題簡潔一點，我們每人回答一分鐘。

學生某甲：

鄧老師講了很多儒家沒有自由意志的東西，但是我的問題是：即使沒有自由意志又有什麼錯？如果您說要把道德建立在自由意志的基礎上，那我說要把道德建立在不道德基礎上，那會怎樣呢？

學生某乙：

我想請問歐陽老師的就是，在當前如何處理馬克思主義哲學的學術性與意識形態性之間的關係，當它們之間發生衝突的時候，我們應該怎麼辦？

學生某丙：

我問鄧老師一個問題，就是我在聽鄧老師和郭老師的對話中間在對於文革的看法上，鄧老師一直在說，文革沒有拋棄傳統，實際上還是傳統在作怪，但是郭老師一直在說，文革實際上是反傳統，我就想問一下鄧老師對於傳統的自己的看法。就

這個問題。

學生某丁：

　　剛才鄧老師主要就文革提出了批評，我想問的是，文革主要的就是以「階級鬥爭」為綱，為什麼批傳統文化的東西，而不批「階級鬥爭」為綱。（笑）

郭齊勇：

　　好，我們這一輪就針對這四個問題來，這個由於針對鄧老師的多一些，我們給他多兩分鐘（笑）。那麼先請鄧老師回答！四分鐘！

卅二、中國傳統的道德哲學不是建立在自由意志的基礎之上的，文革與中國文化傳統仍有著詭譎的關係。

鄧曉芒：

　　第一個問題「中國人沒有自由意志」，這個我不是這樣說的，中國人還是有自由意志的。自由意志凡是人都有，但是中國人不討論或者很少討論，沒有深入的討論這個問題。那麼是不是就是不建立在這個上面就不行或者怎麼樣，這是一個事實問題，也可以說幾千年以來，我們中國沒有建立在自由意志的基礎之上，我們也有我們的道德倫理，也活得蠻好，而且中國還先進一些。這沒有什麼價值判斷，我覺得這是一個事實判斷，但是問題是今天我們沒有自由意志的意識行不行？我們不尊重自由意志行不行？我們的道德不是建立在自由意志的主體之上，這就不行了。這個時候就有價值判斷了，就是根據我們這個時代的需要、要求，我們今天還是要有自由意志之上建立起來的道德比較好。這個是我的一個回答。

　　第二個問題，文革沒有拋棄傳統，我對傳統的看法問題。我對傳統的看法呢，剛才也講了我是比較推崇本質主義的。我覺得中國傳統是多方面的，不僅僅是儒家，道家、佛家、墨家、名家、法家等等，這些方面要綜合起來看，你要瞭解中國文化，你要瞭解中國文化傳統，你不能揪住一個方面，就說這就是中國文化，那你爭的死去活來也爭不了，也爭不清楚，所以我覺得應該把它的這些所有的方面打通，看它的共同的方面是什麼，它的共同的精神是什麼？中國傳統文化，我有很多方面的，有很多文章那個都提到了，就是說，一個很重要的呢就是說自然主義。儒

家也好，道家也好，佛家也好，中國式的佛家也好，法家也好，它們都是建立在一種自然主義的基礎之上的，天人合一，人就是自然物，人就在自然之中。所以後來三教合流，它後來能達成，所謂三教合流，宋明以後就是合流的天理、天道、自然，人的本身、心性都是自然。這是我對中國傳統的一個總體的看法。

第三個問題，我沒有聽得很清楚。階級鬥爭為綱，它是一種鬥爭哲學，鬥爭哲學裡頭，實際上是中國法家的，從秦始皇以來，這是我們的一個很大的傳統，我們把它忘記了。秦始皇就是我們的傳統，而且譚嗣同不是講了嗎，兩千年之政秦政也。兩千年那樣的政治都是秦政，實質上是秦政，譚嗣同這個是從本質主義的角度（笑）來談的，當然遭到了很多人的反對，但是我覺得是有道理的，這是我們的一個重大的傳統。

郭齊勇：

「兩千年之政，秦政也；兩千年之學，荀學也。」

鄧曉芒：

兩千年之政，秦政也。荀學就是功之於大道，荀學是大道啊。這個，我覺得是很有道理的。階級鬥爭實際上就是權術嘛，哪有什麼階級！這個權術，他需要就說你是什麼階級。劉少奇本來是無產階級，　下了就成了資產階級，不是隨便他說的嘛，其實就是中國傳統的法家的那樣一套東西，權術。君人南面之術，怎麼樣利用矛盾，怎麼樣樹立對立面，怎麼樣摻沙子（哄堂大笑）。這個，毛澤東熟讀古書。就講到這裡！（熱烈的掌聲！）

郭齊勇：

下面請林安梧教授！

卅三、中國文化傳統是在「存有的連續觀」下「天人物我人己」通而為一的「文化的王道主義」，在現代化之後有著嶄新的可能。

林安梧：

時間很寶貴，不過我們有很多機會可以對話，剛才鄧老師沒有回答我對他所提的問題的修正或者進一步的反思。比如說，他可以繼續講，我還可以進一步講，我

很希望你可以往我所做的那個方向去做一點。其實這樣，你們可以瞭解一點，因為我不太認為他是本質主義的，我知道他在方法論上很重視本質主義，但不是一個本質主義者，一個徹底的本質主義者跟教條主義者。這裡就牽涉到使用的語彙上的不同的問題。我想西方從理性主義到本質主義，到後來文化霸權的這樣一種發展是怎麼結合在一塊的，這個我們可以反省一下。另外，中國文化傳統中文化王道主義，為什麼後來它的力量變得那樣微弱，我們得針對問題去解答。而現在中國人有機會站起來了，而文化王道主義又怎麼樣起來呢？我們可以好好去理解先秦孔孟老莊的典籍，先秦孔孟老莊的典籍我們可以發現到他們怎樣的談自由，怎樣的談意志，這很可能和康德所說的自由意志不是一樣的，但是它卻可能不是在西方理性的意義下的自由意志，它是在中國文化傳統原來的一種「存有的連續觀」下的「天人物我人己」通而為一的那樣的一種自由意志。那樣的自由，那樣的意志，它在現代化之後有些什麼新的可能，在參與現代化的國度裡又有些什麼新的可能。這都可以再去反省的。目前來講，整個中國傳統已經不再是原先傳統的「血緣性縱貫軸」，已經不是了。在一九九八年出版的《儒學與中國傳統社會之哲學省察》，就是討論這問題的，我以為我們必需要從傳統的「血緣性的縱貫軸」邁出去，進而去建構「人際性的互動軸」。

卅四、儒學轉向：由「新儒學」過渡到「後新儒學」，由「心性修養」轉向「社會正義」，建立「公民儒學」。

　　一個公民社會的建構過程裡，儒學有些什麼新的發展可能，這是極為重要的課題。我以為這課題的問法不再是如何從「內聖」開出「外王」，而是如何的在這「外王」的學習過程裡，慢慢調理出一新的「內聖」可能。我近十多年來對這些向度提了一個總的說法，在「儒學」、「新儒學」之後，我以為是到了一儒學轉向的時代，我姑且將它叫做「後新儒學」。我以為我們有一些新的可能，這個新的可能我們要好好去展開。至於說，原先大家對傳統的各種反感，我是覺得應該好好放在中國當代「啟蒙與救亡」的這樣一種格局仔細的去反思：為何我們會如此，我們是處在一個什麼樣的危機和意義底下，努力地要去擺脫各種干擾和要尋得自我的確立。而在這過程裡，我們自己是多麼的辛苦，現在我們整個中國民族有這樣一個機

會，我們真的要好好反思如何跨過意識型態的限制，真切面對我們存在的歷史性、社會性，重新開啟新局。最後，值得一提的是，我以為整個中國哲學話語的變革與更新是須要的，我們要通過現代的哲學學術話語去詮釋整個中國哲學傳統，讓整個中國哲學能夠參與到人類哲學和世界哲學的話語交談之中，我們不能又退回以前中國哲學的舊話語系統裡。這個，我已經提過了，就不再提了，但是我真的希望，我們是通過溝通，通過交談，而不再是誤會，不再是一種立場上，又加上那個權力上的其他種種麻煩。我是覺得，好不容易，一百多年，經過這個一百多年的紛爭，我們現在有這樣的積累，我們怎樣珍惜這個可能，讓整個中國文明能夠參與到人類文明的一個締造。謝謝！（長時間鼓掌！）

郭齊勇：

下面請歐陽老師！

卅五、「五四」反傳統是現代性建設的要求，而「文革」是中國歷史上的反動，它徹底摧毀壞了傳統。

歐陽康：

我想談三點，第一點，我非常贊成曉芒老師關於「文革」與「五四」的比較分析，實際上剛才郭老師也已經談了，我覺得它們是有本質的區別的。這個最根本的本質就在於「五四」時期的反傳統是現代性建設的一種要求，而且促進了中國的現代性建設。而文革，它實際上是中國歷史上的一種反動，它包含著對於傳統的徹底摧毀。大家想一想，它留下了什麼？它不是幾乎把中國的和世界上的各方面都摧毀了嗎？我是參加過毛主席的第八次檢閱的人（笑），見到過毛主席他老人家的。我們這一代人對於毛澤東的感情，那是一般都很難得動搖的，但是我們需要經常反思的，就是一個偉大的人物他所犯出的巨大的錯誤，給國家和人民造成的巨大的傷害。我想這段歷史確實是中華民族應當刻骨銘心的記憶和反思的。我注意到了，剛才鄧老師講到的，就是實際上文革不能歸結為毛澤東個人身上，是與我們很多年來所遺留的東西有關的。毛澤東的成功與失誤都不能僅僅從毛的個人身上找原因，而應當聯繫到我們的民族的優劣來加以考慮。可以說，毛澤東的成功是他學習、吸收

了中華民族思想精華和民族精神並成功地加以凝練與應用，是作為民族精神的一個優秀代表人物。而他的失敗，則可能是中華民族文化傳統中一些弱點、劣根、槽糕的方面無形之中集中到他的身上並借助於他的巨大權力而得以發揮和放大。認識毛澤東一定要有足夠的歷史感。沒有足夠的歷史感，對於今天的整個中國很難有全面的理解。我想這一點是尤其值得我們的年輕朋友們注意的，當然對我們這一代人也同樣的重要。

　　第二點，還是意志自由的問題。對於意志自由剛才我們進行了反覆的討論。我想不存在沒有前提和限制的意志自由。廣泛地看，自由包含著思想自由和行動自由。思想自由不太受外部條件的限制，而行動自由則不能不受外部條件的限制。比如說，思想上越軌、犯罪，只要不表述出來，沒有具體行動，沒有造成事實和後果，就很難被判定為犯罪，而在行動中越軌、犯罪就非常危險。一般來說，意志自由主要是和行動相關連的，意味著特定意志的實現問題，因此不能不受到各種限制。也正因為意志自由是限定中的自由，越是顯示出對自由的追尋的可貴。追尋自由是人性中最積極、最重要也最可寶貴的因素，也是人類歷史發展的深刻動力。這方面由於時間關係，不能再多談了。

卅六、馬克思主義學術性的研究與意識型態的落實兩者之間已有著對話、融通與接軌。

　　第三點，剛才那個同學問了一個很好的問題，就是馬克思主義哲學如何處理它的學術性和意識形態性。我認為這兩者的分離或對立是不正常的，是在一種比較特殊的情況下才發生的，是因為我們的理論離開了它的現實的基礎，包括歷史的基礎和時代的基礎。也就是說，為了某種意識形態的需要，而妨礙學術的發展，是一種不正常的狀態。我以為，二十多年來中國馬克思主義哲學研究的進步就在於使這兩者之間逐漸地出現了一些分化，同時又出現了融和的可能。所謂分化，主要表現為中國的馬克思主義哲學產生了兩種形態：一種形態就是從毛澤東思想到鄧小平理論到「三個代表」重要思想到科學發展觀的發展過程，這是以政治領袖的思想作為核心和主體的所產生的一種理論形態；而另外一種形態呢，就是以哲學工作者，包括馬克思主義哲學研究工作者，和非以馬克思主義哲學研究為主要任務的學者的研究

方向，他們的馬克思主義哲學研究及其理論成果所表現出來的理論形態。這種形態就是我們通常所說的所謂學院派，或者學術論壇式的。但是我們看到，近年來這兩者之間出現了一種非常奇妙的融合或者是接軌。比如說，過去在哲學的學院派或學術群體裡面，「以人為本」這是個長期討論的問題，「以人為本」的觀點曾經被當作資產階級自由化思想受過意識形態的批判，一些學者甚至為此而受到了嚴厲的批評。但是現在，黨中央的理論中提出了「以人為本」的科學發展觀，主流的意識形態把它採用了，得到了大家的高度認同。而且我們看到關於價值的問題、關於合理性的問題、關於科學發展的問題，甚至關於人的自由全面發展的問題，都在我們黨的主要文件和主要理論中得到了表達。應該說，這既是重大的理論進步，也是重大的實踐進步，而這兩種進步的共同基礎是什麼？就是中國當代不斷發展的社會實踐。中華民族在自己的改革開放和現代化進程中，融會著中國傳統文化，融會著西方文明中代表著人類文明發展方向的東西，然後又根據於中國的社會現實在創造一條全新的社會發展道路，這就是中國特色的社會主義現代化道路。這一條道路是不同於西方任何國家的。對這一條道路的創造為馬克思主義哲學研究提供了物件性的前提，也為馬克思主義哲學的當代發展提供了更為廣泛的基礎，規定著它的豐富內容和發展方向。由此可見，如果以科學性和合理性作為自己研究的指導思想和方法論基礎，馬克思主義哲學的科學性和意識形態性之間，可能會逐步地產生一些積極的融合。馬克思早就講過，理論中的各種困惑都可以在實踐中得到解答，而且實踐早就做了解答。所以實際上，理論中間存在分離或者矛盾的根本原因還是在實踐中間。當代中國的偉大實踐正在造就著偉大的理論，不過這種偉大理論的造就也絕對不是一件自然而然的事，而是需要我們的理論工作者們的努力，尤其是在座的新生代的理論工作者的努力。所以，借這個機會，我也想表達對於大家的未來學術使命和學術前景的一種良好祝願。實際上，正是新生代理論工作者的身上承載著中國的哲學學術的未來。祝願大家！謝謝！（熱烈的掌聲）

卅七、傳統是流動的，不是僵死凝固之物，不同時空有不同傳統，即如同一時空下，傳統也是多元多樣的。

郭齊勇：

　　傳統是一個流動的概念，我們不要把傳統當作是一個僵死的、凝固的東西，不僅不同的時空條件下有不同的傳統，同一個時空條件下，傳統也是多元多樣的。剛才幾位都講到了。所以我們不可執定於講所謂中國，所謂西方，包括講馬克思主義，這些都是一個流動的概念。比方說講到朱子，我們不要以為朱熹只是一個，他的文集，語類，我們所看到的好像他只是一個道德的說教者，其實並不是的。我們看到朱子思想在東亞文明中，它實際上所起的一些正面的、負面的、多方面的作用。負面的作用，我們看到很多；其實正面的作用，我們看到日本人寫了很多很多的學術性的論著來表明在江戶時代，在近代，日本接受蘭學、西學，其實朱子學做了很好的鋪墊。所以任何一個思想傳統都是流動的，具體的時代、人物和一個思想傳統所發生的演變，其實都是非常繁複的。

　　我們很高興，今天請到林安梧教授，來自臺北，也請到雖然近在咫尺的華中科技大學的我們的老領導，近五年來首次回來演講，這是我的過錯。鄧老師與我對話了幾次，還不夠。特別感謝在座的各位師友們的參與。我想到，今後我們上課的方式是不是也改變一下，上課的方法也可以借取這樣的方法，我們多發揮一點在座的各位的積極性，然後積極地來進行「腦力震盪」（大笑）。這樣才是一個真正的學問的訓練。衷心感謝三位教授，感謝大家的參與！（長時間熱烈鼓掌）

（初稿整理者為武漢大學哲學學院碩士生梁林軍；二稿分別經四位學者審閱修改自己的部分。）

第十九章
後新儒學的基本建構：道統系譜、
心性結構、存有三態論、本體詮釋學
——近十年來我的哲學思考之一斑

一、緣起：後牟宗時代的來臨——道統系譜、心性結構、道的錯置、意義治療

　　我今天要談的一個問題是有關儒學的道統系譜，第二個是有關儒學的心性結構的問題，另外，還有我自己的一些想法，像從兩層存有論到存有三態論，關於詮釋方法論的問題怎麼提法：從「道、意、象、構、言」切入，還有儒學在政治哲學方面的一些理解，像血緣性的縱貫軸結構的詮釋以及如何解開，還有涉及到「道的錯置」的問題，以及整個有關文化哲學的對比，像「存有的連續觀」與「存有的斷裂觀」之對比。另外，我將提及整個宋明理學的分系與結構，還涉及到儒學心性論以及意義治療等相關的問題，緊接著討論儒學宗教哲學相關的側面問題，大概就這些。今天是要向各位描繪出我對儒學諸問題思考的大略形貌，所以基本上會比較隨緣、輕鬆一點，在我談的過程裡，隨時可以提問。

　　去年（2003 年）我在鵝湖月刊寫過一篇短的文章：「迎接後牟宗三時代的來臨」。我認為儒學應該到了一個「新儒學之後」的年代了，在我的提法裡，有「傳統儒學」、「新儒學」、「後新儒學」。所謂的「傳統儒學」我是把它定位成，從先秦一直到宋明之前，或者說時間更長一點，儒學一直到近代（清末民初）；民國之後有一大段新儒學的發展，這些儒學的發展可以往前追溯到宋明理學，之後，到牟

先生整個體系有了一個總結。牟先生 95 年離開這個世間，從 1995 以後的整個發展，代表了當代新儒學的一個里程碑。但我並不贊成「儒學三期說」，儒學三期說是當代新儒學最重要的一個說法，認為孔孟儒學就是先秦儒學，再就是宋明儒學，再來就是當代儒學，這樣的說法是陷溺在宋明理學以道德本心論為主的一個說法。這樣的主流系統認為道德本心論是整個儒學的核心，先秦是以孔子孟子為代表；而宋明理學則是繼承孔孟而發展的，它以陸王學為正宗，而程朱學代表了一個歧出的發展；再者，當代新儒學自認為繼承了陸王而直承孔孟。

二、道德本心論只是一套詮釋方式，並不適合說是正宗，儒學三期說並不恰當

這樣的一套說法很容易讓人家誤認為儒學只是以本心論為主，其實儒學本心論這一套詮釋方式，代表著整個儒學的一套說統，一套詮釋的系統，但是它並不能夠說就是一個完整的儒學，也不適合說它是儒學正宗，因為就整個中國文化歷史的事實，很難說以它是儒學正統。要是強調以心性論作為正統，容易變得封閉，所以我反對這樣的說法。此外，李澤厚先生提出儒學四期說，把漢代強調出來，這樣的一個提法是別有新意，但還是有些缺陷。我認為不一定要硬說三期或者四期，儒學應該順著整個歷史的發展，它是一步一步地往下發展，所以我認為應該破除掉儒學血緣上的、正宗的意思，因為你很難說荀了不是儒學，你很難說董仲舒不是儒學，你很難說隋唐時候的王通文中子不是儒學，你很難說康有為的自然人性論不是儒學，像章學誠的歷史人性論不是儒學，我覺得都是儒學，既然都是儒學那麼這樣去看待儒學？我覺得將儒學正宗的概念去除，回歸到一歷史社會總體的視野來看儒學，就會有很大的不同。

進一步來說，我認為儒學應該關聯到整個天道論，關聯到自然哲學，關聯到歷史哲學，關聯到心性論，關聯著它整個政治社會的哲學，儒學是在一個非常豐富的文化土壤下所長出來的，它跟它的經濟的生產方式，跟它整個社會結構的方式、政治組織的結構方式，有著密切的關聯。近幾十年來研究儒學的、研究當代新儒學的，有一種錯誤的想法，認為好像儒學就只有強調本心良知天理之學，而整個歷史上其它種種，好像跟本心良知之學並不是那麼密切相關，所以只要單提本心天理良知之學，就可以從這裡繼續地去開展一些什麼東西。這樣的儒學思考，它有幾個缺

點：它忽略了更豐富的經學傳統，豐富的史學傳統，也忽略到整個中國經濟史、社會史、政治史、文化史的整體理解，這一點我一直認為並不恰當。破除了這樣的正宗意識，並不意味著儒學沒有核心的論點，我想本心論、天理論、天道論，這三者是通為一體的，所謂「心、性、天」通而為一，這論點可以作為儒學核心的論點。

我在 1994 的時候寫過〈後新儒學的論綱〉，將內容擴大後曾經在 1997 年，在成功大學舉辦的臺灣儒學國際會議上作一個宣讀，之後收錄在《儒學革命論：後新儒家哲學的思維向度》那本書裡，那裡面我就提一個提法：老儒學、新儒學、後新儒學不同階段的發展，這個提法裡面就是說你要正視傳統儒學，譬如說先秦儒學它所面對的整個社會史、經濟史、政治史結構，跟兩漢是不同的、跟宋明是不同的、跟近代、當代，跟現在我想又是不同的，我認為應恰當去理解它。

先秦是一個「封建宗法」的年代，而秦漢一直到隋唐乃至於到宋明，你姑且把它叫做「帝皇專制」的年代；帝皇專制的年代跟宗法封建是不同的，宗法封建是一統而多元的，而帝皇專制的年代是單元而統一的，到了近代的儒學它整個基本上是已經進入到帝皇專制被破解了，它必須進到一個民主，更現代化的年代。那現代化基本上，代表的是民主憲政，用當代新儒學的話，是一個由民主跟科學發展出來的年代，那麼，在這樣的一個狀態底下，儒學的精神內涵，隨著時代的變遷而做了一些改變，這一點是我們必須要去正視的。

三、儒學都強調孝悌人倫、道德仁義，但因不同時代，其思維空間便有很大不同

如果要從儒學所面對的不同歷史環境來分別儒學，那麼諸代學問又根據什麼標榜都是儒學？它們的共通點何在？我這麼說，儒學有一個共通的地方，儒學非常重視孝悌人倫，在先秦時候的儒學就已經非常重視孝悌人倫了，秦漢以下也是非常重視孝悌人倫，一直到當代也是重視孝悌人倫，但是先秦時代孝悌人倫思維空間，跟帝皇專制時代的孝悌人倫的思維空間，以及當代的孝悌人倫的思維空間，是不太一樣的。總的來講，我們可以發現到，孔子跟孟子它們非常強調這個家庭的人倫優先性，譬如說有人問孔子「子奚不為政」，子曰：「《書》云：『孝乎！惟孝，友於兄弟，施於有政。』是亦為政，奚其為為政？」，在孟子書裡面講，「君子有三樂，而王天下不與存焉。父母俱存，兄弟無故，一樂也。仰不愧於天，俯不怍於

人，二樂也。得天下英才而教育之，三樂也。君子有三樂，而王天下不與存焉。」

顯然地，孔子孟子他們非常重視血緣之間的自然性連結，跟人格性的道德連結，這兩個向度充極而盡地展開，「人人親其親、長其長，則天下平」。這意思也就是說它認為通過「人倫孝悌，仁義道德教化」，政治基本上是一個教化的活動，「政者，正也。子帥以正，孰敢不正？」所以它這個禮樂教化的活動，要去成就整個周代周公制禮作樂以來那個精神。這個和秦漢以後的帝皇專制儒學是不一樣的。帝皇專制儒學基本上就已經不是以孝親作核心了，開始轉到以忠君做核心了，而把「忠」、「孝」連在一塊，所謂「忠臣必出於孝子之門」。這一點其實跟先秦儒學是不同的，先秦儒學「忠」指的是「忠恕」，或者是「忠信」，而忠君這概念是忠於其事，盡己、盡其事，從這樣的「忠」再推而講忠君這個概念。

到了帝皇專制，這個「君」講的是一個絕對體，這時候，從五倫進到三綱。三綱是「君為臣綱、父為子綱、夫為婦綱」，這樣的狀況底下，就確立了我稱之為「血緣性縱貫軸」的結構；「血緣性縱貫軸」的基本結構，是以帝皇專制宰制性的政治連結作核心，以血緣性的自然連結作背景，而以人格性的道德連結作為方法、工具。以此展開的一大套結構，整個儒學就轉向了一個隸屬性格局的思考結構，例如說仁愛的「仁」，在這個結構下，它並不是那麼直接的能夠重視到人跟人之間感通的問題，而是必須馬上注意到上下長幼尊卑有序的問題。這樣的結構，其實到了隋唐、到了宋代之後越來越走向封閉，因此造成了非常嚴重的閉鎖性格局，這個格局其實 直到西學東漸，鴉片戰爭之後，西方的船堅砲利打破了整個中國帝國主義的迷夢，而這個迷夢也代表了帝皇專制化儒學的受到非常大的挑戰，這個挑戰其實代表了整個中國陷入嚴重的意義危機。

有關意義危機方面，可以參考像張灝所寫的〈新儒家與當代意義的危機〉、林毓生《中國意識的危機》，還有我寫的《當代新儒家哲學史論》。這個問題在整個當代，在當代新儒學方面，從熊十力到牟宗三以來，我想他們最大的貢獻就在挺立道德主體，克服整個存在的意義危機。挺立道德主體、克服整個存在的意義危機，它通過什麼方式？就是通過整個宋明理學、陸王心學的整個傳統，重新去驗證它，而這樣驗證的方式基本上就把整個當代儒學接到宋明理學的陸王心學，而把陸王心學往上提，通過熊十力到牟宗三把它提到一種超越的層面，比較形式面的來談這個

道德本心，而最後往上提，幾乎把它提到一個超越絕對的地步。牟先生更且用了康德所說的「智的直覺」來強化，這樣一套方式的後果，當代新儒學對於中國文化發展出了一套「形而上保存的方式」，但非常重要的是它必須要落實在整個歷史社會總體間，作為一個實踐的開啟，這方面當代新儒學到目前為止，雖然意識到這個東西的重要性，但沒有恰當展開。

四、牟宗三先生的主流意識與唐君毅先生是有所差異的，這不可不正視

那麼，整個儒學系譜說，也就在這個理解下，往上去追溯，通過陸王去掌握宋明，通過宋明去掌握先秦，而以陸王的道德本心論作為所謂的正統，而當代新儒學認為它繼承這一儒學正統。當然這個新儒學是以牟宗三先生為主流系統的當代新儒學。然而，其實唐先生並沒有那麼強烈主張，而徐先生基本上是不同意的。但是因為牟先生的影響力特別大，所以到目前為止，談當代新儒學，大概我所知道的朋友們，在臺港地區，大概百分之八十以上都忽略了唐先生與徐先生，基本上以牟先生為主，而且是以牟先生的某一個向度為主而已。這一點對儒學的發展其實是不利的，就以儒學的系譜來講，我認為應該好好的還原到儒學本身上去，至少我們應該了解到先秦儒學它後頭所關聯到的意義結構，秦漢以來又是甚麼，當代以來又是什麼。在當代之後，我們應該正視的是，在現代化之後的社會歷史方面不同的發展，儒學不必花那麼多工夫去問：如何從傳統開出現代化，而是應該好好去思考，在現代化的發展過程中，面對到什麼樣的一些新的問題，必須好好重新去理解這些前所未有的問題情境。

問：老師所提的這些詮釋我覺得很感動，一般儒家他們弄的東西，越來越壓縮壓縮，缺乏一個外在存活的力量，我覺得是不是能夠更加開放，也就是說，在中國的土壤上應該是更豐富，不止於儒家的發展，如果是說多元的發展，其它各家……我覺得老師事實上現在的思想已經突破了儒家的範圍，比較注重佛家還有道家傳統，我覺得如果是說讓它不要太強調這是我們儒家的發展，這樣是不是比較好？對中國文化的發展更有利？

答：這個部分我當然贊成，我認為包括我們對基督宗教也要恰當的理解，對伊

斯蘭教也要更多理解，當代新儒學基本上對基督宗教並沒有恰當理解，對伊斯蘭教則可說完全沒有。就中國歷史上儒、道、佛整個發展來講，到當代新儒學已經有了比較平情而論的理解，儒學已經不再去闢佛了，宋明理學家要去闢佛老，對佛、老提出嚴厲的批評，這種批評是一種對抗性的批評，不是理論性的，恰當的闡釋與批評。當代新儒學基本上，從熊十力過渡到牟宗三先生，對於佛教跟道家，已經有相當不錯的理解，我並不認為那個理解已經達到最恰當，但確實是已經進到一個新的階段，牟先生認為道家是一主觀境界型態的形而上學，這是一個新的高層次的理解，但我是不贊成的，我認為道家基本上是可以發展成為一個完足的系統，這個完足的系統是「以身觀身，以家觀家，以國觀國，以天下觀天下」；亦即道家並不是作為儒家一個輔助性的結構，道家基本上可以自成一個結構，它涉及到人的身、家、國、天下，都是可以討論的。當然，道家跟儒家它有一個互補性的結構，我曾寫過〈「道」「德」釋義：儒道同源互補的義理闡述〉對此做了論述。在佛教方面，牟先生對佛家的理解已經超過宋明理學太多了，也超過熊十力，像熊十力他理解般若系統，是「破相顯性」，而牟先生講的是「蕩相遣執」，從「破相顯性」到「蕩相遣執」是一個發展，是一個很難得的理解，牟先生對於整個天臺宗的判教，那個圓教的深層的理解，到了一個相當高的高度，但是它對於華嚴宗是不是很恰當的把握，這牽涉到整個詮釋系統問題，這個部分我姑且不去論它。

五、基督宗教的「原罪說」與儒家的「性善論」並不是不能融通的

但是我們可以發現到當代新儒學對於基督宗教的理解，是有偏見的，這個偏見是建立在它們所接觸到的基督宗教的某些向度，比如說它大體上是以基督舊教、保守的基本教義派為主導的狀況之下，而又摻雜了太多其它的相關因素，所以滋生了許多不恰當地理解。幾十年前，牟先生就跟它們之間有一些討論，而這些討論或辯論，都比較是各說各話，直到蔡仁厚先生、周聯華牧師，還有林治平、傅佩榮他們的對談，我認為基本上都是各說各話。在這種狀況之下，基本上都不免有獨斷的色彩，例如說基督宗教強調人是有限的，當代新儒學強調人是可以雖有限而又無限，人基本上可以像上帝一樣；而在基督宗教下，人不可以成就為上帝，只能夠成為耶穌基督的信徒；或者說儒學所說的道德是自律的，基督宗教是神律的、他律的。在

這樣的對比之下，我覺得重要的是應該要條目性地把差異標舉出來，至於如何為優、如何為劣，不該輕斷。至於，有沒有涉及到如何融通的問題，關於如何融通的問題，我認為梁燕誠曾經花過一些工夫，值得留意。可惜的是，對於這論題後來便沒有更多深入的研究。

有關這方面的研究，我認為可以通過保羅・呂格爾（Paul Ricouer）《惡的象徵》（*The Symbolism of Evil*）裡面所談基督宗教原罪論的相關討論來對比理解。須知：基督宗教原罪之說與儒家性善之論，是兩套不同詮釋系統，並不是「原罪說」就得作為整個西方文化不可改易的本質性核心；同理，性善論也只是一套詮釋系統，它不應作為整個中國儒學或哲學不可改易的本質論式的思考核心。若只是集在一個詮釋系統下，才會有非如此不可的意義位置。我以為我們必須要慢慢解開他們的限制。如果你從保羅・田立克（Paul Tillich）、馬塞爾（Gabriel Macel），還有猶太神學家馬丁布伯（Martin Buber），我們可以發現到他們詮釋的上帝，跟原來天主教、基督教宗教舊教系統的那個基本教義派的詮釋是不一樣的，這個部分它是有融通的可能性，它不是沒有。我覺得這個時候，儒學應該要有新的發展，而不是用陳言舊說一併把它隔斷了，這是不對的。前幾天跟朋友聊到這個問題，開玩笑說，以前談三教，現在應該進到五教了。這個問題我想我們就先說到這裡。

宗教會通的問題，是一個極重要的問題。我認為，當代新儒學要正視自己做為一個大教的歷史地位，而這個大教在整個中華文化傳承裡頭，如何與儒、道、佛融通為一個不可分的整體，是一個重點。因此，在更根源處，當去正視儒、道原來是通而為一的，再來才是去談佛教，談三教如何通而為一。儒、道是同源而互補的，而儒、道、佛的三教合一，是經過一個轉化的過程，也就是佛教中國化的過程。也就是說，大乘佛教進到中國而發展出來的一套傳統，爾後跟宋明理學結合在一塊，而宋明理學汲取道家、道教還有佛教的內容，也開展出自己的一套完整的話語系統。當自己正視到儒學是放到這樣的脈絡底下，並了解儒學為特殊社會史、經濟史、政治史作為依據所發展的東西之後，才能繼續向前談論相關議題。換句話說，我們研究儒學不能把自己視為道德意識特別高的特殊人種，以前這樣的思考是因為我們必須對抗其他思想，但是現在應該必須有多元的、互動的、融通的觀點，而不可鎖國閉關，或形上超越地不理會人間煙火。

六、對於人的心靈意識結構的總體闡釋：志、意、心、念、識、欲

孔孟儒學經過兩漢、魏晉南北朝、隋唐，而進入宋明階段，有關人的心靈意識結構問題上，儒學已經發展相當完整。這個部分顯然的是受到了佛教的挑戰，換言之，東漢之後，整個中國人對自己內部心性意識的結構性分析，已經開始逐層深入。大體我們可以看到，從先秦《孟子》「知言養氣」及其心性篇談到結構性的問題，後來《管子》裡頭也談到相關心性的問題，到了漢朝之後，道教的一部經典《太上老君說常清靜經》裡面說及「元神本清、人心本靜」，而「人欲牽擾」等等，其實已受到佛教很深的影響，而佛教的「唯識學」、「般若學」在魏晉南北朝的長期與深層發展之後，到了宋明理學，對於心靈意識的分析也非常深刻。大體來說，我的理解詮釋，可以用下列結構作說明：

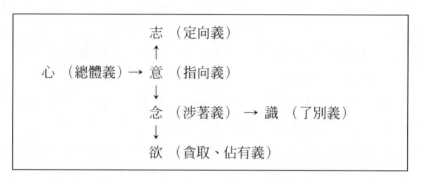

「心」是就「總體」來說；「意」是就心靈總體所發的「指向」來說；「意」往上提是「志」，「志」是就其「定向」來說；「意」往下墮是「念」，我認為是涉著於對象，「念」是就其「涉著」來說；而涉著於對象上面，起一個分別的作用是「識」，「識」是就其「了別」來說；而「念」再往下墮是「欲」，是個貪取、佔有的意義，「欲」是就其「貪取」來說。大體來講，我認為宋明理學家，對整個心靈意識的結構性分析可以用上述的圖加以說明，其所做的工夫在於如何「化念歸意」、「轉意迴心」、「致心於虛」。儘管程朱、陸王，還有其他諸門派各有不同，但總的不離我現在做出的闡析。

七、程朱的「道德天理論」、陸王的「道德本心論」以及明末的新發展

　　這裡有幾個不同的用功方式：以程朱學來說，強調從「識」，也就是認知上，即對「對象」的了別下功夫，程朱認為對於一個對象越「清楚」地了別，我的心裡也就越為「明白」。而不管是程朱或是陸王，都預取著最後要「志於道」（志通於道），「致心於虛」，心的虛極即是通於道。但是，程朱學從「格物致知」、「誠意正心」著手，強調我們對於對象的客觀認知，是必要，而且優先的，唯有我們對對象所形成的一套知識系統能夠清楚地掌握，才能展開恰當的道德實踐。這裡對知識的認知與道德的實踐，在程朱這裡，隱含了一個辯證性的結構，並關連成一個不可分的整體，換句話說，它（程朱學）的下手處，在於對客觀事物的認知開始，而這個認知就隱含了一個道德實踐的指向，這便是程朱學。

　　另外，陸王學則是強調在其「心」之本體，「心」中含了一個道德實踐的發展動力，而此道德實踐的動力也就是道德實踐的法則，亦即「心即理」，這樣的一個結構所強調的是心與理的內在同一性，人是做為一道德本體性的存在。陽明學重點是從心的本體出發，將心的本體顯露出來，而引發出道德實踐的動力，並要求著我去把它實踐出來，所以要致良知於事事物物之上。總結來說，宋明理學是從一個超越的形式原則，發展到一個內在主體性原則，而這個內在主體性原則再往前進一步地發展，就發展到一個純粹意向性的原則，這也是從朱子學到陽明學再到劉蕺山學的一貫發展。另外，這樣的展開，劉蕺山代表了一個重要的轉捩點，一方面是「歸顯於密」，另一方面是走到整個生活世界上去，譬如劉蕺山的學生黃梨洲便主張走到整個生活世界上去，他主張「盈天地皆心也，盈天地皆氣也」，他繼承了整個宋明理學，有了進一步的發展。

　　當代新儒學對於整個儒學心性論結構上，太強調於陽明學，而將其視為正宗；而陽明學之為正宗是以主體主義的正宗為正宗，也就是說，陽明學還隱含一個朝向意向性發展的路向，但是這個路向被忽略了，換言之，當代新儒學在牟先生的系統下，太強調「良知」做為「本體」，而這個良知本體直接上溯「道體」，在這個體系下強調良知本身能夠生天生地、神鬼神帝，能夠因此展開一個道德實踐的動力。總而言之，因為這個主體主義跟本質主義的傾向太強了，這一點是我不贊同的。就

我的理解而言，我認為應該從劉蕺山到黃梨洲，以及同一年代的王夫之，進一步好好思考這問題。王夫之非常注重從「人存在的歷史性」出發，並論及於「道德本心」和「天理」的關係，我認為這是更為可貴的。陸王的「道德本心論」以及程朱超越形式原理的「道德天理論」，基本上都是走向了「以心控身」的結構，到了王夫之，才是一個「身心一如」的結構，而「身心一如」的結構比較接近最傳統儒學的原始結構，也就是陰陽和合的結構，用船山學的說法是回到易學「乾坤並建」的結構。

八、人存在的多樣性：自然的存在、社會的存在、政治的存在、道德的存在

問：照老師這樣講，自由主義者跟新儒家雖然方向不同，但是所強調者仍可以為同。但是我以為他們（自由主義者）都是以救亡圖存此一極端方法，沒有哲學作為基礎，而直接進入生活世界中以解決問題，請問老師看法。

答：我在這裡不另外談論有關自由主義的問題，而因你的問題引發，我將再做澄清。我認為，人做為一個人有幾個不同的向度：他做為一個「自然的存在」（natural being）、做為一個「社會的存在」（social being），或是更廣義的，如「政治上的存在」（political being），之後，還要去正視人作為「道德的存在（moral being）」，但是也不能忽略到人作為社會的存在、自然的存在，不能夠把人作為「道德的存在」視為唯一的，並且認為每一個人都以此作為本質而已，同時認為所有華人都是心嚮往之，而能夠很快達到這個層次，由道德的存在再去開出社會的存在、自然的存在。我覺得並非如此，經驗上，人首先應當是作為一個自然的存在，也就是面臨「我必須要活著」的課題，至於談到「人之異於禽獸者，幾希」，那是一種根源上的意義、根本性上的意義，這是兩個不同的層次。我覺得當代新儒學常常忽略了人做為一個發生學上意義的可能，這部分是須要留意的。我們去審視儒學史的發展，從宋到明到清，便隱含了以上所說這樣的發展，從而我們知道必須正視整個歷史的存在、社會的存在、正視整個生活世界。非常可惜的是，在康熙那個年代，他又回到朱子學，而且是回到一個專制化的結構。這個專制化的結構，使得整個中國開始鎖國、閉關，直到鴉片戰爭的時候，才被打破，但是，這也已經是落後

其它先進國家一兩百年，思之寧不喟嘆！

九、牟先生締造的「兩層存有論」是一「高狂俊逸」的哲學系統

　　我並不滿意以牟先生所詮釋的儒學系統，可以或應該作為唯一的一個核心。牟先生最重要的理論建構是「兩層存有論」，這基本上是藉著《大乘起信論》的「一心開二門」的結構，來關連到康德哲學所開啟的「現象界」與「物自身界」，以強調我們的「一心」可以開出「執的存有論」與「無執的存有論」，「執的存有論」指的是「現象界的存有論」（這對應於「心生滅門」），而「無執的存有論」指的是「物自身界的存有論」（這對應於「心真如門」）。它有些什麼樣的限制？首先我要指出的是：有「主體主義」的傾向；第二，太強化了人作為一個無限的神聖者的可能性，甚至是必然性，也就是通過心性修養工夫就可以去說它的實踐必然性，並通過實踐必然性而往上提，提到一個形式意義下的絕對必然性。因此，在這裡就可以看出非常強的獨斷色彩。

　　當然，牟先生建構兩層存有論，他也自覺到其本身的限制，所以牟先生非常強調如何從「智的直覺」（intellectual intuition）往下開，開出「知性主體」來涵攝民主、科學。就康德學來說，他強調的是人只有「感觸的直覺」（sensible intuition），而沒有智的直覺。牟先生卻以為人的一心可以開這二門，以為中國的儒學是以智的直覺作為大宗，使得感觸的直覺這一邊變弱了，所以他非常強調從智的直覺往下開感觸的直覺，從道德主體性下開知性主體，並認為道德主體性是每一個人都可以當下朗現的，當其朗現時，便是無所不在。牟先生這樣的提法是有新意的，但是這樣的新意是建立在他的詮釋系統下，以道德本心為主、以康德哲學意義下的智的直覺為主。另外可以注意的是，康德意義下的智的直覺只有上帝才有這樣的可能，在牟先生的系統中，卻把人提到上帝的層次，再從上帝下返到人間，就好像已經究竟的證道了，再做為菩薩下凡人間，而開啟現代化的可能性。這樣的理解方式，我以為可以用蔡仁厚先生所說的「高狂俊逸」這句話來形容，牟先生是一高狂俊逸的哲學家，果然！

十、哲學必須溯及於「人」「參贊」「天地」所形成「不可分」的「總體」「根源」

這樣的理解，我認為這是一套「高狂俊逸」的哲學系統，上提至天，再往下走出人間世界，而我認為這樣的一套詮釋方式是對應當時的時代，對應當時的存在意義危機。其實，如果回到中國文化的傳統上，這樣的詮釋系統會受到很大的挑戰的。也就是說，中國文化傳統所強調的並不是以本心的概念作為核心性的概念，關於理、心、氣三個核心性概念，在我的理解上中國哲學的文化傳統是以「氣」這概念最為優先的，這個「氣」是指的是形上、形下通而為一的，強調的是生命性的原理原則，所以我認為整個儒學應該回到這樣一個以「氣」為核心所開顯出來的「三才」（天、地、人）傳統去說。

「人生於天地之間」，是做為人理解這個世界，不管是 natural world，或者是 human world 這樣的一個起點，所以人是參贊於天地之間而生起的種種詮釋系統，所以從這裡去重新理解的時候，其實是「道」造化了這世間，並不是人的本心體現了這個世間，什麼是「道」？是「人」「參贊」「天地」所形成的「不可分」的「總體」，就這「總體的根源」或「根源的總體」說「道」。因此當我們說「道」的時候，是天地萬物以及人通而為一的，不過人跟萬有所不同的是人具有靈性，具有參贊的能力，就人具有參贊的能力，這時候才會有存有的開顯，道的開顯的問題。

「氣」是「對比於心物兩端而成的辯證性概念」，非一物質性的概念，它既是心又是物，既非心又非物，用唐先生的話就是「流行的存在，存在的流行」，它重視存在的歷史性，是一真情實感，其實是萬有一切跟人的互動，用馬丁·布伯（Martin Buber）的話來說是「我與你」（I and Thou）那當下所顯露的，而這種東西作為一總體性根源的時候，它是寂然不動的，但即寂即感，感而遂通的，就其「寂然不動」我們說它是「道」，是「存有的根源」，而就其「感而遂通」，我們說它是「存有的開顯」，而存有的開顯必須走向整個知識系統的建立，這時候我說它是「存有的執定」，存有的執定是一主體的對象化活動，用王弼的話來說即是「名以定形」，也就是說用話語的給出，使得對象化的對象成為一被決定的定象。就其根

源來說，「道」即「氣」，我是朝這個角度去理解整個中國哲學傳統的。

十一、存有三態論：「存有的根源」、「存有的彰顯」及「存有的執定」

　　存有的開顯，指的就是「人能弘道」，用海德格的話，人作為一個 Dasein，人作為「此在」，去開展這個存有，使得存有能夠如其自如的顯現其自己。存有的根源能夠如其自如顯現其自己，就是從「境識俱泯」到「境識俱起」，從「境識俱起而未分」，到「境識俱起而兩分」，境識俱起而兩分的時候，就是「以識執境」。這也就是說，從「存有的根源」到「存有的彰顯」，「存有的根源」是「寂然不動」，而存有的彰顯是「範圍天地之化而不過」，或者是「感而遂通」，到「存有的執定」是「曲成萬物而不遺」。這是存有的根源經由「縱貫的創生」到「橫面的執定」的發展過程。從「存有的根源」、「存有的彰顯」到「存有的執定」，這即是我所說的「存有三態論」。

　　我認為當代新儒家的奠基者熊十力的體用哲學，其實隱含這樣一套結構。牟先生是其中的一個發展，而牟先生的發展是以道德主體為核心，而掛搭在康德學的「現象與物自身」這樣的一個格局，所展開的一個系統；並且通過《大乘起信論》「一心開二門」的方式連接現象與物自身，這個系統不同於熊先生的體用哲學系統，也不同於唐先生在《生命存在與心靈九境》所開啟的系統。據實而論，倒是唐先生的系統比較接近熊先生的系統，而這樣的系統往上推溯是船山學的系統，也就是說牟先生的發展是一獨特的發展，並不能代表儒學的全部，這一點是必須要強調的。「存有三態論」的結構是從熊先生體用哲學的脈絡再回到王夫之「乾坤並建」的脈絡，再回到《中庸》《易傳》的傳統。在我的理解中，《中庸》《易傳》可以視作整個儒學系統的核心，並不是歧出。在這一點上，我是反對勞思光先生，也不太贊同牟先生的詮釋系統。反而較接近熊先生或者是唐先生的理解系統的。

十二、「存有的連續觀」與「存有的斷裂觀」的對比展開

　　「存有」這個概念不同於西方亞里斯多德（Aristotle）意義下「存有」（Being）的概念，「存有」相對於中國「道」的這個概念，「道」不是一形而上實體性的概念，道之為道，是天地人我萬物通而為一的、不可分的總體性根源，或者說這樣一

個根源性總體它具有生發一切力量的根源，而這樣的一套說法並不是宇宙論中心的，它既是宇宙論的，也是人生論的、實踐論的。這一個部分應該是關聯到中國文化傳統「存有的連續觀」（相對於西方文化傳統「存有的斷裂觀」），我們是天人、物我、人己通而為一，而在西方主流的傳統是神人、物我、人己分而為二的。而這個部分必須通過整個文化人類學及社會人類學的總體理解上可以看到，它是會影響到我們整套思考、整套價值的異同，這個部分我們必須正視。

在中國哲學中，強調的是「價值與存在的合和性」，在西方從巴曼尼德（Parmanides）以來的傳統就強調「存在與思維的一致性」，而在中國，從《易傳》以來的傳統，就強調「價值」與「存在」的合和為一，例如：「天行健，君子以自強不息」，「天行健」所指的是對大自然的理解，但其中已含價值的指向，所以導出「君子以自強不息」。所以在華人的文化傳統中，就其根源來講，存有與價值是通而為一的。我認為唯有透過此一恰當對比的理解，我們才能理解牟先生所說中國具有「智的直覺」的可能，要不然牟先生所說跟康德所說的「智的直覺」根本是兩套不一樣的理解；那麼，為什麼康德那套哲學成就一套「道德神學」而牟先生所說成就一套「道德的形而上學」，它的意義在哪裡？基本上唯有通過一套更寬廣的哲學對比架構才有辦法理解，也就是說從中國古代的話語中我們看到「智的直覺」的可能，然而為什麼可能？這一點是我們必須要正視的。這也就是說，我們並不以「智的直覺」最為核心，而是以「三才」（天、地、人）的傳統來說，人進到天地之間，就天人‧物我‧人己通而為一的不可分的總體，我們必須設想從這裡說，並非設想從宇宙都不存在的狀況說，而是當我們要去理解這個世間它最原初的狀態，理論設定上原初的狀態，從未開顯、到開顯、到我能夠分明的掌握的過程，所以我認為中國沒有西方意義的宇宙論（cosmology），也不是西方意義的存有論（ontology）的傳統。

十三、就人的自覺說「志於道、據於德」，就道的開顯說「道生之、德蓄之」

這個「道」，就整個歷史發展來講的話，它是從宗教色彩的「帝之令」，到「天之命」，到「道之德」，到了「道之德」已經到了春秋戰國時代。這時候說「道」已經回溯到總體的根源上說了。若以此，回頭去探究「帝」的觀念，就可以

有一恰當的定位，也就是「帝」代表萬物始生之根源，當然也帶有人格神的意味。但是它跟西方的「人格神」意義差距很遠，因為後來中國文化的詮釋系統朝向一個內在的總體根源去說，並不是一個超越的、絕對的人格神去說。這是兩個傳統，一個是走向「存有的連續觀」；一個是走向「存有的斷裂觀」的兩個不同的傳統。

此外，雖然最初人類本源上有某種的類似性，但人類文明的發展過程中走向不同的宗教，而宗教是人類文明之「能產」，也是文明之「所產」。也就說「宗教」成為一套系統之後，這整個宗教是受到文化傳統的發展、整個政治運作方式、經濟生產方式、社會組織結構等等總體的結果。所以往人格神的方向走與往內在總體根源的方向上走，有很大的不同。因為決定了此一方向後，整個詮釋系統、意義系統都往此發展，包括倫理學、道德學、知識論、人生論等，總體來講都是不同的。

因此回到「天、地、人」三才的傳統來說，回到「道生之、德蓄之」、「志於道，據於德」的傳統上來說，「道」是就「總體根源義」說，「德」是就「內在本性義」說，所謂「總體根源」，「人」已「參贊」於其中，而就人的自覺說，就講「志於道」；就道的開顯處說，就講「道生之」。講「道生之」就講「德蓄之」；講「志於道」就講「據於德」，這我在〈「道」「德」釋義：儒道同源互補的義理闡述〉一文中有較為詳細的闡述。

十四、詮釋方法論的五層級：道、意、象、構、言

由「存有三態論」的建立，進而我提出詮釋方法論的五層說：「道、意、象、構、言」。「道」是寂然不動，是就「存有的根源」處說；「意」是就「純粹的意向性」上說；「象」是就「圖象」來說；「構」是就它的「結構」來說；「言」講的是整個「語句」。相對於「言」來講，是「記憶」；相對於「結構」，是「掌握」；相對於「圖象」是「想像」，相對於「純粹的意向性」是「體會」；而到「道」的層次則是「體證」。這是五個不同層次的理解，必須強調的是這裡涉及的「文本脈絡」不只是「文本本身」，更牽涉到整個「存在的語境」。

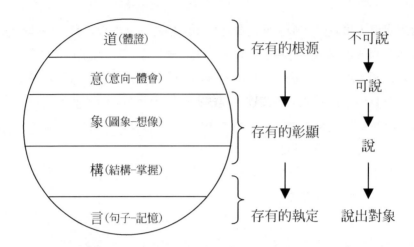

若以「存有三態論」來對照，則如上圖。若就「道生一，一生二，二生三，三生萬物」來說，就此「不可說的整體根源義」說「道生一」；「道」是就「根源義」說；「一」是就「整體義」說；「二」是就「對偶性」說；「三」是「指向對象」，就「對象性」說，而「三生萬物」是一對象化的活動使其成為一「對象物」。這也就是從「不可說」而「可說」，由可說而「說」，再到說出一個「對象」，這也就可以關聯到「道、意、象、構、言」的系統。值得注意的是他們彼此之間有一互動循環的關係。

我認為讀書必須從下到上，從下到上的時候，它不斷的有一互動循環的關係。言、構有 個互動循環的關係，言、構、象也有一個互動循環的關係……，上昇到「道」，它隱含了一切。這些我在《人文學方法論：詮釋的存有學探源》裡有一章探索詮釋學的層級，對此有較為充分的討論。

十五、從「總體概括」到「存在相遇」，到「資源蘊蓄」，以及「創造生長」

至於說，在如何閱讀、理解、詮釋，在方法論上有何看法，我曾經用一首古詩去說它，詩曰：

半聽半看半朦朧
一葉一花一天風

　　山下出泉源滾滾

　　雲上雷端艸木從

我這四句詩都是用了《易經》的道理來說的，第一句「半聽半看半朦朧」，這個「半聽半看」就是「太極」了，就是渾然一體的狀態、這就是強調「總體的概括」。第二句「一葉一花一天風」就是「姤卦」，「天風」上乾下巽，「姤」是「存在的相遇」，第三句「山下出泉源滾滾」就是「蒙卦」，上山下水，上艮下坎，山下出泉，這是用它的象傳文句，指的是蘊蓄，是「資源的蘊蓄」。山水為蒙，下坎上艮，一方面是「見險知止」，另方面是「山下出泉」，「山下出泉源滾滾」代表一種從蘊蓄到流出。第四句「雲上雷端草木從」就是「屯」卦，上雲下雷，上坎下震，是動乎險中，指的是「生命創造的艱難」。從蘊蓄流出，進而創造生長。這是前些年師大一次課上說的，當時有一個同學問：「老師，我們常常讀書一讀就是朦朦朧朧的那怎麼辦？」一時靈感來了，就做了這一首方法論的古詩來闡釋。前年大前年，有一次在深圳大學有個講演，講我做中國哲學的心得與方法，我就從這說了一回。這代表著我的詮釋學這個部分。另外在中大，很多年以前，我在這裡做過一次講演，我當時用了一個較為聳人聽聞的題目叫做「死裡逃生」，這篇講稿整理好後發表在《鵝湖》。更早的時候，我在淡江大學做過一個講演就叫做「存有、思考與方法：我對方法學的一些理解」那個講演剛好是我正在寫博士論文的時候講的，我明顯地受到了熊十力哲學的啟發，我將熊十力體用哲學逐漸發展成一套詮釋學，後來就成了《存有三態論》的詮釋的方法。這一係絡的發展，大體是這樣的。

　　這個部分我的理解、思考是從我大學時代讀克林烏（R.G. Collingwood）的《歷史的理念》（*The Idea of History*），還有史賓格勒的《西方的沒落》、黑格爾的《歷史哲學講演錄》有些具體的相關，後來在研究所碩士、博士階段，還在歷史系博士班選了「德國史學史」專題，讀邁乃克（Friedrick Meineicke）的《歷史主義的興起》，我始終對歷史哲學有不可解的因緣。當然，這後來跟整個詮釋學的傳統是密切相關的，像迪爾泰、伽達碼、海德格等等都不免。在我的詮釋方法裡，我非常強調人跟整個存在的脈絡、整個生活世界與文本脈絡通而為一。這個通而為一就是「道」，

但是要怎麼樣的通而為一，是要通過這顯題的文本，再由這個顯題的文本進到那個未顯題的文本。未顯題的文本就包括他整個存在的脈絡。禪宗就很喜歡用那些未顯題的文本來作為它的根源探索。理解與詮釋就必須要藉著顯題的文本進入到未顯題的文本，這樣才能整體而存在契入，有一深入的理解。不然的話，你就很難了解慧能是怎麼悟道的，悟道並不容易，這是一件十分複雜的事情。這些問題還牽涉到很多，大體來說，從一九九六年，我在南華哲學所開講禮上所說的《「道」與「言」》，已訂下了一定的規模。一九九七年，我將簡綱做為《揭諦》的發刊詞發表了，後來我再深入闡釋，在一九九九年的國際中國哲學會上提交了這篇論文，後來，這文章又費了一番工夫增刪，現在收在《道德錯置》這本書的第一章導論上，題為：〈「道」的彰顯、遮蔽、錯置與治療之可能〉。

十六、「道」是「總體的根源」，不是「絕對的他者」

問：剛剛老師談到的「道」它與人的關係為何？

答：所謂「道」是天地人我萬物通而為一的總體，而這天地萬物通而為一的總體，特別獨特的就是「人」，「人」具有一特性，那是讓「道」能為之開顯，所謂「人能弘道，非道弘人」。我們既說「志於道、據於德」，另方面，我們也談「道生之、德蓄之」。「道」之做為一「存有的根源」，人就在裡面，把人抽掉了以後就不可能，這道是包含了人。

譚宇權：那老師是不是就強調「人」，而不是「人的主體性」？

林老師答：那當然是相關，我強調「人」是一個參贊的主體，而人這樣的一個主體，我們不能把天地萬物都收到人這樣的一個主體上去說。整個天地萬物這個總體的道，「道」必須通過天地這個場域去上，而人參與於其中，就在天地這個場域彰顯出來。道之為道，「卷之不盈於一握」，而「放之則彌六合」，它是這樣的一個存在。那麼它如同什麼呢？道，你去設想它的根源時，到不可說處，它幾乎等於沒有。最後歸本於無，但你不可以把她理解成沒有，因為這個「無」是充滿著「無限可能性」，而不是「沒有」。如果從圖像上說的話，它朝向根源，是不可說、不

可思議的，你沒有辦法觸及；而「道」它是散殊而為萬有一切，它是萬有一切的根源。把人放到裡面去體會、去感覺、去覺知的話，道其實是彌於六合之間的，它是一不可分的整體，我們可以覺知、體會到處處都是「道」。它「卷之不盈於一握」，「放之則彌六合」，這個「道」它不是在這個世界之外，或是這個世界之上，那樣一個東西。我們談這個「道」生養出天地萬物，而這個「道」就在現實世界，並不是在天地之外有一個超越的絕對者，來到這個世界。就此來說，我強調的是一個總體內在的根源，而較少說它是一個超越的、形上的絕對者。換言之，「道」與「人」，與「萬有一切」的關係是「我與你」（I-Thou relation）下的不可分之總體。這不能通過「我與它」（I-it relation）來理解，「道」不是一「絕對的他者」，「道」是一「總體的根源」。

　　「絕對的他者」與「總體的根源」有很大的不同，在華人文化傳統裡，強調的是一個「總體的根源」而不是一個「絕對的他者」。我現在的提法裡，與牟先生比較大不同的是，牟先生基本上有一個傾向——全部都收攝到這個本心、收攝到了良知；從這裡說，收攝到了道德主體說，而人是這個道德主體。我不做這樣的主張，我認為人必須放到整個天地人我萬物裡面說，道德是在天地人我萬物中發生的，認知也是在天地人我萬物中發生的，而並不是在人展開認知後才發生了天地萬物，並不是人在展開道德實踐之後才發生了天地萬物。正因為如此，我非常注重「場域」、「天地」這些相關的概念。在我的思想裡，道家很重要，道家就強調這些，這理解跟牟先生不同。牟先生認為道家是「主觀境界的形而上學」，我認為道家不是。我認為道家是人我萬物通而為一的總體彰顯，從那個地方說，可以說一「存有的治療學」，而不只是主觀境界型態的形而上學，這我們在前面已經有所論說了。

十七、正視「六經皆我註腳」的限制，注意文本的場域脈絡

　　問：我的問題是說，「道」與「人」他們兩者，何者更為根源？

　　答：就其根源說，道，是優先於一切的，但是「道」只要彰顯，這個時候「道」是如何可能彰顯，是因為人的觸動使得道彰顯，而道跟人的關係，是一個交與參贊而不可分的總體。人基本上是在「道」裡面，你不能說我設想一個跟人無關

的道，人已經在這個世間裡面，我們不能設想一個我來看這個世界——我們在這世界之外來看這個世界。我已經進入這個世界，所以我看這個世界的時候我是經由這個主體對象化活動而看這個世界。我參贊這個「道」的時候，是因為我預取了參贊的可能性。這個道彰顯的時候，是從不可說、未分的狀態到了可說而彰顯的狀態——從彰顯達道，從「所顯」到「所說」，從「顯現」到「說」。「顯現」它是「境識俱顯而未分」，而「說」的時候是「境識俱顯而兩分，以識執境」的狀況，這是一「分別、了別」的活動，「說」這個「主體的對象化活動」是一個「名以定形、言以成物」的活動。

問：照你這樣講的話那就是……照王陽明只能在一個道德系統……價值系統之外的東西，它沒有辦法真正來處理……。

答：我們姑且不論那個部分，但是我認為牟先生的系統太強調了道德主體的優先性，而這個時候會有點……嚴重的話，它會導致無世界論的傾向。這無世界論基本上是我所反對的，就是它因為所有世界都收攝到我的主體上了。它不重視一個場域的概念、不重視一個主體須得落在場域天地之中。我注重的是那個天地人我萬物為一的根源之道，但落實則必須經過場域、天地來彰顯。換言之，「天地、場域」是人的主體作用在上頭發生的，並不是人的主體作用了以後它才發生的。就是他當下觸動的時候一體呈現。一體呈現的時候，就是人作用的時候，因此才有更進一步主體對象化的活動、名以定形的活動、言以成物的活動，才使得一對象成為一對象物，這是一個很複雜的過程。這就是我很努力要去克服主體主義的用心。在詮釋方法上，大體來講，我很注重社會史的理解、經濟史的理解、文化史的理解、政治史的理解，乃至人類學的理解，就整個文本來講的話，我認為文本脈絡要好好放在以上所說這些背景好好去理解。不能夠那麼簡單的就「六經皆我註腳」，六經皆我註腳的詮釋方式，有它的限制、有它獨特之處，這是象山學的傳統和陽明學的傳統。牟先生的詮釋學較近於「六經皆我註腳」一路，但他較象山、陽明豐富多了，牟先生的知識系統蠻豐富的，這與象山、陽明是不同的。

十八、「道、理、性、心、情、才、欲」辯證的通而為一

問：如果道德與欲望如老師剛剛在講到的第二點，那該如何處理。

答：我在一九八六年《王船山人性史哲學之研究》中就強調「道、理、性、心、情、才、欲」通而為一，它們是一個不可分的整體，而它就人的心靈來說可以有那樣的結構性闡釋。剛剛講的那個「心」、「意」、「念」、「識」、「欲」，這基本上是就人的心靈活動而言，而心靈的活動必須要與身體連結在一塊兒，身心是一體的，是總體不分的。就心靈活動總體來說，是「心」，心之所發為意，「意」指的是「純粹意向」，而往上提的就叫「志」，「志」是意之有其「定向」，「志」通於「道」。「意」之往下「涉著於物」的時候叫「念」，而「涉著於物」，而起一「了別、分別」的作用，我們就叫它做「識」，就「涉著於物」而往下趨的力量，就成了「欲」，「欲」是「貪取、佔有」。就此來說，上下的區別是就結構上說、就價值上說，但是，不能夠沒有上，也不能夠沒有下；下代表的是落實，上代表的是那個根源。所以「形而上者謂之道，形而下者謂之器」，所以「道」和「器」是通而為一的。就此來說，「形」是「形著義」，「形」是一個 embodied 的活動，「形」是一個形著、具體、具現的活動。人之為人，用王夫之的話來講，必須要「暢其欲，通其理，達其情，遂其欲，上遂於道」。這個「道、理、性、心、情、才、欲」，完整的把它拿來說，是通而為一的，這才是充實而飽滿的人生哲學。

我認為王夫之在這方面的論點是最具有說服力的。王夫之甚至認為一般所說的「縱欲」根本是「遏止欲望」的另一面表現，它是「縱一欲而遏百欲」，譬如有個人喜歡喝酒而縱酒，那他就遏止了千百個其他的欲望，只縱欲喝酒。你說他是縱欲，其實是遏止其他欲望。王夫之他重視欲望本身的可貴，就王夫之的理解，人類如果沒有欲望的話，人們將沒有實踐自己的能力。欲望是生命之所以能實踐出來的必要依托，只是欲望要有節度。這麼一來，這如何節度就牽涉了複雜的社會學上的問題、複雜的道德學上的問題，但是很重要的。王夫之，他告訴你，我們應該正視欲望本身的重要性，我們本身應該去了解「道、理、性、心、情、才、欲」是通而為一的，所以不能夠壓制欲望去呈現天理，你壓制欲望去呈現天理，這樣的天裡本

身就有壓抑性了，而一個專制化壓抑性的天理是會有問題的。「存天理、去人欲」
若是絕對化的發展，會生出很多弊病來。

十九、須得留意資本主義化、消費化下貪婪性、染污性的「我」之銷解

我認為儒學強調的是「理欲合一」，強調人倫之大、教化之美，飲食男女，可
以提到敦化人倫來說。所謂「敦倫」一詞，是一美好的事，它並不是一種污穢、厭
惡之事。對於兩性問題，我覺得宋明理學在這些問題理解上遠不如王夫之來得透
徹，須知：中國基本上是節欲的概念，而不是禁欲的概念。「節欲」看他要去怎麼
節，《禮記》上說「禮者，天地之大節也，樂者天地之大和也」，講「禮、樂」，
一方面講「分寸、節度」、一方面講「和合、同一」。華人非常具體的強調這分寸
節度、強調總體根源的合一。我認為華人為什麼能夠流傳數千年，一個非常重要、
非常根源性的原因在這裡。你把這個毀掉了，華人就沒有辦法再像以前那樣。整個
中國歷史是蠻黑暗的，它靠什麼一直延續下去？它政治上非常糟糕，但他靠著民間
的、社會的禮樂教化，這傳統一直都是存在的。就以臺灣為例，看似岌岌可危，但
它整個民間禮樂教化的力量仍不斷維繫著，就這樣它渡過許多難關。現在，臺灣是
比以前危險了，因為這個部分毀損得很嚴重。

這牽涉到整個教育的問題，在我的想法裡面，教育就是生長，教育不是控制、
教育不是壓抑；而所謂生長是必須要暢其欲，通其情，達其理，而上遂乎道。教育
應該是「上通天」，而「下接地」的教育：教育不是把一個人拋擲出來在現實世界
裡面，當成一個既成的，並且作為一切長養知識、長養欲望，以及滿足自己這樣一
個系統。教育是作為一個人，通過人我萬物通而為一的，一個可能的理想狀態，而
作為一個人落在現實上的狀態是什麼？在這樣的一個對比狀態下，去看現實狀態下
的「我」。這個我，當然不是那個原初的根源性的那個真我的狀態。我們必須要正
視這個世俗之我的限制，必須要正視這個世俗種種如何加在「我」身上，它造成了
嚴重的限制。我們須正視在資本主義化消費化下的這個我，它具有貪婪性、染污
性、執著性，它貪取佔有，不斷地想滿足其欲望，而我們要留意這個問題。如果沒
留意這問題，我們就會以知識的取得、生活資源的獲取，滿足自己的貪婪欲望，做
為我們生活上的目標，甚至我們以為欲望貪婪的至高滿足當成卓越。這樣的嚴重後

果，是在現代化之後，在資本主義化、消費化之後，我們必須深思長慮的。

二十、極端的個人主義、集體主義在資本主義化、消費化下猖獗興起

在華人的文化傳統裡，對於教育其實是很有反省的，他認為教育必須要「反俗歸真」，之後再進一步要「迴真向俗」。一旦已經迴真向俗，這個「俗」就不是原來低俗、俗流的俗，而是「化民成俗」的俗。這一點是很重要的，教化之為教化，就是要往上升，上遂於道，而往下落實，就在倫常日用之中。教育要注重的不只是經驗上既成的存在，而且要是一個恰當而根源性的存在。這樣的存在必須要落在人倫裡、落在社會裡、落在國家、落在天下裡面，人這樣的生長是非常重要的。正因如此，所以儒家強調「孝悌」的重要，像《論語》就說「孝悌也者，其為仁之本歟！」。孝悌是實踐人倫的起點、根源。整個華人文化傳統教化是很強的，這是可貴，至聖先師孔子在這一點上說的很是分明，我們不應忽略。相對而言，現在的教育方向是錯誤的。現在臺灣的教育哲學，基本上就是因著現代世界主流的教育哲學，在資本主義化、消費化下，人這被視為是一個既成的、當然的存在，在現代化、合理化下，人定要滿足這樣的一個狀況。這是最基本的、但不能只限於此，若只限於此，而以為滿足這欲求就是教育的目的，到頭來會導生嚴重的權利和利益的競爭，甚至是鬥爭。

在權力的鬥爭裡，你必須要形成一種優越性，你必須要具備這樣的能耐，目前的教育是以這向度為優先而展開的。現代教育可以說是一個「縱欲式」的教育，它縱放你在整個資本主義化、消費化而名之為現代化、合理化，其實後面是一個強大的權力利害的驅迫力，這樣一個教育的方向。這個教育的導向會使得人從原來的人走向非人。目前教育的走向是非教育的，目前的學術走向也是道術為天下裂，特別是人文學已失去了「求道」的要求。須知：「道」是必要的，我們必須要回復到總體、回復到根源。目前就是這樣，你們可以感受到你們寫論文就是越寫越歧越遠嘛、回不到根源嘛。人的存在方式很難回到根源。人很難回到根源卻有回到根源的要求，這該怎麼辦呢？……帶有神秘性的宗教就趁勢而起。在資本主義化、消費化、染污化的過程中，人的疏離愈來愈嚴重，人的溝通愈來愈難。很難溝通，那乾脆就不溝通了，把自己封閉起來，甚至以為封閉起來，一切就可以解決。這真如同

《孟子》所說「天下不歸楊，則歸墨」，顯然地，極端的個人主義和極端的集體主義正在漫延之中。帶有神秘性和超越性的宗教神聖要求，被以為是克服異化與疏離的良方。臺灣昨天的報紙說一個教派用軍事化集體化管理，那當然啦！當人們處在意義匱乏的時候，他就讓你找到意義嘛，這時集體主義便生出了力量，戰國時候的墨家就是如此，我們可以說現在這是新墨家！還有，另外雅痞式的個人主義也盛行得很，這就是新楊朱，新的極端個人主義。目前臺灣是這樣子的啊！這是很容易理解的啊。

廿一、教育必須涉及於三個層次：生命意義的認定、生活的安頓、生存的需求

問：教育作為人之影響、作為文化的一種驅力。它甚至可以領導人們去形成一種文化。當它令每一個人可以作為一個人之可能的時候，它又會呈現什麼樣貌？

答：教育不是教給人們生存的基本能力而已，它也要教給人們如何恰當而安適的生活，更加一步，它要教給人們生命意義的認定。教育在這三個層次：生活需求、生活安頓以及生命意義的認定上，必須都要有，而且它必須要以生命意義的認定作為根源的追求。雖然，這種追求不是人人都可以達到，它可能只有十分之一的人可以達到，但是它必須作為一個核心點。在這樣的狀況下，才可能「志通於道」，正因為志通於道，你的知識的活動才有一恰當的安頓，你生活種種的安排、需求有恰如其情的安頓。如果把這個地方拿掉了，只強調生活安適與生存基本需求，那就成了一個沒有頭的教育。這三層次：「生活的安頓」、「生存的基本需求」、「生命意義的認定」，在教育裡面都必須被滿足。

教育它其實不可能沒有頭，若以目前既有的、最強大的歷史文化的現實驅迫力，目前最強大的是「消費化」、「現代化」、「合理化」，但其實是人在這裡逐漸疏離自己；「工具化」是用電腦的方式不斷的要強化自己、要證明自己，用這樣的方式其實到最後卻是掏空自己，當他掏空自己時，他到最後就又愈努力要證明自己；我覺得這是一個非常惡性的一種往外的疏離自己的複製活動。這疏離自己的複製活動的後果，經使得人們的話語系統反控了人，真實的人就不見了。這時當然也就「德之不修，學之不講」了，因為「道之不明，德難修也」，如此一來，所講之

學也必紛雜而無統、所講之學最後必是「你一是非、我一是非」。在這種狀況下，人們會很痛苦的。在這個很痛苦的狀況裡頭，只要誰提出一個不讓人痛苦的方針，不管它是麻醉藥、安非他命、大麻……教會……，什麼東西都可以的。像現在很多非常奇怪，帶有教育性、教化性以及心靈安頓性的各種靈修團體、教會、各個團體，都出現了。其實，那靈修課程就好像拿安眠藥給你、或給你一個鎮定劑、給你一套自我安頓的方式；那自我安頓的方式是一堆藥，那一堆藥吃完了，你就完了！因為它也放在資本主義化、消費化那樣的脈絡裡，它扮演了這種藥劑的角色，它也希望你永遠需要，而你也永遠需要，因為你沒有永遠需要的話，那藥哪有人買。這是很荒謬的，但它就是那個樣子，這是現代人最大的危機。

廿二、教育的非人化、學術體制的非人化，其錯置情況極為嚴重

在這種狀況下，人們慢慢喪失了自由的能力、自律的能力；即使他有這種能力，那他也要放棄，因為他不放棄的話，他很痛苦。這樣子不斷的惡性循環，我們可以發現到：以學問為例，以前老一輩的人談問題的時候，會比較根源性的去談，會以根源性下降到現實上去指出一些什麼樣的問題。現在不是，現在學問性的東西會收到整個文字脈絡裡面，而因為它也資本主義化、消費化，它被置於另一套資本主義化的學術體系了。你的學術資本、你的投資多少、你的報酬率多少，在這個地方滾了。

你進到那個體制裡面，你滾都已經滾完了。因為你在那裡面有獲得某種報償，所以你習慣了，你就服從它了。再者，這體制它是有跡可循的，你只要透過什麼路徑你一定可以達到效益。你如果要求要回溯到道之本源、真理之彰顯處，你要落下來的時候，你必須要面對很多權力和利害的挑戰，很可能，你這個時候，你在社會上的認定、學術上的認定，必須遭受到很大的衝擊了。正因如此，目前你會發現到：知識的力量為什麼會越來越微弱？這是其中一個原因。整個教育現在基本上它是為了資本主義化、消費化、現代化、合理化甚至人的工具性、人的非人化服務的。這聽起來很可悲！要為人的非人化服務！教育是要求人化，結果非人化。因為這是一個逆轉，如果用我這些年來常說的話，就是「錯置」，就是 misplacement，目前這個錯置情況很嚴重。

這時候，我們該好好正視東方的教育哲學，東方的教育哲學傳統非常強調人作為人這個存在，這個「我」在世俗中是執著性、染污性，是殘缺的、不完整的，所以必須經過心性修養、道德的教化，不斷地陶冶，而讓自己回到人之本身。我們也應該正視西方中世紀以及中世紀之前的教言：他們認為「人作為一個人來存在」，人帶有罪，必須經由心靈的洗滌，他才有可能獲得一個救贖和新的發展。以目前來講，整個知識體系極須要好好被釐清，重新被救贖。應該是這樣，但卻不是。現在是挾帶著原來啟蒙主義以來的傳統，認為人能取代上帝，人自高自大到了極點。果如尼采所宣稱的「上帝已死」，這問題很麻煩，它該如何處理呢？我覺得在現代化之後，我們該正視知識的力量，知識背後的力量，我們要把這些通通都粉碎掉。但是，現在所謂的解構思潮，到最後卻墮入了極端的虛無。價值相對主義和虛無主義已非常嚴重。它已不只是在西方資本主義化、現代化、合理化、消費化的社會裡面而已。近日報紙報導日本小孩，只有三成認為人生有一點意義，其他的六、七成認為人生沒有希望。這是日本呀！我想日本的教化傳統可能比臺灣還強一點。你從臺灣的出生率，就可以看出來，現在一對夫妻只生養 1、2 個小孩，今年新生兒只有二十幾萬，非常少，而這二十幾萬其中大約有三萬人是外籍新娘所生的。這個現象值得憂心。

廿三、資本主義核心的外緣地帶，盤剝再次層的外緣，衍生出的殘暴性與貪婪性

臺灣基本上屬資本主義化、消費化的核心國家所控制的外緣地帶，這個外緣它必須要通過另外的方式去支配比這個更外緣的外緣，才可能生存。這樣的方式，一方面滿足核心國家對於臺灣的強烈剝削，另方面臺灣又向更外緣的地區剝削。正因如此，臺灣人原來的純樸性不見了，臺灣人現在所衍生出的殘暴性、貪婪性，再下去，甚至會比西方文明國家還嚴重。在臺灣，你可以看到雇主對雇員、外勞、外籍新娘的虐待比以前嚴重多了。因為人性是在整個歷史發展過程中變動著的，這不能只當是心性修養的問題，它與社會總體的發展密切相關，與整個世界的資本主義體制發展密切相關。

由於我們對於整個資本主義體系的理解不夠，臺灣對於資本主義的體系，它基本上是被吸收進去，然後它要求生存，它要以生存的意志、生存的奮鬥為優先，它

連生活的安頓都是用生存的奮鬥方式來安頓，至於生命意義的認定這方面是非常匱乏的。這個部分長久以來我們都沒有好好經營，這個部分是不容易的。你看這次有關全球化的會議在韓國開，韓國的勞工跟學生有九千人在抗議，我看在臺灣可能連九十個抗議的人都沒有。為什麼？因為臺灣的學生對這思考不夠，臺灣對世界文明發展的教育不足。臺灣現在基本上是屈從於權力、欲望，對資本主義化、消費化這個體系的完全屈從，臺灣屈從於以美國為主導的資本主義核心性國家。最近涉及到美伊戰爭的問題，我們之不願意派遣我們的子弟到伊拉克戰場上去，只因為貪生怕死而已，並不是了解到這戰爭正說明美國這剝削體制所造成的惡果。

臺灣之反對子弟上戰場，基本上是建立在一個非常簡單的立場，而不是站在人間正義的立場去反對。你們要是問這孩子：「你們反戰嗎？」他的回答可能是：「我若不必上戰場，戰爭也沒關係！」他們不了解戰爭的可怕，他們可能只考慮到自己的生死，也不問戰爭的義與不義。是不是因為臺灣在「去中國化」的過程裡，最原始的臺灣那種拓荒的、冒險的土性，最原初的生存下去的土性，用最粗野的方式顯露出來。它就是這樣子呀！真的是很難想像！但是你有沒有發現到：它也充滿著強旺的生命力！這強旺的生命力是有時而盡的，這是臺灣現在非常嚴重的危機哦！

廿四、「士」讀書人是整個文化傳衍創造永不可或缺的力量

這危機，我認為臺灣的在上者完全無視於此，知識分子對這問題有真正認知的，也百不及一。大部分已卡入那資本主義化、消費化的學術體制裡面，在那裡競逐，而沒有任何深的反省。我有很多朋友，原來是很有鬥志的，現在已經完全軋在裡面了，他會要求的是：耶！誰當了院士，那我怎樣做可能也會當了院士。他關心的是如何可以成為院士，而不是走向人文世界的終極關懷。臺灣現在非常嚴重的人文匱乏，沒有總體的觀照，非常可怕，我們要有真實觸動的心靈，像我們今天在這裡講，你們可以想，但除此要到哪裡去講呢？沒有人聽的。我昨天看電視看到韓國那九千多人在抗議的時候，我其實內心裡起了一個感動。我覺得臺灣對於這一些東西的理解幾乎等於零，因為我們的傳播媒體全部在講選舉，不只這屆選舉的疑雲，而也涉及到下一屆總統，天天如此，真是無聊透頂了！

儒學如果不去面對剛才我們所講的問題，你談那麼多形而上的、那麼高明的，那個儒學真的也不用了。牟先生面對他那個存在的情境，有其存在的感受，那我們有存在的感受嗎？這就是我要問的問題呀！這個問題如果不問的話，我覺得：那你就不要研究儒學嘛！你根本不要認為你是儒家嘛！我都不敢說我是儒家，我怎麼能說是呢？這是一個很嚴重的問題，必須要面對。你都已經軋上去了，然後在那權力意志裡面找權力，這不是笑話嗎？這種事情其實是有的，你知道嗎？這是任何人都會的，這不是誰的問題，而是一個體制的問題、文化的問題、氛圍的問題。

「士以天下為己任」，「士」就是要對於生命意義的認定有追求與探索，「士」是不能沒有的。「士」（讀書人）這個傳統一定要有、一定要保住。如果沒有了，那就糟了。這是不能與「求生活之安適」以及「生存之基本需求」等量齊觀的。這叫「士憂道不憂貧」，「謀道不謀食」、「恥惡衣惡食，未足與議也」，這是很重要的。在儒學傳統裡，這是精神所在、神髓所在。我們自己認定上是什麼，這很重要。

教育並不是教每一個人作為一個在世俗之流裡頭如何生活、如何生存的人而已。即使在世俗之流裡如何生活、如何生存，它要如何可能，也必須要有一群人對於生命意義的認定，這是非常重要的。如果這個沒有，沒有生命意義的價值認定的這一群人，那個生活的安頓以及生存的基本需求，到最後它就會被人們目前既成的整個意識型態拉過去，就會朝向一個最強大的驅力往下走，而往下走的後果就是文化的衰頹、文明的破滅，這是很可怕的。我們可以去想：為什麼人類文明裡有很多文明都斷裂、破滅過？唯獨中國文明一直發展，綿延不絕。怎樣會斷裂、怎樣會破滅呢？就是你要往下趨的力量超過了你要往上的力量，就是你對生命意義的認定方面力量不夠，被整個生活的安頓以及生存的需求的驅力給吞沒掉了。

廿五、跨出血緣性縱貫軸「道的錯置」，開啓新的公民社會、民主憲政

在我的理解裡面，我認為傳統儒學是在「血緣性的縱貫軸」之下所發展出來的，而所謂血緣性的縱貫軸，帝王專制時代是以「宰制性的政治連結」為核心，以「血緣性的自然連結」作為背景，而以「人格性的道德連結」作為方法，就在這種情況之下所發展出來的。這樣所發展出來的，它是適應於小農經濟、家族社會、帝

皇專制這樣的結構。清朝中葉以後，西風東漸，到了民國，這套結構已解開了。正因如此，儒學有著新的發展可能，新的發展可能就是它已經不再是個宰制性的政治連結的構造，它必須以原先的血緣性的自然連結跟一個人格性的道德連結，作為重新構造的背景與可能性，去構造一個新的東西。要構造一個新的東西，就必須瓦解宰制性的政治連結，代之以契約性的社會連結，必須釐清血緣性的自然連結的限制，正視契約性社會連結的必要性，我們必須瓦解「宰制性的政治連結」，而代之以「委託性的政治連結」。委託性的政治連結就是現在民主憲政的國家概念，所謂契約性的社會連結就是現在公民社會的概念。在新儒學之後，必須在這樣的一個現代的民主憲政國家、公民社會底下才能夠有恰當的長養、生長，在整個發展過程裡面。我想這一點是非常重要的，必須去正視它的。

我想在這個狀況底下，儒學有著一個新的發展可能，也就是儒學不應該只放在從「親親仁民，仁民而愛物」、「人人親其親，長其長，而天下平」這種血緣性的縱貫軸，而以人格性的道德連結，從家庭、家族而逐漸擴散出去就可以完成的這個血緣性的縱貫軸結構。除此之外，其實儒學必須要正視公民社會建立的可能，儒學必須正視民主憲政的可能；這也就是說，原來儒家所強調的「內聖外王」必須要真正好好去適應一個民主的憲政跟現代的公民社會。就在這樣的一個狀況底下，讓整個儒學有一個新的發展，這個新的發展可能是整個儒家的政治哲學必須好好的去正視中國傳統帝王專制所造成的，我所謂的「道德錯置」的後果。「道德錯置」就是原來儒家所要求的「聖王之治」變成「王聖之治」，儒家強調：「聖者當為王」，結果剛好變成「凡在權力上已經作為王者，他就是聖」，這基本上是一個錯置的思考。

儒學必須好好的恰當的去理解在中國帝王專制時代造成了內聖學上的扭曲，進而，儒學必須在整個民主憲政、公民社會的建立過程裡，恰當的重新去釐清內聖學的發展可能，這也就是我強調的：必須要從外王的發展跟建立過程裡，好好去正視儒學內聖發展的可能。我的提法不像新儒學的同門前輩要問說「如何從舊內聖去開出新外王」，而是在新外王發展的過程裡，去調解出一個新的內聖可能。我的意思也就是說：在這樣的一個發展裡，一個公民社會、一個民主憲政，它當然跟人作為一個道德的存在有密切的關係；不過人作為一個道德存在，必須要更為優先的正視

人作為一個自然的存在，而人作為一個自然的存在、人作為一個社會的存在，人同時作為一個道德的存在，而去正視這個問題的時候，重新去調整。因為在帝王專制下的人，作為一個道德的存在的實況，與在一個民主憲政、公民社會的意義下，人作為一個道德存在，那個意義是不一樣的。它基本上整個內在的體會是不一樣的、整個內聖的實況是不一樣的。

廿六、從「孝悌人倫」、「忠信責任」到「公民正義」

正因如此，我認為必須好好地重新去正視孔老夫子的「仁學」。孔老夫子的「仁學」最強調的是什麼？「仁」是「人與人之間一種存在的真實感通」，我們要問的就是人與人之間存在的真實感通如何可能？我們必須要正視在公民社會跟在家族社會有什麼不同，這也就是我非常強調：我們必須去正視原來在孔老夫子的學生裡面的曾子傳統跟有子傳統的不同。有子傳統強調的是「孝悌人倫」的傳統，而曾子的傳統強調的是「忠信責任」的傳統，曾子強調的「為人謀，而不忠乎；與朋友交，而不信乎」這是所謂社會責任的問題，也就是儒學的仁學必須關聯到整個社會正義與社會責任的問題，關聯到人跟人之間最真實存在的感通，以這個作為起點。而不是放在上下長幼尊卑的家庭倫常裡頭作為優先考慮，這一點是我所強調的。

我認為這樣的一個理解裡面，那麼我們就必須從血緣性縱貫軸的基本結構走出一個真實的人跟人之間，就像馬丁布柏（Martin Buber）所說的「I-Thou relation」意義下人際性互動軸發展的可能。這人際性互動軸發展的可能裡，若符合於整個時代的發展而重新去締造一個嶄新的公民社會，而這公民社會不一定只是現代化意義下的公民社會，它可能應該是在現代化之後，重新去思考一個恰當的公民社會如何可能的問題。這問題也就是說同樣我們去正視原來我們認為的民主憲政是非常強調權力的制衡問題，我們現在可能必須更去正視道德的教養與文化的傳達以及整個人的資質提昇的問題。因為文化的傳達、資質的提昇以及道德教養如果不足的話，只強調權力的制衡，基本上到最後只落入到一種道德匱乏、人文匱乏、人存在意義的匱乏下的那種鬥爭，這種狀況我覺得就不是一個良性的民主政治。所以我認為儒學在整個政治哲學的發展裡面，反而有一個新的可能。這個新的可能就是我們必須好好的去正視一個實際的民主憲政跟公民社會的建立可能，而在這個建立可能的調節過

程裡面，一方面釋放出儒學的意義，從而重新調節儒學內部的義理思想，開起新的內聖、開啟新的外王，讓儒家的君子概念與公民概念好好地結合在一起。我以為從「孝悌人倫」、「忠信責任」到「公民正義」，這是儒學發展過程中所必然要走的路徑。

（本文原乃二〇〇四年六月間在臺灣中壢·中央大學哲學研究所暨中文研究所「當代儒學專題」一課之結業講詞，由研究生許明珠、李沛思、彭鈴濤、游騰達、張宗祥、王培竣、黃昱章等錄音整理，游騰達潤稿，最後由講者修訂而成。）

附錄：

為中國文化敬告世界人士宣言[*]
——我們對中國學術研究及中國文化與世界文化前途之共同認識

（牟宗三　徐復觀　張君勱　唐君毅　合撰）

一、前言——我們發表此宣言之理由

在正式開始本宣言正文之前，我們要先說明，我們之聯名發出此宣言，曾迭經考慮。首先，我們相信：如我們所說的是真理，則用一人的名義說出，與用數人的名義說出，其真理之價值毫無增減。其次，我們之思想，並非一切方面皆完全相同，而抱大體相同的中西人士，亦並不必僅我們數人。再其次，我們亦相信：一真正的思想運動文化運動之形成，主要有賴於人與人之思想之自然的互相影響後，而各自發出類似的思想。若祇由少數已有某種思想的人，先以文字宣稱其近於定型的思想，反易使此外的人感覺這些思想與自己並不相干，因而造成了這些思想在傳佈上的阻隔。

但今從另一方面想，我們至少在對中國文化之許多主張上，是大體相同，並無形間成為我們的共信。固然成為一時少數人的共信的，不必即是真理，但真理亦至少必須以二人以上的共信為其客觀的見證。如果我們不將已成為我們所共信的主張說出，則我們主張中可成為真理的成分，不易為世人所共見。因此，亦將減輕了我們願為真理向世人多方採證的願望。至於抱有大體相同思想的中西人士，我們在此宣言上未能一一與之聯絡，則為節省書疏往返之繁。但我們決不願意這些思想只被稱為我們幾個人的思想。這是在此宣言正文之前，應當加以預先聲明的。

在此宣言中，我們所要說的，是我們對中國文化之過去與現在之基本認識及對其前途之展望，與今日中國及世界人士研究中國學術文化及中國問題應取的方向，

---

[*]　《唐君毅全集》卷四之二（臺北：臺灣學生書局，民 80 年校訂版）。

並附及我們對世界文化的期望。對於這些問題，雖然為我們數十年來所注意，亦為中國及世界無數專家學者政治家們所注意；但是若非八年前中國遭遇此空前的大變局，迫使我們流亡海外，在四顧蒼茫，一無憑藉的心境情調之下，撫今追昔，從根本上反復用心，則我們亦不會對這些問題能認得如此清楚。我們相信，真正的智慧是生於憂患。因為只有憂患，纔可以把我們之精神，從一種定型的生活中解放出來，以產生一超越而涵蓋的胸襟，去看問題的表面與裏面、來路與去路。

如果世界其他國家的學者們，及十年前的我們，其他中國學者們，莫有經過同類的憂患，或具同一的超越而涵蓋的胸襟，去看這許多問題，則恐怕不免為一片面的觀點的限制，而產生無數的誤解，因而不必能認識我們之所認識。所以我們必須把我們所認識者，去掉一些世俗的虛文，先從結論上宣告世界，以求世界及中國人士之指教。

我們之所以要把我們對自己國家文化之過去現在與將來前途的看法，向世界宣告，是因為我們真切相信：中國文化問題，有其世界的重要性。我們姑不論中國為數千年文化歷史，迄未斷絕之世界上之極少的國家之一，及十八世紀以前的歐洲人對中國文化的稱美，與中國文化對於人類文化已有的貢獻。但無論如何，中國現有近於全球四分之一的人口擺在眼前。這全人類四分之一的人口之生命與精神，何處寄託，如何安頓，實際上早已為全人類的共同良心所關切。中國問題早已化為世界的問題。如果人類的良心，並不容許用核子彈來消滅中國五億以上的人口，則此近四分之一的人類之生命與精神之命運，便將永成為全人類良心上共同的負擔。而此問題之解決，實繫於我們對中國文化之過去現在與將來有真實的認識。如果中國文化不被了解，中國文化沒有將來，則這四分之一的人類之生命與精神，將得不到正當的寄託和安頓；此不僅將招來全人類在現實上的共同禍害，而且全人類之共同良心的負擔，將永遠無法解除。

二、世界人士研究中國學術文化之三種動機與道路及其缺點

中國學術文化之成為世界學術研究的對象，被稱為所謂中國學或漢學，已有數百年之歷史。而中國之成為一問題，中國文化之為一問題，亦已為百年來之中國人士及世界人士所注意。但是究竟中國學術文化之精神的中心在那裏？其發展之方向

如何？中國今日文化問題之癥結何在？順著中國學術文化精神之中心，以再向前發展之道路如何？則百年來之中國人，或有不見廬山真面目，只緣身在此山中之處，此姑不論。而世界人士之了解中國與其學術文化，亦有因其出發之動機不同，而限於片面的觀點，此觀點便阻礙其去作多方面的更深入的認識。此有三者可說。由此三者，我們可以知道中國文化，並未能真被世界人士所認識，而獲得其在世界上應得的地位。

㈠中國學術文化之介紹入西方，最初是三百年前耶穌會士的功績。耶穌會士之到中國，其動機是傳教。為傳教而輸入西方宗教教義，及若干科學知識技術到中國。再回歐洲即將中國之經籍，及當時之宋明理學一些思想，介紹至西方。當然他們這些使中西文化交流的功績，都是極大的。但是亦正因其動機，乃在向中國傳教，所以他們對中國學術思想之注目點，一方是在中國詩書中言及上帝，與中國古儒之尊天敬神之處，而一方則對宋明儒之重理重心之思想，極力加以反對。此種反對之著作，可以利瑪竇之天主實義，孫璋之性理真詮作代表。他們回到歐洲，介紹宋明儒思想，祇是報導性質，並不能得其要點。故不免將宋明儒思想，只作一般西方當時之理性主義、自然主義、以至唯物主義思想看。故當時介紹至歐洲之宋明思想，恆被歐洲之無神論者、唯物主義者引為同調。照我們所了解，宋明儒之思想，實與當時西方康德以下之理想主義哲學更為接近。但是西方之理想主義者，卻並不引宋明儒為同調。此正由耶穌會士之根本動機，是在中國傳教，其在中國之思想戰線，乃在援六經及孔子之教，以反宋明儒，反佛老，故他們對宋明儒思想之介紹，不是順著中國文化自身之發展，去加以了解，而只是立足於傳教的立場之上。

㈡近百年來，世界對中國文化之研究，乃由鴉片戰爭、八國聯軍，中國門戶逐漸洞開，而再引起。此時西方人士，研究中國文化之動機，實來自對運入西方，及在中國發現之中國文物之好奇心。例如斯坦因、伯希和等，在敦煌所發現之文物，所引起之所謂敦煌學之類。由此動機而研究中國美術考古，研究中國之西北地理，中國之邊疆史、西域史、蒙古史、中西交通史，以及遼金元史、研究古代金石甲骨之文字，以及中國之方言、中國文字與語言之特性等，皆由此一動機一串相連。對此諸方面之學問，數十年來中國及歐洲之漢學家，各有其不朽之貢獻。但是我們同時亦不能否認，西方人從中國文物所引起之好奇心，及到處去發現、收買、搬運中

國文物，以作研究材料之興趣，並不是直接注目於中國這個活的民族之文化生命、文化精神之來源與發展之路向的。此種興趣，與西方學者，要考證已死之埃及文明、小亞細亞文明、波斯文明，而到處去發現、收買、搬運此諸文明之遺物之興趣，在本質上並無分別。而中國清學之方向，原是重文物材料之考證。直到民國，所謂新文化運動時整理國故之風，亦是以清代之治學方法為標準。中西學風，在對中國文化之研究上，兩相湊泊，而此類之漢學研究，即宛成為世界人士對中國文化研究之正宗。

㈢至最近一二十年之世界之對中國文化學術之研究，則又似發展出一新方向，此即對於中國近代史之興趣。此種興趣，可謂由中日戰爭及中國大陸之赤化所引起。在中日戰爭中，西方顧問及外交界人士之來中國者，今日即多已成為中國近代史研究之領導人物。此種對中國近代史研究之動機，其初乃由西方人士，與中國政治社會之現實的接觸，及對中國政治與國際局勢之現實的關係之注意而引起。此種現實的動機，與上述由對文物之好奇心，而作對文物之純學術的研究之動機，正成一對反。而此種動機，亦似較易引起人去注意活的中華民族之諸問題。但由現實政治之觀點，去研究中國歷史者，乃由今溯古，由流溯源，由果推因之觀點。當前之現實政治在變化之中，如研究者對現實政治之態度，亦各不一致，而時在變化之中。如研究者之動機，僅由接觸何種之現實政治而引起，則其所擬定之問題，所注目之事實，所用以解釋事實之假設，所導向之結論，皆不免為其個人接觸某種現實政治時之個人之感情，及其對某種現實政治之主觀的態度所決定。此皆易使其陷於個人及一時一地之偏見。欲去此弊，則必須順中國文化歷史之次序，由古至今，由源至流，由因至果之逐漸發展之方向，更須把握中國文化之本質，及其在歷史中所經之曲折，乃能了解中國近代史之意義，及中國文化歷史之未來與前途。由此以研究近代史，則研究者，必須先超越其個人對現實政治之主觀態度，並須常想到其在現實政治中，所接觸之事實，或只為偶然不重要之事實，或只為在未來歷史中，即將改變之事實，或係由中國文化所遇之曲折，而發生之事實。由是而其所擬定之問題，當注目之事實，及用以解釋事實之假設，與導向之結論，皆須由其對中國文化歷史之整個發展方向之認識，以為決定。然因世界漢學者，研究中國近代史之興趣，本多由其對中國政治社會之現實的接觸，及對中國政治，與國際局勢之現實關

係之注意而起，則上述之偏弊，成為在實際上最難除去者。我們以上所說，並無意
否認根據任何動機，以從事研究中國學術文化史者所作之努力，在客觀上之價值。
此客觀價值，亦盡可超出於其最初研究時之主觀動機之外。而研究者在其研究過程
中，亦可不斷改變其原來之主觀動機。但是我們不能不說此諸主觀動機，在事實
上，常使研究者只取一片面的觀點，去研究中國之學術文化，而在事實上亦已產生
不少對於中國學術文化之過去現在與未來之誤解。故我們不能不提出另一種研究中
國學術文化動機與態度，同時把我們本此動機與態度，去研究所已得的關於中國學
術文化之過去現在與未來的結論，在大端上加以指出，以懇求世界人士的注意。

三、中國歷史文化之精神生命之肯定

我們首先要懇求：中國與世界人士研究中國學術文化者，須肯定承認中國文化
之活的生命之存在。我們不能否認，在許多西方人與中國人之心目中，中國文化已
經死了。如斯賓格勒，即以中國文化到漢代已死。而中國五四運動以來流行之整理
國故之口號，亦是把中國以前之學術文化，統於一「國故」之名詞之下，而不免視
之如字紙簍中之物，只待整理一番，以便歸檔存案的。而百年來中國民主建國運動
之著著失敗，及今十分之九的中國人，在列寧史大林之像前緘默無言，不及十分之
一的中國人，漂流於臺灣孤島及海外，更似客觀的證明，中國文化的生命已經死
亡。於是一切對中國學術文化之研究，皆如只是憑弔古蹟。這一種觀念，我們首先
要懇求大家將其去掉。我們不否認，百年來中國民主建國運動之著著失敗，曾屢使
愛護中國的中國人士與世界人士，不斷失望。我們亦不否認，中國文化正在生病，
病至生出許多奇形怪狀之贅疣，以致失去原形。但病人仍有活的生命。我們要治
病，先要肯定病人生命之存在。不能先假定病人已死，而只足供醫學家之解剖研
究。至於要問中國文化只是生病而非死亡之證據在那裏？在客觀方面的證據，後文
再說。但另有一眼前的證據，當下即是。就是在發表此文的我們，自知我們並未死
亡。如果讀者們是研究中國學術文化的，你們亦沒有死亡。如果我們同你們都是活
的，而大家心目中同有中國文化，則中國文化便不能是死的。在人之活的心靈中的
東西，縱使是已過去的死的，此心靈亦能使之復活。人類過去之歷史文化，亦一直
活在研究者的了解、憑弔、懷念的心靈中。這個道理，本是不難承認的極平凡的道

理。亦沒有一個研究人類過去歷史文化的人，不自認自己是活人，不自認其所著的書，是由他的活的生命心血，所貫注的書；不自認其生命心血之貫注處，一切過去的東西，如在目前。但是一個自以為是在用自己之生命心血，對人類過去之歷史文化作研究者，因其手邊只有這些文物，於是總易忘了此過去之歷史文化之本身亦是無數代的人，以其生命心血，一頁一頁的寫成的；總易忘了這中間有血、有汗、有淚、有笑，有一貫的理想與精神在貫注。因為忘了這些，便不能把此過去之歷史文化，當作是一客觀的人類之精神生命之表現。遂在研究之時，沒有同情，沒有敬意，亦不期望此客觀的精神生命之表現，能繼續的發展下去；更不會想到：今日還有真實存在於此歷史文化大流之中的有血有肉的人，正在努力使此客觀的精神生命之表現，繼續發展下去，因而對之亦發生一些同情和敬意。這些事，在此種研究者的心中，認為是情感上的事，是妨礙客觀冷靜的研究的，是文學家，政治宣傳家，或渲染歷史文化之色彩的哲學家的事，不是研究者的事。但是這種研究者之根本錯誤，就在這裏。這一種把情感與理智割裂的態度，忽略其所研究之歷史文化，是人類之客觀精神生命之表現的態度，正是源於此種研究者之最大自私，即只承認其研究工作中，有生命、有心血，此外皆無生命、無心血。此是忘了人類之歷史文化，不同於客觀外在的自然物，而只以對客觀外在之自然物之研究態度，來對人類之歷史文化。此是把人類之歷史文化，化同於自然界的化石。這中間不僅包含一道德上的罪孽，同時也是對人類歷史文化的最不客觀的態度。因為客觀上的歷史文化，本來自始即是人類之客觀精神生命之表現。我們可以說，對一切人間的事物，若是根本沒有同情與敬意，即根本無真實的了解。因一切人間事物之呈現於我們之感覺界者，只是表象。此表象之意義，只有由我們自己的生命心靈，透到此表象之後面，去同情體驗其依於什麼一種人類之生命心靈而有，然後能有真實的了解。我們要透至此表象之後面，則我們必須先能超越我們個人自己之主觀的生命心靈，而有一肯定尊重客觀的人類生命心靈之敬意。此敬意是一導引我們之智慧的光輝，去照察了解其他生命心靈之內部之一引線。只有此引線，而無智慧之運用，以從事研究，固然無了解。但是莫有此敬意為引線，則我們將對此呈現於感覺界之諸表象，只憑我們在主觀上之習慣的成見，加以解釋，以至憑任意聯想的偶發的奇想，加以解釋。這就必然產生無數的誤解，而不能成就客觀的了解。要成就此客觀的了解，則必須

以我們對所欲了解者的敬意，導其先路。敬意向前伸展增加一分，智慧的運用，亦隨之增加一分，了解亦隨之增加一分。敬意之伸展在什麼地方停止，則智慧之運用，亦即呆滯不前，人間事物之表象，即成為只是如此如此呈現之一感覺界事物，或一無生命心靈存在於其內部之自然物；再下一步，便又只成為憑我們主觀的自由，任意加以猜想解釋的對象，於以產生誤解。所以照我們的意思，如果任何研究中國之歷史文化的人，不能真實肯定中國之歷史文化，乃係無數代的中國人，以其生命心血所寫成，而為一客觀的精神生命之表現，因而多少寄以同情與敬意，則中國之歷史文化，在他們之前，必然只等於一堆無生命精神之文物，如同死的化石。然而由此遽推斷中國文化為已死，卻係大錯。這只因從死的眼光中，所看出來的東西永遠是死的而已。然而我們仍承認一切以死的眼光，看中國文化的人，研究中國文化的人，其精神生命是活的，其著的書是活的精神生命之表現。我們的懇求，只是望大家推擴自己之當下自覺是活的之一念，而肯定中國之歷史文化，亦是繼續不斷的一活的客觀的精神生命之表現，則由此研究所得的結論，將更有其客觀的意義。如果無此肯定，或有之而不能時時被自覺的提起，則一切對中國歷史文化的研究，皆似最冷靜客觀，而實則亦可能只是最主觀的自由任意的猜想與解釋，在根本上可完全不能相應。所以研究者切實把自己的研究動機，加以反省檢討，乃推進研究工作的重大關鍵。

四、中國哲學思想在中國文化中之地位及其與西方哲學之不同

　　如上所說，我們研究中國之歷史文化學術，要把它視作中國民族之客觀的精神生命之表現來看。但這個精神生命之核心在那裏？我們可說，它在中國人之思想或哲學之中。這並不是說，中國之思想或哲學，決定中國之文化歷史。而是說，只有從中國之思想或哲學下手，才能照明中國文化歷史中之精神生命。因而研究中國歷史文化之大路，重要的是由中國之哲學思想之中心，再一層一層的透出去，而不應只是從分散的中國歷史文物之各方面之零碎的研究，再慢慢的綜結起來。後面這條路，猶如從分散的枝葉，去通到根幹，似亦無不可。但是我們要知道，此分散的枝葉，同時能遮蔽其所托之根幹。這常易使研究者之心靈，只是由此一葉面，再伸到另一葉面，在諸葉面上盤桓。此時人若要真尋得根幹，還得要翻到枝葉下面去，直

看枝葉之如何交會於一中心根幹。這即是說，我們必須深入到歷史留傳下之書籍文物裏面，探求其哲學思想之所在，以此為研究之中心。但我們在了解此根幹後，又還須順著根幹，延伸到千枝萬葉上去，然後才能從此千枝競秀，萬葉爭榮上，看出樹木之生機鬱勃的生命力量，與精神的風姿。

我們之所以要用樹木之根幹與枝葉之關係，來比喻中國歷史文物之各方面，與中國之哲學思想，對於中國文化精神生命之關係，同時是為表明中國文化之性質，兼表明要了解中國哲學思想，不能只用了解西方哲學思想之態度來了解。我們此處所指之中國文化之性質，乃指其「一本性」。此一本性乃謂中國文化，在本原上，是一個體系。此一本並不否認其多根。此乃比喻在古代中國，亦有不同之文化地區。但此並不妨礙，中國古代文化之有一脈相承之統緒。殷革夏命而承夏之文化，周革殷命而承殷之文化，即成三代文化之一統相承。此後秦繼周，漢繼秦，以至唐、宋、元、明、清，中國在政治上，有分有合，但總以大一統為常道。且政治的分合，從未影響到文化學術思想的大歸趨，此即所謂道統之相傳。

中國歷史文化中道統之說，或非中國現代人與西方人所樂聞，但無論樂聞與否，這是中國歷史上的事實。此事實，乃源於中國文化之一本性。中國人之有此道統之觀念，除其理論上之理由，今暫置不說外，其事實上的原因，是因中國大陸，與歐洲大陸，其文化歷史，自來即不一樣。歐洲古代之希臘城邦，勢力分佈於希臘本土，及諸海上殖民地，原無一統的希臘世界。而近代西方文化，除有希臘之來源外，尚有羅馬、希伯來、日耳曼、回教等之來源。中國文化，雖亦有來源於印度文化、阿拉伯文化，及昔所謂四夷者，亦有間接來自希臘、羅馬者；然而在百年以前之中國，在根本上只是一個文化統系一脈相傳，則是沒有問題的。西方文化之統，則因現實上來源之眾多，難於建立，於是乃以超現實世界之宗教信仰中之上帝，為其統。由希伯來宗教與希臘思想、羅馬文化精神之結合，乃有中古時代短期存在的神聖羅馬帝國之統。然此統，不久即告分裂。今欲使西方諸國家及其文化復歸於統一，恐當在全人類合歸天下一家之時。而中國文化則自來即有其一貫之統緒的存在。這於中西文化，在來源上的根本分別，為我們所不能忽略的。

這種西方文化之有各種文化來源，使西方文化學術之內容，特顯複雜豐富，同時亦是西方之有明顯的分門別類，而相對獨立之學術文化領域之原因。西方之科學

哲學，源於希臘，法律源於羅馬，宗教源於希伯來，其文化來源不同，研究之方法、態度、目標，亦不必相同，而各自成範圍，各成界限。而單就哲學說，西方之哲學自希臘以來，即屬少數哲學家，作遺世獨立之思辨（Speculation）之事。故哲學家之世界，恒自成一天地。每一哲學家，都欲自造一思想系統，窮老盡氣，以求表現於文字著作之中。至欲表現其思想於生活行事之中者，實寥寥可數。而此類著作，其界說嚴，論證多，而析理亦甚繁。故凡以西洋哲學之眼光，去看中國哲人之著作，則無不覺其粗疏簡陋，此亦世界之研究中國學術文化者，不願對中國哲學思想中多所致力的原因之一。

　　但是我們若果首先認識此中國文化之一本性，知中國之哲學科學與宗教、政治、法律、倫理、道德，並無不同之文化來源，而中國過去，亦並無視一個人哲學之思辨，可自成一天地之說。更無哲學說必須一人自造一思想系統，以全表之於文字著作中之說。則中國哲學著作以要言不繁為理想，而疏於界說之釐定，論證之建立，亦不足為怪。而吾人之了解中國哲學思想，亦自始不當離哲學家之全人格，全生活，及其與所接之師友之談論，所在之整個社會中之行事，及其文化思想之淵源，與其所尚論之古今人物等，而了解，亦彰彰明甚。而人真能由此去了解中國哲人，則可見其思想之表現於文字者，雖似粗疏簡陋，而其所涵之精神意義、文化意義、歷史意義，則正可極豐富而極精深。此正如一樹之根幹，雖極樸質簡單，而透過其所貫注之千條萬葉以觀，則生機鬱勃，而內容豐富。由此我們可知，欲了解中國文化，必須透過其哲學核心去了解，而真了解中國哲學，又還須再由此哲學之文化意義去了解。以中國文化有其一本性，在政治上有政統，故哲學中即有道統。反之，如果我們不了解中國文化之一本性，不知中國之哲人及哲學，在中國文化中所處之地位，不同於西方哲人及哲學，在西方文化中所處之地位，則我們可根本不從此去看：中國哲學思想，與中國文化之關係及多方面之意義，更不知中國哲學中，有歷代相傳之道統之意義所在，而將只從中國哲學著作外表之簡單粗疏，以定為無多研究之價值，並或以道統之說，為西方所謂思想統制之類。而不知其以看西方哲學著作之眼光，看中國哲學著作，正由於其蔽於西方文化歷史之情形，而未能肯定中國文化之獨立性；未知中國文化以其來源為一本，則其文化之精神生命之表現方式，亦不必與文化來源為多元之西方文化相同也。

五、中國文化中之倫理道德與宗教精神

對於中國文化，好多年來之中國與世界人士，有一普遍流行的看法，即以中國文化，是注重人與人間之倫理道德，而不重人對神之宗教信仰的。這種看法，在原則上並不錯。但在一般人的觀念中，同時以中國文化所重的倫理道德，只是求現實的人與人關係的調整，以維持社會政治之秩序；同時以為中國文化中莫有宗教性的超越感情，中國之倫理道德思想，都是一些外表的行為規範的條文，缺乏內心之精神生活上的根據。這種看法，卻犯了莫大的錯誤。這種看法的來源，蓋首由於到中國之西方人初只是傳教士、商人、軍人或外交官，故其到中國之第一目標，並非真為了解中國，亦不必真能有機會，與能代表中國文化精神之中國人，有深切的接觸。於是其所觀察者可只是中國一般人民之生活風俗之外表，而只見中國之倫理規範，禮教儀節之維持現實社會政治秩序之效用的方面，而對中國之倫理道德，在人之內心的精神生活上之根據，及此中所包含宗教性的超越感情，卻看不見。而在傳教士之心中，因其目標本在傳教，故其目光亦必多少不免先從中國文化之缺乏宗教精神之方面看。而傳教士等初至中國之所接觸者，又都是中國之下層民眾。故對於中國民間流行宗教性之迷信，亦特為注意。此種迷信中，自更看不出什麼高級的宗教精神。又因近百年來西方人在中國之傳教事業，乃由西方之炮艦，先打開了中國門戶，再跟著商船來的。中國之傳統文化，自來不崇拜武力與商人，因而對於隨炮艦商船來之傳教十，旋即視之為西方文化侵略的象徵。由此而近代中國之學術界，自清末到五四時代之學者，都不願信西方之宗教，亦不重中國文化中之宗教精神。五四運動時代領導思想界的思想家，又多是一些只崇拜科學民主，在哲學上相信實用主義、唯物主義、自然主義的人，故其解釋中國之學術文化，亦儘量從其缺宗教性方面看。而對中國之舊道德，則專從其化為形式的禮教風俗方面看，而要加以打倒。於是亦視中國之倫理道德，只是一些外表的行為規範，而無內在之精神生活之內容者。至後來之共產主義者，因其為先天的無神論者，並只重道德之社會效用者，更不願見中國文化精神中之宗教性之成分，而更看不見中國之倫理道德之內在的精神生活上的根據。此與西方傳教士等，初到中國之觀感所得，正可互相配合，而歸於同一之論斷。

　　但是照我們的看法，則中國莫有像西方那種制度的宗教教會，與宗教戰爭，是不成問題的。但西方所以有由中古至今之基督教會，乃由希伯來之獨立的宗教文化傳統，與希臘思想、羅馬文化、日耳曼之民族氣質結合而來。此中以基督教之來源，是一獨立之希伯來文化，故有獨立之教會。又以其所結合之希臘思想、羅馬文化、日耳曼之民族氣質之不同，故有東正教、天主教及新教之分裂，而導致宗教戰爭。然而在中國，則由其文化來源之一本性，中國古代文化中，並無一獨立之宗教文化傳統，如希伯來者，亦無希伯來之祭司僧侶之組織之傳統，所以當然不能有西方那種制度的宗教。但是這一句話之涵義中，並不包含中國民族先天的缺乏宗教性的超越感情，或宗教精神，而只知重現實的倫理道德。這只當更由以證明中國民族之宗教性的超越感情，及宗教精神，因與其所重之倫理道德，同來源於一本之文化，而與其倫理道德之精神，遂合一而不可分。這應當是非常明白的道理。然而人們祇以西方之文化歷史的眼光看中國，卻常把此明白的道理忽視了。照我們的看法，中國詩書中之原重上帝或天之信仰，是很明顯的。此點，三百年前到中國之耶穌會士亦注意到，而祭天地社稷之禮，亦一直為後代儒者所重視，歷代帝王所遵行，至民國初年而後廢。而中國民間之家庭，今亦尚有天地君親師之神位。說中國人之祭天地祖宗之禮中，莫有一宗教性的超越感情，是不能說的。當然過去中國之只有皇帝，才能行郊祀之禮，便使此宗教感情在民間，缺乏禮制以維持之，而歸於薄弱。而皇帝之祭天，亦或是奉行故事，以自固其統治權。皇帝祭天，又是政教合一之事，尤為西方人及今之中國人所呵責。但是中國人之只以皇帝祭天，亦自有其理由。此乃以天子代表萬民祭天，亦猶如西方教皇之可代表萬民，向上帝祈禱。而政教合一之所以被西方人視為大忌，亦根本上由於西方教權所在之教會，與西方歷史中政權所在之政府，原為不同之文化來源之故。因其來源不同，故無論以教權統制政權，或以政權統制教權，皆使一方受委屈，因而必歸於政教分離，而此政教分離，亦確有其在客觀上，使政治宗教各得其所之價值。此亦為我們在理論上所承認者。但以中西文化之不同，則在西方之以政教合一為大罪者，在中國過去歷史中，則未必為大罪。而在西方，以宗教可與政治以及一般之社會倫理道德皆分離，固特見其有宗教。然在中國，則宗教本不與政治及倫理道德分離，亦非即無宗教。此二點，仍值得吾人研究中國文化者之注意。

　　至於純從中國人之人生道德倫理之實踐方面說，則此中亦明涵有宗教性之超越感情。在中國人生道德思想中，大家無論如何不能忽視，由古至今中國思想家所重視之天人合德、天人合一、天人不二、天人同體之觀念。此中之所謂天之意義，自有各種之不同。在一意義下，此天即指目所見之物質之天。然而此天之觀念，在中國古代思想中，明指有人格之上帝。即在孔孟老莊思想中之天之意義，雖各有不同，然無論如何，我們不能否認他們所謂天之觀念之所指，初為超越現實的個人自我、與現實之人與人關係的。而真正研究中國學術文化者，其真問題所在，當在問中國古代人對天之宗教信仰，如何貫注於後來思想家之對於人的思想中，而成天人合一一類之思想，及中國古代文化之宗教的方面，如何融和於後來之人生倫理道德方面，及中國文化之其他方面。如果這樣去研究，則不是中國思想中有無上帝或天，有無宗教之問題，而其所導向之結論，亦不是一簡單的中國文化中無神、無上帝、無宗教，而是中國文化能使天人交貫，一方使天由上徹下以內在於人，一方亦使人由下升上而上通於天。這亦不是祇用西方思想來直接類比，便能得一決定之了解的。

　　此外中國人之人生道德倫理之實踐方面之學問，此乃屬中國所謂義理之學中。此所謂義理之事，乃自覺的依義理之當然以定是非，以定自己之存心與行為。此亦明非祇限於一表面的人與人之關係之調整，以維持政治社會之秩序，而其目標實在人之道德人格之真正的完成。此人格之完成，係於人之處處只見義理之當然，而不見利害、禍福、得失、生死。而此中之只求依義理之當然，不求苟生苟存，尤為儒者之學之所特注意。我們須知，凡只知重現實的功利主義者，自然主義者，與唯物主義者，都不能對死之問題正視。因死乃我的現實世界之不存在，故死恒為形上的宗教的思想之對象。然而中國之儒家思想，則自來要人兼正視生，亦正視死的。所謂殺身成仁，捨生取義，志士不忘在溝壑，勇士不忘喪其元，都是要人把死之問題放在面前，而把仁義之價值之超過個人生命之價值，凸顯出來。而歷代之氣節之士，都是能捨生取義、殺身成仁的。西方人對於殉道者，無不承認其對於道有一宗教性之超越信仰。則中國儒者之此類之教，及氣節之士之心志與行為，又豈無一宗教性之信仰之存在？而中國儒者之言氣節，可以從容就義為最高理想，此乃自覺的捨生取義。此中如無對義之絕對的信仰，又如何可能？此所信仰的是什麼，這可說

即是仁義之價值之本身，道之本身。亦可說是要留天地正氣，或為要行其心之所安，而不必是上帝之誡命，或上帝的意旨。然而此中人心之所安之道之所在，或天地正氣之所在，即使人可置死生於度外，則此心之所安之道，一方內在於此心，一方亦即超越過個人之現實生命之道，而人對此道之信仰，豈非即宗教性之超越信仰？

我們希望世界人士研究中國文化，勿以中國人衹知重視現實的人與人間行為之外表規範，以維持社會政治之秩序，而須注意其中之天人合一之思想，從事道德實踐時對道之宗教性的信仰。這是我們要大家注意的第一點。

六、中國心性之學的意義

我們從中國人對於道之宗教性信仰，便可轉到論中國之心性之學。此心性之學，是中國古時所謂義理之學之又一方面，即論人之當然的義理之本源所在者。此心性之學，亦最為世之研究中國學術文化者，所忽略所誤解的。而實則此心性之學，正為中國學術思想之核心，亦是中國思想中之所以有天人合德之說之真正理由所在。

中國心性之學，乃至宋明而後大盛。宋明思想，亦實係先秦以後，中國思想第二最高階段之發展。但在先秦之儒家道家思想中，實已早以其對心性之認識為其思想之核心。此我們另有文討論。古文尚書所謂堯舜禹十六字相傳之心法，固是晚出的。但後人之所以要偽造此說，宋明儒之所以深信此為中國道統之傳之來源所在，亦正因為他們相信中國之學術文化，當以心性之學為其本源。然而現今之中國與世界之學者，皆不能了解此心性之學，為中國之學術文化之核心所在。其所以致此者，首因清代三百年之學術，乃是反宋明儒，而重對書籍文物之考證訓詁的。故最討厭談心談性。由清末西化東漸，中國人所羨慕於西方者，初乃其炮艦武器，進而及其他科學技術，政治法制。五四運動時代之中國思想界，一方講科學民主，一方亦以清代考證之學中有科學方法，而人多喜提倡清代顏習齋、戴東原之學，以反對宋明儒。後來共產主義講存在決定意識，亦不喜歡心性。在西方傳入之宗教思想，要人自認本性中涵有原始罪惡。中國傳統的心性之學，則以性善論為主流。此二者間亦至少在表面上是違反的。又宋明儒喜論理氣，不似中國古代經籍中尚多言上

帝。此乃自耶穌會士以來之基督教徒，亦不喜宋明儒的心性之學之故。由清末至今之中國思想界中，只有佛家學者是素重心性之學的。而在清末之古文學家如章太炎，今文家如龔定盦，及今文學家康有為之弟子如譚嗣同等，亦皆重視佛學。但佛家心性之學，不同於中國儒家心性之學。佛學之言心性，亦特有其由觀照冥會而來之詳密之義。故佛學家亦多不了解中國儒家心性之學。由是中國傳統的心性之學，遂為數百年之中國思想界所忽視。而在西方，則耶穌會士把中國經籍及宋明理學介紹至西方時，乃把宋明理學只當作一般西方之理性主義、自然主義、唯物主義看，此在上文已說。所以宋明理學在西方亦只被理性主義者如來布尼茲，唯物主義者如荷爾巴哈（Holbach）等引為同調。後來雖有人翻譯朱子語錄中之人性論及其他零碎的宋明儒之文章，但亦似無人能對宋明心性之學作切實的研究者。而宋明儒之語錄，又表面上較先秦諸子更為零碎，不易得其系統所在，亦與西人治哲學者之脾胃不合，於是中國心性之學，遂同為今日之中國人與西方人所忽略。

中國心性之學，在今日所以又為人所誤解之主要原因，則在於人恒只把此心性之學，當作西方傳統哲學中之所謂理性的靈魂 Rational Soul 之理論，或認識論形上學之理論，或當做一種心理學看，而由耶穌會士下來的西方宗教家的觀點，則因其初視宋明理學為無神論的自然主義，所以總想像其所謂人心人性，皆人之自然的心、自然的性。由他們直至今日，中國之性字總譯為 Nature。此 Nature 一名之義，在希臘斯多噶哲學近代之浪漫主義文學，及斯賓諾薩及少數當今之自然主義哲學家如懷特海之思想中，皆頗有一深厚之意義，足與中國之性字相當。但自基督教以 Supernature 之名與 Nature 之名相對後，則 Nature 之名之義，在近代日淪於凡俗。而在西方近代之一般自然主義唯物主義哲學興起以後，我們談到 Human Nature，通常總是想到人之自然心理、自然本能、自然欲望上去，可以卑之無甚高論。人由此以看中國的心性之學，亦總從其平凡淺近處去解釋，而不願本西方較深入於人之精神生活內部之思想去解釋。

然而照我們的了解，則認為把中國心性哲學，當作西方心理學或傳統哲學中之理性的靈魂論，及認識論形上學去講，都在根本上不對。而從與超自然相對之自然主義的觀點，去看中國心性之學，因而祇從平凡淺近處去加以解釋，更屬完全錯誤。西方近代所謂科學的心理學，乃把人之自然的行為，當作一經驗科學研究的對

象看。此是一純事實的研究，而不含任何對人之心理行為，作價值的估量的。傳統
哲學中之理性的靈魂論，乃將人心視作一實體，而論其單一不朽，自存諸形式的性
質的。西方之認識論，乃研究純粹的理智的認識心，如何認識外界對象，而使理智
的知識如何可能的。西方一般之形上學，乃先以求了解此客觀宇宙之究極的實在，
與一般的構造組織為目標的。而中國由孔孟至宋明儒之心性之學，則是人之道德實
踐的基礎，同時是隨人之道德實踐生活之深度，而加深此學之深度的。這不是先固
定的安置一心理行為或靈魂實體作對象，在外加以研究思索，亦不是為說明知識如
何可能，而有此心性之學。此心性之學中，自包含一形上學。然此形上學，乃近乎
康德所謂的形上學，是為道德實踐之基礎，亦由道德實踐而證實的形上學。而非一
般先假定一究竟實在存於客觀宇宙，而據一般的經驗理性去推證之形上學。

　　因中國此種由孔孟至宋明之心性之學，有此種特殊的性質，所以如果一個人其
本身不從事道德實踐，或雖從事道德實踐，而只以之服從一社會的道德規律、或神
之命令、與新舊約聖經一章一句為事者，都不能真有親切的了解。換句話說，即這
種學問，不容許人只先取一冷靜的求知一對象，由知此一對象後，再定我們行為的
態度。此種態度，可用以對外在之自然與外在之社會，乃至對超越之上帝。然不能
以之對吾人自己之道德實踐，與實踐中會覺悟到之心性。此中我們必須依覺悟而生
實踐，依實踐而更增覺悟。知行二者，相依而進。此覺悟可表達之於文字，然他人
之了解此文字，還須自己由實踐而有一覺悟。此中實踐如差一步，則覺悟與真實之
了解，即差一步。在如此之實踐與覺悟，相依而進之歷程中，人之實踐的行為，固
為對外面之人物等的。但此覺悟，則純是內在於人自己的。所以人之實踐行為，向
外面擴大了一步，此內在之覺悟，亦擴大了一步。依此，人之實踐的行為及於家
庭，則此內在之覺悟中，涵攝了家庭；及於國家，則此內在之覺悟中，涵攝了國
家；及於天下宇宙，及於歷史，及於一切吉凶禍福之環境，我們之內在的覺悟中，
亦涵攝了此中之一切。由此而人生之一切行道而成物之事，皆為成德而成己之事。
凡從外面看來，只是順從社會之禮法，或上遵天命，或為天下後世，立德、立功、
立言者，從此內在之覺悟中看，皆不外盡自己之心性。人之道德實踐之意志，其所
關涉者無限量，而此自己之心性亦無限量。對此心性之無限量，卻不可懸空去擬
議，而只可從當人從事於道德實踐時，無限量之事物自然展現於前，而為吾人所關

切，以印證吾人與天地萬物實為一體。而由此印證，即見此心此性，同時即通於天。於是人能盡心知性則知天，人之存心養性亦即所以事天。而人性即天性，人德即天德，人之盡性成德之事，皆所以贊天地之化育。所以宋明儒由此而有性理即天理，人之本心即天心，人之良知之靈明，即天地萬物之靈明，人之良知良能，即乾知坤能等之思想，亦即所謂天人合一思想。此中精微廣大之說，自非我們今所能一一加以論列者。然由先秦之孔孟，以至宋明儒，明有一貫之共同認識。共認此道德實踐之行，與覺悟之知，二者係相依互進，共認一切對外在世界之道德實踐行為，唯依於吾人之欲自盡此內在之心性，即出於吾人心性，或出於吾人心性自身之所不容自己的要求；共認人能盡此內在心性，即所以達天德、天理、天心而與天地合德，或與天地參。此即中國心性之學之傳統。今人如能了解此心性之學，乃中國文化之神髓所在，則決不容許任何人視中國文化，為只重外在的現實的人與人之關係之調整，而無內在之精神生活，及宗教性、形上性的超越感情之說。而當知在此心性學下，人之外在的行為，實無不以其為依據；亦兼成就人之內在的精神生活，亦無不兼為上達天德，而贊天地之化育者。此心性之學，乃通於人之生活之內與外及人與天之樞紐所在，亦即通貫社會之倫理禮法、內心修養、宗教精神，及形上學等而一之者。然而在西方文化中，言形上學、哲學、科學，則為外於道德實踐之求知一客觀之對象，此為希臘之傳統；言宗教則先置定一上帝之命令，此為希伯來之傳統；言法律、政治、禮制、倫理，則先置定其為自外規範人群者，此主要為羅馬法制倫理之傳統。中國心性之學，於三者皆不類。遂為今日世界與中國之學人，習於以西方文化學術觀點，看中國之學術文化者所忽略，或祇由一片面之觀點去看，而加以誤解。此不知不了解中國心性之學，即不了解中國之文化也。

七、中國歷史文化所以長久之理由

我們如果能知中國心性之學的重要，我們便可以再進而討論，中國民族之歷史文化，何以能歷數千年而不斷之問題。以文化歷史之不斷而論，只印度可與中國相比。但印度人以前一直冥心於宗教中之永恆世界，而缺歷史之意識。故其文化歷史雖長久，而不能真自覺其長久。中國則為文化歷史長久，而又一向能自覺其長久之唯一的現存國家。然則中國文化、歷史何以能如此長久？這不能如斯賓格勒之以中

國文化，自漢以後，即停滯不進來作解說。因漢以後中國文化並非停滯不進，若其真係停滯不進，即未有不歸於死亡消滅者。有的人說，中國文化歷史之所以長久，乃以中國文化注重現實生活的維持，不似西方文化之喜從事超現實生活之理想，或神境之追求，故民族現實生命，能長久保存下去。又有人說，此乃以中國文化重保守，一切生活，皆習故蹈常，不須多耗力氣。故民族生命力，得因節約而長久不弊。又有人說，此因中國人重多子多孫，故歷代雖迭遭天災人禍，但以生殖繁多，人口旋即恢復，民族遂不致絕滅。此外還有各種不同之說法。這些說法，我們不能一概抹煞，說其全無理由。但皆未能從中國學術之本身，以求此問題之解答。照我們的了解，則一民族之文化，為其精神生命之表現，而以學術思想為其核心。所以此問題之解答，仍應求之於中國學術思想。

　　如從中國之學術思想去看此一問題，則我們與其說中國文化，因重視現實生活之維持，遂不作超現實生活的追求；不如說中國之思想，自來即要求人以一超現實的心情，來調護其現實生活。與其說因中國文化偏重保守，致其生活皆習故蹈常，不須多耗氣力；不如說中國之思想，自來即要求人不只把力氣，向外表現，而耗竭淨盡，更要求人把氣力向內收斂，以識取並培養生命氣力的生生之源。與其說中國民族，因重多子多孫，而民族不易滅絕；不如說在中國之極早思想中，即重視生命的價值，因而重視生命之傳承不絕。總而言之，我們與其說中國民族文化歷史之所以能長久，是其他外在原因的自然結果，不如說這是因中國學術思想中、原有種種自覺的人生觀念，以使此民族文化之生命，能綿延於長久而不墜。

　　我們之所以要說，中國思想中原有種種人生觀念，以使此民族之文化生命長久，其客觀的證據，是此求「久」之思想，在中國極早的時代中已經提出。中國古代之宗教思想中，有一種天命靡常的思想。此思想是說上帝或天，對於地上之各民族各君王，並無偏祖。天之降命於誰，使之為天下宗主，要視其德而定。周代的周公，即是深切認識天之降命於夏、於殷之無常，由是而對周之民族，特別諄諄告誡，求如何延續其宗祀的。此即是求民族文化之「久」的思想，而周代亦竟為中國朝代中之最久者。此中不能說沒有周公之反省告誡之功。至於久之哲學觀念的正式提出，則在儒家之易傳中庸中，有所謂「可大可久」及「悠久成物」之觀念，老子中有人要法「天地長久」及「深根固蒂長生久視」之觀念。易傳、中庸、老子，皆

成於戰國時代。戰國時代是中國古代社會，發生急劇變化，一切最不能久的時代。而此時代正是久之哲學觀念，在儒家道家思想中，同時被提出的時代。可知求久先是中國古人之自覺的思想中的事，而此後之漢唐宋等朝代之各能久至數百年，皆由其政治上文化上的措施，有各種如何求久的努力。而中國整個民族文化之所以能久，則由於中國人之各種求久的思想。這些思想，由古代的史官之記載與訓誡，後來歷史家所敘述的歷代成敗興亡之故，及哲學家指出久與不久之原理，而散佈至中國之全民族，其內容是非常複雜豐富的。

簡單說，這個思想，以道家形態表現的，是一種功利主義的，以退為進的，「不自生故能長生」「後其身而身先，外其身而身存」的思想。此種以退為進的思想，正是以一種超越一般人對其現實的生命身體之私執，及一往向外用力之態度，而使力氣向內收斂凝聚，以求身存及長生之態度。這一種態度，要人少私寡欲，要人見素抱樸，要人致虛守靜，要人專氣致柔，以歸於復命。這是可以使人達於自然的生命力之生生之源，而保持長養人之自然生命力的。

至於這些思想，以儒家形態而表現的，則儒家亦有要人把自然生命之力氣，加以內斂之一方面，其動機初是要成就人與人間之禮。儒家承周之禮教，以溫其如玉，表示君子之德。玉之特色是外溫潤而內堅剛。堅剛在內，則一切生命力量，都積蓄起來。中庸所崇尚之南方之強，與北方之強之不同處，正在北方之強，是力量都在外，而南方之強則「寬柔以教，不教無道」，力量都向內收斂，所謂外溫潤而內堅剛。又南方之強，本是指人在道德上人所當有的德性。但是此種德性，能附帶把人之生命力量，收斂積蓄於內，亦即使人之德性，更能透過身體之內部，而表現出來。則德性兼能潤澤人之自然身體之生命，此即所謂「德潤身」「心廣體胖」。在西方倫理學上談道德，多談道德規則，道德行為，道德之社會價值，與宗教關係，但很少有人特別著重道德之徹底變化我們自然生命存在之氣質，以使此自然的身體之態度氣象，都表現我們之德性，同時使德性能潤澤此身體之價值。而中國之儒家傳統思想中，則自來即重視此點。同時中國儒者所講之德性，依以前我們所說，其本源乃在我們之心性，而此性是天理，此心亦通於天心。此心此性，天心天理乃我們德性的生生之源。此德性既能潤澤我們之身體，則此身體之存在，亦即為此心此性之所主宰，天理天心之所貫徹，因而得被安頓調護，以真實存在於天地之

間。

　　至於純就中國民族生命之保存而言，則中國人之重視多子多孫，亦不能僅自生物本能之欲保存種族，以為解說。因中國人之重視子孫，自周代起，即已自覺此乃所以存宗祀。存宗祀之觀念的事，乃兼有宗教道德與政治之意義的。人順其自然的生命本能，是只知男女夫婦之愛，與對所生之子女之愛的。此自然的生物本能之欲延續其生命的要求，乃一往向前流，向下流的。人只有依其能超越此向前流向下流之自然生命的趨向，而後能對其生命之所自來之父母祖宗，有其孝思。由此孝思，而慮父母祖宗之無人祭祀。此正為一超現實的求上慰父母之心、祖宗之靈之要求。由此而謂「不孝有三，無後為大」乃重生子孫，以求現實生命之繼續，而其望子孫之萬代不絕，亦復為一超越的理想。這不可只以生物之種族保存本能，來作說明。這正當以貫通於中國人之思想之中，原以人之心當上通千古、下通萬世，乃能顯發此心之無限量，來加以說明的。

　　我們說中國文化中之重子孫，及承宗祀之思想，不應只以保存種族之生物本能來說明。同時認為中國人之求保存文化於永久，亦不應只以保守之習慣來說明。此二者同有一客觀的證據。即在中國古代之儒家思想中，明白的以亡他人之國，滅他人之宗祀為不義。在儒家思想中，不僅須保存周公傳下之文化，而且望存二王之後，以保存夏殷之文化。春秋所謂「興滅國、繼絕世」乃一客觀普遍的原則，而不只是為孔子所在之魯國。孔子周遊列國，亦明是求當時整個之天下之有道，這不應說儒家之重保存民族與文化之思想，只是種族主義，或狹隘的國家思想，或只出於一保守習慣之動機。至於孔子之宗周攘夷，及歷代中國儒者之要講夷夏之辨，固然是一事實。但此中亦有「夷狄而中國，則中國之」的思想。依於中國文化核心的心性之學來言，則心之量無限，故凡為人之心性所印可的文化學術，即為吾人心性之所涵容攝取，而不加排斥。此即中庸上之所謂道並行而不相悖。由此以成就中國文化的博大的性格，而博大亦是悠久的根源。所以中國是對宗教最為寬容的國家。佛教的三武之難，及義和團事案，其原因皆由政治因素而來，而不來自文化自身。這是不消多說的。

　　所以只用種族本能與保守習慣一類名詞，來解釋中國人之重民族的文化生命之保存，解釋中國歷史之所以長久，我們絕對不能接受。如果要解釋中國古人何以如

此重夷夏之辨，其真正之理由，只在中國之文化之客觀價值，是較古代之四夷為高，故不應用夷變夏。至於其他民族中文化之好的部分，依此道理，中國人則當接受而保存之。所以現在之馬列主義者，要否認佛教基督教之價值，與西方文化之價值，真正之中國人仍願為保存之而奮鬥。保存到何時？要到億萬斯年。這依於什麼？這還是依於我們之心量，應為上通千古，下通萬世之心量。這是中國人重視歷史文化保存之自覺的思想中核心理由之所在，亦是中國之歷史文化，所能實際存至數千年而有一貫之傳統保存下來之核心理由所在。

我們以上所講的數點，是針對世界及中國人士對於中國文化之一些流行但並不真實之觀念，而把中國文化根本上的幾點性質加以指出，以端正一般人研究中國學術文化的基本認識。這幾點亦是中國文化之正面的價值之所在。至於中國文化理想有所不足之處，及其在現實上的缺點，我們當然承認。此俟以下再說。但是我們必須認清：看任何文化，如果真能視之為人類之客觀的精神生命之表現，則我們首當注目而加以承認的，當是其原來理想所具備的正面價值的方面。我們須知，理想之不足，是在理想伸展為更大之理想時，才反照出來的。現實上的缺點與壞處，是在我們實現理想時，受了限制阻礙，及其他牽掛而後反照出來的。此乃屬於第二義。我們能對於個人先認識其理想的長處，則我們可先對人有敬意。再繼以認識其理想之不足與現實上之缺點，則可使我們想方法補救其理想之不足與現實上之缺點，以表現我們對他的愛護，對於為人類客觀精神生命之表現的文化，也應當如此。

八、中國文化之發展與科學

我們方才說中國文化理想之不足，必待於理想之伸展，為更高之理想時，乃能反照出來。這亦即就是說，我們不能只以一外在的標準，來衡量中國文化之價值，指導中國文化之前途。我們要論中國文化理想之不足，我們必需先了解中國文化之理想，其本身應向什麼方向伸展，才能更高大，以反照出以前文化之缺點。要使此理想更高大，一般的想法，總是最好把其他文化之理想，亦包括於中國文化的理想之中。但是這種想法，只是想由加添法，來擴大中國文化之理想，而沒有注意到此文化之本身，要求向什麼方向伸展其理想之問題。如依此加添法的想法，則世界上所有的好東西，最好中國文化中都有，這亦未嘗不是一理想的擴大。如中國有通哲

學道德宗教以為一之心性之學，而缺西方式之獨立的哲學與宗教，我們亦願意中國皆有之，以使中國文化更形豐富。但是如依中國之傳統文化之理想說，則我們亦可認為中國無西方式之獨立的宗教與哲學，並非如何嚴重的缺點。而西方之哲學、宗教、道德之分離，缺少中國心性之學，亦可能是西方文化中之一缺點。此點我們後當論之。故我們今不採加添法以擴大中國之文化理想。我們只當指出中國文化依其本身要求應當伸展出之文化理想是什麼。

我們說中國文化依其本身之要求，應當伸展出之文化理想，是要使中國人不僅由其心性之學，以自覺其自我之為一「道德實踐的主體」，同時當求在政治上，能自覺為一「政治的主體」，在自然界，知識界成為「認識的主體」及「實用技術的活動之主體」。這亦就是說中國需要真正的民主建國，亦需要科學與實用技術、中國文化中須接受西方或世界之文化。但是其所以需要接受西方或世界之文化，乃所以使中國人在自覺成為一道德的主體之外，兼自覺為一政治的主體、認識的主體、及實用技術活動的主體。而使中國人之人格有更高的完成，中國民族之客觀的精神生命有更高的發展。此人格之更高的完成、與民族之精神生命之更高的發展，正是中國人之要自覺的成為道德實踐之主體之本身所要求的，亦是中國民族之客觀的精神生命之發展的途程中，原來所要求的。

我們承認中國文化歷史中，缺乏西方之近代民主制度之建立，與西方之近代的科學，及各種實用技術，致使中國未能真正的現代化工業化。但是我們不能承認中國之文化思想，沒有民主思想之種子，其政治發展之內在要求，不傾向於民主制度之建立。亦不能承認中國文化是反科學的，自來即輕視科學實用技術的。關於民主一層，下文再論。關於科學與實用技術一層，我們須先承認中國古代之文化，分明是注重實用技術的，故傳說中之聖王，都是器物的發明者。而儒家亦素有形上之道，見於形下之器的思想，而重「正德」「利用」「厚生」。天文數學醫學之智識，中國亦發達甚早。在十八世紀以前，關於製造器物與工農業上之技術知識，中國亦多高出於西方，此乃人所共知之事。然而我們仍承認中國的文化，缺乏西方科學者，則以我們承認西方科學根本精神，乃超實用技術動機之上者。西方科學精神，實導源於希臘人之為求知而求知。此種為求知而求知之態度，乃是要先置定一客觀對象世界，而至少在暫時，收斂我們一切實用的活動，及道德實踐的活動，超

越我們對於客觀事物之一切利害的判斷，與道德價值之判斷；而讓我們之認識的心靈主體，一方如其所知的觀察客觀對象，所呈現於此主體之前之一切現象；一方順其理性之運用，以從事純理論的推演，由此以使客觀對象世界之條理，及此理性的運用中所展現之思想範疇，邏輯規律，亦呈現於此認識的心靈主體之前，而為其所清明的加以觀照涵攝者。此種科學之精神，畢竟為中國先哲之所缺。因而其理論科學，不能繼續發展；而實用技術之知識，亦不能繼續擴充；遂使中國人之以實用技術，利用厚生之活動，亦不能儘量伸展。中國人之缺此種科學精神，其根本上之癥結所在，則中國思想之過重道德的實踐，恒使其不能暫保留對於客觀世界之價值的判斷，於是由此判斷，即直接的過渡至內在的道德修養，與外在的實際的實用活動。此即由「正德」，直接過渡至「利用厚生」。正德與利用厚生之間，少了一個理論科學知識之擴充，以為其媒介；則正德之事，亦不能通到廣大的利用厚生之事，或只退卻為個人之內在的道德修養。由此退卻，雖能使人更體悟到此內在的道德主體之尊嚴，此心此性之通天德天理——此即宋明理學之成就——然而亦同時閉塞了此道德主體之向外通的門路，而趨於此主體自身之寂寞與乾枯。由是而在明末之王船山、顧亭林、黃梨洲等，遂同感到此道德主體只是向內收縮之毛病，而認識到此主體有向外通之必要。然因中國之缺理論科學之精神傳統，故到清代，其學者之精神雖欲向外通，外面世界所注意及者，仍歸於諸外在之文物書籍，遂只以求知此書籍文物，而對之作考證訓詁之功為能事。終乃精神僵固於此文物書籍之中，內既失宋明儒對於道德主體之覺悟，外亦不能正德以利用厚生，遂產生中國文化精神之更大閉塞。但由明末清初儒者之重水利，農田、醫學、律曆、天文，經顏元、戴東原，以直至清末之富強運動，此中仍一貫有欲由對自然之知識，以達於正德兼利用厚生之要求，貫注於其中。而其根本之缺點所在，則只在此中間之西方理論科學之精神之媒介，為中國文化所缺，而不能達其目標。中國人欲具備此西方理論科學精神，卻又須中國人之亦能隨時收斂其實用的活動，暫忘其道德的目標，而此點則終未為明末以來思想家所認清。今認清此點，則中國人不僅當只求自覺成為一道德的主體，以直下貫注於利用厚生，而為實用活動之主體；更當兼求自覺成為純粹認識之主體。當其自覺求成為認識之主體時，即須暫忘其為道德的主體，及實用活動之主體。而此事，則對在中國之傳統文化下之中國人，成為最難者。但是中國人如

不能兼使其自身，自覺為一認識的主體，則亦不能完成其為道德的主體，與實用活動之主體。由是而中國人真要建立其自身之成為一道德的主體，即必當要求建立其自身之兼為認識的主體。而此道德的主體之要求建立其自身之兼為一認識的主體時，此道德主體，須暫忘其為道德的主體。即此道德之主體，須暫退歸於此認識之主體之後，成為認識主體的支持者，直俟此認識的主體，完成其認識之任務後，然後再施其價值判斷，從事道德之實踐，並引發其實用之活動。此時人之道德的主體，乃升進為能主宰其自身之進退，並主宰認識的主體自身之進退，因而更能完成其為自作主宰之道德的主體者。然而我們可以說，人之道德的主體，必須成為能主宰其自身之進退，與認識的主體之進退者，乃為最高的道德的主體。此即所謂人之最大之仁，乃兼涵仁與智者。在當其用智時，可只任此智之客觀的冷靜的了解對象，而放此智以彌六合，仁乃暫退隱於其後。當其不用智時，則一切智，皆卷之以退藏於密，而滿腔子是惻隱之心，處處是價值判斷，而唯以如何用其智，以成己成物為念。依此精神以言中國文化之發展，則中國文化中，必當建立一純理論的科學知識之世界，或獨立之科學的文化領域；在中國傳統之道德性的道統觀念之外，兼須建立一學統，即科學知識之傳承不斷之統。而此事，正為中國文化中之道德精神，求其自身之完成與升進所應有之事。亦即中國文化中道統之繼續所理當要求者。至由理論科學之應用，以發展實用技術，以使中國工業化，則本與中國數千年文化中，重利用厚生之精神一貫者，其為中國人所理當要求，自更無庸論。

九、中國文化之發展與民主建國

至關於民主建國之問題，我們上已說過，中國文化歷史中，缺乏西方近代之民主制度之建立。中國過去歷史中，除早期之貴族封建政治外，自秦以後即為君主制度。在此君主制度下，政治上最高之權力，是在君而不在民的。由此而使中國政治本身，發生許多不能解決之問題。如君主之承繼問題，改朝易姓之際之問題，宰相之地位如何確定之問題，在中國歷史上皆不能有好的解決。中國過去在改朝易姓之際，只能出許多打天下的英雄，以其生命精神之力，互相搏鬥，最後歸於一人為君，以開一朝代。但在君主世襲之制下，遇君主既賢且能時，固可以得政治上之安定；如君主能而不賢，則可與宰相相衝突，亦可對人民暴斂橫徵；如君主不能、不

賢，則外戚、宦官、權臣皆覬覦君位，以至天下大亂。然賢能之君不可必，則一朝
代終必衰亡。以致中國之政治歷史，遂長顯為一治一亂的循環之局。欲突破此循環
之唯一道路，則只有繫於民主政治制度之建立。故四十六年前，亦終有中華民國之
成立。而現在之問題，則唯在中國民族迄今尚未能真正完成其民主建國之事業。

但是中國今雖尚未能完成其民主建國之事業，然我們卻不能說中國政治發展之
內在要求，不傾向於民主制度之建立，更不能說中國文化中，無民主思想之種子。
首先我們應當知道，中國過去政治，雖是君主制度，但此與一般西方君主制度，自
來即不完全相同。此種不同，自中國最早的政治思想上說，即以民意代表天命。故
奉天承命的人君，必表現為對民意之尊重，且須受民意之考驗。所以在政治制度
上，遂「使公卿至於列士獻詩……百工諫，庶人傳語，近臣盡規，親戚補察，瞽史
教誨」，以求政府成為通上下之情的機構。同時史官的秉筆直書，人臣對於人君死
後所共同評定的諡法，都是使人君的行為有多少顧忌。這些都是對君主所施之精神
上之限制。中國政治發展到後來，則有代表社會知識分子之在政府中的力量之宰相
制度，諫諍君主之御史制度，及提拔中國知識分子從政之徵辟制度、選舉制度、科
舉制度等。這些制度，都可使君主在政府內部之權力，受一些道德上的限制。並使
政府與社會民間，經常有溝通之橋樑。而這些制度之成立，都表示中國社會之知識
分子，所代表之中國文化之力量。只是這些制度之本身，是否為君主所尊重，仍只
繫於君主個人之道德。如其不加尊重，並無一為君主與人民所共認之根本大法——
憲法——以限制之。於是中國知識分子，仍可被君主及其左右加以利用，或壓迫、
放逐、屠殺。而在此情形下，中國知識分子，則只能表現為氣節之士。在此氣節之
士之精神中，即包涵對於君主及其左右之權力與意志之反抗。由此反抗之仍無救於
政治上之昏亂，國家之敗亡，即反照出：中國政治制度中，僅由政府內部之宰相御
史等，對君主權力所施之限制，必須轉出而成為：政府外部之人民之權力，對於政
府權力作有效的政治上的限制。僅由君主加以採擇與最後決定，而後施行之政治制
度，必須化為由全體人民所建立之政治制度，即憲法下之政治制度。只是由篡竊戰
爭，始能移轉之政權，必須化為可由政黨間，作和平移轉之政權。此即謂由中國君
主制度本身之發展，及中國文化對於君主制度下政治之反抗與要求，中國政治必須
取消君主制度，而傾向於民主制度之建立。

　　至於我們不能說中國文化中無民主思想之種子者，則以儒道二家之政治思想，皆認為君主不當濫用權力，而望君主之無為而治，為政以德。此固只是一對君主之道德上的期望。但儒家復推尊堯舜之禪讓，及湯武之革命，則是確定的指明「天下非一人之天下，而是天下人之天下」及「君位之可更迭」，並認為政治之理想，乃在於實現人民之好惡。此乃從孔孟到黃梨洲，一貫相仍之思想。過去儒家思想之缺點，是未知如何以法制，成就此君位之更迭，及實現人民之好惡。禪讓如憑君主個人之好惡，此仍是私而非公，而儒家禪讓之說，後遂化為篡奪之假借。而永遠之革命，亦不能立萬世之太平。儒家所言之革命，遂化為後來之群雄並起，以打天下之局。但是從儒家之肯定：天下非一人之天下，並一貫相信在道德上，人皆可以堯舜為賢聖，及民之所好好之，民之所惡惡之等來看，此中之天下為公，人格平等之思想，即為民主政治思想根源之所在，至少亦為民主政治思想之種子所在。

　　我們所以說中國過去儒家之「天下為公」、「人格平等」之思想，必須發展為今日之民主建國之思想與事業者，則以此思想之發展，必與君主制度相矛盾。因君主之家天下，畢竟仍是天下為私。同時人民在政治上之地位，不能與君主平等，所謂「臣罪當誅，天王聖明」；則在道德人格上，亦不能與君主平等。反之，如君主與人民在道德人格上，真正平等，則人民在政治上，應亦可言「人民聖明，君罪當誅」。若欲使此事成為可能，則君主制度必然化為民主制度。故道德上之天下為公、人格平等之思想，必然當發展至民主制度之肯定。

　　此種政治上之民主制度之建立，所以對中國歷史文化之發展成為必須，尚有其更深的理由。在過去中國之君主制度下，君主固可以德治天下，而人民亦可沐浴於其德化之下，使天下清平。然人民如只沐浴於君主德化之下，則人民仍只是被動的接受德化，人民之道德主體仍未能樹立，而只可說僅君主自樹立其道德主體。然而如僅君主自樹立其道德主體，而不能使人民樹立其道德的主體，則此君主縱為聖君，而其一人之獨聖，此即私「聖」為我有，即非真能成其為聖，亦非真能樹立其道德主體。所以人君若真能樹立其道德的主體，則彼縱能以德化萬民，亦將以此德化萬民之事本身，公諸天下，成為萬民之互相德化。同時亦必將其所居之政治上之位，先公諸天下，為人人所可居之公位。然而肯定政治上之位，皆為人人所可居之公位，同時即肯定人人有平等之政治權利，肯定人人皆平等的為一政治的主體。既

肯定人人平等的為一政治的主體，則依人人之公意而制定憲法，以作為共同行使政治權利之運行軌道，即使政治成為民主憲政之政治，乃自然之事。由是而我們可說，從中國歷史文化之重道德主體之樹立，即必當發展為政治上之民主制度，乃能使人真樹立其道德的主體。民主之政治制度，乃使居政治上之公位之人，皆可進可退。而在君主制度下，此君主縱為聖君，然其一居君位，即能進而不能退。縱有聖人在下，永無為君之一日，則又能退而不能進。然本於人之道德主體對其自身之主宰性，則必要求使其自身之活動之表現於政治之上者，其進其退，皆同為可能。此中即有中國文化中之道德精神，與君主制度之根本矛盾。而此矛盾，只有由肯定人人皆平等為政治的主體之民主憲政，加以解決，而民主憲政亦即成為中國文化中之道德精神自身發展之岱所要求。今日中國之民主建國，乃中國歷史文化發展至今之一大事業，而必當求其成功者，其最深理由，亦即在此。

十、我們對中國現代政治之認識

我們以上論中國歷史文化精神之發展至今，必然要求民主建國，使我們觸及中國之現代史。所以我們須一略述我們對中國現代史之一些基本認識。

在懷疑中國能否民主建國的人，常由中華民國史以舉證。中華民國之歷史，從民國初年之一度袁世凱稱帝，一度張勳復辟，及十餘年之軍閥割據，到民國十五年國民革命成功，即開始國民黨二十年之訓政，訓政剛結束，表面行憲選舉完成，在中國大陸即有共產黨之取國民政府而代之，今已實行專政九年。這都似可證明中國政治永不能真正走上民主憲政之路，以至使人可根本懷疑，中國人民之是否真要求民主政治。

照我們之看法，關於中國人民之要求民主政治，根本是不成問題的。因袁世凱稱帝，亦要先偽造民意，而洪憲之命運，亦只有數月。張勳復辟之命運更短。而國民黨之訓政，在中山先生之思想中，亦自始只以之作為憲政之準備工作。只有共產黨所宗之馬列主義，在理論上是反對西方民主的。然其必以「人民民主」之名置於專政之上，並首先以新民主主義為號召，則仍證明其未能真正否定民主，可見中國人民之要求政治民主，是不成問題的。

現在的問題是何以中國人民要求民主，而民主憲政終不能在此數十年之中國歷

史中實現？則此中有現實社會的理由，亦有學術思想上之理由。就民國初年一段時期說，則辛亥革命之成功，本來主要係依於清末變法圖強運動之失敗，而漢民族之民族主義意識之興起，遂將滿清推倒。變法圖強運動，雖亦要求立憲，然當時立憲之目標，只重在用新人才以求富強。而漢民族之民族主義意識之興起，則是要雪所受於滿清的三百年之恥辱。當時的思想中，雖亦有民權民主之觀念，但這些觀念之涵義，中國人民並不清楚，或視民國之成立，只為中國歷史上改朝換代之類。而中國社會又自來缺乏各種宗教、經濟、學術、文化之團體與地方自治之組織，及各階級之對峙。於是民國初年之議員，多只是一種純粹之知識分子，無社會之客觀力量，以為其基礎，亦不能真正代表社會某一組織某一階層之利益。我們看西方民主政治之起源，分明由於社會之各組織各階層之利益，互相限制，互相爭取而成立。而西方之議員，亦恒有社會之客觀力量，以為其言論所以有效之基礎。中國則一向唯以知識分子之作為社會之中心，而此知識分子，又素未與工商界結合，亦無教會之組織，則民國初年之議會，必只成為社會中浮游無根知識分子之結合；其終於不能制裁袁世凱之稱帝，不能抵制曹錕之賄選，亦無足怪。至於從民主之思想方面說，則由中山先生之民權主義思想，民國初年之代議政治之理論，以至陳獨秀辦新青年之標出科學與民主之口號，固皆是民主思想。但是陳獨秀等，一方標科學與民主之口號，一方面亦要反對中國之舊文化，而要打倒孔家店。這樣，則民主純成為英美之舶來品，因而在中國文化中是無根的。以民主與科學之口號，去與數千年之中國歷史文化鬥爭，中國文化固然被摧毀，而民主亦生不了根，亦不能為中國人共信，以成為制度。於是陳獨秀終於轉向社會經濟方面，而重視西方帝國主義與資本主義對中國之侵略。由是而改談馬克思主義，不再談所謂資產階級之民主。以陳獨秀這種特別標榜民主口號的人，終於一度拋棄了民主口號，這即是民國初年之民主思想之最明顯的自我否定。於是民國十二三年後的中國思想，便一步步的走入馬克思之旗幟下去。這不僅共產主義者為然，即當時之三民主義者如胡漢民、廖仲愷等，亦同樣是唯物史觀之信徒。十三年國民黨改組，歸於聯俄容共，亦重在共建立一革命組織，以為北伐之準備，而不在直接實現民主制度。中山先生與陳獨秀之不同，只在他始終有一由軍政訓政，以達民主憲政之理想。然在國民革命的實際行動中，此民主憲政之觀念，並不能凸顯，為人所注意。而在國民黨訓政的廿年中，此

觀念亦幾為黨治觀念所代替。

至於國民黨之訓政，何以延至廿年之久？此固可說是由於國民黨人，在主觀上之不願輕易放棄其政權。但在客觀上的原因，則由一九三一年日本侵佔東三省後，即特別喚起了中國人之民族思想。民族思想，常不免要求集中力量意志，以便對外，因而一時有各種仿效希特勒、莫索里尼等思想之興起。及中日戰爭起，政體自更不易輕於改變。然人欲由此推論中國人民願長為訓政下之人民，則並無是處。故在民主政治以外之任何努力，對於解決中國問題，終皆一切歸於無效。

至於今日共黨在大陸之專政，似最易證明中國人民之不要求民主。再連上面所說的陳獨秀之講民主，而改信馬列主義，及國民黨人士在思想及作法上，曾受共黨及法西斯之影響等，似更證明中華民國以來之思想界，並不重視民主之思想。對於這個問題，我們的答覆是此共產主義思想之來源，根本不是中國的。其所以能在中國蔓延，乃由於自十九世紀末以來，中國確曾受西方資本主義的侵略，與帝國主義的壓迫。此共產主義之思想，乃由住在租界中的亭子間的知識分子，因深感此侵略壓迫之存在，而後介紹至中國的。這種思想之介紹至中國，並非由中國民族文化思想中，所直接發展而出，而只是由於中國民族與其文化，因受侵略壓迫，不能一直發展，然後才由外輸入的。這種思想之本身，並非真為中國人民，本其客觀的精神生命之要求，而在正面加以接受。對中國共產黨之所以能取得政權，我們不能忽視二重大的事實。第一、即共黨之坐大，初由於以共同抗日為號召，這是憑藉中華民族之民族意識。第二、共黨在中國大陸能取國民政府之政權而代之，其初只是與其他民主黨派聯合，以要求國民黨還政於民，於是使國民黨之黨治，先在精神上解體。這是憑藉中國人民之民主要求，造成國民黨精神之崩潰，而收其果實。由此二者，即可證明中共今雖然在思想上要一面倒於蘇俄，並實行無產階級專政，然其所以有此表面的成功，仍正由於它憑藉了中國人民之民族意識，及民主要求，而不是由於人民正面的接受了馬列主義專政思想。因此馬列主義之專政思想，是決不能長久成為中國文化與政治之最高指導原則的。

馬列主義之專政思想，所以不能長久成為中國文化政治之最高指導原則，其根本理由：一、在馬列主義想否認普遍的人性，而只承認階級的人性，因而想打倒一切建基於普遍的人性基礎上之宗教、哲學、文學、藝術、道德、而徹底以階級的觀

點，加以劃分。此處是違悖了世界一切高級文化之共同原則，尤與中國數千年之文化思想中之植根於此人心人性，以建立道的主體者相違，而想截斷中國歷史文化之統緒。二、在由其階級的人性觀，所產生的無產階級的組織，想否認每一人的個性與自由人權，這是與一切人之各為一個人，因而必有其個性，亦當有其自由人權相違的。三、在中國文化之歷史的發展，是必然要使中國人除成為一道德的主體外，兼成為一政治的主體，認識的主體、及實用技術的主體。人要成為一認識的主體，則其思想理性決不能為教條所束縛，而思想之自由，學術之自由，必當無條件的被肯定。四、在中國人民要成為政治的主體，則既不能容許君主一人在上，人民成為被治者，亦不能容許一黨專政，使黨外人只成為被治者。五、在中國傳統政治中問題之一，在對於改朝易姓、君主繼承等問題，無妥善的解決。但以前之君主繼承，尚有習慣相傳，儒者所力加維護以求天下之安定之傳長子制度。而在共黨之極權政治中，則最高政治領袖之繼承問題，連類似傳子之制亦無法建立，則只有歸於如蘇聯列寧死後史大林死後之互相砍殺。此砍殺之必然產生，乃在於共黨體制之內，視抱不同之意見之人，為必不能並存的敵人。有我無敵，有敵無我。此乃共黨體制所造成之心理狀態。於是共黨內權力之爭，同時即為參與者的生命的生死之爭。故此砍殺，乃由一黨專政之本性所注定者。欲避此砍殺，只能依由全民共同遵守之憲法，以行自由之選舉。使政權能在和平中移轉。由此種種理由，雖則我們亦可承認在中共之集體組織之專政下，若干集體的實用技術性之事業，可暫表現若干成績；然對整個文化之發展言，對人之個性自由人權言，對人之普遍的人性，與依於此普遍的人性，而建立之一切人類文化言，此專政乃不當長久，事實上亦必不能長久者。

其所以在事實上必不能長久之理由，即在吾人前面所言，此馬列主義之思想，在中國民族之客觀精神生命之要求上，本無正面之基礎。中國人之接受此思想，唯因此思想乃直接以反帝國主義，反資本主義之侵略為目的。在此點之上，此種思想亦實較任何其他中國思想、西方思想，其旗幟較為鮮明，而富於激動力。故自民國十二三年以來，即流行於國內。然而中國民族之所以反帝國主義、資本主義，則唯由其自身要求獨立存在，並繼續發展其文化於當今之世界。而此則有中華民族之精神生命正面要求的存在。此正面要求是「正」，此正面要求之受百年來之帝國主

義、資本主義之侵略壓迫，是「反」，而馬列主義則至多只是被中國人一時所信，而用以反此反者。則馬列主義在根本上只是此正面要求之暫時工具。因而決不可能倒轉來代替原初之正面要求，或妨礙到此正面要求。如妨礙之，則此正面要求既能因受外來之侵略壓迫，而尋求此工具，則他亦能因此工具之與其自身之矛盾，而捨棄此工具。所以無論中國今後政治發展之曲折情形，我們縱不能一一預料；然馬列主義思想本身，總是要歸於被否定，而中國文化之客觀的精神生命，必然是向民主建國之方向前進，則是我們可以斷言的。

十一、我們對西方文化之期望及西方所應學習於東方之智慧者

西方文化是支配現代世界的文化，這是我們不能否認的事實。自十九世紀以來，世界各民族的文化，都受到西方文化的影響，都在努力學習西方之宗教、科學、哲學、文藝、法律、實用技術，亦是不能否認的事實。但是畢竟西方文化之本身，是否即足夠領導人類之文化？除東方人向西方文化學習以外，西方人是否亦有須向東方文化學習之處？或我們期望西方人應向東方文化學習者是什麼？由此東西文化之互相學習，我們所期待於世界學術思想之前途又是什麼？這是一個大問題。我們於此亦願一述我們之意見。

照我們對於西方文化的看法，我們承認西方文化精神之最高表現，主要在其兼承受了希臘的科學哲學精神，與希伯來之宗教精神。希伯來之宗教精神，使西方人之心靈直接迪接於上帝。希臘的科學哲學精神，使西方人能對宇宙間之數理秩序，對各種事物存在之普遍範疇與特殊法則，對人類思考運行所遵守之邏輯規律，都以清明之心，加以觀照涵攝，而人乃得以其認識的主體，居臨於自然世界之上，而生活於普遍的理性之世界。近代之西方人最初是北方蠻族，而此蠻族又以其原始樸質之靈魂，接受此二文化精神之陶冶，而內在化之。於是此近代西方人之心靈，乃一方面通接於唯一之上帝之無限的神聖，一面亦是能依普遍的理性，以認識自然世界。由此而轉至近代文藝復興時代，人對其自身有一自覺時，此二者即結合為個人人格尊嚴之自覺，與一種求精神上的自由之要求。由此而求改革宗教，逐漸建立民族國家，進而求自由運用理性，形成啟蒙運動；求多方面的了解自然與人類社會歷史，並求本對自然之知識，以改造自然；本對人類社會政治文化之理想，以改造人

間。於是政治上之自由與民主、經濟上之自由與公平，社會上之博愛等理想，遂相緣而生。而美國革命、法國革命、產業革命、解放黑奴運動、殖民地獨立運動、社會主義運動，亦都相繼而起。由科學進步應用於自然之改造，及對社會政治經濟制度之改造，二者相互為用，相得益彰；於是一二百年之西方文化，遂突飛猛進，使世界一切古老之文化，皆望塵莫及。凡此等等，蓋皆有其普遍永恆之價值，而為一切其他民族所當共同推尊、讚歎、學習、仿效，以求其民族文化之平流競進者也。

　　然此近代之西方文化，在其突飛猛進之途程中，亦明顯的表現有種種之衝突、種種之問題。如由宗教改革而有宗教之戰爭；由民族國家之分別建立而有民族國家之戰爭；由產業革命而有資本主義社會中勞資之對立；為向外爭取資源，開發殖民地，而有壓迫弱小民族之帝國主義行動；及為爭取殖民地而生之帝國主義間之戰爭；為實現經濟平等之共產主義之理想，而導致蘇俄之極權政治，遂有今日之極權世界，與西方民主國家之對立；而二十世紀以來，亞洲非洲之民族主義興起，既與西方國家之既得利益相衝突，又因其對歐美之富強而言，整個之亞洲非洲，無異於一大無產階級，於是亞非民族，既受西方政治上經濟上之壓迫侵略於前，故共產主義之思潮最易乘虛透入。亞洲非洲之民族主義與共產主義相結合，以反抗西方國家，又適足以遂蘇俄一國之野心。在今日科學已發展至核子武器，足以毀滅人類之時期，人類之前途乃惶惶不可終日。此皆近代西方文化之突飛猛進所帶來之後果。則我們今日對西方文化，畢竟應如何重新估價？並對之應抱有何種希望？應為吾人所認真思考之問題。

　　從一方面看，由近代西方文化進步所帶來之問題，亦多西方人自身所逐漸解決，如由宗教自由原則之確立，宗教戰爭已可不再起。對勞資之衝突，西方文明國家，亦有各種政治上、經濟上、社會上之措施。對狹隘的民族國家觀念，亦先後有國際聯盟，聯合國之成立，希望由此加以破除。而自美國由殖民地成為獨立國家以來，世界人類的良心，在廿世紀，亦皆同趨向於謀一切殖民地之獨立。人類當前的問題，唯在共產之極權世界，與西方民主國家間之對立，而亞非之民族主義，又可能與共產主義相結合。然此亦正為西方人士所竭心盡智，以求解決者。但是照我們的看法，這許多問題雖多已解決，但其問題之根源於西方文化本身之缺點者，則今日依然存在。不過今只表現的蘇俄之極權世界，與西方民主國家之對立局勢而已。

在今日蘇俄之極權世界，與西方民主國家之對立中，居於舉足輕重之地位者，分明係亞非之民族之何去何從。本來亞洲之中國文化、印度文化、及橫貫亞非之回教文化，在先天上皆非唯物主義，在理論上正應與西方之自由民主文化相結合，然其今日何以尚未如此，實值得西方人士作深刻的反省。

西方人士初步之反省，是歸其原因於十九世紀以來西方對亞洲非洲之侵略，以致今日尚有歷史遺下之殖民地存在於亞洲及非洲。此種反省之進一步，是如羅素、斯賓格勒之說：西方人在其膨脹其文化力量於世界時，同時有一強烈的權力意志、征服意志，於是引起被征服者之反感。但是照我們之意見，此權力意志還是表面的。真正的西方人之精神之缺點，乃在其膨脹擴張其文化勢力於世界的途程中，他只是運用一往的理性，而想把其理想中之觀念，直下普遍化於世界；而忽略其他民族文化的特殊性，因而對之不免缺乏敬意，與同情的了解，亦常不從其他民族文化自身之發展的要求中，去看西方文化對其他民族文化之價值。此義在我們研究中國文化的態度時，已提到而未加說明。本來這種運用一往的理性，而想把理想中之觀念直下普遍化出去，原是一切人之同有的原始的理性活動之形態。但因西方文化本源於希伯來與希臘之文化傳統，而近代西方人又重實用技術之精神，於是近代西方人遂特富於此心習。因為依希臘文化之傳統，人之理性的思維，須自覺的把握一切普遍者，而呈現之於人心之前。又依希伯來之宗教文化傳統，則人信上帝是有預定之計畫，乃由上至下以實現其計劃於世界者。而本近代之實用技術之精神，則人對自然社會之改造，都是把由我們之理性，所形成之普遍理想，依一定之方法，而實現之於現實者。由是而上信上帝，又有依理性而成之普遍理想，而兼習於實用技術精神之西方人，遂有一種自覺或不自覺的心習，即如承上帝之意旨，以把其依理性所形成之理想，一直貫注下去之心習。這個心習，在一個人身上表現，後果還不嚴重。但在一群人身上表現，以形成一宗教社會政治經濟之改革運動時，則依此心習所積成之一群人之活動，遂只能一往直前，由是而其力量擴張至某一程度，即與另一群抱不同理想之人，互相衝突。此乃近代之宗教戰爭、民族國家之衝突、經濟上階級之衝突、各種政治上主義信仰者間之鬥爭，恒歸於非常劇烈，無從避免之原因。亦是各西方國家之政治經濟文化之力量，必須轉而向亞非各洲膨脹，以暫緩和其內部之衝突，遂再轉而為對弱小民族之侵略壓迫，並造成爭殖民地之戰爭之原

因；同時亦即是西方人今日之良心，雖已認殖民地為不當有，在亦願與亞洲非洲民族結合，但仍不能對亞洲民族文化之特殊性，加以尊重與同情的了解，而仍貌合神離之原因。

又據我們東方亞洲人之所感覺，西方之個人，在本其此種心習，來與東方人辦理外交政治事務，以及傳教或辦教育文化之事務，而同時又在對東方作研究工作時，更有一種氣味，為我們時時會接觸，覺其不好受，而又不易表諸文字者。此即在其研究的態度中，把其承繼希臘精神而來之科學的理智的冷靜分析態度，特為凸出；而在此態度之後，則為其所存之於心的理想計劃，預備在研究之後，去實施或進行者。於此情形下，東方人一方自覺成為西方人之冷靜的研究對象，一方又覺其正預備以其理想計劃，自上貫注下來，到我們身上。東方人在覺其自身只為一冷靜的研究對象時，即覺為被西方人所推遠，而感到深細的冷酷；而在其覺西方正以其預定之理想貫注下來時，則感一精神上的壓迫。而此種感覺，則更使東方人與西方人之直接的交接關係，亦歸於貌合神離。而在西方人方面，如自信其理想是公的好的，亦是為東方人本身想的，則恒以此種東方人之貌合神離，乃由東方人之不知其好意，或東方人對西方人有距離感、自卑感，以及仇恨心，或為東方人之狹隘的民族國家意識，及文化意識，從中為梗。這些東西，我們亦不能完全否認東方人之莫有，而且亦可能有得很多。但是西方人本身之態度，亦正有極大的關係。而此種態度，在根本上正由西方所承受之希臘文化精神、希伯來精神、及近代之實用技術精神，三者之一種方式的結合之產物。此乃與西方文化之好處，西方人之長處，難於分別者。當我們東方人了解到此點時，亦應當對西方人之此種態度，加以諒解。然而西方人如真欲其對人之態度，與其自身之精神，再進一步。或真欲與東方人，亞洲人及非洲人接觸以調整人類關係，謀取世界和平，以保西方文化本身之永遠存在於人間世界；則我們認為西方人之精神理想，尚可再上升進一步，除由承繼希臘精神、希伯來精神，而加以發展出之近代西方之精神以外，尚可有學習於東方之人生智慧，以完成其自身精神思想之升進者。此有五點可說。

西方人應向東方文化學習之第一點，我們認為是「當下即是」之精神，與「一切放下」之襟抱。西方文化精神之長處，在其能向前作無限之追求，作無窮之開闢。但在此向前追求、開闢之精神狀態中，人雖能以宗教上之上帝為托命之所，而

在真實生活中，其當下一念，實是空虛而無可在地上立足。由此念念相續，亦皆實空虛而無可在地上立足。於是西方之個人與國家，必以向前之追求開闢，填補其當下之空虛。當其追求開闢之力量，隨自然之生命之限制，或外來之阻限，而不能不停頓時，其個人之生命、國家之生命亦可能同時倒下。故西方之老人，多為淒涼寂寞之老人；而西方歷史上之強國，當為一仆不起，或絕滅不世之強國。中國文化以心性為一切價值之根源，故人對此心性有一念之自覺，則人生價值、宇宙價值，皆全部呈顯，圓滿具足。人之生命，即當下安頓於此一念之中，此即所謂「無待他求，當下即是」之人生境界。中國以知進而不知退，為人生之危機，而此正西方文化之特點。其所以不知退，則因在其當下精神中，實無可立足之地。則由當下即是之生活智慧，可與西方人以隨時可有立足之地，此即可增加西方文化自身之安全感與堅韌性。

其次，西方以承希臘精神之重智而來之文化活動，必表現為概念之構成。此為成就知識之必需條件。但西方人士之沉浸於概念知識之積累者，無形中恒以概念積累之多少，定人生內容之豐富與否。此固有其一面之意義。但概念之本身，對具體之人生而言，本有一距離，且有其局限，易造成阻隔。人之精神中如時時都背負一種概念的東西，而胸襟不能廣大空闊。此缺點，首表現為西方人之不易與東方人有真實的（Authentic）接觸。我們與他人之真實接觸，首先要我們心中全莫有東西，形成一生命之直接相照射。一有此概念的東西，則此東西，雖亦可為媒介，以使我們得同其他與此概念發生關係的人接觸；但是此種概念的東西，卻同時可成為人與人的真實接觸之阻隔。此種概念的東西，包括我們預定的計劃目標，用以聯繫人之抽象理想，用以衡量人之抽象標準、成見、習見等，這些東西在我們求與人有真實接觸時，都應一切放下。唯由此放下，而後我與人才有彼此生命間直相照射、直相肯定，而有真實的了解。此事似易而實難，必須極深的修養。此中有各層級之工夫可用。而皆須在平時用，然後我在接觸人時，才有真實的接觸，與真實的了解。此平時之工夫，是在我平日生活中，隨時在自覺有東西時，隨時超越之而放下之。此放下之智慧，印度思想中名之為空之智慧、解脫之智慧。在中國道家稱之為虛之智慧、無之智慧。中國儒家稱之為「空空如也」、「毋意、毋必、毋固、毋我」、「廓然大公」之智能。由此種智慧之運用，去看生活中之一切經驗事物、理想事

物，都要使之成為透明無礙。於是人雖可照常的有概念的知識、理想，但他可以無執著，無執著則雖有而能超越此有，若無若有。這種智慧，要使百萬富翁，覺其身無長物；使大政治家，覺「堯舜事業何異浮雲過太虛」；使一切大科學家，大哲學家之口，如「掛在壁上」；使一切大傳教師，自覺「無一法與人」；使一切外交家，自覺只是臨時的賓客。這種放下的智慧之表現於印度之哲學宗教中；中國之儒道禪宗之人物之思想與風度中，及中國之文學與藝術中者，實值得西方人之先放下其文化傳統中之觀念，去體會、欣賞、涵泳，然後知其意味之無窮。而其根源仍在於當下即是、一切平等之人生境界。此是西方人應向東方文化學習之第一點。

西方人應向東方文化學習之第二點，是一種圓而神的智慧。上所謂一切放下之智慧，是消極的。圓而神的智慧，則是積極的。所謂「圓而神」，是中國易經裏的名詞，與「方以智」對照的。我們可說，西方之科學哲學中，一切用理智的理性所把握之普遍的概念原理，都是直的。其一個接一個，即成為方的。這些普遍的概念原理，因其是抽象的，故其應用至具體事物上，必對於具體事物之有些方面，有所忽，有所抹殺；便不能曲盡事物之特殊性與個性。要能曲盡，必須我們之智慧，成為隨具體事物之特殊單獨的變化，而與之宛轉俱流之智慧。這種智慧之運用，最初是不執普遍者，把普遍者融化入特殊，以觀特殊，使普遍者受一特殊者規定。但此受某一種特殊之規定之普遍者，被人自覺後又成一普遍者；仍須不執，融入特殊中，而空之。於是人之心靈，得再進一步，使其對普遍者之執，可才起即化，而只有一與物宛轉之活潑周遍之智慧之流行。因此中對普遍者之執，才起即化，即如一直線之才向一方伸展，隨即運轉而成圓，以繞具體事物之中心旋轉。此即為一圓而神之智慧。或中國莊子思想所謂「神解」、「神遇」，孟子所謂「所過者化，所存者神，上下與天地同流」。此神非上帝之神，精神之神。神者，伸也，人只以普遍之抽象概念原理觀物，必有所合，亦有所不合。有不合處，便有滯礙。有滯礙，則心之精神有所不伸。必人能於其普遍抽象之概念原理，能才執即化，而有與物宛轉俱流之圓的智慧，而後心之精神之運，無所不伸。故謂之圓而神之智慧。此種智慧不只是一辯證法的智慧，而略近於柏格森之所謂直覺。辯證法之智慧，是以一普遍者規定一具體實在後，即再觀其限制，而更湧現一較具體化之普遍者以觀物。此中之普遍，仍是一一凸出於意識之前的。而此種圓而神之智慧，則可對一切普遍者之

執，才起而不待其凸出，即已在心靈之內部超化。於是在人之意識之前者，唯是一與物宛轉，活潑周運之圓而神的智慧之流行。故略近於柏格森之所謂直覺。但柏格森之直覺，只是其個人之哲學觀念。而中國人則隨處以此圓而神之智慧，體會自然生命，觀天地化幾，欣賞讚美活的人格之風度，以至以此智慧觀時代之風會氣運之變，並本此智慧，以與人論學，而應答無方，隨機指點，如天籟之流行。而我們在中國之文學藝術，與論語、孟子、世說新語、禪宗語錄、宋明語錄，及中國先儒之論學書信中，皆可隨處發現此種智慧之流行。是皆待於人之能沉潛涵泳於中國文化之中，然後能深切了解的。西方人亦必須有此圓而神之智慧，乃能真與世界之不同民族、不同文化相接觸，而能無所阻隔，並能以同情與敬意與之相遇，以了解其生活與精神之情調與心境；亦才能於其傳統文化中所已認識之理型世界、知識世界、上帝世界、技術工業世界，分門別類的歷史人文世界之外，再認識真正的具體生命世界，與人格世界與歷史人文世界中一切，而與之感通。而西方之學者，亦才能於各自著書立說，自成壁壘之外，有真正的交談，而彼此隨時能相悅以解。

　　西方人應向東方文化學習之第三點，是一種溫潤而惻怛或悲憫之情。西方人之忠於理想，及社會服務之精神，與對人之熱情與愛，都恒為東方人所不及，這是至可寶貴的。但是人對人之最高感情，不只是熱情與愛。人之權力意志與佔有之念，都可透入於人對人之熱情與愛之中。要使此權力意志與佔有之念不透入，在西方主要賴其宗教信仰所陶冶之謙卑，及視自己之一切功德，皆所以光榮上帝，服務於上帝，亦由上帝之恩典而來之種種心情。但是人之權力意志，亦可借上帝作後盾，自信自己之所行，已為上帝所嘉許，而更向前施展。人亦可以私心想佔有上帝，如在戰爭中與人衝突時，祈禱上帝幫助自己。此處上帝之道與人心之魔，又可俱生並長。於是基督教又有對敵人及一切罪人之寬赦（Forgiveness），以求去此病。但是對人之絕對的寬赦，亦可化為對世間一切之「放棄」（Renunciation），而只求自己個人之道福。如要去此「放棄」之病，則仍須再重視愛與熱情。此成了一圓圈，而愛與熱情中，仍可有權力意志與佔有之念。問題仍無究竟之解決。要使此問題有究竟之解決，只有人在開始對人之熱情與愛中，便絕去其權力意志與佔有之念之根。要去此根，則愛必須真正與敬同行。愛與敬真正同行，其涵義之一，是如我覺我對人之愛，是原於上帝，其泉源是無盡的上帝之愛，則我們對他人之敬，亦同樣是無盡之

敬。而此中對人之敬，亦可是敬人如敬上帝。中國所謂仁人之「事親如事天」、「使民如承大祭」，即此之謂。此處不容許一個回頭自念：自己是信上帝的，知道上帝之愛的，而對方卻不是。如此一想，則覺對方比我低一級，而我對人之敬，則必有所不足。對人若須有真實之敬，則必須對人有直接的、絕對的、無條件的、真視「人之自身為一目的」的敬。能有此敬，則人對人之愛，皆通過禮而表現之，於是愛中之熱情，皆向內收斂，而成溫恭溫潤之德。而人對人最深的愛，則化為仁者之惻怛之情。此可通於佛家之悲憫。惻怛悲憫，與一般之愛之不同。在一般之愛，只是以自己生命精神之感情，視人如己的向人流注。此處之視人如己，即可夾雜「對人加以佔有之念」之泥沙並下。而惻怛悲憫，則只是自己之真實存在之生命精神，與他人之生命精神間之一種忐忑的共感，或共同的內在振動。此中，人對人自然有真正的同情，亦有情流，向人流注。但這些情流，乃一面向外流注，一面亦為自己所吞咽，而回到自己，以感動自己；遂能將此情流中之夾雜的泥沙，加以清洗。這中間有非常微妙的道理。而更哲學的說，則西方人所重之愛，要真化為惻怛與悲憫，必須此愛之宗教的根原之上帝，不只是一超越於一切人精神之上，而為其貫通者，統一者，為人之祈禱之對象者，而須視同於人之本心深心，而透過我們之肉軀，以表現於一切真實存在之生命精神之間，直接的感通關係中者，然後可。但詳細討論此中問題，則非今之所及。

　　西方人應向東方文化學習之第四點，是如何使文化悠久的智慧。我們以前已說，中國文化是世界上唯一歷史久而又自覺其久，並原於中國人之自覺的求其久，而後久的文化。現代西方近代文化，固然極精彩燦爛，但如何能免於如希臘羅馬文化之衰亡，已有不少的人憂慮及此。照我們的意思，文化是各民族精神生命之表現。依自然的道理，一切表現，都是力量的耗竭。耗竭既多，則無一自然的存在力量能不衰。人之自然的精神生命之力，亦然。欲其不衰，人必須一方面有一由上通古今，下通萬世之歷史意識，所成之心量，並由此心量，以接觸到人心深處，與天地萬物深處之宇宙生生之原。此宇宙生生之原，在西方人稱為上帝。由西方之宗教生活，人亦可多少接觸此宇宙之生生之原。但是一般宗教生活，只賴祈禱與信仰，來接觸上帝。上帝之對於人，終不免超越而外在，而人只想上帝之永恆，亦尚未必即能直下有上通千古，下通萬世之歷史意識所成之心量。且由祈禱信仰，以與此宇

宙生生之原之上帝接觸，乃是只以人之超越向上的心靈或精神，與之接觸，此尚非直下以吾人生命存在自身與之接觸。要使生命之存在自身與之接觸，吾人還須有一段大工夫。此一段大工夫之開始點，乃在使吾人生活中之一切向外表現之事，不只順著自然的路道走，而須隨時有逆反自然之事，以歸至此宇宙生生之原，而再來成就此自然。這正是我們以前所說之中國歷史文化，所以能長久所根之智慧。這個智慧不只是一中國哲學的理論，而是透到中國之文學、藝術、禮儀之各方面的。依這種智慧，中國人在一切文化生活上，皆求處處有餘不盡，此即所以積蓄人之生命力量，使之不致耗竭過度，而逆反自然的求儘量表現一切之路道，以通接於宇宙生生之原者。而以此眼光，看西方近代文化之只求效率之快速，這中間正有一大問題存在。在當前的世界，以中國人從前之尚寬閒從容之態度來應付，固然很多不適宜之處。但是近代西方世界，帶著整個人類奔馳。人縱皆能乘火箭到星球世界，而一人飛上一個星球，還是終沉入太空之虛無。此並未得人類文化以及西方文化自身，真正長久存在之道。西方人亦終當有一日會感到只有上帝之永恆，而無歷史文化之悠久，人並不能安居樂業於此世界，則星球中，亦不可久居。這時西方人當會發展出一上通千古下通萬世之心量。並本此心量，以接觸宇宙生生之原，而生活上處處求有餘不盡之價值，並會本此心量，而真重視到父母祖宗之孝，並為存宗祀而生子孫，為承繼祖宗遺志而求文化之保存與延續，以實際的實現文化歷史之悠久。但這些問題，亦不是我們在此文中，所能一一詳細討論的。

西方人應向東方文化學習之第五點是天下一家之情懷。我們承認人類現在雖然有許多國家，而凡未能民主建國之國家，皆須一一先走上民主建國之路道。但是人類最後必然歸於天下一家。所以現代人，在其作為一國家之公民之外，必須同時兼備一天下人之情懷，而後世界真有天下一家之一日。在這點上說，東方人實更富於天下一家之情懷。中國人自來喜言天下與天下一家。為養成此情懷、儒家、道家、墨家、佛家之思想，皆有所貢獻。墨家要人兼愛，道家要人與人相忘，佛家要人以慈悲心愛一切有情，儒家要人本其仁心之普遍涵蓋之量，而以「天下為一家，中國為一人」，本仁心以相信「人皆可以為堯舜」，本仁心以相信「東西南北海，千百世之上，千百世之下之聖人心同理同。」儒家之講仁，與基督教講愛，有相通處，因基督教之愛，亦是遍及於一切人的。

但是基督教要先說人有原罪，其教徒是本上帝之意旨，而由上至下，以救人。儒家則多信人之性善，人自身可成聖，而與天合德。此是一衝突。但教義之不同處，亦可並行不悖，而各有其對人類與其文化之價值。但在養成人之天下一家之情懷上，則我們以為與其只賴基督教思想，不如更多賴儒家思想。此乃由以基督教為一制度的宗教，有許多宗派之組織，不易融通。基督教有天堂觀念，亦有地獄觀念；異端與不信者，是可入地獄的。則各宗派間，永不能立於平等之地位，而在自己之教會者與不在者，即分為二類，而一可上天堂，一可入地獄。如此，則基督教對人之愛雖似一無條件，仍可以有一條件，即信我的教。此處實有一極大之問題。照儒家的意思，則只要是人，同有能成聖而與天合德之性。儒家並無教會之組織，亦不必要人皆崇拜孔子，因人本皆可成聖而同於孔子。此即使儒家之教，不與一切人之宗教成為敵對。儒家有天地之觀念，而無地獄之觀念，亦無地獄以容異端。「萬物並育而不相害，道並行而不相悖」，乃儒家之信仰。則人類真要有天下一家之情懷，儒家之精神實值得天下人之學習，以為未來世界之天下一家之準備。此外，東方之印度之佛教、婆羅門教，同有一切人可成佛，或與梵天合一之思想，而可足養成人之天下一家之情懷者。此各種東方之思想，亦同連繫於東方之文學藝術禮儀，而同值得西方人加以研究而學習者。

我們以上所說西方人應向東方學習者，並不能完備。儘可由人再加以補充。我們以上說的是西方文化如要完成其今日欲領導世界的目標，或完成其自身之更向上的發展，求其文化之繼續存在，亦有須要向東方學習者。而這些亦不是在西方文化中全莫有種子的。不過我們希望西方文化中這些種子，更能由對東方之學習，而開花結果而已。

十二、我們對世界學術思想之期望

我們如承認西方文化，亦有向東方學習的地方，則我們對於中國與世界之學術之方向，還有幾點主張可以提出。

1.由於現在地球上的人類，已經由西方文化之向外膨脹，而拉在一起，並在碰面時彼此頭破血流。我們想現代人類學術的主要方向，應當是我們上面所謂，由各民族對於其文化缺點之自己反省，把人類前途之問題，共同當作一整個的問題來處

理。除本於西方文化傳統之多元，而產生的分門別類的科學哲學之專門研究之外，人類還須發展出一大情感，以共同思索人類整個的問題。這大情感中，應當包括對不同民族，不同文化之本身之敬重與同情，及對於人類之苦難，有一真正的悲憫與惻怛之仁。由此大情感，我們可以想到人類之一切民族文化，都是人之精神生命之表現，其中有人之血與淚，因而人類皆應以孔子作春秋之存亡繼絕的精神，來求各民族文化之價值方面之保存與發展，由此以為各種文化互相並存，互相欣賞，而互相融合的天下一家之世界之準備。

2.人類要培植出此大的情感，則只是用人之理智的理性，去對各種自然社會人類歷史，作客觀的冷靜的研究，便只當為人類學問之一方面。人類應當還有一種學問，這不是只把自然與人類自己所有之一切，客觀化為對象，加以冷靜的研究之學問；而是把人類自身當作一主體的存在看，而求此主體之存在狀態，逐漸超凡入聖，使其胸襟日益廣大，智慧日益清明，以進達於圓而神之境地，情感日益深厚，以使滿腔子是惻怛之仁與悲憫之心的學問。這種學問不是神學，亦不只是外表的倫理規範之學，或心理衛生之學，而是一種由知貫注到行，以超化人之存在自己，以升進於神明之學。此即中國儒者所謂心性之學，或義理之學，或聖學。此種學問，在西方宗教之靈修中，印度之所謂瑜伽行中亦有之。而西方由開現代存在哲學之杞克果（Kierkegaard）之注重人如何成為基督教徒，而不注重人之入教會祈禱上帝之外表的宗教行為，亦是向人生存在自己之如何超化，而向上升進上用心的。但因西方之傳統文化，是來源於以理智之理性，認識客觀世界之條理之希臘精神、承受上帝之誡命，而信託上帝之啟示之希伯來精神，及注重社會國家之法制組織之羅馬精神；所以這一種學問，並未成西方之學術之核心。而人不能超化其存在之本身，以向上升進於神明，則人之存在本身不能承載上帝，而宗教信仰亦隨時可以動搖。同時人亦承載不起其自身所造成之知識世界，與科學技術所造成之文明世界，故核子彈似隨時要從人手中滑出去，以毀滅人類自己。人亦承載不起由其自身所定之政治社會之法制組織，對個人自由所反施之壓迫。此即為現代之極權國家，對個人自由所反施之壓迫。而今之產業社會之組織對個人自由，亦同有此壓迫。人類之承載不起人類自身之所信仰及所造的東西，此根本毛病，正在人類之只求客觀的了解世界，以形成知識，本知識以造理想，而再將此理想，不斷客觀化於自然與社會，成

為如存在於人生以外之文化物財。其不斷積累加重，而自成一機械的外在桎梏，遂非人力之所能主宰。此處之旋乾轉坤的學問，則在人之主體的存在之真正自作主宰性之樹立，而此主宰性之樹立，則繫於人生存在自身之超化升進。此一種學問，亦即中國之所謂立人極之學問。人極立而後人才能承載人之所信仰，並運用人之所創造之一切，而主宰之。這是這個時代的人應當認識的一種大學問。

　　3.從立人極之學所成之人生存在，他是一道德的主體，但同時亦是超化自己，以升進於神明的，所以他亦是真能承載上帝，而與天合德的。故此人生之存在，即兼成為「道德性與宗教性之存在」。而由其為道德的主體，在政治上即為一民主國家中之一真正的公民，而成「政治的主體」。到人類天下一家時，他即成為天下的公民。即孟子所謂天民。而仍為天下中之政治的主體。在知識世界，則他成為「認識的主體」，而超臨涵蓋於一切客觀對象之世界之上，而不沉沒於客觀對象之中；同時對其知識觀念，隨時提起，亦能隨時放下。故其理智的知識，不礙與物宛轉的圓而神的智慧之流行，而在整個的人類歷史文化世界，則人為一「繼往開來，生活於悠久無疆之歷史文化世界之主體」。而同時於此歷史文化世界之悠久無疆中，看見永恆的道，亦即西方所謂上帝之直接顯示。這些我們以為皆應由一個新的學術思想之方向而開出。即為立人極之學所嚮往的究極目標，亦即是我們前文論中國文化，及西方人所當學習於東方智慧者時，所望於中國文化之發展，與世界文化之發展之目標之所在。而此目標之達到，即希臘文化中之重理智、理性之精神，由希臘之自由觀念，羅馬法中之平等觀念，發展出之近代西方文化中民主政治的精神；希伯來之宗教精神，與東方文化中之天人合德之宗教道德智慧，成聖成賢之心性之學義理之學，與圓而神之智慧悠久無疆之歷史意識，天下一家之情懷之真正的會通。此理想要何時實現，我們不知道。但要有此理想，則我們當下即可有。當下有此理想，而回到我們各人自己現實上之存在地位來作努力，則依我們中國人之存在地位，仍是如何使中國能承其自身文化發展的要求，而完成其數十年來之民主建國的事業，及中國之科學化工業化，以使中國之人生存在兼為一政治的主體與認識的主體。而西方人則應自反省其文化之缺點，而求有以學習於東方，同時以其今日之領導世界的地位，更應以興滅國繼絕世之精神，來護持各民族文化之發展，並完成一切民族之民主建國之要求，使其今日先成為真正之公民，而在未來天下一家之世界

成為天民。而其研究中國等東方民族之學術文化歷史之態度，亦當如我們前面所說，應加以改變。

　　我們記得在十八世紀前的西方曾特別推崇過中國，而十九世紀前半的中國，亦曾自居上國，以西方為蠻夷。十九世紀的後半以至今日，則西方人視東方之中國等為落後之民族，而中國人亦自視一切皆不如人。此見天道好還，絲毫不爽。但是到了現在，東方與西方到了應當真正以眼光，平等互視對方的時候了。中國文化，現在雖表面混亂一團，過去亦曾光芒萬丈。西方文化現在雖精彩奪目，未來又畢竟如何，亦可是一問題。這個時候，人類同應一通古今之變，相信人性之心同理同的精神，來共同擔負人類的艱難、苦難、缺點，同過失，然後才能開出人類的新路。

索 引

國家圖書館出版品預行編目資料

牟宗三前後：當代新儒家哲學思想史論

林安梧著. – 初版. – 臺北市：臺灣學生，2011.08
面；公分

ISBN 978-957-15-1526-7 (平裝)

1. 新儒學

128   100010052

牟宗三前後：當代新儒家哲學思想史論

著　作　者：林　　　安　　　梧
出　版　者：臺 灣 學 生 書 局 有 限 公 司
發　行　人：楊　　　雲　　　龍
發　行　所：臺 灣 學 生 書 局 有 限 公 司
　　　　　　臺北市和平東路一段七十五巷十一號
　　　　　　郵 政 劃 撥 帳 號：00024668
　　　　　　電　話：(02)23928185
　　　　　　傳　眞：(02)23928105
　　　　　　E-mail：student.book@msa.hinet.net
　　　　　　http://www.studentbook.com.tw

本 書 局 登
記 證 字 號：行政院新聞局局版北市業字第玖捌壹號

印　刷　所：長 欣 印 刷 企 業 社
　　　　　　新北市中和區永和路三六三巷四二號
　　　　　　電　話：(02)22268853

定價：新臺幣六五〇元

二　〇　一　一　年　九　月　初　版